BTS

Méthodologie

pour l'épreuve de culture générale et expression

Hélène Sabbah

AGRÉGÉE DE LETTRES CLASSIQUES

Hatier

Conception maquette : **Frédéric Jély**
Réalisation : **Thomas Winock**
Iconographie : **Brigitte Célerier/Hatier Illustration**
Relecture : **Sylvaine Olive**

ISBN : 978-2-218-93042-3

PRÉSENTATION

Ce manuel de **méthode** est destiné aux étudiants de première et deuxième années des sections de STS qui préparent l'épreuve de **culture générale et expression** du **BTS**, ainsi qu'aux enseignants qui ont la charge de les guider dans cette préparation.

Construit sur des exercices progressifs et utilisant la méthode inductive, cet ouvrage met en place un parcours de **découverte** et de mise en **application** de savoir-faire conduisant à la maîtrise des deux exercices de l'examen, la **synthèse de documents** et l'**écriture personnelle**. La structure du manuel permet d'en comprendre le fonctionnement.

Une structure en trois grandes parties

Le manuel comporte trois grandes parties consacrées à la **présentation** de l'épreuve, à l'**analyse** des documents et à la **réalisation** des exercices de l'examen.

1. La nature de l'épreuve : il est essentiel que les étudiants sachent en quoi consiste l'épreuve de l'examen. Trois chapitres proposent d'une part des extraits du *Bulletin Officiel* qui définit l'**enseignement en STS** et les **épreuves de l'examen**, d'autre part une **synthèse** et un travail d'**écriture personnelle** intégralement **rédigés**. Par des questions d'analyse, l'objectif est de faire comprendre en quoi consistent les travaux demandés.

2. L'analyse des documents : le travail de synthèse et l'exercice d'écriture personnelle exigent une lecture des documents qui en fasse sortir les **idées**, pour les **confronter**. Onze chapitres sont consacrés à **onze genres textuels et iconographiques** différents. Chaque genre (essai, roman, dessin de presse, œuvre d'art, poésie, document de référence…) regroupe des documents qui se font écho thématiquement et permettent la composition de corpus divers. Cette organisation apparaît dans un **tableau transversal** (p. 12-13) classant les documents par **genres** et par **thèmes**. Des questions guident l'analyse des documents. Chacun est suivi de deux rubriques, **« Vers la synthèse »** et **« Vers l'écriture personnelle »**. Ces rubriques mettent en place un apprentissage progressif des deux exercices.

3. La réalisation des exercices de l'examen : la troisième partie décompose l'approche des deux épreuves, **synthèse** et **écriture personnelle**, de manière progressive et toujours inductive. Onze chapitres abordent les différentes étapes depuis l'identification des idées jusqu'à la rédaction. On traite en premier la **synthèse**, démarche **objective**, puis **l'écriture personnelle**, qui implique une mise en cause personnelle et donc **subjective**. Dans les deux cas, la décomposition de la méthode permet de ne pas affronter toutes les difficultés à la fois. La question de **l'écriture** est également abordée à travers des **exemples rédigés**.

Tous les chapitres comportent trois étapes : découverte de la démarche (**« Approches »**), bilan méthodologique (**« Comment analyser… »**) puis **« Application »**. Chacun peut aller à son rythme en suivant la progression des exercices.

En **fin de chapitre**, figurent des **« Prolongements »**. Sous les intitulés « Lexique », « Expression écrite », « Activités orales », « Recherches », ils proposent toutes sortes de démarches, d'exercices, voire de jeux, destinés à faire progresser dans les différentes compétences : **mieux écrire, mieux parler, enrichir sa culture**.

En fin de manuel, des FICHES synthétisent des savoirs indispensables à l'analyse des documents et sont là pour réactiver des connaissances déjà acquises. Deux chapitres consacrés aux **écrits professionnels** traitent de la **rédaction d'un CV** et d'une **lettre de candidature**.

Une grande diversité culturelle

Ouvrage de **méthode**, ce manuel n'en offre pas moins une **grande diversité culturelle**. Il comporte en effet **90 documents**, qui peuvent être classés en **16 thèmes différents**, renvoyant tous à des domaines culturels variés.

Le travail sur **l'image** est facilité par des reproductions d'œuvres d'art, de photos, par des dessins de presse. La diversité culturelle des documents est de nature à susciter et alimenter la curiosité des étudiants qui trouveront dans les thèmes abordés des échos **de leur temps**, mais aussi des considérations et des idées venues **d'époques plus anciennes**.

Nous espérons que les professeurs de culture générale et expression en STS trouveront dans cet ouvrage une aide efficace pour l'enseignement de la synthèse et de l'écriture personnelle. Nous souhaitons aussi que son contenu facilite l'accès des utilisateurs étudiants à différents domaines culturels, enrichisse leur savoir, développe leurs connaissances et les prépare ainsi, au-delà de l'examen, à une entrée réussie dans la vie professionnelle.

Hélène SABBAH

ORGANISATION DU MANUEL

Partie 1 (3 chapitres)

- **Des passages du B.O.** (chap. 1) permettent aux étudiants de comprendre en quoi consiste l'enseignement de culture générale et expression en STS et quelle est la nature des épreuves écrites.

- À partir d'un corpus de documents sur **les blogs**, un exemple de **synthèse** (chap. 2) et un exemple d'**écriture personnelle** (chap. 3) entièrement rédigés sont proposés.

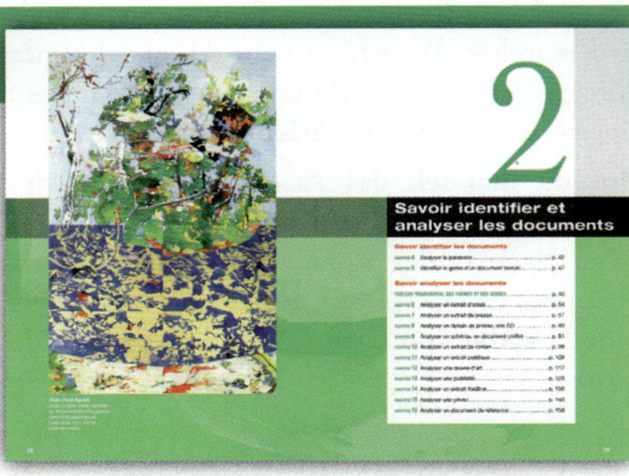

Partie 2 (13 chapitres)

- **Identification des documents** (chap. 4 et 5) et **analyse** de tous les **genres** de documents qui constituent les corpus (chap. 6 à 16).
11 genres différents de documents textuels et iconographiques (essai, article de presse, dessin de presse et BD, etc.) et **12 thèmes** (la publicité, le travail, le devenir des sites industriels, etc.) sont abordés.

- **Le tableau transversal des thèmes et des genres** (p. 12-13 et repris p. 40-41 pour en faciliter la consultation) récapitule les genres des documents et les thèmes abordés.

Partie 3 (11 chapitres)

- **Réalisation** de la **synthèse** (chap. 17 à 22) et de **l'écriture personnelle** (chap. 23 à 27), de la recherche des idées à la rédaction, en passant par l'élaboration du plan.

- À l'appui de ces chapitres, 3 nouveaux corpus, sur les **jeux vidéo**, les **mangas** et la **réforme de l'orthographe**.

4 - Écrits professionnels

- **2 chapitres** (chap. 28 et 29, 14 pages au total) sur la rédaction des **écrits professionnels** : CV et lettre de candidature.

5 - Outils d'analyse

- **9 fiches** (13 pages au total) sur des notions transversales (figures de rhétorique, niveaux de langue, modes de raisonnement…) qu'il faut maîtriser pour l'analyse des documents.

ORGANISATION DES CHAPITRES

Explications à partir d'un chapitre de la partie 2

Approches ▸ Découverte progressive

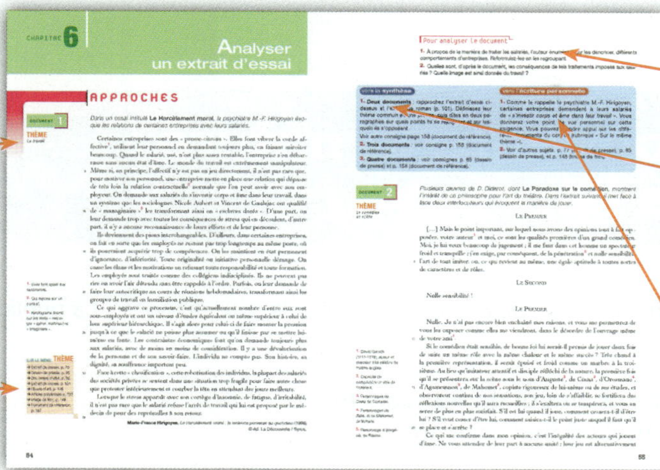

Thème du document.

Renvoi aux documents sur le même thème dans les autres chapitres.

2 questions pour guider l'analyse des documents.

■ **Vers la synthèse**
Rapprochements de 2, 3 ou 4 documents sur le même thème : apprentissage de la synthèse.

■ **Vers l'écriture personnelle**
Apprentissage de l'écriture personnelle.

Comment analyser...
▸ Bilan méthodologique

Application
▸ Exercices d'application

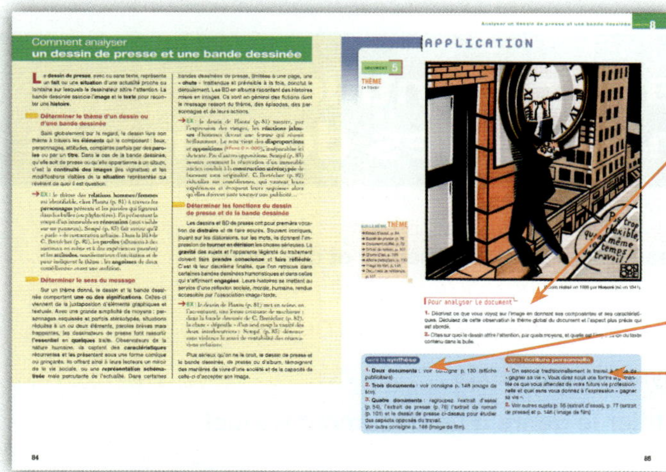

Des démarches d'analyse et des exemples tirés des documents des chapitres.

2 questions pour guider l'analyse des documents.

■ **Vers la synthèse**

■ **Vers l'écriture personnelle**

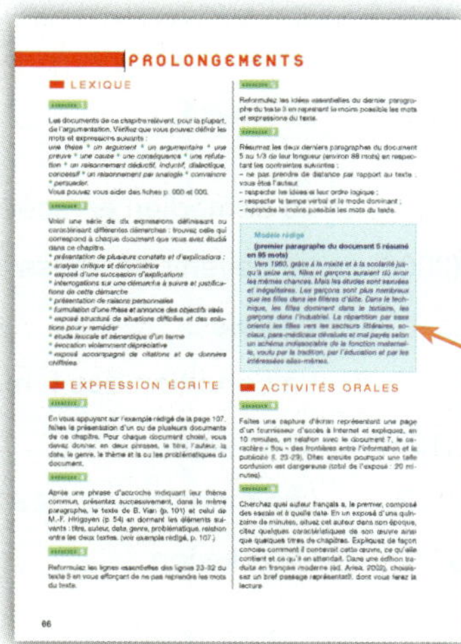

Prolongements
▸ Exercices portant sur le lexique, l'expression écrite, l'oral, des recherches...

Des **exemples rédigés** de tous les types d'exercices proposés pour faciliter le travail d'écriture.

SOMMAIRE

1 Connaître la nature de l'épreuve

Les thèmes des documents sont indiqués sous la forme ▸ La publicité

2 Savoir identifier et analyser les documents

Maîtriser l'épreuve de l'examen

3

Construire et rédiger une synthèse de documents

Répondre à un sujet d'écriture personnelle

4 Savoir rédiger des écrits professionnels

5 Outils d'analyse

TABLEAU TRANSVERSAL

THÈMES traités à travers les **documents** des **chapitres de la partie 2**

THÈMES	CHAPITRE 6 Extrait d'essai	CHAPITRE 7 Extrait de presse	CHAPITRE 8 Dessin de presse, BD	CHAPITRE 9 Schéma, document chiffré	CHAPITRE 10 Extrait de roman
La publicité		Entretien avec **Jean-Marie Dru** (*Le Monde 2*, 2007) **p. 74**	Dessin de **Faujour** (2006) **p. 88**		**F. Beigbeder,** *99 F — 14,99 €* (2000) **p. 99**
Le travail	**M.-F. Hirigoyen,** *Le Harcèlement moral* (1998) **p. 54**	**M.-C. Betbeder,** « Ne pas perdre sa vie à la gagner » (*Le Monde Initiatives*, 1997) **p. 76**	Dessin d'**Honoré** (1986) **p. 85**	Courbes : **le chômage des jeunes** (2007) **p. 92**	**B. Vian,** *L'Écume des jours* (1947) **p. 101**
Le devenir des sites industriels	**E. de Roux,** *Patrimoine industriel* (2000) **p. 56**		Dessin de **Sempé**, *Un peu de Paris* (2001) **p. 83**		**É. Zola,** *Germinal* (1885) **p. 106**
Le voyage	**C. Lévi-Strauss,** *Tristes tropiques* (1955) **p. 61**	**M. Le Bris,** « Orients rêvés, Orients réels » (dossier de presse 2006) **p. 67**	BD : **E. Guibert, D. Lefèvre…** *Le Photographe* (2003) **p. 86**		
La condition des femmes	**N. Jonas,** *La Famille* (2007) **p. 60**		Dessin de **Plantu** *Wolfgang, tu feras informatique* (1988) **p. 81**	Sondage sur l'utilisation du **corps des femmes dans la publicité** (2005) **p. 96**	**V. Hugo,** *Les Misérables* (1862) **p. 103**
L'exclusion	**J. Hassin,** « Vivre dans la rue » (2007) **p. 63**		Dessin de **Soulas** (1988) **p. 80**	Sondage auprès des **SDF** (2006) **p. 91**	
La sauvegarde des forêts		**J. Alia,** « Massacre au fond des bois » (*Le Nouvel Observateur*, 2000) **p. 73**		Schéma : les **pluies acides**, *Le Petit Larousse* (2008) **p. 93**	
L'exploitation des enfants		**S.-F. N'Piénikoua,** « Un enfant en guerre… » (*Courrier international*, 2007) **p. 68**		Sondage sur **l'utilisation des enfants dans la publicité** (2005) **p. 94**	
Les dérives de la médecine		Entretien avec **Axel Kahn** (*Gazette du Palais*, 2007) **p. 71**	Dessin de **Serre**, *Humour noir et hommes en blanc* (2001) **p. 89**		
Le comédien en scène	**D. Diderot,** *Paradoxe sur le comédien* (1781) **p. 55**	Entretien avec la comédienne **Helen Mirren** (*Positif*, 2006) **p. 77**	BD : **C. Bretécher,** *Les Frustrés* (1975) **p. 82**		
Le luxe	**J. Castarède,** *Le Luxe* (1992) **p. 57**				**F. de Fénelon,** *Les Aventures de Télémaque* (1699) **p. 100**
Les menaces sur les libertés	**P. Breton,** *Le Culte de l'Internet* (2000) **p. 62**	**N. Guibert, J.-P. Langellier,** « …le réseau de vidéosurveillance » (*Le Monde*, 2007) **p. 69**		Sondage sur la **vidéosurveillance** (2007) **p. 97**	**G. Orwell,** *1984* (1950) **p. 105**

DES THÈMES ET DES GENRES

CHAPITRE 11 Extrait poétique	CHAPITRE 12 Œuvre d'art	CHAPITRE 13 Publicité	CHAPITRE 14 Extrait théâtral	CHAPITRE 15 Photo	CHAPITRE 16 Document de référence
	Affiche de **R. Savignac,** *Non à la voie express* (1972) **p. 120**	Publicité **Perrier** (1998) **p. 134**			**Définition et missions du BVP** (créé en 1953) **p. 156**
	Tableau de **F. Léger,** *Les Constructeurs* (1950) **p. 126**	Affiche de **F. A. Doumenq,** *« Les 8 heures »* (1919) **p. 130**		Image du film ***Les Temps modernes*** (**C. Chaplin**, 1936) **p. 148**	**Loi sur le harcèlement moral** (2002) **p. 157**
É. Verhaeren, *Les Villes tentaculaires* (1895), « Les usines » **p. 110**	Tableau de **N. A. Kassatkine,** *Nouvelle industrie textile à Orechovo-Zoejevo* (1904) **p. 125**			**Centrale Montemartini** devenue musée à Rome (2006) **p. 146**	
J. M. de Heredia, *Les Trophées* (1893), « Les conquérants » **p. 108**		Affiche **Air France** (1946) **p. 132**		**M. Parr,** touristes devant l'Acropole à Athènes (1991) **p. 153**	
	Illustration pour le catalogue **Manufrance** (1925) **p. 123**		**Marivaux,** *La Colonie* (1750) **p. 139**		**Chronologie sur le statut des femmes** (1995) **p. 158**
J. Prévert, *Paroles* (1946), « La grasse matinée » **p. 112**	Œuvre de **E. Pignon-Ernest,** *Expulsions* (1977) **p. 117**			**O. Coulange,** sans abri (1992) **p. 145**	
J. Supervielle, *1939-1945* « Arbres dans la nuit et le jour » **p. 115**	Vases-sculptures de **J.-M. Massaud,** *Missed Tree I* et *II* (2007) **p. 121**	Publicité **Aigle** (2007) **p. 133**	**A. Tchékhov,** *Oncle Vania* (1897) **p. 136**	**L'Odyssée Verte** à Rambouillet (2007) **p. 150**	
V. Hugo, *Les Contemplations* (1856), « Melancholia » **p. 109**	Gravure : le **travail des enfants** dans les mines en Angleterre (1844) **p. 124**	Affiche **Amnesty International** (2007) **p. 128**		**M. Dorigny,** enfants travaillant en Colombie (1992-1993) **p. 152**	**Convention internationale des droits de l'enfant** (1989) **p. 163**
			J. Romains, *Knock* (1923) **p. 137**	Affiche du film ***Sicko*** (**M. Moore,** 2007) **p. 151**	**Le Serment médical** (1996) **p. 162**
			L. Jouvet et B. Jaques, *Elvire-Jouvet 40* (1986) **p. 142**	**P. Gely**, répétition de théâtre (2005) **p. 147**	
Voltaire, *Le Mondain* (1736) **p. 113**	Tableau de **H.-A. Gervex,** *Une soirée au Pré Catelan* (1909) **p. 119**	Publicité **Miss Dior chérie** (2007) **p. 129**			
				M. Fourmy, poste de contrôle de la RATP (1999) **p. 154**	**Définition et missions de la CNIL** (2004-2005) **p. 164**

Les chapitres de la partie 1 et de la partie 3 proposent quatre autres corpus sur les thèmes suivants : **les blogs** (chap 2, p. 21), **les jeux vidéo** (chap 18, p. 186), **les mangas** (chap 19, p. 193), **la réforme de l'orthographe** (chap 20, p. 200).

Matthias Koeppel
(né en 1937), *C 320, néoconstructiviste* (2001), huile sur toile, 135 x 100 cm (collection privée).

1

Connaître la nature de l'épreuve

CHAPITRE 1

L'enseignement du français et la définition de l'épreuve

1 Nature de l'enseignement du français en STS

Le texte suivant est extrait du **Bulletin Officiel** *de l'Éducation nationale n°47 du 21 décembre 2006 qui définit la nature de l'enseignement en STS (sections de techniciens supérieurs).*

CULTURE GÉNÉRALE ET EXPRESSION

Objectifs et contenus

Le but de l'enseignement du français dans les sections de techniciens supérieurs est de donner aux étudiants la culture générale dont ils auront besoin dans leur vie professionnelle et dans leur vie de citoyen, et de les rendre aptes à une communication efficace à l'oral et à l'écrit.

Culture générale

La culture générale est développée par la lecture de tout type de textes et de documents (presse, essais, œuvres littéraires, documents iconographiques, films) en relation avec les questions d'actualité rencontrées dans les médias, les productions artistiques, les lieux de débat.

En première année, le choix des thèmes de réflexion, des textes et documents d'étude est laissé à l'initiative du professeur qui s'inspire des principes suivants :

– créer une culture commune chez des étudiants arrivant d'horizons scolaires variés ;

– développer la curiosité des étudiants dans le sens d'une culture générale ouverte sur les problèmes du monde contemporain (questions de société, de politique, d'éthique, d'esthétique) ;

– développer le sens de la réflexion (précision des informations et des arguments, respect de la pensée d'autrui, formation à l'expression d'un jugement personnel) en proposant des textes et documents de qualité en accord avec les compétences de lecture du public concerné.

En deuxième année, deux thèmes sont étudiés. Ces thèmes, dont l'un est renouvelé chaque année, font l'objet d'une publication au B.O. Cette publication précise un intitulé, une problématique et des indications bibliographiques qui orientent et délimitent la problématique de chaque thème.

Expression

Une communication efficace à l'oral et à l'écrit suppose la maîtrise d'un certain nombre de capacités et de techniques d'expression. Cette maîtrise suppose, à son tour, une connaissance suffisante de la langue (vocabulaire et syntaxe) et une aptitude à la synthèse pour saisir avec exactitude la pensée d'autrui et exprimer la sienne avec précision.

Des exercices variés concourent à cette maîtrise : débat oral, exposé oral, analyse des interactions verbales, analyse et résumé d'un texte, comparaison de textes plus ou moins convergents ou opposés, étude logique d'une argumentation, constitution et analyse d'une documentation, compte rendu d'un livre lu, composition d'une synthèse à partir de textes et de documents de toute nature, rédaction d'un compte rendu, d'une note, d'une réponse personnelle à une question posée, d'une argumentation personnelle.

Extrait du ***Bulletin Officiel*** n°47, 21 décembre 2006.

APPROCHES

EXERCICE 1

1. En prenant appui sur les titres et sur les intertitres, dites comment le document officiel est construit.
2. Quelles sont les deux composantes de l'enseignement du français en STS (sections de techniciens supérieurs préparant à l'examen du BTS) ?
3. Qu'est-ce qui différencie les deux années d'étude ?

EXERCICE 2

Précisez quelles sont les composantes de la culture définie par le *Bulletin Officiel*. Donnez un ou plusieurs exemples de « textes et documents » (l. 8-10) cités par genre, avec, pour chacun d'eux le titre, le nom de l'auteur et la date de publication. Vous pouvez chercher ces exemples à l'intérieur de ce manuel.

EXERCICE 3

Le document officiel parle de « questions d'actualité rencontrées dans les médias, les productions artistiques, les lieux de débat » (l. 10-11) : citez plusieurs exemples de ces questions d'actualité et plusieurs exemples de médias, de productions artistiques et de lieux de débat. Montrez en quoi ils peuvent être associés.

EXERCICE 4

Donnez une définition pour chacune des expressions suivantes (p. 16, l. 18-19) et illustrez chaque domaine avec un exemple concret (fait, événement, situation) :

- Question de société
- Question de politique
- Question d'éthique
- Question d'esthétique

EXERCICE 5

En ce qui concerne l'expression orale, établissez, à partir de ce qui est dit ci-dessus dans le *Bulletin Officiel* et de votre expérience personnelle, une liste de compétences définissant une bonne maîtrise de la langue orale dans différentes situations scolaires et professionnelles (lors d'un stage notamment). Donnez à chaque fois un exemple de ce qu'il faut faire et de ce qu'il ne faut pas faire. Vous pouvez vous aider de la **Fiche 9, p. 295**.

EXERCICE 6

Concernant l'expression écrite, dégagez à partir des différents travaux dont le *Bulletin Officiel* donne la liste, les qualités dont il faut faire preuve et/ou qu'il faut acquérir durant les deux années de préparation au BTS.

APPLICATION

EXERCICE 7

Voici une série de thèmes d'étude pouvant être envisagés en première année de STS. Pour chacun d'entre eux, indiquez le domaine prédominant : *société*, *politique*, *éthique*, *esthétique*. Expliquez en quoi, dans certains cas, plusieurs domaines sont concernés simultanément.

1. La communication • 2. L'œuvre d'art • 3. Le sport • 4. Le travail • 5. La condition des femmes • 6. L'éducation • 7. La liberté d'expression • 8. L'immigration • 9. Les sectes • 10. Nouvelles images de la famille • 11. Le progrès scientifique et technique • 12. Le développement durable • 13. Les jeux vidéo • 14. Les problèmes de l'illettrisme • 15. Le commerce équitable • 16. Les différentes formes de discrimination • 17. Les effets de la mondialisation • 18. Les loisirs • 19. Le bonheur • 20. L'information et la presse.

EXERCICE 8

Les intitulés de problématiques suivants renvoient à certains thèmes donnés dans l'exercice 7. Faites correspondre les intitulés et les thèmes qui vont ensemble.

A. La moralisation des pratiques commerciales • **B.** À quoi sert l'école ? • **C.** Sport et finance • **D.** Photographie et réalité • **E.** Le mariage est-il dépassé ? • **F.** L'homme et la machine / l'homme ou la machine • **G.** Être heureux en travaillant ? • **H.** Différentes formes de censure • **I.** Information ou opinion ? • **J.** L'éthique du journaliste • **K.** La violence dans les stades • **L.** Le rôle des parents • **M.** Faut-il faire confiance à la presse ? • **N.** La nécessité de préserver la nature • **O.** Le danger des superstitions • **P.** La civilisation des loisirs : une utopie ? • **Q.** À quand les robots intelligents ?

EXERCICE 9

À votre tour, trouvez des problématiques particulières en relation avec les thèmes énumérés ci-dessous et donnez pour chacune un exemple précis appartenant à la réalité historique, à l'actualité ou à la fiction littéraire.

La culture • Le développement des mégapoles • L'importance de la mémoire collective • Le dévoilement de soi • Internet • La peine de mort • Le téléphone portable • Le développement de l'interactivité • De nouveaux modes de transport • La téléréalité • Le tourisme de masse • Le communautarisme.

EXERCICE 10

Parmi les compétences suivantes, toutes signalées par le *Bulletin Officiel* dans une longue liste qui n'est pas reproduite ici, identifiez celles qui concernent l'oral, celles qui concernent l'écrit, et celles qui concernent à la fois l'écrit et l'oral. Trouvez à chaque fois une situation pouvant constituer un exemple illustratif.

Mémoriser et restituer par oral un message oral ou écrit • Reformuler un message oral • Choisir et maîtriser le registre de langue approprié • Établir une problématique de la recherche envisagée • Relativiser les informations en fonction de leur environnement • Élaborer une idée à partir d'un fait, d'un exemple, d'un document • Nuancer, relativiser, si besoin, l'expression de sa pensée • Connaître et respecter les conditions préalables et indispensables à toute communication orale (attention, écoute, disponibilité…) • Adapter sa voix et son attitude aux contraintes de la situation • Mettre en relation les éléments d'un même document ou des éléments appartenant à des documents différents, repérer les idées convergentes et divergentes • Reconnaître le statut du texte (genre, registre, type de discours, destinataire) • Restructurer un message à partir d'éléments donnés.

Compétences extraites du ***Bulletin Officiel*** n°47, 21 décembre 2006.

2 Définition de l'épreuve de culture générale et expression

Le texte officiel qui détermine la nature de l'enseignement du français en sections de techniciens supérieurs préparant au BTS définit également les objectifs et la forme de l'évaluation.

DÉFINITION DE L'ÉPREUVE

Objectifs

L'objectif visé est de certifier l'aptitude des candidats à communiquer avec efficacité dans la vie courante et dans la vie professionnelle.

L'évaluation sert donc à évaluer les capacités du candidat à :

– tirer parti des documents lus dans l'année et de la réflexion menée en cours ;

– rendre compte d'une culture acquise en cours de formation ;

– apprécier un message ou une situation ;

– communiquer par écrit ou oralement ;

– réaliser un message.

Forme de l'évaluation ponctuelle écrite (4 heures)

On propose trois à quatre documents de nature différente (textes littéraires, textes non littéraires, documents iconographiques, tableaux statistiques, etc.) choisis en référence à l'un des deux thèmes inscrits au programme de la deuxième année de STS. Chacun d'eux est daté et situé dans son contexte.

Première partie : synthèse (notée sur 40)

Le candidat rédige une synthèse objective en confrontant les documents fournis.

Deuxième partie : écriture personnelle (notée sur 20)

Le candidat répond de façon argumentée à une question relative aux documents proposés.

La question posée invite à confronter les documents proposés en synthèse et les études de documents menées dans l'année en cours de « culture générale et expression ».

La note globale est ramenée à une note sur 20 points.

Extrait du ***Bulletin Officiel*** n°47, 21 décembre 2006.

APPROCHES

EXERCICE 11

À partir des différents extraits du *Bulletin Officiel* définissant le travail en culture générale et expression (p. 16-17), d'une part, et de la nature de l'examen (ci-dessus), d'autre part, établissez les différentes relations identifiables entre le travail fait pendant l'année et les objectifs de l'examen.

EXERCICE 12

Quel sens donnez-vous aux expressions « tirer parti des documents » (l. 6), « rendre compte d'une culture » (l. 8), « apprécier un message » (l. 9), « réaliser un message » (l. 11) ?

EXERCICE 13

D'après le texte du *Bulletin Officiel*, qu'est-ce qui différencie les deux exercices, synthèse et écriture personnelle ? Qu'est-ce qui les rapproche et les rend indissociables dans la nature de l'épreuve ?

EXERCICE 14

À partir de la présentation de l'enseignement en culture générale et expression en vue de la préparation au BTS, expliquez en quoi consiste le travail mené durant chacune des deux années de préparation.

APPLICATION

EXERCICE 15

À partir des différents éléments du programme donnés dans ce chapitre et des différents thèmes cités, proposez une définition de la culture enseignée en STS pour la préparation au BTS. Expliquez son importance dans le domaine professionnel : quelle est sa force, quelle est son utilité dans les relations humaines ?

EXERCICE 16

Expliquez en quoi les genres des documents cités ci-après et dont vous trouverez des exemples dans la seconde grande partie de ce manuel (p. 54 à 167) se rattachent tous à la notion de culture : extraits de roman, d'essai, articles de presse, entretiens, extraits de poésie, de théâtre, dessins de presse, reproductions de tableaux, documents de référence (lois, règlements, conventions…), publicités, photos, schémas, graphiques et tableaux de statistiques.

EXERCICE 17

Dans un exposé oral d'une dizaine de minutes, expliquez à la classe en quoi consiste l'épreuve dite « ponctuelle » de l'examen et sur quoi les candidats sont évalués.

EXERCICE 18

Les trois premiers thèmes inscrits au programme de culture générale des classes préparant au BTS ont été : « La fête dans ses dimensions collectives », « Risque et progrès » et « Faire voir, quoi, comment, pour quoi ? » Quelles idées, quelles œuvres, quels ouvrages, quelles images ces intitulés vous font-ils venir à l'esprit ?

EXERCICE 19

1. Expliquez en quoi les trois premiers thèmes inscrits au programme (voir ci-dessus exercice 18) se rattachent à la notion de culture.
2. En quoi renvoient-ils aux questions de société, de politique, d'éthique, d'esthétique (p. 16, l. 18-19) ?

EXERCICE 20

Si vous êtes en seconde année de préparation au BTS, présentez, en un exposé d'une vingtaine de minutes, la nature du travail qui doit être fait en première année.

CHAPITRE 2

Exemple de synthèse

Les chapitres 2 et 3 proposent l'ensemble suivant :
- *dans le* ***chapitre 2****, un corpus de documents sur les blogs et un sujet de synthèse (p. 21 à 28), puis la rédaction de la synthèse (p. 29 à 31), accompagnée de questions qui permettent de comprendre comment elle a été réalisée. Dans cet exemple de synthèse, la première partie est présentée sous forme de plan, les deux autres sont rédigées ;*
- *le* ***chapitre 3*** *aborde l'écriture personnelle à travers un sujet traité, portant sur le même thème, les blogs, avec des questions pour comprendre la nature et la réalisation de ce travail.*

Nous rappelons ici que le ***corpus de documents*** *(pour la* ***synthèse*** *et le* ***sujet d'écriture personnelle****) renvoie à l'un des deux* ***thèmes officiels*** *traités pendant la seconde année de préparation au BTS.*

1 Sujet et corpus de documents

PREMIÈRE PARTIE : SYNTHÈSE (40 points)

Les blogs

Vous rédigerez une synthèse objective et ordonnée des documents qui suivent.

DOCUMENT 1 : Valérie Lion,
« Le blog en vogue »
© *L'Express*, semaine du 29 août 2005.

DOCUMENT 2 : *Blog-notes*,
bulletin d'information du CLEMI à destination des collégiens,
Ministère de l'Éducation nationale,
CRDP de l'académie de Versailles, 2006.

DOCUMENT 3 : Entretien avec Michel-Édouard Leclerc,
dans *Blogs et podcasts* (2006), de Loïc Le Meur
et Laurence Beauvais
© éd. Dunod.

DOCUMENT 4 : « La blogosphère en ébullition »,
enquête Médiamétrie
2e trimestre 2007 © Médiamétrie.

DOCUMENT 1

[…] B-L-O-G. Ces quatre lettres, issues de la contraction de weblog, révolutionnent la communication et pourraient bien bousculer le monde du travail. Grâce à une technologie simplifiée, le blog permet à n'importe quel internaute d'ouvrir un carnet de bord sur la Toile : les billets[1] se succèdent par ordre chronologique, enrichis de liens avec d'autres sites, et les lecteurs réagissent par l'envoi de commentaires. Espace d'expression libre par excellence, le blog offre le meilleur et le pire. En France, les ados s'en sont emparés – ils sont 2,6 millions à en tenir un sur le site de la radio Skyrock. Les jeunes actifs ne sont pas en reste. Il y a un an, lejournaldemax.com déchaînait les passions : un anonyme y racontait d'une plume acerbe les vices et vicissitudes[2] de la vie de bureau. En quatre mois, ce blog avait reçu 2 millions de visites, suscité beaucoup d'émules… et lancé la carrière de son auteur. Son premier roman, *Le Blog de Max*, sortira le 12 septembre.

Le phénomène dépasse aujourd'hui la dimension du simple journal intime. Il s'impose aux entreprises : patrons (http://prplanet.typepad.com/ceobloggers-french), recruteurs (http://www.carriereonline.com/Espace_Candidat/blog.jsp) ou directions des ressources humaines et de la communication, tout le monde s'y met. L'époque du « blog déversoir » semble aujourd'hui révolue : l'outil se spécialise et se professionnalise. Les blogueurs s'organisent en communautés, tels les « quinquas citoyens » (http://quinquascitoyens.hautetfort.com), les anciens de l'ESC[3] Toulouse (www.benetworked.org), les syndicats (http://miroirsyndical.viabloga.com), jusqu'aux utilisateurs de la nouvelle loi organique relative aux lois de finance (LOLF – http://www.blolf.org) ! La grande force de ces pages personnelles nouvelle génération, c'est de créer du lien. « Le blog est un moyen formidable de développer des réseaux », assure Jacques Froissant, fondateur du cabinet de chasse de têtes Altaïde, lui-même blogueur acharné.

Les professionnels du recrutement n'ont pas tardé à se saisir de l'outil. Voici ainsi venu le temps des « jobblogs » : un blog consacré à un secteur, affichant des offres d'emploi, des avis d'experts et des échanges de points de vue. « Il s'agit de créer des communautés professionnelles », explique Isabelle Noir, ancienne responsable de la communication du site d'emploi Monster France, cofondatrice de Moovement, une structure qui abrite trois blogs consacrés au high-tech, aux médias et aux stages. Les écoles s'engagent à leur tour : à l'ESC[3] Rouen, les élèves peuvent bloguer sur le portail étudiant (http://myescrouen.com) quand ils sont à l'étranger ou en stage. De quoi apprendre à faire sa promotion sur le Net, y compris quand il s'agit de décrocher un emploi (*lire l'article : Un blog, un job*).

Le blog est aussi un incroyable vecteur de diffusion. L'info y circule très vite, à tel point qu'un seul message peut mettre en péril la réputation des entreprises. Du coup, la tentation est grande pour elles de récupérer l'outil… au risque de le dévoyer. Pour éviter d'être débordés par les blogs spontanés de leurs salariés – fans de nouvelles technologies – les géants de l'informatique IBM, Microsoft et Sun Microsystems ont mis à leur disposition des plates-formes où chacun peut tenir son blog, à condition de respecter une charte[4] de bon usage. Résultat : le blogueur qui s'épanche sur son métier devient un ambassadeur de la marque.

Un outil de gestion des ressources humaines

D'autres entreprises ont compris que le blog pouvait servir leur image. En juin dernier, le réseau d'agences immobilières Century 21 ouvrait un blog éphémère pour repérer des candidats tentés de faire carrière dans le secteur. Animé par l'équipe des ressources humaines, il informait sur la société, ses emplois et répondait aux questions des internautes – 16 000 visiteurs au total ! De son côté,

1. Les messages ou textes publiés par le propriétaire du blog.

2. Événements malheureux.

3. École Supérieure de Commerce.

4. Un ensemble de recommandations.

le géant de l'aluminium Alcan a proposé à 30 étudiants de découvrir l'entreprise de l'intérieur et de raconter leurs impressions sur un blog. « Il faut s'astreindre à écrire régulièrement, trouver des astuces pour animer sa page, attirer des commentaires. C'est un vrai défi », reconnaît Aline De Almeida Andro, l'une des participantes, en deuxième année à l'École nationale supérieure des mines de Saint-Étienne.

Une fois la méfiance passée, les entreprises sont aussi tentées de faire des blogs un outil de management collectif, à l'accès limité et à l'interactivité sous contrôle… alors que, à l'origine, le blog se veut personnel, libre et accessible à tous. Capgemini, par exemple, l'un des pionniers du blog interne en France, s'en est servi comme d'une plate-forme d'informations centralisées pour accompagner le changement de nom du groupe. Chez Eurest (*lire l'article : Accès très réservé*), un blog a été créé pour faciliter les échanges entre tous les commerciaux de ce groupe de restauration collective, même si le pari est loin d'être gagné.

Le blog serait-il la nouvelle panacée de la gestion des ressources humaines ? Pourquoi pas ! À condition d'en respecter un minimum la philosophie. « Si le blog est simplement utilisé pour transmettre de l'info du sommet vers la base, cela ne fonctionnera pas », prévient Stéphane Guerry, directeur du pôle interactivité chez Euro-RSCG C & O. Les vrais blogueurs sont dans une logique de partage de l'information. Pas facile pour la hiérarchie d'une entreprise de jouer ce jeu : le cas de la PME Reflect (*lire l'article : Reflect joue le jeu*), où tous les salariés sont invités à poster des notes sur un blog accessible au public, reste encore exceptionnel.

Post-scriptum : Technorati, le moteur de recherche spécialisé dans les blogs, a dénombré à la fin d'août plus de 15 millions de blogs accessibles sur la Toile. Les blogs français en représenteraient près de 20 % !

Convaincus de l'intérêt et de la force des blogs, nous avons décidé, au sein de la rubrique Réussir de *L'Express*, de nous lancer. Alors, rendez-vous dès aujourd'hui sur http://blogs.lexpress.fr/reussir.

Valérie Lion, « Le blog en vogue » © *L'Express*, 29 août 2005.

DOCUMENT 2

Voici les pages 1 et 4 d'une brochure éditée par le **CLEMI** *(Centre de Liaison de l'Enseignement et des Médias d'Information) à l'attention des collégiens. Au sein du Ministère de l'Éducation, le CLEMI est un centre chargé de concevoir et de développer des programmes d'éducation aux médias.*

académie Versailles

éducation nationale enseignement supérieur recherche

scérén

SERVICES CULTURE ÉDITIONS RESSOURCES POUR L'ÉDUCATION NATIONALE

CRDP ACADÉMIE DE VERSAILLES

Ministère de l'Éducation nationale

CLEMI

blog-notes

« La libre communication des pensées et des opinions est un des droits les plus précieux de l'homme : tout citoyen peut donc parler, écrire, imprimer librement, sauf à répondre à l'abus de cette liberté dans les cas déterminés par la Loi. »

Article 11 de la Déclaration des droits de l'homme, 1789, préambule de la Constitution de 1958.

« MON BLOG EST FAIT POUR MES AMIS, PAS POUR TOUT LE MONDE »

Quand tu fais un blog, tu n'es pas dans ta chambre avec tes copains, bien au contraire : c'est comme si tu montais sur un banc sur une place publique pour t'adresser à la terre entière.

Sur Internet, tout le monde peut te lire, même tes profs, même tes parents.

« JE ME SUIS FAIT VIRER D'UN BLOG... »

Tu as le droit d'exprimer publiquement tes opinions, d'exposer tes arguments, de chercher à convaincre, de dire que tu n'es pas d'accord à des blogueurs qui affichent leurs commentaires...

La liberté d'expression, le débat, c'est le fondement de la démocratie. Mais débattre, c'est aussi écouter et accepter d'être contredit.

Dans le respect des autres et de la loi.

Article 13 de la Convention Internationale des Droits de l'Enfant, www.justice.gouv.fr/textfond/enfant.htm.
Les textes qui réglementent l'expression des jeunes à l'école : www.clemi.org/medias_scolaires/outils/textesofficiels.html

« INJURE, DIFFAMATION, ATTEINTE À LA VIE PRIVÉE... QU'EST-CE QUE CELA VEUT DIRE ? »

Pour mieux comprendre, voici quelques exemples :
- "Lia est une grosse vache", voilà une injure.
- "Naxo pique dans la caisse", c'est une diffamation, tant que ce n'est pas prouvé.
- "Appelez tous le prof ce soir, son numéro de téléphone c'est 00 11 12 13 14", voilà une atteinte à la vie privée.

Tous ces propos sont des délits. Inciter à la haine raciale, faire circuler des fausses nouvelles sont aussi punis par la loi. Si Lia ou Naxo te poursuivent en justice, tu risques d'être condamné à payer une amende, toi ou tes parents si tu es mineur.
Tu trouveras des informations plus précises à ce sujet sur le site **www.droitdunet.fr.**

« JE NE SUIS PAS TRÈS FIER D'UN DE MES COMMENTAIRES. COMMENT LE SUPPRIMER ? »

Tu ne peux pas le faire tout seul, tu dois demander ce service à l'auteur du blog.
Mais des traces de ce que tu as écrit pourraient rester longtemps sur Internet, archivées par un moteur de recherche.
Mieux vaut donc toujours se relire avant d'afficher ses commentaires.

DOCUMENT 3

Dans son ouvrage **Blogs et podcasts**, *Loïc Le Meur, spécialiste des blogs, interroge Michel-Édouard Leclerc.*

MEL[1], pourquoi avoir ouvert un blog ?

J'écris des notes tous les jours, dans un carnet que j'emporte partout avec moi. Ça correspond à deux besoins. L'un m'est personnel : c'est ma manière de structurer ma pensée, d'organiser les idées, de prendre le temps « d'y voir clair ». L'autre est quasi professionnel. Je dirige un groupement de 500 entreprises qui emploient 85 000 personnes. Tous les jours, j'anime des réunions de travail avec nos cadres, je préside des assemblées de dirigeants d'entreprise, je participe à des dizaines de conférences. J'y suis sans cesse interpellé sur les actions de mon groupe, mais aussi sur ma vision de l'entreprise, de l'économie et des rapports sociaux.

Pour économiser mon énergie et capitaliser sur des réponses déjà formulées, j'avais décidé de créer un site personnel. Mes collaborateurs, plus jeunes que moi et plus au fait de l'économie internet, m'ont convaincu d'y tenir un blog pour être plus réactif, plus en phase avec l'actualité.

Qu'avez-vous appris en « bloguant » ? Est-ce que le fait d'avoir un blog a modifié votre vision des choses ? Si oui, dans quelle mesure ?

Bloguer, c'est réfléchir devant les autres. C'est accepter de s'ouvrir à leurs commentaires, à leurs suggestions et à leurs critiques. Cette « exposition » au public entraîne deux attitudes. L'humilité d'abord. Il faut savoir se rétracter, faire amende honorable, réviser un argument ou le reformuler. L'exigence intellectuelle, ensuite. Quand on est à la tête d'une immense entreprise, on crée malgré soi une attente. Puisque, sur mon blog, je prétends nourrir le débat public, il m'appartient d'être le plus crédible possible, d'être cohérent, et de ne pas être pris en défaut entre ce que je dis, dans mes notes, et les pratiques de l'entreprise sur le terrain. [...][2]

À votre avis, comment vont se développer les blogs dans les années à venir en France et en Europe ?

Actuellement, on est dans une phase d'engouement. Chaque blogueur s'invite chez l'autre, y laisse une trace, rarement fidèle. Beaucoup de zappings. Mais déjà, le phénomène s'autorégule, et l'on voit s'instaurer une sorte de segmentation de différents marchés. Il y a les blogs de jeunes qui, mieux que les chats[3], permettent d'échanger sur des idées, de la musique, et de créer un lien associatif plus dense (autour du sport, par exemple). Dans le monde de l'entreprise, ou celui des arts et de la culture, il existe aussi toute une floraison d'initiatives corporate[4].

Mais ce que j'observe, c'est qu'à côté des blogs d'entreprise ou de festivals, les dirigeants, les animateurs ou les artistes créent en parallèle leurs propres blogs, dissociés des premiers. Le blogging permet une plus grande humanisation (et une personnalisation) de la communication.

À votre avis, dans quelle mesure l'arrivée des blogs peut-elle changer la société ?

Les systèmes de communication, dans nos sociétés modernes, ont multiplié les possibilités d'information. Paradoxalement, ils les ont institutionnalisées. L'information est devenue une marchandise, un bien consommable. On prend ou on ne prend pas. On adhère ou on n'adhère pas. Le lien entre le citoyen et les médias est passif. Il n'y a pas d'enrichissement réciproque. Avec le blog, n'importe quel citoyen peut interpeller un homme politique, un dirigeant d'entreprise, lui demander (ou le forcer à) de justifier ses propos, d'argumenter, ou le prendre en défaut. Le

1. Initiales de Michel-Édouard Leclerc.

2. Manquent ici deux répliques dans lesquelles M.-É. Leclerc évoque la communication interne dans l'entreprise.

3. Vient du verbe anglais *to chat* qui signifie « bavarder ».

4. Issues des entreprises.

blogging permet une forme de retour à la démocratie parce que, sur le net, on se rit des hiérarchies sociales et des statuts. N'importe quel salarié ou consommateur peut m'interpeller sur mon blog. En parallèle, ils peuvent aussi comprendre que derrière ma fonction et mon statut, il y a un homme qui a aussi des passions, une formation, une culture qui ne se limite pas à l'exercice de mon métier.

Attention, le modèle a ses revers. Si les marques et les entreprises investissent les blogs à des fins marchandes, en camouflant habilement leur objectif, il peut y avoir un discrédit du blogging tout aussi important que la méfiance actuelle éprouvée par nos concitoyens à l'égard des grandes chaînes de télévision commerciales ou des journaux.

Vous recevez, sur votre blog, de nombreux commentaires. Les lisez-vous tous ? Avez-vous appris quelque chose de ces commentaires ?

Je les lis tous. Ils sont d'inégal intérêt. Mais ils m'obligent, tous, à peaufiner mes arguments. Ce sont des bons tests avant que je ne prenne la parole dans des conférences. Par exemple, j'étais très emballé par l'idée d'appliquer une TVA réduite aux produits les plus respectueux de l'environnement (bio, commerce équitable, etc.). Cela permettait d'en booster[5] les ventes, au détriment des produits les plus polluants. Mais j'ai retenu des commentaires qu'il était pratiquement impossible d'opérer une telle sélection.

Une autre fois, j'ai attaqué la volonté d'un député d'interdire, par la loi, la distribution de petits sacs plastiques gratuits pour emballer les produits en sortie de magasin. Il suggérait de mettre des sacs biodégradables. J'ai répliqué que c'était infaisable. Je suggérais de distribuer des sacs recyclables. J'ai été soutenu par beaucoup de blogueurs dans leurs commentaires. Du coup, c'est le député qui est intervenu pour nuancer sa proposition.

Dans ces deux cas, le blogging a constitué un élément modérateur.

Qu'est-ce qui vous a le plus surpris dans le fait d'avoir un blog ?

La nécessité de répondre de manière responsable. Au début, on prend ça comme une sorte de jeu intellectuel. Tous ces commentaires constituent finalement une forme de reconnaissance sociale. Avec l'accroissement de l'audience, on devient un peu addict[6]. Ça flatte l'ego[7]. Et c'est là qu'on mesure toute notre responsabilité.

Si l'on ne fait pas attention, un blog peut être non seulement un outil d'influence (ce qui est bien), mais aussi un outil de manipulation. Moi, je considère que la notoriété exige de nous une plus grande responsabilité dans ce que l'on écrit. Évidemment, ça n'empêche ni l'humour, ni la polémique.

Entretien avec **Michel-Édouard Leclerc**, dans *Blogs et podcasts* (2006), de **Loïc Le Meur** et **Laurence Beauvais** © éd. Dunod.

5. Développer, augmenter.

6. Accoutumé, dépendant.

7. Le sentiment de ce que l'on est, de sa propre importance.

DOCUMENT 4

LA NOTORIÉTÉ ET LA CONSULTATION DES BLOGS

Près de 100% des internautes savent ce qu'est un blog

Au deuxième trimestre 2007, presque 100 % des internautes savent ce qu'est un blog ; il y a encore deux ans, au deuxième trimestre 2005, 73 % des internautes français déclaraient savoir ce qu'était un blog.

Source : **Médiamétrie** – Expertises et Services en ligne, 2e trimestre 2005, 2e trimestre 2007.

Les blogs consultés par 40 % des internautes

Les blogs sont consultés chaque mois par 11,2 millions d'internautes, soit 37,6 % des internautes français.

Source : **Médiamétrie** – Observatoire des Usages Internet, 2e trimestre 2007.

LES CRÉATEURS DE BLOGS ET LEUR PROFIL

Les créateurs de blogs

Au deuxième trimestre 2007, 4 758 000 d'internautes ont déclaré avoir déjà créé un blog, soit 15,9 %.

Source : **Médiamétrie** – Observatoire des Usages Internet, 2e trimestre 2007.

Plus de 7 blogueurs sur 10 ont moins de 24 ans

Les blogs séduisent très largement un public jeune : plus de 7 blogueurs sur 10 (72 %) ont moins de 24 ans et un peu moins d'un sur 2 (44 %) est un étudiant.

Les femmes et les hommes ont investi les blogs à parts quasi égales : presque un blogueur sur deux (48 %) est une femme.

Profil des blogueurs	Pourcentage
Sexe	
Homme	52 %
Femme	48 %
Âge	
11-15 ans	27 %
16-24 ans	45 %
25-34 ans	14 %
35-49 ans	9 %
50 ans et plus	4 %
Catégorie socioprofessionnelle	
CSP +	16 %
CSP –	17 %
Étudiants	44 %
Retraités et autres inactifs	23 %

Source : **Médiamétrie** – Observatoire des Usages Internet, 2e trimestre 2007.

2 Synthèse rédigée

EXERCICE 1

Retrouvez dans l'introduction ci-dessous ce qui correspond aux étapes suivantes :
- l'annonce du thème général,
- la présentation des documents et les éléments donnés pour chacun,
- l'annonce des trois grandes orientations qui constituent le plan de la synthèse.

La vulgarisation d'Internet a favorisé le développement d'un phénomène de communication, le blog. Quatre documents abordent ce phénomène. Un article de L'Express *de 2005 analyse le glissement du blog du domaine personnel au domaine professionnel, ce qui est illustré par l'entretien avec l'industriel M.-É. Leclerc, dans un essai de L. Le Meur et L. Beauvais intitulé* Blogs et podcasts *(2006). Un sondage effectué en 2005 par Médiamétrie indique qui sont les « blogueurs ». Le nombre important de jeunes blogueurs peut expliquer le contenu du document 2, ensemble de recommandations et de mises en garde adressées en 2006 aux collégiens par le CLEMI, via l'Académie de Versailles. Ces quatre documents invitent à étudier le phénomène du blog et l'identité de ses utilisateurs, puis les différentes utilisations qui en sont faites et enfin les limites que peut rencontrer cette pratique.*

EXERCICE 2

1. En prenant appui sur l'introduction générale (voir exercice 1) et sur l'introduction partielle de la première partie (**I**, ci-dessous), donnez un titre à cette partie pour en faire apparaître le thème.
2. Vérifiez la pertinence des intertitres A, B et C par rapport à l'introduction partielle qui les précède.

I. *La lecture des quatre documents apprend ce qu'est un blog, qui sont les blogueurs et quelle est l'extension du phénomène.*

A) *Le blog est un journal de bord (documents 1 et 3) interactif, ouvert et donnant la possibilité de réfléchir en public (document 3) ; il permet l'expression publique des opinions et des commentaires (insistance sur son caractère public dans les documents 1, 2 et 3).*

B) *Qui sont les blogueurs : des internautes de tout âge mais beaucoup de jeunes (chiffres et pourcentages donnés par le document 4) ; des représentants de toutes les catégories professionnelles, des membres d'associations et d'écoles (document 1 et document 2).*

C) *Le phénomène est connu et en expansion comme le montrent les chiffres (document 1 et chiffres du document 4).*

EXERCICE 3

1. En prenant appui sur les alinéas et sur les paragraphes, dites comment est construite la deuxième partie ci-dessous.
2. Donnez-lui un titre ainsi qu'aux deux paragraphes qui la composent et vérifiez la cohérence de l'ensemble par rapport à ce qui est annoncé dans l'introduction générale (voir exercice 1 ci-dessus).

Les documents permettent ainsi de comprendre ce qu'est un blog. Ils s'intéressent aussi à ce qu'il offre et à la façon dont il est utilisé. Ils envisagent l'utilisation personnelle et l'utilisation professionnelle, même si, comme le montrent l'article de presse et l'entretien, les deux peuvent se rejoindre.

L'utilisation personnelle du blog, qui est sa vocation première, comme le rappelle l'article de L'Express*, apparaît surtout dans le document du CLEMI et dans l'entretien avec M.-É. Leclerc. Les recommandations adressées aux collégiens montrent le côté ludique du blog : communiquer avec ses amis, donner son avis, avec la tentation de participer à des farces contestables, que révèlent les propos et les dessins. Ques-*

tionné sur le pourquoi de sa démarche, M.-É. Leclerc expose le besoin d'organiser sa pensée, d'ordonner ses idées, ce qu'il appelle réfléchir publiquement. Toute exposition au public est, selon lui, une ouverture aux autres, qui, par les commentaires et les réactions, contribue à enrichir le débat. Ses explications soulignent l'importance des blogs professionnels, prolongement naturel, pour lui, du blog personnel.

Sur le plan professionnel, l'article de L'Express et l'entretien sont révélateurs de la force et du pouvoir du blog. Dans l'entreprise, il permet non seulement le dialogue externe, avec les clients, comme le rappelle V. Lion, mais aussi le dialogue interne. La possibilité de créer des liens, de constituer des réseaux, de mettre en place des échanges de points de vue, de faire circuler l'information, de développer une image professionnelle avantageuse, fait du blog, comme le montrent l'article et l'entretien, un outil efficace dans différents types d'entreprise : le recrutement et l'immobilier. Le blog se révèle par ailleurs un bon outil de management collectif. Il offre une possibilité nouvelle de tester des initiatives commerciales, de mobiliser les salariés. Selon M.-É. Leclerc, il recrée en outre les conditions d'un fonctionnement démocratique. Il annihile certaines barrières sociales et permet à chacun, dans l'entreprise ou dans la vie politique, d'interpeller les dirigeants pour obtenir des explications et des justifications. Mais du fait de ce pouvoir lui-même, le blog court le risque de certaines dérives. Trois des documents signalent certains risques.

EXERCICE 4

1. Indiquez le thème de la troisième partie ci-dessous en lui donnant un titre. Donnez également un titre à chaque paragraphe et observez de quelle manière ils sont reliés.
2. Vérifiez la cohérence de cette troisième partie par rapport à l'annonce de l'introduction générale (voir exercice 1, p. 29).
3. Étudiez comment sont reliées les parties **II** (voir exercice 3, p. 29-30) et **III** (ci-dessous).

Des expressions comme « charte de bon usage » dans l'article de presse et « risque de discrédit » dans l'entretien trouvent un écho dans les « commandements » du CLEMI à destination des plus jeunes : les blogs doivent être soumis non seulement à une déontologie, mais à des obligations légales.

D'après l'article de presse et l'entretien, les blogs, personnels ou professionnels, courent plusieurs risques. Le premier est celui d'abuser de la force de diffusion du blog pour détruire une réputation. Le second, signalé par l'article, comme le premier, est la tentation, dans la gestion des ressources humaines, de faire du blog un outil de transmission de l'information à sens unique, en niant sa dimension d'échange et de remontées de la base, sur lesquelles insiste M.-É. Leclerc. Le troisième vient de la publicité. Les blogs étant de bons outils de promotion, personnelle ou professionnelle, il est possible, selon M.-É. Leclerc, que les marques cherchent à les investir, sans faire connaître ouvertement leurs objectifs. Ces différentes observations, qui mettent en jeu l'idée d'une déontologie, rejoignent les recommandations du CLEMI, qui récapitulent les dispositions légales en vigueur.

Mais ces recommandations ne concernent pas que les jeunes. Nul blogueur n'est censé ignorer la loi. Le document souligne la liberté d'expression, mais rappelle ses limites, avec un article de la Déclaration des droits de l'homme et du citoyen. Il rappelle aussi l'existence de textes réglementant l'expression des jeunes à l'école, pour éviter le « blog déversoir » dont il est question dans l'article de presse. Le document indique aussi que les injures et les diffamations sont des délits, liste les sanctions possibles, et identifie comme une atteinte à la vie privée ce que certains considèrent comme une simple farce. En donnant l'adresse de sites d'information, le document du CLEMI est un outil de formation civique destiné à limiter les débordements possibles du blog.

EXERCICE 5

Mettez en parallèle l'introduction (voir exercice 1, p. 29) et la conclusion (ci-dessous) : qu'ont-elles en commun ? Qu'apporte de plus la conclusion ?

> *Le corpus de documents proposés, consacrés au phénomène du blog, attire l'attention du lecteur sur un certain nombre d'avantages, illustrés par la décision de* L'Express *d'ouvrir un blog à ses lecteurs et par la certitude, exprimée par M.-É. Leclerc, qu'il s'agit là d'un outil de démocratie. En insistant sur certains risques, les documents soulignent l'importance d'une information diffusée auprès des blogueurs, qui sont de plus en plus nombreux, sous forme d'une charte déontologique, et d'une formation civique des plus jeunes, pour limiter l'utilisation dangereuse d'une liberté d'expression mal comprise.*

EXERCICE 6

À partir des éléments rédigés dans les exercices 1 à 5 (p. 29 à 31) et des alinéas, dites comment est construite la synthèse proposée.

EXERCICE 7

Choisissez une des deux grandes parties rédigées de la synthèse (exercice 3, p. 29-30 ou exercice 4, p. 30) pour y étudier la manière dont les documents sont utilisés et cités. Définissez ainsi leur rôle.

EXERCICE 8

Mettez en parallèle le corpus de documents (p. 22 à 28) et la synthèse rédigée (p. 29 à 31) : qu'y a-t-il de commun sur le plan des idées ?

EXERCICE 9

1. Repérez et identifiez dans la synthèse rédigée différents types de reformulation des idées qui figurent dans les documents.
2. Identifiez différentes façons de formuler les références aux documents.

EXERCICE 10

Quels sont le rôle et le statut de l'auteur de la synthèse ? Pour répondre, aidez-vous des deux questions suivantes : « Qui parle dans la synthèse ? » et « À qui appartiennent les idées émises dans la synthèse ? ».

EXERCICE 11

En quoi consiste, dans l'exemple donné, l'objectivité de la synthèse ? Vérifiez, pour répondre à cette question, que l'auteur de la synthèse n'exprime ni ses sentiments, ni ses réactions, ni ses jugements personnels.

EXERCICE 12

À partir de l'exemple constitué par le corpus et par la synthèse rédigée, et en prenant appui sur les réponses aux exercices précédents, expliquez en quoi consiste la démarche de la synthèse et quelles sont les difficultés de cet exercice.

La synthèse de documents

La synthèse de documents est un exercice qui consiste à **rapprocher** et à **confronter** un ensemble de documents – qu'on appelle **corpus** – pour en faire apparaître les points de **convergence** et/ou de **divergence** sous une forme rédigée, construite et **objective**.

Le corpus et sa composition

Une synthèse se fait à partir de documents de **nature différente**, appartenant à des **genres divers** : on trouve ainsi des **textes littéraires** – roman, poésie, théâtre –, des extraits de **presse**, d'**essais sociologiques**, des **documents de référence** (extraits de lois, conventions ou règlements). Un corpus peut également comporter des documents de type **iconographique** – tableaux, gravures, photos, dessins de presse, images de film, affiches publicitaires – ainsi que des **documents chiffrés** (graphiques, schémas, tableaux de pourcentages). Ces documents se situent souvent dans des époques différentes. Ils sont regroupés parce qu'ils expriment tous, sous des formes variées, des **idées**. Il est indispensable de savoir les analyser, quel que soit leur genre.

→ **EX :** le corpus sur le phénomène du blog comporte un **article de presse**, un **tableau de pourcentages** donnant les résultats d'une enquête, un **entretien** extrait d'un essai consacré aux blogs et deux pages d'un **livret** de recommandations adapté et adressé aux collégiens. Ces documents datent de 2005, 2006 et 2007. Ils sont donc contemporains. Le corpus d'un sujet donné à l'examen en 2007 regroupe deux extraits d'essai, l'un d'Albert Jacquard et l'autre de Bruno Escoubès, un extrait de roman d'Émile Zola et une illustration d'un roman de Jules Verne.

La démarche de la synthèse

Synthétiser est la **démarche intellectuelle** qui consiste à **réunir en un tout** construit de manière cohérente **diverses informations** et **diverses réflexions**. La diversité vient des documents et des idées exprimées. La cohérence vient de la mise en place d'une **organisation**, matérialisée par un **plan** visible, en relation avec une **problématique**, qui est celle du corpus, et qu'il convient de trouver. La synthèse n'est donc pas une juxtaposition d'idées simplement reprises dans les documents analysés les uns après les autres : elle est un **exposé construit** de **manière logique**, par un **auteur** (vous-même) **différent** de ceux des documents. Elle nécessite de mettre en place – en fonction des idées et des documents – une **argumentation** liée à la problématique. La préparation d'une synthèse implique donc la lecture, l'identification, l'analyse et la compréhension des documents, ce qui permet la mise en évidence et la reformulation des idées de manière structurée.

→ **EX :** à partir de quatre documents **différents** sur le **même thème**, la synthèse de leur contenu est un exposé faisant apparaître **ce qu'est un blog** et qui l'utilise, quelles en sont les **fonctions**, et quels sont les **règlements** et les **contraintes** à respecter dans ce mode de communication.

La rédaction et ses impératifs

Une fois les idées identifiées et regroupées pour constituer un plan indispensable, il faut rédiger le devoir, ce qui exige un **type d'écriture particulier**. Ni **paraphrase** répétant les documents écrits ni **montage de citations**, la synthèse impose une **reformulation** claire des idées contenues dans les documents, en un exposé qui les présente en les regroupant, avec l'indication de leur auteur ou de leur source. Les documents ne sont en effet pas là pour constituer un « réservoir » d'idées dans lequel on peut choisir : ils constituent la **matière** même de la synthèse et leurs idées doivent être reprises objectivement. Cela signifie que l'auteur d'une synthèse doit **s'abstenir** de toute **remarque** et de tout **commentaire** personnel laissant passer un **jugement**. On se reportera aux **chapitres 17 à 22** où toutes ces étapes sont abordées.

→ **EX :** dans la synthèse proposée, il serait inacceptable que l'auteur du devoir prenne position par rapport aux blogs, pour porter un jugement élogieux ou dépréciatif, ou encore qu'il parle de sa propre expérience.

PROLONGEMENTS

LEXIQUE

EXERCICE 1

Établissez, en prenant appui sur la synthèse proposée (p. 29 à 31), une liste de procédés – prépositions, formule comparative, phrase rédigée… – permettant de faire référence aux documents dans une synthèse et de reprendre les idées en indiquant leur source.

EXPRESSION ÉCRITE

EXERCICE 2

En prenant appui sur les exemples ci-contre pour le corpus 1, trouvez des formulations différentes pour présenter les documents des corpus 2 et 3, par exemple en les désignant par leur nature, leurs sources, leur auteur…

CORPUS 1

Document 1 : Albert Jacquard, *Au péril de la science* (1982), Introduction © éd. du Seuil.

Document 2 : Émile Zola, *Le Docteur Pascal* (1893).

Document 3 : Bruno Escoubès, *L'État des sciences* (1991) © éd. La Découverte.

Document 4 : illustration de **L. Benett** pour *Les 500 millions de la Begun* (1879) de Jules Verne.

Exemples rédigés

Document 1

– Le généticien A. Jacquard analyse dans l'introduction de l'essai Au péril de la science *(1982)…*

– Dans un extrait de l'introduction de l'essai Au péril de la science *(1982), A. Jacquard met en parallèle les avancées de la science et les risques qui y sont associés.*

– Les risques inhérents aux progrès scientifiques sont abordés par A. Jacquard dans l'introduction de son essai Au péril de la science.

Document 2

– En 1893, par la voix d'un personnage romanesque, É. Zola aborde la question du pouvoir de la science en relation avec le temps.

– Extrait romanesque datant de 1893, le document 2 est un dialogue qui a pour thème le progrès scientifique.

– Les réflexions sur la science figurent dans les romans : en témoigne le document 2, qui met en scène un personnage de Zola et présente ses conceptions scientifiques.

Document 3

– L'État des sciences, *essai de 1991, est l'occasion pour son auteur, B. Escoubès, de s'interroger sur…*

– Dans L'État des sciences, *essai publié en 1991, B. Escoubès aborde la question…*

– Le document 3 est un extrait d'essai écrit par B. Escoubès en 1991 et dans lequel il…

Document 4

– Une illustration d'époque du roman de J. Verne, Les 500 millions de la Begun *(1879), montre…*

– Le thème de la science est illustré par une image extraite d'une édition du roman de J. Verne, (1879), Les 500 millions de la Begun.

– Le corpus est complété par une illustration du roman de J. Verne, Les 500 millions de la Begun, *de 1879.*

CORPUS 2

Document 1 (p. 99) **: Frédéric Beigbeder**, *99 F – 14,99 €* (2000), chapitre 7 © éd. Grasset.

Document 2 (p. 156) **:** définition du **BVP**, Bureau de Vérification de la Publicité © BVP.

Document 3 (p. 74) **:** entretien avec **Jean-Marie Dru** © *Le Monde 2*, 19 mai 2007.

Document 4 (p. 133) **:** publicité pour la marque **Aigle**, campagne 2007.

CORPUS 3

Document 1 (p. 139) **: Marivaux**, *La Colonie* (1750), scène 13.

Document 2 (p. 158) **: Christiane Cordero**, *La Famille* (1995) © éd. *Le Monde*/Marabout.

Document 3 (p. 60) **: Nicolas Jonas**, *La Famille* (2007), extrait du chapitre 7 © éd. Bréal.

Document 4 (p. 81) **:** dessin de **Plantu** extrait de *Wolfgang, tu feras informatique* (1988) © éd. La Découverte/*Le Monde*.

EXERCICE 3

Réécrivez l'introduction générale de la synthèse proposée (voir exercice 1, p. 29) en partant d'une autre entrée en matière relative au blog et en formulant de manière différente la présentation des documents et l'annonce du plan.

EXERCICE 4

En vous inspirant de la rédaction des parties II et III de la synthèse proposée (voir exercice 3, p. 29-30 et exercice 4, p. 30), rédigez un ou deux des paragraphes de la première partie. Utilisez le plan (voir exercice 2, p. 29) et les références aux documents.

ACTIVITÉS ORALES

EXERCICE 5

Organisez un débat sur la notion de blog pour confronter des points de vue différents sur ce phénomène. Utilisez les documents du corpus, d'autres lectures et « visitez » quelques blogs pour avoir des exemples de fonctionnements.

CHAPITRE 3

Exemple d'écriture personnelle

1 Sujet

Le sujet proposé accompagne le corpus qui figure dans le chapitre précédent (p. 21 à 28). On peut rappeler ici que la synthèse et l'écriture personnelle portent, le jour de l'examen, sur l'un des deux thèmes figurant officiellement au programme.

EXERCICE 1

Observez le sujet ci-dessous ; cherchez ses mots-clés et répondez par **Vrai** ou **Faux** aux affirmations suivantes :
– le sujet demande de présenter un phénomène ;
– le sujet demande d'analyser les conséquences d'un phénomène ;
– le sujet demande de donner les explications d'un phénomène ;
– le sujet demande de discuter un point de vue ;
– le sujet demande d'exposer uniquement un point de vue personnel ;
– le sujet impose un plan de type thèse/antithèse/synthèse ;
– le sujet impose un plan qui énumère les différentes causes du succès du blog ;
– le traitement du sujet peut se faire sous la forme d'un article exposant, entre une introduction et une conclusion, les différentes raisons expliquant le développement des blogs ;
– la thèse de départ est que le blog a du succès ; le sujet demande d'expliquer pourquoi.

DEUXIÈME PARTIE : ÉCRITURE PERSONNELLE (20 points)

Comment peut-on expliquer, selon vous, le succès grandissant du « blog » ?

Vous appuierez votre réponse sur les éléments du corpus et sur vos connaissances personnelles.

2 Devoir rédigé

EXERCICE 2

1. Lisez l'introduction ci-dessous et dites comment elle est composée.
2. À partir du lexique, retrouvez les relations thématiques entre cette introduction et le sujet, puis dégagez le plan : quelles sont les trois étapes envisagées pour le développement du devoir ?

Néologisme formé sur la contraction des mots « web » et « log », le blog est défini comme un carnet de bord ou une sorte de journal intime publié sur le web (la toile), c'est-à-dire sur Internet. C'est un phénomène récent, dont l'extension, chiffrée par des instituts de sondages, trouve des explications dans un contexte général de communication et dans le développement d'Internet. Le blog est un mode de dialogue, mais il a une particularité : il est à la fois personnel et public, caractéristique qui explique peut-être un succès grandissant, chez les plus jeunes comme chez les adultes. Chercher les raisons de ce succès nous conduit à nous interroger sur la manière dont le blog répond au besoin de parler de soi, sur le pouvoir dont dispose la communauté des blogueurs et sur son utilisation dans le cadre professionnel.

EXERCICE 3

1. Quelle est l'idée développée dans le premier paragraphe ci-dessous ? Dites où elle est exprimée et reformulez-la en donnant un titre à ce paragraphe.
2. Combien le paragraphe donne-t-il d'exemples ? Qu'illustrent-ils précisément ?

Nous vivons dans une société de communication en paroles et en images, dans laquelle la frontière entre la vie privée et l'extériorisation des pensées, des sentiments et des images de soi non seulement s'est déplacée, mais a parfois simplement disparu. Dans un tel contexte, le blog offre la possibilité d'ouvrir au public un lieu d'expression personnelle et privée. Le blog permet d'exprimer ce que l'on pense, au vu et au su de tous, et d'avoir des réponses à ce que l'on dit, ce qui, par le dialogue ainsi instauré, donne le sentiment d'appartenir à une communauté dans laquelle les pseudonymes masquent les identités réelles, créant du mystère. Une idée répandue est que sur un blog, on peut dire ce que l'on veut en toute liberté de parole et de style, du commentaire de l'actualité aux préoccupations les plus intimes, en passant par les idées farfelues de jeunes en manque de plaisanterie ; en témoigne un document publié par le CLEMI et l'Académie de Versailles qui met en garde les collégiens contre certaines utilisations déviantes et illégales du blog. Le journaliste René Moerland, qui écrit dans Courrier international, *explique le succès du blog en France par le goût des Français pour les commentaires et les analyses : sur un mode humoristique, il compare les blogueurs à Montaigne écrivant les* Essais, *ce qui est très élogieux, et les blogs au café du commerce, ce qui l'est beaucoup moins… On peut ne pas apprécier !*

EXERCICE 4

1. Étudiez l'articulation entre les paragraphes 1 (voir exercice 3) et 2 (ci-dessous).
2. Quelle est l'idée développée dans le second paragraphe ? Vérifiez sa cohérence par rapport à ce qui est annoncé dans l'introduction générale (voir exercice 2, p. 34).
3. Observez la place prise par les exemples dans le second paragraphe du devoir. Comment peut-on l'expliquer ?

Il est ainsi avéré que le blog donne le sentiment d'exister, de n'être plus seul, d'être important puisque ce qu'on écrit est publié et connu de tous. Une autre raison de son succès vient peut-être du pouvoir qu'il confère, sur un double plan individuel et collectif. Plusieurs analyses du phénomène blog évoquent la rapidité et la force avec lesquelles peut se propager une information à partir de sa diffusion sur un blog, et les conséquences, bénéfiques pour certains mais redoutées par d'autres, lorsqu'ils en font les frais. Un article du magazine Challenge *raconte ainsi comment l'ouverture, par un blogueur californien, d'un cadenas de sécurité de vélo, présenté comme inviolable, a fait l'objet, sur le blog de l'intéressé, d'une communication relayée dans la « blogosphère » par d'autres internautes. Des millions d'internautes ont ainsi appris à ouvrir le cadenas. La contre-publicité faite à la marque par cet incident l'a contrainte à remplacer le produit défectueux, ce qui lui a coûté une somme astronomique et la dévalorisation de son image. Un article des* Cahiers français *rapporte que les réactions de blogueurs à une émission de la chaîne américaine CBS ont contribué à la correction de faits erronés et obligé la chaîne à présenter des excuses. En ce sens, le blog donne à ses utilisateurs le sentiment de constituer une force de pression efficace pour contacter et alerter les autres, sans les connaître. En rassemblant les éléments d'une collectivité soudée et agissante, le blog se révèle être une véritable arme.*

EXERCICE 5

1. Donnez le thème du troisième paragraphe (ci-dessous) et dites comment il s'articule au paragraphe précédent (voir exercice 4, p. 35).
2. Vérifiez la cohérence de ce troisième paragraphe par rapport à ce qui est annoncé dans l'introduction générale (voir exercice 2, p. 34).

On peut enfin considérer, à la lecture de différents articles et analyses, que le développement du blog s'explique aussi, dans le domaine professionnel et dans le domaine politique, par la possibilité qu'il offre d'une communication non conventionnelle et innovante entre des interlocuteurs habitués à échanger des propos codifiés. Exposant les avantages qu'il voit dans la création d'un blog professionnel, Michel-Édouard Leclerc explique l'importance de vrais échanges internes lui permettant d'être mieux informé et de prendre des décisions plus enracinées dans la réalité de l'entreprise. De cette façon, le blog contribue à la disparition de certaines frontières hiérarchiques, y compris dans la vie politique. Certains lui reconnaissent une fonction démocratique. Le caractère ouvert du blog favorise l'interpellation presque directe et en tout cas publique de responsables divers, qui ont souvent choisi ce mode d'échange et de communication pour échapper à la « langue de bois ». Cette explication est avancée dans l'article des Cahiers français *cité précédemment, qui rapporte aussi que la chaîne américaine CNN a décidé de faire appel aux blogs dans une perspective de « journalisme citoyen », chacun étant appelé à témoigner de l'actualité. Le blog se développe et se diversifie en empiétant de plus en plus sur le domaine professionnel. Et c'est ce « débordement » des frontières qui plaît.*

EXERCICE 6

Mettez en parallèle l'introduction (voir exercice 2, p. 34) et la conclusion ci-dessous : qu'ont-elles en commun ? Qu'apporte la conclusion à la fin du devoir ?

Je pense ainsi que ce qui explique le succès des blogs est leur double nature et les caractéristiques qui en découlent : ils appartiennent simultanément à deux mondes opposés, entre lesquels ils établissent des liens, celui de l'individualisme, parfois narcissique, et celui de la collectivité, ouvert à tous, offrant à chacun la possibilité d'être connu, puis reconnu, lu, et entendu. Le blog semble répondre à deux attitudes contradictoires qui caractérisent les comportements sociaux actuels et qu'il tente de concilier : sauvegarder un territoire privé et entrer en relation avec tous.

EXERCICE 7

Analysez le caractère argumentatif du devoir rédigé (voir exercices 2 à 5, p. 34 à 36) en identifiant la thèse défendue, les arguments qui la soutiennent et les exemples qui illustrent ces arguments.

EXERCICE 8

Les idées exprimées dans l'ensemble du devoir sont-elles uniquement les points de vue personnels de son auteur ? Identifiez certaines sources de ces idées.

EXERCICE 9

Le contenu exposé est-il objectif ? Si vous trouvez des indices de la subjectivité de l'auteur du texte sous la forme de jugements, de remarques, d'appréciations..., indiquez-les et dites si cette subjectivité est justifiée.

EXERCICE 10

Sur le thème des blogs, comparez le travail de synthèse (p. 29 à 31) et le travail d'écriture personnelle (p. 34 à 36) pour mettre en évidence certains éléments communs et surtout les différences. En particulier, mettez en parallèle l'insertion et l'utilisation des documents dans les deux types d'exercice et dites ce que vous pouvez observer.

L'écriture personnelle

On désigne par « écriture personnelle » un exercice qui accompagne la synthèse de documents et la complète. Cet exercice demande au candidat de répondre, **de manière personnelle**, à une question posée par le sujet, en relation avec le **thème** traité par le corpus de documents. Ce thème lui-même s'inscrit dans le **programme officiel** de l'année.

La question posée par le sujet

La question posée par le sujet prend parfois pour point de départ une citation extraite d'un des documents. Elle oriente la réflexion du candidat et lui permet de dégager une **problématique**, en mettant en relation différents éléments se rattachant au thème traité.

→ **EX :** dans le sujet sur les blogs, la **problématique** est la relation, dont il faut trouver les causes, entre la nature, les fonctions et les avantages du blog d'une part et l'important succès de ce mode de communication d'autre part.

La démarche de l'écriture personnelle

Après l'analyse du sujet et la détermination de la problématique, l'écriture personnelle impose la **recherche d'idées** puis leur exposé sous une forme **argumentée** et **personnelle**.

– **La recherche d'idées** : orientée par la problématique, cette recherche conduit à exploiter les documents du corpus mais aussi à puiser dans les **connaissances acquises** pendant l'année grâce au cours, aux lectures, aux documents divers étudiés, aux films vus…

→ **EX :** dans le travail sur les blogs, des idées viennent de différents articles de presse – *Courrier international, Les Cahiers français* – dont la lecture complète celle des documents du corpus.

– **Un discours argumenté** : on parle de démarche argumentée et de discours argumentatif lorsqu'un texte présente une **thèse**, que celle-ci est soutenue par des **arguments** – qui peuvent appartenir à des domaines différents – eux-mêmes illustrés par des **exemples**, et que l'ensemble a pour finalité de **convaincre** ou de **persuader** un destinataire, ce dernier étant présent ou non.

→ **EX :** dans le cas du sujet sur les blogs, la démarche consiste à trouver et exposer les **raisons** (ce sont les **arguments**) qui expliquent pourquoi le phénomène du blog est en plein développement (c'est la **thèse**).

– **Le caractère personnel de l'écriture** : qui dit « écriture personnelle » dit expression de **points de vue subjectifs** : l'auteur d'un devoir de ce type est invité à s'exprimer en **son propre nom** et peut utiliser la **première personne**. Il peut aussi faire état de son expérience personnelle, sans toutefois transformer en récit ce qui doit rester une argumentation. Mais il faut rappeler ici :

- que l'on peut exprimer des **opinions personnelles** sans utiliser systématiquement la première personne ;
- que même si la question posée dans le sujet est à la **deuxième personne** et comporte la formule « selon vous », on attend de l'auteur du devoir qu'il fasse appel aux **connaissances** qu'il a acquises et qu'il propose des **arguments** recevables, cautionnés par des penseurs, des sociologues, des spécialistes. Le côté subjectif du travail se révèle dans le choix des **arguments** et dans l'**adhésion** de celui qui parle aux différentes idées qu'il exprime. Cette adhésion ressort essentiellement des formulations choisies. Pour l'écriture personnelle, voir **chapitres 23 à 27**.

PROLONGEMENTS

LEXIQUE

EXERCICE 1

Établissez une liste de divers mots et expressions utilisés pour exprimer la cause.

EXPRESSION ÉCRITE

EXERCICE 2

Articulez les deux éléments suivants en faisant varier les procédés exprimant la cause :
Le phénomène du blog connaît un grand succès / il permet à chaque internaute de s'exprimer librement.
Inversez ensuite les deux éléments pour mettre l'accent sur un lien de conséquence et exprimez ce lien de plusieurs manières différentes.

EXERCICE 3

Si, grâce à vos connaissances, à vos lectures et / ou à votre expérience, vous avez d'autres explications permettant de comprendre le succès des blogs, exprimez-les sous forme d'un ou deux paragraphes argumentés exprimant la cause. Utilisez successivement la troisième personne et la première personne.

EXERCICE 4

Construisez un ou deux paragraphes argumentés pour exposer ce qui vous plairait et/ou vous intéresserait dans la création et la gestion de votre propre blog. Utilisez la première personne.

Jean-Paul Agosti
Jardin d'Orphée (1993), aquarelle sur Arches et feuilles d'or, panneau central d'un polyptyque de 5 panneaux, 152 x 102 cm (collection privée).

2

Savoir identifier et analyser les documents

TABLEAU TRANSVERSAL

THÈMES traités à travers les documents des chapitres de la partie 2

THÈMES	CHAPITRE 6 Extrait d'essai	CHAPITRE 7 Extrait de presse	CHAPITRE 8 Dessin de presse, BD	CHAPITRE 9 Schéma, document chiffré	CHAPITRE 10 Extrait de roman
La publicité		Entretien avec **Jean-Marie Dru** (*Le Monde 2*, 2007) **p. 74**	Dessin de **Faujour** (2006) **p. 88**		**F. Beigbeder,** *99 F — 14,99 €* (2000) **p. 99**
Le travail	**M.-F. Hirigoyen,** *Le Harcèlement moral* (1998) **p. 54**	**M.-C. Betbeder,** « Ne pas perdre sa vie à la gagner » (*Le Monde Initiatives*, 1997) **p. 76**	Dessin d'**Honoré** (1986) **p. 85**	Courbes : **le chômage des jeunes** (2007) **p. 92**	**B. Vian,** *L'Écume des jours* (1947) **p. 101**
Le devenir des sites industriels	**E. de Roux,** *Patrimoine industriel* (2000) **p. 56**		Dessin de **Sempé**, *Un peu de Paris* (2001) **p. 83**		**É. Zola,** *Germinal* (1885) **p. 106**
Le voyage	**C. Lévi-Strauss,** *Tristes tropiques* (1955) **p. 61**	**M. Le Bris,** « Orients rêvés, Orients réels » (dossier de presse 2006) **p. 67**	BD : **E. Guibert, D. Lefèvre…** *Le Photographe* (2003) **p. 86**		
La condition des femmes	**N. Jonas,** *La Famille* (2007) **p. 60**		Dessin de **Plantu** *Wolfgang, tu feras informatique* (1988) **p. 81**	Sondage sur l'utilisation du **corps des femmes dans la publicité** (2005) **p. 96**	**V. Hugo,** *Les Misérables* (1862) **p. 103**
L'exclusion	**J. Hassin,** « Vivre dans la rue » (2007) **p. 63**		Dessin de **Soulas** (1988) **p. 80**	Sondage auprès des **SDF** (2006) **p. 91**	
La sauvegarde des forêts		**J. Alia,** « Massacre au fond des bois » (*Le Nouvel Observateur*, 2000) **p. 73**		Schéma : les **pluies acides**, *Le Petit Larousse* (2008) **p. 93**	
L'exploitation des enfants		**S.-F. N'Piénikoua,** « Un enfant en guerre… » (*Courrier international*, 2007) **p. 68**		Sondage sur **l'utilisation des enfants dans la publicité** (2005) **p. 94**	
Les dérives de la médecine		Entretien avec **Axel Kahn** (*Gazette du Palais*, 2007) **p. 71**	Dessin de **Serre**, *Humour noir et hommes en blanc* (2001) **p. 89**		
Le comédien en scène	**D. Diderot,** *Paradoxe sur le comédien* (1781) **p. 55**	Entretien avec la comédienne **Helen Mirren** (*Positif*, 2006) **p. 77**	BD : **C. Bretécher,** *Les Frustrés* (1975) **p. 82**		
Le luxe	**J. Castarède,** *Le Luxe* (1992) **p. 57**				**F. de Fénelon,** *Les Aventures de Télémaque* (1699) **p. 100**
Les menaces sur les libertés	**P. Breton,** *Le Culte de l'Internet* (2000) **p. 62**	**N. Guibert, J.-P. Langellier,** « …le réseau de vidéosurveillance » (*Le Monde*, 2007) **p. 69**		Sondage sur la **vidéosurveillance** (2007) **p. 97**	**G. Orwell,** *1984* (1950) **p. 105**

DES THÈMES ET DES GENRES

CHAPITRE 11 Extrait poétique	CHAPITRE 12 Œuvre d'art	CHAPITRE 13 Publicité	CHAPITRE 14 Extrait théâtral	CHAPITRE 15 Photo	CHAPITRE 16 Document de référence
	Affiche de **R. Savignac,** *Non à la voie express* (1972) p. 120	Publicité **Perrier** (1998) p. 134			**Définition et missions du BVP** (créé en 1953) p. 156
	Tableau de **F. Léger,** *Les Constructeurs* (1950) p. 126	Affiche de **F. A. Doumenq,** *« Les 8 heures »* (1919) p. 130		Image du film ***Les Temps modernes*** (**C. Chaplin**, 1936) p. 148	**Loi sur le harcèlement moral** (2002) p. 157
É. Verhaeren, *Les Villes tentaculaires* (1895), « Les usines » p. 110	Tableau de **N. A. Kassatkine,** *Nouvelle industrie textile à Orechovo-Zoejevo* (1904) p. 125			**Centrale Montemartini** devenue musée à Rome (2006) p. 146	
J. M. de Heredia, *Les Trophées* (1893), « Les conquérants » p. 108		Affiche **Air France** (1946) p. 132		**M. Parr,** touristes devant l'Acropole à Athènes (1991) p. 153	
	Illustration pour le catalogue **Manufrance** (1925) p. 123		**Marivaux,** *La Colonie* (1750) p. 139		**Chronologie sur le statut des femmes** (1995) p. 158
J. Prévert, *Paroles* (1946), « La grasse matinée » p. 112	Œuvre de **E. Pignon-Ernest,** *Expulsions* (1977) p. 117			**O. Coulange,** sans abri (1992) p. 145	
J. Supervielle, *1939-1945* « Arbres dans la nuit et le jour » p. 115	Vases-sculptures de **J.-M. Massaud,** *Missed Tree I* et *II* (2007) p. 121	Publicité **Aigle** (2007) p. 133	**A. Tchékhov,** *Oncle Vania* (1897) p. 136	**L'Odyssée Verte** à Rambouillet (2007) p. 150	
V. Hugo, *Les Contemplations* (1856), « Melancholia » p. 109	Gravure : le **travail des enfants** dans les mines en Angleterre (1844) p. 124	Affiche **Amnesty International** (2007) p. 128		**M. Dorigny,** enfants travaillant en Colombie (1992-1993) p. 152	**Convention internationale des droits de l'enfant** (1989) p. 163
			J. Romains, *Knock* (1923) p. 137	Affiche du film ***Sicko*** (**M. Moore,** 2007) p. 151	**Le Serment médical** (1996) p. 162
			L. Jouvet et B. Jaques, *Elvire-Jouvet 40* (1986) p. 142	**P. Gely**, répétition de théâtre (2005) p. 147	
Voltaire, *Le Mondain* (1736) p. 113	Tableau de **H.-A. Gervex,** *Une soirée au Pré Catelan* (1909) p. 119	Publicité **Miss Dior chérie** (2007) p. 129			
				M. Fourmy, poste de contrôle de la RATP (1999) p. 154	**Définition et missions de la CNIL** (2004-2005) p. 164

Les chapitres de la partie 1 et de la partie 3 proposent quatre autres corpus sur les thèmes suivants : **les blogs** (chap 2, p. 21), **les jeux vidéo** (chap 18, p. 186), **les mangas** (chap 19, p. 193), **la réforme de l'orthographe** (chap 20, p. 200).

CHAPITRE 4

Analyser le paratexte

APPROCHES

EXERCICE 1

Victor Hugo (1802-1885), *Les Châtiments* (1853), Livre V, « L'autorité est sacrée », texte 13, « L'Expiation », v. 69-100.

1. Le mot « paratexte » désigne toutes les informations qui accompagnent un document, titre, chapeau de présentation, notes, date, source. Dans les informations données ci-dessus, et qui sont une partie du paratexte, dites ce qui permet :
– de connaître l'auteur,
– de préciser que l'œuvre est en vers,
– de savoir à quelle époque elle a été publiée,
– d'identifier le passage exact dont il s'agit,
– d'avoir une idée de son thème général.
2. Est-il possible de déterminer le genre de l'œuvre ?

EXERCICE 2

Anton Tchékhov (1860-1904), *Oncle Vania* (1897), acte premier, traduit du russe par A. Adamov © éd. Flammarion, 1973.

1. Dans le paratexte donné ci-dessus, dites ce qui permet de déterminer :
– qu'il s'agit d'un texte originellement écrit en russe,
– que ce texte est un extrait théâtral,
– par qui il a été écrit,
– par qui il a été traduit,
– où se situe le passage proposé.
2. En l'absence de tout chapeau de présentation, précisez aussi s'il est possible de se faire une idée du thème de l'œuvre et de l'extrait. Que signifient les deux dates 1897 et 1973 ? Qu'apprend au lecteur l'indication « acte premier » sans autre précision ?

EXERCICE 3

Entretien avec **Gilbert Tordjman**, « La conjugalité s'apprend », dans *Mariage, mariages,* série « Mutations » n° 105, mars 1989 © éd. Autrement.

1. Le paratexte donné ci-dessus permet de savoir :
– qui parle,
– quel est le genre du document et quel est son titre,
– de quel genre d'ouvrage il est extrait,
– quel est le titre de cet ouvrage,
– quelle est la date de publication de l'ouvrage,
– quel est son thème global.
Donnez ces réponses et dites à partir de quels éléments vous les avez trouvées.
2. Précisez ensuite quelles sont les informations données par les éléments suivants : série « Mutations », n° 105, *Mariage, mariages.*

EXERCICE 4

Serge-Félix N'Piénikoua, « Un enfant en guerre n'est plus un enfant » © *La Gazette du Golfe* (Cotonou, Bénin), repris dans *Courrier international,* 19 au 25 juillet 2007.

Quelles informations donne le paratexte ci-dessus concernant l'auteur, la source du texte et son genre, le pays où il a été publié ? Qu'apprend le lecteur à propos du *Courrier international* ? Quelle information donne la précision « 19 au 25 juillet » ?

EXERCICE 5

Émilien Carassus, *Le Snobisme et les lettres françaises de Paul Bourget à Marcel Proust, 1884-1914* (1996) © éd. Armand Colin.

1. Auteur, titre, date de publication et thème : identifiez ces différents éléments dans le paratexte indiqué ci-dessus.
2. Qu'indiquent les deux dates « 1884-1914 » ? Est-il possible de déterminer le genre de l'œuvre ? Que signifient l'indication « Armand Colin » et le signe © ?

EXERCICE 6

• **Chapeau :** *L'auteur rapporte les négociations du GATT[1] de décembre 1993 entre les États-Unis et l'Europe, et la position française.*
• **Auteur et source :** **Daniel Bougnoux**, « Cow-boys et jardiniers. Le marché mondial contre "l'identité française" ? » © *Esprit*, mars 1996.
• **Note de bas de page :** **1.** GATT, General Agreement on Tariffs and Trade : accord général sur les tarifs douaniers et le commerce international.

1. L'encadré ci-dessus donne le paratexte accompagnant un document textuel : qu'est-ce qui permet de connaître l'auteur, la source et sa nature, la date de publication ?
2. Qu'apportent les autres éléments : titre, chapeau de présentation, note de bas de page ? Ces différents éléments permettent-ils de déterminer le genre du document ?

EXERCICE 7

Eugène Delacroix (1798-1863), *Le 28 juillet 1830, la Liberté guidant le peuple* (1831), huile sur toile, 250 x 325 cm (musée du Louvre, Paris).

Certaines informations accompagnent obligatoirement un tableau. On appelle alors ce paratexte la « légende ». Observez les éléments qui figurent ci-dessus : que vous apprennent-ils ?

EXERCICE 8

Olivier Coulange, sans abri (1992), agence Vu.

Quelles informations donnent les éléments de la légende ci-dessus, qui accompagnent une photo ?

EXERCICE 9

Didier Lefèvre (photographies), **Emmanuel Guibert** (texte et dessin) et **Frédéric Lemercier** (mise en page et couleurs), *Le Photographe* (2003), vol. 1, p. 77-78 © éd. Dupuis.

Le paratexte ci-dessus est celui d'un album de bande dessinée : quelles informations donne-t-il ?

EXERCICE 10

Extrait d'une enquête réalisée les 26 et 27 octobre 2005 par le département Stratégies d'opinion de TNS Sofres sur un échantillon de 1000 personnes représentatif de l'ensemble de la population de 18 ans et plus, interrogées en face à face à leur domicile selon la méthode des quotas.

Quelles informations donne le paratexte ci-dessus, qui accompagne un tableau de statistiques ?

EXERCICE 11

À partir de certains paratextes donnés dans les exercices 1 à 7, dites quelles difficultés peut rencontrer un lecteur à la lecture des dates. Quelles sont les confusions possibles ?

EXERCICE 12

À partir des différents exemples figurant dans les exercices précédents (1 à 9 compris), dressez une liste des noms propres qui peuvent apparaître dans le paratexte d'un document. Précisez qui ils désignent.

Comment analyser **le paratexte**

Un document n'est jamais donné seul. Image ou texte, il est accompagné d'éléments informatifs, indispensables à son identification. Ces éléments constituent le paratexte. Ajoutés *a posteriori* et présentés de manière conventionnelle, ils donnent au lecteur d'un corpus de synthèse différentes informations avant même la lecture des documents.

Auteur, source, titres et dates

Le **paratexte** des documents textuels donne le nom de l'auteur et parfois ses dates de naissance et de décès, ce qui permet de le situer historiquement. Il donne aussi le **titre de l'œuvre** – en italique –, sa date de publication, et différentes précisions pour replacer l'extrait dans son contexte. Celles-ci aident parfois à déterminer le genre de l'œuvre : **acte** et **scène** pour le théâtre, **chapitre** – numéro et/ou titre entre guillemets –, pour un roman ou un essai, **titre** du **poème** (entre guillemets), **titre** du **recueil** (en italique) – et numéro des vers pour un extrait poétique ou pour le théâtre en vers.

Le paratexte indique aussi la **langue d'origine** lorsqu'il s'agit d'une traduction, le nom du traducteur et la date de la traduction, qui diffère souvent de la date de publication. On trouve également le nom de l'éditeur, comme Gallimard, Le Seuil, Armand Colin, Flammarion… en général précédé de la mention « éd. » et du signe © indiquant qui détient les droits de publication. Vient enfin le nom de la collection : « coll. Folio », « Bibliothèque de la Pléiade ».

Dans le cas d'un article de presse, le paratexte donne la **source** (le journal) avec la **date**. La nature de cette date signale s'il s'agit d'un quotidien, d'un hebdomadaire ou d'un mensuel. Dans le cas d'une **revue**, ce terme apparaît généralement, accompagné du titre, d'une date et d'un numéro. Toutes ces informations prennent le nom de « référence » pour un texte ou un document chiffré. Il faut savoir qu'elles ne sont pas toujours données dans le même ordre.

→ **EX** : dans le paratexte de l'exercice 1 (p. 42), l'indication des vers signale qu'il s'agit d'un **texte de poésie versifiée**. On trouve aussi le titre et le numéro du **livre** (ou partie) des *Châtiments* d'où est extrait le texte. Dans l'exercice 2 (p. 42), on apprend que la pièce de théâtre, identifiable à la présence du mot « acte », publiée en 1897, est **traduite du russe** et que le texte proposé est la traduction faite par le dramaturge A. Adamov en 1973. Dans l'exercice 4 (p. 42), le paratexte permet au lecteur de comprendre la **caractéristique particulière** du journal *Courrier international* et des articles qu'il publie.

Les **documents iconographiques** sont accompagnés d'éléments différents lorsqu'il s'agit d'œuvres artistiques. Outre le **nom** du peintre (avec ses dates) ou du photographe et le titre de l'œuvre, on trouve la **nature de l'image** (gravure, huile sur toile, pastel…), sa date, ses **mesures** lorsqu'il s'agit d'un tableau et le **musée** où se trouve l'œuvre. Cet ensemble constitue la **légende**. Dans le cas des photos, s'ajoute le **nom de l'agence** à laquelle appartient le photographe. Dans le cas de la bande dessinée, il peut y avoir plusieurs noms, par exemple celui du **dessinateur** et celui du **scénariste**.

→ **EX** : la légende donnée dans l'exercice 7 (p. 43) offre un exemple de tous les éléments qui doivent accompagner un tableau. Celle de l'exercice 9 (p. 43) indique que la bande dessinée *Le Photographe* résulte de la collaboration de trois artistes.

Chapeau de présentation et notes

Il arrive qu'un document textuel soit précédé d'un **chapeau de présentation** et accompagné de **notes**. Ces éléments, qui ne viennent pas de l'auteur (sauf parfois les notes, mais c'est alors précisé), apportent d'autres types d'informations. Le **chapeau** situe un extrait, en donne le thème, indique parfois le genre, explicite une situation, précise les circonstances de composition d'un article, ce qui aide à comprendre l'extrait. Les **notes** sont là, elles aussi, pour **faciliter la compréhension** : elles expliquent le sens de certains mots ou de certains sigles.

→ **EX** : dans l'exercice 6 (p. 43), le chapeau explicite un titre difficile à comprendre. Une note donne le sens d'un sigle en anglais. Dans l'exercice 10 (p. 43), le paratexte définit les conditions de l'enquête sociologique.

L'ensemble des éléments informatifs du paratexte, en particulier les références et la légende, met en jeu la culture personnelle du lecteur en créant différentes associations : une date renvoie à une époque, à un événement historique, à un contexte politique, à un épisode d'une vie. Le document peut alors prendre un sens particulier, qui n'avait pas été perçu immédiatement.

APPLICATION

EXERCICE 13

1. Voici quatre paratextes accompagnant des documents faisant partie de corpus de synthèse. Pour chaque document cité, identifiez les éléments numérotés. S'il y a des incertitudes, signalez-les.
2. Dans quel(s) cas est-il possible de déterminer le thème abordé ?

• **DOCUMENT 1**

Plantu 1, dessin tiré de *C'est le Goulag* 2, éd. La Découverte/*Le Monde* 3, 1983 4.

• **DOCUMENT 2**

Nicolaï Alexeievitch Kassatkine 1 (1859-1930) 2, *Nouvelle industrie textile à Orechovo-Zoejevo* 3 (1904) 4, huile sur toile 5, musée d'Art et d'Histoire 6, Serpoukhov 7.

• **DOCUMENT 3**

Pierre Héraux 1, « Rites de passage en Afrique » 2, dans *Histoire des mœurs* 3, Tome II 4 © éd. Gallimard 5, coll. « Bibliothèque de la Pléiade » 6, 1991 7.

• **DOCUMENT 4**

Pablo Picasso 1, *La Chute d'Icare* 2, études 3 in G. Picon 4, *La Chute d'Icare* 5, coll. « Les sentiers de la création » 6 © éd. Skira 7, 1971 8.

EXERCICE 14

À partir des documents de l'exercice 13 ci-dessus, expliquez l'utilisation des guillemets et de l'italique dans la présentation des documents.

EXERCICE 15

Voici plusieurs éléments de paratexte de documents faisant partie de corpus d'examen.
1. Récapitulez les informations apportées par la totalité du paratexte. Que pourrait-il y avoir en plus ?
2. Quelles relations le lecteur peut-il établir entre les références du document (auteur, titre, indication de l'extrait, date) et le chapeau ?
3. Sous quelle autre forme pourrait se présenter le chapeau du document 4 ?

• **DOCUMENT 1**

Émile Zola, *Le Docteur Pascal*, 1893.
Chapeau : *Vieux médecin et savant ayant confiance dans les mérites du progrès, le docteur Pascal s'entretient avec sa jeune disciple Clotilde.*

• **DOCUMENT 2**

Patrick Süskind, *Le Parfum* © éd. Fayard, 1987.
Chapeau : *Dans un roman qui évoque le XVIIIe siècle, P. Süskind raconte comment le parfumeur Baldini essaie un nouveau parfum créé par son apprenti.*

• **DOCUMENT 3**

Jules Romains, *Knock ou le Triomphe de la médecine* (1923), extrait de l'acte I, © éd. Gallimard, 1993.
Chapeau : *Le docteur Parpalaid, qui abandonne sa clientèle rurale pour s'installer à Lyon avec son épouse, accueille son successeur, le docteur Knock.*

• **DOCUMENT 4**

Gisèle Lacroix, « Le sport-aventure, une sorte d'innovation sportive », *Sport et Management*, ouvrage collectif sous la direction d'A. Loret (1993), recueil d'articles, éd. Dunod.
Chapeau : *Le Raid Passion Hérault est une épreuve de sport-aventure associant différentes activités de pleine nature (course à pied, VTT…). Elle dure sept jours et se déroule le long du fleuve Hérault.*

PROLONGEMENTS

EXPRESSION ÉCRITE

EXERCICE 1

Voici une tirade très célèbre extraite d'une pièce de théâtre du XVIIe siècle. Retrouvez son auteur et la pièce d'où elle est extraite, puis rédigez l'ensemble du paratexte permettant de l'identifier : l'auteur et ses dates, le titre de l'œuvre et la date de sa publication, la situation précise du passage dans l'œuvre. Dites aussi qui est le personnage qui parle. Ajoutez un chapeau situant le passage dans l'œuvre et une note pour expliquer le sens de chacun des mots suivants, dans le contexte : « support », « quérir », « question ».

Au voleur ! au voleur ! à l'assassin ! au meurtrier ! Justice, juste ciel ! Je suis perdu, je suis assassiné ! On m'a coupé la gorge, on m'a dérobé mon argent ! Qui peut-ce être ? Qu'est-il devenu ? où est-il ? où se cache-t-il ? Que ferai-je pour le trouver ? Où courir ? où ne pas courir ? N'est-il point là ? n'est-il point ici ? Qui est-ce ? Arrête ! (*Il se prend lui-même le bras.*) Rends-moi mon argent, coquin !... Ah ! c'est moi. Mon esprit est troublé, et j'ignore où je suis, qui je suis, et ce que je fais. Hélas ! mon pauvre argent, mon pauvre argent, mon cher ami, on m'a privé de toi ! Et, puisque tu m'es enlevé, j'ai perdu mon support, ma consolation, ma joie ; tout est fini pour moi, et je n'ai plus que faire au monde ! Sans toi, il m'est impossible de vivre. C'en est fait, je n'en puis plus, je me meurs, je suis mort, je suis enterré ! N'y a-t-il personne qui veuille me ressusciter en me rendant mon cher argent, ou en m'apprenant qui l'a pris ? Euh ! que dites-vous ? Ce n'est personne. Il faut, qui que ce soit qui ait fait le coup, qu'avec beaucoup de soin on ait épié l'heure ; et l'on a choisi justement le temps que je parlais à mon traître de fils. Sortons. Je veux aller quérir la justice et faire donner la question à toute ma maison : à servantes, à valets, à fils, à fille, et à moi aussi.

EXERCICE 2

Voici le début d'un texte célèbre. Donnez les éléments de paratexte nécessaires à son identification – sans oublier de préciser son titre exact – et complétez cette identification par un chapeau de quelques lignes pour présenter l'extrait. Rédigez six notes, chacune expliquant un des mots suivants, dans le contexte : « inaliénables », « corps social », « auspices », « Être suprême », « imprescriptibles », « bornes ».

Les représentants du peuple français, constitués en Assemblée nationale, considérant que l'ignorance, l'oubli ou le mépris des droits de l'homme sont les seules causes des malheurs publics et de la corruption des gouvernements, ont résolu d'exposer, dans une déclaration solennelle, les droits naturels, inaliénables et sacrés de l'homme, afin que cette déclaration, constamment présente à tous les membres du corps social, leur rappelle sans cesse leurs droits et leurs devoirs ; afin que les actes du pouvoir législatif et ceux du pouvoir exécutif, pouvant être à chaque instant comparés avec le but de toute institution politique, en soient plus respectés ; afin que les réclamations des citoyens, fondées désormais sur des principes simples et incontestables, tournent toujours au maintien de la Constitution et au bonheur de tous. En conséquence, l'Assemblée nationale reconnaît et déclare, en présence et sous les auspices de l'Être Suprême, les droits suivants de l'homme et du citoyen.

Article premier — Les hommes naissent et demeurent libres et égaux en droits. Les distinctions sociales ne peuvent être fondées que sur l'utilité commune. **Article 2** — Le but de toute association politique est la conservation des droits naturels et imprescriptibles de l'homme. Ces droits sont la liberté, la propriété, la sûreté et la résistance à l'oppression. **Article 3** — Le principe de toute souveraineté réside essentiellement dans la Nation. Nul corps, nul individu ne peut exercer d'autorité qui n'en émane expressément. **Article 4** — La liberté consiste à pouvoir faire tout ce qui ne nuit pas à autrui : ainsi, l'exercice des droits naturels de chaque homme n'a de bornes que celles qui assurent aux autres membres de la société la jouissance de ces mêmes droits. Ces bornes ne peuvent être déterminées que par la loi. [...]

CHAPITRE 5

Identifier le genre d'un document textuel

APPROCHES

EXERCICE 1

Citez deux genres littéraires immédiatement identifiables à la manière dont le texte est imprimé sur une page.

EXERCICE 2

1. À quel genre littéraire – roman, nouvelle, poésie, théâtre, essai, autobiographie, ouvrage historique, littérature épistolaire, entretien, traité… – peut-on rattacher chacune des œuvres de la liste suivante, à partir de son titre ?

2. En quoi reste-t-il cependant des incertitudes dans l'identification ?

A. *Lettres persanes* – **B.** *Les Confessions* – **C.** *Derniers poèmes* – **D.** *Entretien d'un père avec ses enfants* – **E.** *Mémoires d'outre-tombe* – **F.** *Le Roman d'un enfant* – **G.** *Voyage en Orient* – **H.** *Une vie* – **I.** *Essais* – **J.** *Écrits scientifiques et médicaux* – **K.** *Journal d'une femme de chambre* – **L.** *Pensées d'un biologiste* – **M.** *Histoire du cinéma* – **N.** *Histoires extraordinaires* – **O.** *Contes du jour et de la nuit* – **P.** *Discours sur les arts et les sciences* – **Q.** *Monographie de la presse parisienne* – **R.** *Traité sur la tolérance* – **S.** *La Tragédie du roi Christophe* – **T.** *Dictionnaire philosophique.*

3. Dites ensuite si le nom de l'auteur de chaque œuvre vous éclaire sur le genre de l'œuvre et vous permet de confirmer l'identification faite précédemment. Qu'est-ce qui peut également vous aider ?

1. Montesquieu – **2.** J.-J. Rousseau – **3.** Max Jacob – **4.** D. Diderot – **5.** F. R. de Chateaubriand – **6.** P. Loti – **7.** G. de Nerval – **8.** G. de Maupassant – **9.** M. de Montaigne – **10.** L. Pasteur – **11.** O. Mirbeau – **12.** Jean Rostand – **13.** Lo Duca. – **14.** E. A. Poe – **15.** G. de Maupassant – **16.** J.-J. Rousseau – **17.** Balzac – **18.** Voltaire – **19.** A. Césaire – **20.** Voltaire.

EXERCICE 3

Quels éléments du paratexte permettent ici de déterminer qu'il s'agit d'extraits de presse ? Quelles précisions sont données par les éléments soulignés ?

- **Michel Le Bris**, « Orients rêvés, Orients réels », extrait du <u>dossier</u> de presse du festival « Étonnants Voyageurs » (Saint-Malo), 2006. © http ://www.etonnants-voyageurs.com
- « Quelle place pour le marché dans la protection sociale ? » © *Alternatives économiques*, <u>hors série</u> n° 31, <u>1er trimestre</u> 1997.
- Entretien avec **Axel Kahn** © *La Gazette du Palais*, <u>6-7 juin</u> 2007.
- **Laurence Girard**, « L'explosion du photophone » © *Le Monde*, <u>31 décembre</u> 2005.
- <u>**Josette Alia**</u>, « Massacre au fond des bois » © *Le Nouvel Observateur*, n° 1835, <u>6-12 janvier</u> 2000.
- Propos recueillis et traduits de l'anglais par **Michel Ciment** © *Positif* n° 548, <u>octobre</u> 2006.
- « Les goûts alimentaires : individuels ou sociaux ? » © *Bulletin d'information du ministère de l'Agriculture*, <u>octobre</u> 1985.

EXERCICE 4

Les éléments de paratexte donnés ici correspondent à des extraits d'essais. Dites à partir de quels indices vous pouvez identifier cette appartenance. Dans quels cas y a-t-il incertitude ?

- **Marie-France Hirigoyen**, *Le Harcèlement moral : la violence perverse au quotidien* (1998) © éd. La Découverte/Syros.
- **Emmanuel de Roux**, « Les enjeux du patrimoine industriel », dans *Patrimoine industriel* (2000) © éd. du Patrimoine et éd. Scala.
- **Pierre Bourdieu**, *La Distinction* (1979) © éd. de Minuit.
- **Jean Castarède**, *Le Luxe* (1992), préface © éd. PUF, coll. « Que sais-je ? ».
- **Hubert Reeves**, *Malicorne, Réflexions d'un observateur de la nature* (1990) © éd. du Seuil.
- **Dominique Wolton**, *Internet et après ? Une théorie critique des nouveaux médias* (2000) © éd. Flammarion, coll. « Champs ».
- **Philippe Breton**, *Le Culte de l'Internet : une menace pour le lien social ?* (2000), extrait du chapitre 7 © éd. La Découverte.
- **Claude Lévi-Strauss** (né en 1908), *Tristes tropiques* (1955), extrait du livre I, chapitre 4 © éd. Plon.
- **Nicolas Jonas**, *La Famille* (2007), extrait du chapitre 7 © éd. Bréal, coll. « Thèmes et débats ».
- **Guy Debord**, *La Société du spectacle* (1988) © éd. G. Lebovici.

EXERCICE 5

Les extraits suivants sont donnés avec leur auteur, sans autre information. Dites ce qui peut, à l'intérieur de chaque document, aider le lecteur à identifier le genre auquel il appartient.

EXTRAIT 1

Post-scriptum : Technorati, le moteur de recherche spécialisé dans les blogs, a dénombré à la fin d'août plus de 15 millions de blogs accessibles sur la Toile. Les blogs français en représentent plus de 20 % !

Convaincus de l'intérêt et de la force des blogs, nous avons décidé, au sein de la rubrique Réussir de *L'Express*, de nous lancer. Alors rendez-vous dès aujourd'hui sur http://www.lexpress.fr/reussir.

Valérie Lion

EXTRAIT 2

Déjà, jusque vers 1955, la France avait dans le monde le quasi-monopole de la parfumerie de luxe, des alcools et des fromages fermentés. À Grasse où j'écris cet essai et où l'on achève d'installer le Musée international de la parfumerie, à Grasse qui fut pendant deux siècles le carrefour mondial des matières odorantes, on a pu voir exposés, lors de la grande manifestation intitulée « 3000 ans de parfumerie, Grasse, 1980 », par centaines, des flacons, des coffrets et des boîtes remplis ou non des charmes d'autrefois, mais on a pu sentir aussi et comparer les gommes et les résines d'Arabie, de l'Inde et de la Malaisie, respirer les essences extraites des antiques aromates.

Paul Faure

EXTRAIT 3

Ce livre, consacré à une comparaison des avantages et des inconvénients des médias traditionnels et des nouveaux médias, a pour objectif de relativiser le thème de la « révolution de la communication ». Rassurer tous ceux qui se croient, à tort, dépassés par les nouvelles techniques. […] Leurs performances ne sont pas toujours la condition, loin de là, d'une meilleure communication humaine ou sociale. Techniciser la communication ou l'humaniser est un des enjeux majeurs du XXIe siècle.

Dominique Wolton

EXERCICE 6

Expliquez pourquoi il est difficile d'identifier le genre de l'extrait suivant : à quels genres pourrait-il appartenir ?

Alcine avait commencé sa carrière à la station régionale FR3-Côte d'Azur comme monteur. Il aurait peut-être fini son temps derrière son pupitre si un journaliste bien en cour n'avait remarqué le timbre très particulier de sa voix, un midi d'avril 1980, à la cantine, alors qu'il racontait une histoire de pêche au gros au large de Martigues. Quelques semaines plus tard on lui avait confié la présentation de la météo, et il s'en était admirablement bien sorti, inventant quelques astuces bientôt reprises par les caïds de TF1 et Antenne 2, comme accrocher un pin's différent chaque jour au revers de sa veste, ou ponctuer le ballet des nimbus et des cumulus par une pensée bien sentie.

D. Daeninckx

EXERCICE 7

À partir des réponses aux exercices précédents, établissez une liste des éléments qui aident à identifier le genre d'un document écrit.

Comment identifier **le genre d'un document textuel**

Les **documents textuels** qui composent les corpus de synthèse appartiennent à des **genres** différents qu'il faut savoir identifier. Certains de ces genres relèvent de la **fiction**, les autres renvoient à la **réalité**.

Les différents genres

Trois genres littéraires appartiennent à la fiction : le roman, la poésie et le théâtre. Le **roman** (p. 99) raconte une histoire, la **poésie** (p. 108) évoque des lieux, des émotions, des sentiments, le **théâtre** (p. 136) est fait de paroles échangées. Ces trois genres peuvent exprimer des idées, en général de manière indirecte. Relèvent au contraire de la **réalité** les **essais** (p. 54) et les traités, les encyclopédies, les divers **textes de presse** (p. 67) et les **documents de référence** (p. 156). Dans les documents relevant de ces genres, qui abordent des questions de société en prise sur le **réel**, les idées sont exprimées directement sous forme de discours informatif, explicatif et/ou argumentatif (▸ Fiche 3, p. 286).

Les indices qui permettent l'identification d'un genre

• **La forme et la disposition dans la page** : sont immédiatement identifiables un texte poétique en vers ou un extrait de théâtre versifié.

• **Les composantes du paratexte** (défini p. 42) : elles constituent des indices intéressants.

– Les **titres** : certains titres révèlent le **genre** à travers des termes comme « mémoires », « confessions », « préface », « chronique », « chanson », « discours », « traité », « dictionnaire », « tragédie »… D'autres titres, comme *La Famille, La Tyrannie de la communication, Le Culte de l'Internet, Sur la télévision*, indiquent qu'il s'agit de travaux sociologiques, qui entrent dans la catégorie de l'**essai**. Un article de presse est reconnaissable au titre de l'**organe de presse** d'où il est tiré. La nature de la date indique s'il s'agit d'un quotidien, d'un hebdomadaire ou d'un mensuel.

→ **EX :** on peut citer les *Mémoires d'outre-tombe*, de F.R. de Chateaubriand, le *Traité sur la tolérance*, de Voltaire. *Le Monde*, *Le Figaro* sont des quotidiens, *Le Nouvel Observateur*, *L'Express* sont des hebdomadaires. Voici différents titres de revues : *Sciences humaines*, *Cahiers français*, *Esprit*, *Europe*, *L'Étudiant*.

– **D'autres informations** : les indications « acte » et « scène » identifient un **texte de théâtre**. Les noms d'interlocuteurs indiquent un dialogue (théâtre ou entretien). Le chapeau de présentation donne parfois le **genre** et des précisions soit sur l'œuvre, soit sur l'auteur, soit sur les circonstances de composition. Le nom de la collection peut être révélateur du genre. On reconnaît les documents de référence au caractère administratif de leurs sources (organisme public, ministère, institution).

→ **EX :** le chapeau suivant « Journal tri-hebdomadaire consacré au droit et à la justice, la *Gazette du Palais* interroge, dans l'extrait qui suit, le professeur Axel Kahn sur les transformations de la médecine » indique la source journalistique, et le genre : il s'agit d'un entretien scientifique publié dans une revue professionnelle.

Les risques de confusion

La difficulté d'identifier certains documents vient de ce que des **genres** différents sont parfois **proches** dans leurs formes et dans leurs fonctions. Il est alors difficile de différencier ce qui relève de la fiction de ce qui relève de la réalité. Des **tirades** de théâtre exposent des **idées** comme le feraient des discours ; des **théories** sociales, économiques ou politiques sont exprimées dans des **romans** ou dans des **mémoires**, et pas seulement dans des articles, des essais ou des **traités**.

→ **EX :** la *Correspondance* de Flaubert regroupe des lettres réellement échangées, tandis que les *Lettres persanes*, roman épistolaire, relèvent de la fiction. Le roman de V. Hugo, *Le Dernier Jour d'un condamné* est un réquisitoire contre la peine de mort et une dénonciation de l'emprisonnement. Certaines tirades d'*Oncle Vania*, de Tchékhov sont de véritables plaidoyers écologiques. *La Distinction*, titre d'un essai de P. Bourdieu pourrait être le titre d'un roman, *Tristes tropiques*, de C. Lévi-Strauss, n'est pas un roman exotique, mais une étude anthropologique. Une analyse sociale, économique et politique du luxe figure dans le roman de Fénelon, *Les Aventures de Télémaque*.

En l'absence de **chapeau de présentation**, et lorsque l'on ne connaît rien d'un auteur, c'est la manière dont est écrit un document qui peut aider à son identification, notamment à partir du registre adopté (▸ Fiche 8, p. 294).

APPLICATION

EXERCICE 8

1. Expliquez en quoi les chapeaux de présentation suivants permettent de déterminer le genre du document qu'ils accompagnent.

- *Dans une chronique publiée par* **Le Monde 2**, *Pierre Assouline rapporte un incident qui s'est produit lors d'une représentation théâtrale.*
- *Dans l'extrait romanesque qui suit, le narrateur laisse la parole à l'un de ses personnages.*
- *L'extrait suivant, tiré du* **Journal d'un écrivain**, *de Virginia Woolf, rapporte une éclipse de soleil à laquelle la romancière a personnellement assisté. Elle évoque les émotions qu'elle a ressenties.*
- *Malgré les apparences, le document suivant, qui traite de la publicité, est extrait d'un roman et non d'une analyse sociologique.*
- *Le document proposé ci-dessous est le texte d'une conférence prononcée dans le cadre de l'Université de tous les savoirs.*
- *Dans un ouvrage qui retrace ses travaux ethnologiques, C. Lévi-Strauss évoque les dégâts de la civilisation.*
- *La comédie intitulée* **Knock ou le Triomphe de la médecine**, *de Jules Romains, met en scène un médecin qui a une étrange et inquiétante conception de son métier.*

2. Classez ensuite les documents présentés selon qu'ils renvoient à la fiction ou à la réalité.

EXERCICE 9

1. Expliquez pourquoi il est possible – en l'absence de précisions – de confondre les genres auxquels appartiennent les extraits cités dans chacun des groupes suivants :

Groupe 1
- le récit d'un accident dans un roman ou une nouvelle ;
- une dépêche de presse rapportant un fait divers lié à un accident ;
- un fait divers accidentel raconté dans une pièce de théâtre ;
- le récit d'un accident utilisé comme exemple dans un essai ou dans un discours.

Groupe 2
- un extrait d'autobiographie réelle ;
- un extrait d'autobiographie de fiction ;
- un extrait de roman à la première personne dans lequel un personnage raconte un événement auquel il a été mêlé ;
- un récit à la première personne racontant une expérience vécue par l'auteur d'un essai, ou par l'auteur d'un article de presse.

2. Quelles précisions données dans le paratexte (chapeau, sources, notes) faciliteraient l'identification en aidant à éviter les confusions ?

EXERCICE 10

1. Expliquez pourquoi, dans le cas d'une information insuffisante, – par exemple une absence de chapeau de présentation –, il est possible de confondre les genres auxquels appartiennent les extraits cités dans chacun des groupes suivants :

Groupe 1

– un dialogue de théâtre ;
– une conversation dans un roman ;
– un entretien journalistique.

Groupe 2

– un discours politique prononcé par un personnage de roman ;
– une tirade de théâtre en prose exposant des idées politiques ;
– l'exposé d'idées politiques dans un essai ou dans un discours réel.

2. Dites ensuite ce qui différencie ces documents et grâce à quelles précisions – extérieures et intérieures au document – il serait possible de ne pas les confondre.

EXERCICE 11

Les cinq extraits suivants, donnés sans paratexte, abordent deux thèmes : la destruction des forêts et la prison.

1. Regroupez les extraits qui traitent du même thème.

2. Est-il possible de déterminer de façon certaine le genre de chaque extrait ?

3. Le paratexte qui les concerne est donné ensuite (p. 52). Rattachez chaque extrait à son paratexte, en précisant quels indices vous ont aidé, et déterminez ainsi quel est son genre. Trouvez et dites d'où viennent les risques d'erreur d'identification.

Extrait 1

Sur ce lac, il y avait des cygnes, des oies, des canards, et, à ce que disent les vieillards, une profusion d'oiseaux de tout plumage, en nombre incalculable, des nuées d'oiseaux. Outre les bourgs et les villages vous pouvez voir, éparpillés çà et là, des hameaux, des ermitages, des moulins à eau… Il y avait alors beaucoup de chevaux et de bêtes à cornes ; j'ai indiqué cela en bleu. Par exemple, dans tout ce canton, le bleu domine : il y avait ici des troupeaux entiers de chevaux. Dans chaque isba, trois chevaux au moins. (*Pause.*) Maintenant, regardons plus bas. Ce sont les mêmes lieux, mais vingt-cinq ans plus tard. Les forêts n'occupent plus qu'un tiers de la superficie. Plus de chèvres, mais encore des élans. Le vert et le bleu sont déjà plus pâles, et ainsi de suite, et ainsi de suite… Passons à la troisième partie : le plan du district à l'heure actuelle. Il y a encore du vert çà et là, mais plus de blocs, seulement des taches. Disparition et des élans, et des cygnes, et des coqs de bruyère. Des anciens hameaux, des fermes, des ermitages, des moulins plus aucune trace. En somme, c'est là le tableau d'une dégénérescence graduelle et indubitable, à laquelle, selon toute apparence, il faut encore dix ou quinze ans pour être complète.

Extrait 2

Du reste, pas de fenêtres, pas même de soupirail. Une porte où le fer cache le bois.

Je me trompe ; au centre de la porte, vers le haut, une ouverture de neuf pouces carrés, coupée d'une grille en croix, et que le guichetier peut fermer la nuit.

Au dehors, un assez long corridor, éclairé, aéré au moyen de soupiraux étroits au haut du mur, et divisé en compartiments de maçonnerie qui communiquent entre eux par une série de portes cintrées et basses ; chacun de ces compartiments sert en quelque sorte d'antichambre à un cachot pareil au mien. C'est dans ces cachots que l'on met les forçats condamnés par le directeur de la prison à des peines de discipline. Les trois premiers cabanons sont réservés aux condamnés à mort, parce qu'étant plus voisins de la geôle, ils sont plus commodes pour le geôlier.

Extrait 3

La gestion d'un milieu naturel comme la forêt n'est pas figée. Elle évolue avec le temps grâce au progrès des connaissances, aux demandes de la société et aussi sous la pression du changement climatique. L'heure n'en est qu'à l'aube d'une connaissance fine des composantes et de la dynamique des écosystèmes forestiers. La biologie de la conservation ne fait que débuter. Et pour que gestionnaires, scientifiques et naturalistes progressent ensemble en tenant compte des attentes et des contraintes de chacun, il est indispensable de mutualiser les savoirs et les savoir-faire.

Toute politique a un coût. Moins intervenir en forêt ne signifie pas qu'il y a moins de travail. Il faut approfondir la connaissance des forêts en inventoriant les arbres, leur état, leur biologie, leur dynamique, identifier les actions qui favorisent ou qui portent préjudice à la biodiversité, les actions antagonistes et les bons arbitrages.

Extrait 4

Arrivé à l'endroit où il désirait aller, il se mit à planter sa tringle de fer dans la terre. Il faisait ainsi un trou dans lequel il mettait un gland, puis il rebouchait le trou. Il plantait des chênes. Je lui demandai si la terre lui appartenait. Il me répondit que non. Savait-il à qui elle était ? Il ne savait pas. Il supposait que c'était une terre communale, ou peut-être était-elle la propriété de gens qui ne s'en souciaient pas ? Lui ne se souciait pas de connaître les propriétaires. Il planta ainsi ses cent glands avec un soin extrême.

Après le repas de midi, il recommença à trier sa semence. Je mis, je crois, assez d'insistance dans mes questions puisqu'il y répondit. Depuis trois ans, il plantait des arbres dans cette solitude. Il en avait planté cent mille. Sur les cent mille, vingt mille étaient sortis. Sur ces vingt mille, il comptait encore en perdre la moitié, du fait des rongeurs ou de tout ce qu'il y a d'impossible à prévoir dans les desseins de la Providence. Restaient dix mille chênes qui allaient pousser dans cet endroit où il n'y avait rien auparavant.

Extrait 5

L'argument de sécurité, constamment avancé pour faire obstacle à l'évolution des prisons, se révèle en définitive le plus souvent impuissant à la contrecarrer, soit en raison de son caractère fallacieux, soit parce qu'il suffit d'adapter la règle de sécurité évoquée ou d'élaborer un nouveau système sécuritaire. C'est dire que l'artificielle opposition si souvent faite entre sécurité et humanisation des prisons est à récuser sans merci dès lors que l'une et l'autre peuvent parfaitement cheminer de pair. Ainsi, les parloirs sans séparation ont donné aux détenus la possibilité de rencontrer leur famille sans la barrière d'une vitre tandis que les surveillants ont bénéficié du changement de climat qui en est résulté.

Paratexte

Jean Giono, *L'Homme qui plantait des arbres* (1953), tome V, extrait de *Œuvres romanesques complètes* © éd. Gallimard.
Jean Favard, « Les vertus de l'humanisation », *Les Prisons* (1994) © éd. Flammarion, coll. « Dominos ».
J.-M. Brézard, **N. Drapier** et **F. Mortier** © *LaRevueDurable*, n° 17, septembre/octobre 2005.
A. Tchékhov, *Oncle Vania* (1897), acte III, traduit du russe par A. Adamov © éd. Flammarion, 1973.
V. Hugo, *Le Dernier Jour d'un condamné,* chapitre X, 1829.

EXERCICE 12

Dans les différents paratextes donnés dans ce chapitre, figurent des dates. Dites à quoi elles correspondent et quelle est leur importance.

PROLONGEMENTS

LEXIQUE

EXERCICE 1

Vérifiez que vous savez définir les termes suivants : *roman* • *essai* • *chronique* • *nouvelle* • *article* • *dépêche* • *brève* • *acte* • *scène* • *éditorial* • *entretien* • *traité* • *encyclopédie* • *préface* • *avant-propos.*

EXERCICE 2

Les termes suivants relèvent du lexique de la presse et des essais. Intégrez chacun d'entre eux à une phrase qui en fasse comprendre le sens : *assertion* • *confirmer* • *conjecture* • *conjoncture* • *consensus* • *contentieux* • *impartialité* • *impunité* • *infirmer* • *manichéen* • *objectivité* • *partialité* • *pérennité* • *subjectivité* • *tendancieux.*

EXPRESSION ÉCRITE

EXERCICE 3

Après les avoir identifiés, inventez un bref chapeau de présentation pour deux extraits au choix de l'exercice 11 (p. 51-52).

EXERCICE 4

Le succès de la bicyclette pour circuler en milieu urbain fait l'objet d'analyses et d'articles divers. Sur ce thème, vous écrirez, **au choix** :
– un paragraphe **narratif** rapportant un épisode de circulation à bicyclette dont vous avez été témoin ; écriture à la première personne,
– un paragraphe d'**analyse** rapide du phénomène de la bicyclette (causes, manifestations ou conséquences) ; écriture à la troisième personne,
– un **échange de propos** entre partisan et opposant à l'utilisation du vélo ; dialogue au discours direct,
– un **article de presse** vantant les mérites de la circulation à bicyclette ; écriture à la troisième personne, registre élogieux,
– les **critiques proférées** par un automobiliste exaspéré, qui écrit au courrier des lecteurs de son quotidien ; lettre à la première personne, registre critique, voire polémique (▸ FICHE 8, P. 294).

ACTIVITÉS ORALES

EXERCICE 5

Faites une recherche (sur Internet) pour présenter, en un exposé d'une quinzaine de minutes, certaines règles fondamentales de la propriété littéraire/artistique, l'utilisation du signe © et le sens de l'expression « tombé dans le domaine public ».

EXERCICE 6

Organisez un jeu de rôle pour échanger des points de vue opposés sur le phénomène de la bicyclette comme moyen de circulation en ville. Le jeu réunira des partisans et utilisateurs de ce moyen de transport, par exemple un lycéen, un jeune cadre, une enseignante, un retraité, le représentant d'une entreprise de location de vélos, et quelques opposants, piétons, chauffeur de taxi. Désignez aussi un policier chargé de la circulation. L'objectif est de faire ressortir à travers un échange de propos argumentés, les différentes problématiques liées au phénomène considéré. Des étudiants observateurs chargés de prendre des notes feront ensuite le compte rendu/bilan/synthèse des échanges.

EXERCICE 7

Recherchez trois exemples extraits de discours politique appartenant respectivement à un roman, à une pièce de théâtre et à un vrai discours prononcé. Faites-en une lecture orale pour faire comprendre les similitudes d'écriture et de procédés oratoires.

EXERCICE 8

Faites la même recherche que dans l'exercice 7 mais portant sur des dialogues : entretien réel – extrait théâtral – dialogue de roman. Faites ensuite une lecture à plusieurs voix.

CHAPITRE 6

Analyser un extrait d'essai

APPROCHES

DOCUMENT 1

THÈME
Le travail

Dans un essai intitulé **Le Harcèlement moral***, la psychiatre M.-F. Hirigoyen évoque les relations de certaines entreprises avec leurs salariés.*

Certaines entreprises sont des « presse-citrons ». Elles font vibrer la corde affective[1], utilisent leur personnel en demandant toujours plus, en faisant miroiter beaucoup. Quand le salarié, usé, n'est plus assez rentable, l'entreprise s'en débarrasse sans aucun état d'âme. Le monde du travail est extrêmement manipulateur. Même si, en principe, l'affectif n'y est pas en jeu directement, il n'est pas rare que, pour motiver son personnel, une entreprise mette en place une relation qui dépasse de très loin la relation contractuelle[2] normale que l'on peut avoir avec son employeur. On demande aux salariés de s'investir corps et âme dans leur travail, dans un système que les sociologues Nicole Aubert et Vincent de Gaulejac ont qualifié de « managinaire »[3] les transformant ainsi en « esclaves dorés ». D'une part, on leur demande trop avec toutes les conséquences de stress qui en découlent, d'autre part, il n'y a aucune reconnaissance de leurs efforts et de leur personne.

Ils deviennent des pions interchangeables. D'ailleurs, dans certaines entreprises, on fait en sorte que les employés ne restent pas trop longtemps au même poste, où ils pourraient acquérir trop de compétences. On les maintient en état permanent d'ignorance, d'infériorité. Toute originalité ou initiative personnelle dérange. On casse les élans et les motivations en refusant toute responsabilité et toute formation. Les employés sont traités comme des collégiens indisciplinés. Ils ne peuvent pas rire ou avoir l'air détendu sans être rappelés à l'ordre. Parfois, on leur demande de faire leur autocritique au cours de réunions hebdomadaires, transformant ainsi les groupes de travail en humiliation publique.

Ce qui aggrave ce processus, c'est qu'actuellement nombre d'entre eux sont sous-employés et ont un niveau d'études équivalent ou même supérieur à celui de leur supérieur hiérarchique. Il s'agit alors pour celui-ci de faire monter la pression jusqu'à ce que le salarié ne puisse plus assumer ou qu'il finisse par se mettre lui-même en faute. Les contraintes économiques font qu'on demande toujours plus aux salariés, avec de moins en moins de considération. Il y a une dévalorisation de la personne et de son savoir-faire. L'individu ne compte pas. Son histoire, sa dignité, sa souffrance importent peu.

Face à cette « chosification », cette robotisation des individus, la plupart des salariés des sociétés privées se sentent dans une situation trop fragile pour faire autre chose que protester intérieurement et courber la tête en attendant des jours meilleurs.

Lorsque le stress apparaît avec son cortège d'insomnie, de fatigue, d'irritabilité, il n'est pas rare que le salarié refuse l'arrêt de travail qui lui est proposé par le médecin de peur des représailles à son retour.

Marie-France Hirigoyen, *Le Harcèlement moral : la violence perverse au quotidien* (1998)

1. Elles font appel aux sentiments.
2. Qui repose sur un contrat.
3. Néologisme formé sur les mots « manager » (gérer, maîtriser) et « imaginaire ».

SUR LE MÊME **THÈME**

→ Extrait de presse, p. 76
→ Dessin de presse, p. 85
→ Document chiffré, p. 92
→ Extrait de roman, p. 101
→ Œuvre d'art, p. 126
→ Affiche publicitaire p. 130
→ Image de film, p. 148
→ Document de référence, p. 157

Pour analyser le document

1. À propos de la manière de traiter les salariés, l'auteur énumère, pour les dénoncer, différents comportements d'entreprises. Reformulez-les en les regroupant.

2. Quelles sont, d'après le document, les conséquences de tels traitements imposés aux salariés ? Quelle image est ainsi donnée du travail ?

vers la **synthèse**

1. Deux documents : rapprochez l'extrait d'essai ci-contre et l'extrait de roman (p. 101). Définissez leur thème commun en une phrase, puis dites en deux paragraphes sur quels points ils se rejoignent et sur lesquels ils s'opposent.
Voir autre consigne p. 158 (document de référence).

2. Trois documents : voir consigne p. 158 (document de référence).

3. Quatre documents : voir consignes p. 85 (dessin de presse) et p. 158 (document de référence).

vers l'**écriture personnelle**

1. Comme le rappelle la psychiatre M.-F. Hirigoyen, certaines entreprises demandent à leurs salariés de « s'investir corps et âme dans leur travail ». Vous donnerez votre point de vue personnel sur cette exigence. Vous pouvez prendre appui sur les différents documents du corpus (rubrique « Sur le même thème »).

2. Voir d'autres sujets p. 77 (extrait de presse), p. 85 (dessin de presse), et p. 148 (image de film).

DOCUMENT 2

THÈME
Le comédien en scène

Plusieurs œuvres de D. Diderot, dont le **Paradoxe sur le comédien**, *montrent l'intérêt de ce philosophe pour l'art du théâtre. Dans l'extrait suivant, il met face à face deux interlocuteurs qui évoquent la manière de jouer.*

LE PREMIER

[…] Mais le point important, sur lequel nous avons des opinions tout à fait opposées, votre auteur[1] et moi, ce sont les qualités premières d'un grand comédien. Moi, je lui veux beaucoup de jugement ; il me faut dans cet homme un spectateur froid et tranquille ; j'en exige, par conséquent, de la pénétration[2] et nulle sensibilité, l'art de tout imiter, ou, ce qui revient au même, une égale aptitude à toutes sortes de caractères et de rôles.

LE SECOND

Nulle sensibilité !

LE PREMIER

Nulle. Je n'ai pas encore bien enchaîné mes raisons, et vous me permettrez de vous les exposer comme elles me viendront, dans le désordre de l'ouvrage même de votre ami[1].

Si le comédien était sensible, de bonne foi lui serait-il permis de jouer deux fois de suite un même rôle avec la même chaleur et le même succès ? Très chaud à la première représentation, il serait épuisé et froid comme un marbre à la troisième. Au lieu qu'imitateur attentif et disciple réfléchi de la nature, la première fois qu'il se présentera sur la scène sous le nom d'Auguste[3], de Cinna[3], d'Orosmane[4], d'Agamemnon[5], de Mahomet[4], copiste rigoureux de lui-même ou de ses études, et observateur continu de nos sensations, son jeu, loin de s'affaiblir, se fortifiera des réflexions nouvelles qu'il aura recueillies ; il s'exaltera ou se tempérera, et vous en serez de plus en plus satisfait. S'il est lui quand il joue, comment cessera-t-il d'être lui ? S'il veut cesser d'être lui, comment saisira-t-il le point juste auquel il faut qu'il se place et s'arrête ?

Ce qui me confirme dans mon opinion, c'est l'inégalité des acteurs qui jouent d'âme. Ne vous attendez de leur part à aucune unité ; leur jeu est alternativement

1. David Garrick (1717-1779), acteur et directeur très célèbre de théâtre anglais.
2. Capacité de comprendre un rôle de l'intérieur.
3. Personnages de *Cinna* de Corneille.
4. Personnages de *Zaïre*, et de *Mahomet*, de Voltaire.
5. Personnage d'*Iphigénie*, de Racine.

fort et faible, chaud et froid, plat et sublime. Ils manqueront demain l'endroit où ils auront excellé aujourd'hui ; en revanche, ils excelleront dans celui qu'ils auront manqué la veille. Au lieu que le comédien qui jouera de réflexion, d'étude de la nature humaine, d'imitation constante d'après quelque modèle idéal, d'imagination, de mémoire, sera un, le même à toutes les représentations, toujours également parfait : tout a été mesuré, combiné, appris, ordonné dans sa tête ; il n'y a dans sa déclamation ni monotonie, ni dissonance. La chaleur a son progrès, ses élans, ses rémissions, son commencement, son milieu, son extrême. Ce sont les mêmes accents, les mêmes positions, les mêmes mouvements ; s'il y a quelque différence d'une représentation à l'autre, c'est ordinairement à l'avantage de la dernière. Il ne sera pas journalier[6] ; c'est une glace toujours disposée à montrer les objets et à les montrer avec la même précision, la même force et la même vérité. Ainsi que le poète, il va sans cesse puiser dans le fonds inépuisable de la nature, au lieu qu'il aurait bientôt vu le terme de sa propre richesse.

Denis Diderot (1713-1784), *Paradoxe sur le comédien* (1781, publication posthume en 1830).

6. Variable selon les jours.

SUR LE MÊME **THÈME**

→ Extrait de presse, p. 77
→ Bande dessinée, p. 82
→ Extrait théâtral, p. 142
→ Photo, p. 147

Pour analyser le document

1. Sur le thème des qualités indispensables au bon comédien, dites quelle est la thèse de l'interlocuteur désigné par « Le Premier » (l.1-6). Qu'a-t-elle de paradoxal ?

2. « Le Premier » développe sa thèse en deux paragraphes (l. 8-21 et 22-37) : pour chacun d'eux précisez :
- les idées exprimées ;
- sa forme (négative, interrogative…), le temps et le mode verbal employés ;
- sa fonction par rapport à l'autre paragraphe.

vers la **synthèse**

1. Deux documents : rapprochez l'extrait théâtral (p. 142) et l'extrait d'essai ci-dessus pour mettre en évidence, en deux paragraphes, ce qu'ils ont en commun et ce sur quoi ils diffèrent en ce qui concerne la meilleure manière de jouer au théâtre.

2. Trois documents : voir consigne p. 147 (photo).

3. Quatre documents : voir consigne p. 143 (extrait théâtral).

vers l'**écriture personnelle**

1. Qu'est-ce qui fait, selon vous, un bon comédien ? Vous répondrez à cette question de manière argumentée, en considérant aussi bien le comédien de cinéma et de télévision que le comédien de théâtre. Vous pouvez prendre appui sur les différents documents du corpus indiqués dans la rubrique « Sur le même thème ».

2. Voir autres sujets p. 79 (extrait de presse) et p. 147 (photo).

DOCUMENT 3

THÈME
Le devenir des sites industriels

Pourquoi sauvegarder le patrimoine industriel qui date du XIXe siècle ? C'est à cette question que s'intéresse Emmanuel de Roux, spécialiste d'architecture et d'urbanisme, dans un ouvrage publié en 2000.

Mais pourquoi se préoccuper à ce point-là du patrimoine industriel ? Ne peut-on laisser la rouille dévorer les ultimes traces des derniers hauts-fourneaux, passer un coup de bulldozers sur les usines abandonnées, et ne plus songer à ces machines périmées, à ces murs décrépits, couverts de tags ? Avec près d'un demi-siècle de retard sur ses voisins anglo-saxons ou scandinaves qui se passionnent depuis les années cinquante pour ce qu'ils appellent « Industrial Heritage » – et le terme Heritage est hautement significatif –, la France contemporaine découvre à son tour ce qu'elle doit à l'énergie hydraulique, à la houille et à la vapeur, à l'acier et à l'électricité. Or ce passé industriel est totalement lié à l'histoire de l'architecture, à l'histoire technique et à la science des ingénieurs. Architecture d'architecte ou d'ingénieur ? Architecture de l'industrie, ou architecture industrialisée ? Le designer californien Charles Eames – l'inventeur du fameux fauteuil[1] – ne disait-il pas que *« le catalogue des produits de l'industrie est la matière première de l'architecture du*

1. Charles Eames (1907-1978) est un architecte décorateur inventeur de sièges à la fois très modernes et très confortables. Il est le concepteur, en 1956, du célèbre fauteuil *Lounge Chair*, vendu à plus de six millions d'exemplaires à travers le monde.

XXe siècle » ? Par ailleurs, certains édifices « techniques », qu'il s'agisse d'usines, de halles ou d'entrepôts, sont, sur le plan stylistique comme sur le plan de l'innovation, des réalisations remarquables et qui méritent à ce titre d'être protégées. Ces bâtiments ne sont pas seulement des supports de mémoire, de la matière ethnologique et des prouesses techniques, ce sont aussi tout simplement des monuments dont la vision nous procure une émotion esthétique souvent considérable.

La découverte du moulin de Marquette-lez-Lille surgissant dans la plaine des Flandres comme une construction médiévale, l'ancienne filature Motte-Bossut, autre forteresse industrielle plantée à Roubaix, au cœur de la cité lainière, l'alliage du fer et de la brique polychrome du moulin de Noisiel lancé sur la Marne, valent par le choc qu'ils occasionnent au même titre que bien des chefs-d'œuvre de l'architecture civile ou religieuse. [...][2]

2. Suit un passage dans lequel l'auteur énumère des sites industriels célèbres pour leurs innovations.

Il n'est pas besoin d'être grand économiste pour s'apercevoir que le monde industriel, hérité des révolutions du XIXe siècle, est en train de changer à grande vitesse et que le problème de la protection du patrimoine industriel est avant tout celui de notre génération. Ce changement a été très perceptible au cours des deux dernières décennies. La crise économique associée à la révolution informatique a accéléré la mutation de l'outil industriel et la destruction de ce qui semblait obsolète. Dans beaucoup de régions, les effets de cette crise ont été dévastateurs. En dehors de la cruauté de situations individuelles, c'est tout un pan de notre histoire technique, sociale et culturelle, des savoir-faire, bref, toute une mémoire qui ont été quasiment gommés.

Emmanuel de Roux, « Les enjeux du patrimoine industriel », dans *Patrimoine industriel* (2000)

SUR LE MÊME **THÈME**

→ Dessin de presse, p. 83
→ Extrait de roman, p. 106
→ Extrait poétique, p. 110
→ Œuvre d'art, p. 125
→ Photo, p. 146

Pour analyser le document

1. Précisez ce que recouvre l'expression « patrimoine industriel ».

2. D'où viennent, d'après l'auteur, les menaces qui pèsent sur l'héritage industriel ? Pourquoi est-il important de le préserver ?

vers la **synthèse**

1. Deux documents : expliquez en quoi on peut rapprocher le texte ci-dessus et la photo (p. 146).
Voir autre consigne p. 83 (dessin de presse).

2. Trois documents : voir consigne p. 106 (extrait de roman).

3. Quatre documents : voir consigne p. 125 (œuvre d'art).

vers l'**écriture personnelle**

1. Faut-il faire « table rase » des sites industriels « dépassés » par la modernisation ou les récupérer de manière originale ? Donnez votre point de vue à ce sujet. Vous pouvez vous appuyer sur les différents documents du corpus (rubrique « Sur le même thème »).

2. Voir autre sujet p. 146 (photo).

DOCUMENT 4

THÈME
Le luxe

Avant d'analyser la notion de luxe, dans un essai qu'il lui consacre, J. Castarède s'intéresse aux différents sens du mot.

La définition du luxe est très subjective. Suivant les langues, le mot a d'ailleurs une connotation très différente. Étymologiquement allant de *lux*, la lumière, c'est-à-dire le rayonnement, le goût, l'éclairage, l'élégance, à la *luxuria*, c'est-à-dire l'excès, le clinquant, le rare, l'extrême, il a perpétuellement balancé entre ces deux pôles du paraître et de l'être.

D'où la grande querelle entre les puristes et les autres. Pour ceux-là le luxe est une valeur sûre, rare et donc chère, presque un objet de placement.

Pour ceux-ci le luxe est seulement tout ce qui n'est pas indispensable, ce superflu, chose très nécessaire dont parlait Voltaire[1].

1. Voir p. 113.

En termes de « marketing », on dira que le luxe est tout ce qui est moins quantifiable et plus intuitif parce que faisant appel à la création et au génie : d'où sa spécificité à la fois dans les pratiques de vente et d'organisation, dans les modes de gestion, d'encadrement et de recrutement.

Pour les tenants de la première école, le luxe est aussi un acte patrimonial[2], un bon placement ressortissant autant de l'investissement que de la consommation. Pour eux, dès qu'il y a interchangeabilité, banalisation, destruction par consommation, il n'y a plus de luxe.

Au risque de décevoir les puristes, nous aborderons le luxe au sens large, c'est-à-dire dans son acception[3] la moins élitiste : le luxe, c'est ce qui n'est pas courant et qui est lié au don, à la représentation, à la magnificence et à la fête. C'est tout ce qui n'est pas nécessaire. Mais là encore, la frontière est subtile. Les modes et les styles de vie changent et évoluent. Une fois satisfaits, les besoins indispensables de l'être que sont la nourriture, le logement, la liberté (de travailler et donc de se reposer, de penser, d'agir et de communiquer), il existe, suivant les lieux et les époques, des besoins non satisfaits et très spécifiques : par exemple le soleil pour les pays nordiques, le calme pour les citadins, l'anonymat pour les villageois. En outre, les modes sont également variables dans le temps et l'espace. La femme de nos jours ne supporte plus les contraintes vestimentaires d'autrefois et l'on aurait du mal à lui imposer ces robes à crinolines ou à cerceaux qui constituaient la suprême élégance aux siècles passés. Certaines femmes africaines, en hommage à la fertilisation du sol, se parfument de bouses de vaches, ce qui n'est pas exactement l'odeur préférée des civilisations dites avancées.

Le prix du luxe, c'est-à-dire sa valeur d'investissement patrimonial[2], rejaillit également sur les autres objets annexes, c'est-à-dire ceux d'une consommation plus banalisée[4]. Les deux ont un commun dénominateur : on n'achète pas un objet mais un signe. On quitte l'univers matériel pour entrer dans l'univers mental. Et c'est cette osmose[5] de l'un et de l'autre, cette interaction de l'un sur l'autre qui donne sa spécificité au luxe. Est luxueux tout ce qui est rare, c'est-à-dire ce qui n'est ni commun ni courant. La rareté est aussi un phénomène subjectif qui justifie le différentiel de prix. Mais surtout, le luxe est lié au goût et notamment au bon goût, c'est-à-dire qu'il met en cause des critères subjectifs. Voilà pourquoi certains bannissent le mot et préfèrent l'élégance pour qualifier ces activités. Tous s'entendent pour réhabiliter ce secteur, en plaidant que le luxe n'est pas forcément condamnable : pour certains le luxe sera le temps, la beauté, la bonté, la culture. Le luxe est aussi le reflet d'une personnalité ou d'une époque ou d'une société. Au luxe du « sur soi » succède aujourd'hui celui du « chez-soi », qui est aussi la marque de notre tendance au *cocooning*[6].

Éternel, caractéristique d'une civilisation et des hommes qui la composent, le luxe est une soupape[7] indispensable à l'activité humaine au même titre que la détente, le sport, la réflexion (ou la prière) et l'amour. C'est aussi notre part de rêve.

Jean Castarède, *Le Luxe* (1992), préface © éd. PUF, coll. « Que sais-je ? ».

2. Relatif à la transmission d'un patrimoine.

3. Son sens.

4. Plus ordinaire, plus courante.

5. Mélange étroit des deux univers, matériel et mental.

6. Goût et recherche du confort chez soi.

7. Au sens figuré, un moyen de faciliter et d'apporter un soulagement.

SUR LE MÊME **THÈME**
→ Extrait de roman, p. 100
→ Extrait poétique, p. 113
→ Œuvre d'art, p. 119
→ Affiche publicitaire, p. 129

Pour analyser le document

1. Sur le thème du luxe, expliquez quelle est la démarche de l'auteur du document et dites dans quels ouvrages on retrouve cette manière de procéder.

2. Reformulez les différents sens envisagés et énumérés par l'auteur. Précisez à qui ils appartiennent et à quels domaines ils renvoient. Expliquez ensuite quelles sont et d'où viennent les difficultés rencontrées dans sa démarche par celui qui parle.

vers la synthèse

1. Deux documents : rapprochez l'extrait d'essai de la page 57 et l'extrait poétique (p. 113) pour faire apparaître les divers aspects de la notion de « luxe » et les divers domaines qu'ils abordent l'un et l'autre.
Voir autres consignes p. 101 (extrait de roman) et p. 118 bas (œuvre d'art).

2. Deux documents : en mettant en parallèle l'extrait d'essai (p. 57) et l'extrait poétique (p. 113), montrez que certaines divergences viennent de ce que l'un se pose plutôt en sociologue et l'autre plutôt en moraliste.

3. Trois documents : voir consigne p. 129 (affiche publicitaire).

4. Quatre documents : voir consigne p. 118 bas (œuvre d'art).

vers l'écriture personnelle

1. « Le luxe, c'est aussi notre part de rêve », écrit Jean Castarède. En un exposé argumenté et illustré d'exemples (trois paragraphes), vous direz si vous partagez l'opinion de l'auteur du document. Vous pouvez prendre appui sur les documents composant le corpus (rubrique « Sur le même thème »).

2. Voir autres sujets p. 101 (extrait de roman) et p. 129 (affiche publicitaire).

Comment analyser **un extrait d'essai**

L'essai est un genre qui ne relève pas de la fiction. Il est consacré à **l'expression directe** d'idées par un auteur qui fait connaître ses **réflexions**, le résultat de ses **recherches** ou de ses **analyses** dans un domaine particulier : économie, politique, vie sociale, histoire…

Comment l'essai exprime des idées

L'essai ne raconte pas une histoire. Il traite de **questions abstraites**, mais celui qui l'écrit part souvent de **situations concrètes**, d'**observations**, de **faits**, de **constats**, d'expériences, de données chiffrées. Ces différents éléments, inscrits dans la **réalité**, conduisent à l'élaboration de théories, nourrissent la réflexion, mènent à des conclusions. Analyser un extrait d'essai implique donc de bien établir les relations de sens entre des données concrètes et les conclusions qui en découlent.

→ **EX :** dans l'extrait du *Harcèlement moral* (p. 54), M.-F. Hirigoyen énumère des comportements à partir desquels le lecteur peut déterminer les jugements négatifs portés sur le travail et sur les salariés par certaines entreprises ; Diderot (p. 55) évoque le comédien « en situation » pour analyser ce qui fait la valeur de son jeu ; E. de Roux (p. 56) part d'évocations imagées ; la réflexion sur la notion de luxe (J. Castarède, p. 57) s'appuie sur certaines acceptions du terme et différents contextes.

Déterminer le thème global et les problématiques

Le thème d'un extrait d'essai est identifiable à la présence d'un **champ lexical dominant** : le travail, le jeu de l'acteur, le luxe, les sites industriels. Les problématiques abordées sont exprimées à travers des affirmations, des jugements, des prises de position qui suscitent des **débats** par leurs caractères contradictoires, paradoxaux.

→ **EX :** à propos du travail du comédien, Diderot (p. 55) évoque des exigences opposées, jouer avec sa sensibilité ou avec sa raison ; E. de Roux (p. 56) confronte l'importance de la mémoire des sites à la volonté de les abandonner.

Identifier les différentes voix dans un essai

Dans l'essai, **celui qui s'exprime est l'auteur**, même s'il n'utilise pas la première personne. Il exprime et défend **ses propres idées**, mais, à travers de nombreuses références à d'autres ouvrages, il fait aussi connaître d'autres idées auxquelles il n'adhère pas nécessairement. Il peut donc y avoir **plusieurs voix** dans un essai, d'où l'importance d'identifier les propos et les idées qui appartiennent personnellement à l'auteur de l'œuvre. Le lecteur y parvient grâce aux connotations, aux jugements, aux modalisations (▸ FICHES 2 ET 6, P. 285 ET 290), à tout ce qui souligne des **prises de position** explicites.

→ **EX :** dans le texte sur le travail (p. 54), M.-F. Hirigoyen fait comprendre sa **désapprobation** par le choix d'expressions connotées négativement. Diderot (p. 55) s'efface derrière deux interlocuteurs, mais on peut penser qu'il est **du côté** du « Premier » ; l'auteur du texte sur le luxe (p. 57) ne porte pas de jugement sur la notion abordée, mais fait comprendre la **difficulté** de sa recherche.

Le caractère argumentatif de l'essai

Les extraits d'essais sont des textes en général **argumentatifs** : il est important d'en déterminer la **structure**, les **articulations logiques** et les **modes de raisonnements** (▸ FICHE 4, P. 287). Les temps et les modes verbaux donnent des indications sur les démarches mises en jeu : **affirmations** à l'indicatif, **hypothèses** au conditionnel, **éventualités** au subjonctif.

→ **EX :** dans le texte de M.-F. Hirigoyen (p. 54), on observe une **progression** dans l'exposé des comportements d'entreprises ; dans le texte de Diderot (p. 55), celui qui parle émet différentes **suppositions** et interpelle son interlocuteur (et le lecteur) pour le faire adhérer à ses idées.

APPLICATION

DOCUMENT 5

THÈME
La condition des femmes

Dans le chapitre 7 d'un essai consacré à la famille, N. Jonas évoque les « compétences masculines » et les « compétences féminines » dans les domaines scolaires et professionnels.

La mixité de l'enseignement qui s'est imposée en France dans les années 1960, associée à l'obligation scolaire jusqu'à 16 ans et à la massification de l'enseignement, devait permettre l'égalité des chances entre filles et garçons face au cursus scolaire et à l'orientation professionnelle. Or, la présence des sexes selon le type d'études est loin d'être égalitaire. Dans l'enseignement général, plus les filières sont valorisées, plus la proportion de garçons est importante. Dans l'enseignement technique, les filles sont surreprésentées dans les filières tertiaires et médico-sociales et les garçons dans les filières électroniques et industrielles. Ces disparités, un peu moins criantes qu'il y a quelques années, trouvent une part de leur explication dans la construction de compétences sexuées. Les filles sont poussées à choisir des filières nécessitant des qualités relationnelles et expressives qui leur permettent de valoriser leur sensibilité. Elles s'orientent ainsi plus volontiers vers des spécialisations littéraires (langue, littérature, secrétariat) ou sociales (psychologie, école d'infirmières) qui leur ouvrent des emplois de services tournés soit vers les enfants (enseignante du primaire, assistante maternelle…), soit vers les adultes (assistante sociale, vendeuse, secrétaire…), mais le plus souvent précaires ou dévalorisés. La socialisation sexuée[1] les destine finalement à choisir un emploi « féminin », dominé et peu rémunérateur, pour correspondre au stéréotype de leur sexe et pour pouvoir concilier leur vie professionnelle avec leur probable destin de mère. Évidemment, ces choix ne sont pas imposés, au sens strict du terme, par la famille, mais ils sont en tout cas légitimés par les encouragements de ses membres et par le goût des filles elles-mêmes, goût façonné par leur éducation.

Les inégalités liées au sexe s'expriment également dans le fonctionnement quotidien de la famille. Même si cela semble être plus le cas en milieu ouvrier, les garçons sont autorisés à s'extraire assez tôt du cercle restreint de la famille. Les adolescents ont, par exemple, davantage le droit de sortir que les adolescentes, de s'inscrire à des clubs de sport ou de rentrer tard. L'intérieur devient le lieu féminin et l'extérieur le lieu masculin. Cette distinction trouve des applications concrètes dans la participation des enfants aux tâches ménagères. Les jeunes filles sont très tôt « encouragées » à seconder leur mère dans les tâches domestiques. Elles participent plus souvent que les garçons au ménage, à la préparation des repas ou à la surveillance des petits.

Ces exigences inégales en matière d'orientation et de travaux domestiques reposent sur l'idée qu'il existe des compétences propres correspondant à l'image de ce que sont supposés être les hommes et les femmes. L'extérieur, la force, la technique et la science sont généralement associés aux savoir-faire masculins. L'intérieur, l'expression, le domestique et les lettres définissent davantage les aptitudes féminines. Ces distinctions qui naissent dans la famille ne sont cependant pas aussi univoques que cela. Elles ne sont pas non plus aussi systématiques ni aussi contraignantes que dans les années 1950. Elles ne sont pas, enfin, aussi déterminantes dans toutes les familles. Mais elles continuent d'exister et fondent en partie les inégalités de sexe, renforcées par les autres instances de socialisation que sont l'école, le lieu de travail, les groupes de pairs[2] et les médias.

Nicolas Jonas, *La Famille* (2007), extrait du chapitre 7 © éd. Bréal.

1. L'intégration à la société en fonction du sexe.

2. Ceux qui sont à un niveau équivalent.

SUR LE MÊME **THÈME**

→ Dessin de presse, p. 81
→ Document chiffré, p. 96
→ Œuvre d'art, p. 123
→ Extrait théâtral, p. 139
→ Document de référence, p. 158

Pour analyser le document

1. Donnez le thème global de l'extrait (sans reprendre le contenu du chapeau de présentation) et expliquez comment le document est construit en précisant la délimitation et le contenu de chaque étape.

2. Trouvez et exposez les relations logiques entre les étapes : qu'est-ce qui relève du constat ? Qu'est-ce qui relève de l'explication ?

vers la **synthèse**

1. Deux documents : rapprochez l'extrait d'essai ci-contre et l'extrait théâtral (p. 139) pour mettre en évidence, en deux paragraphes, un constat très proche et une explication identique. Faites précéder les deux paragraphes d'une brève présentation du thème commun aux deux documents.

2. Trois documents : voir consignes p. 81 (dessin de presse), p. 123 (œuvre d'art) et p. 160 (document de référence).

3. Quatre documents : voir consigne p. 81 (dessin de presse).

vers l'**écriture personnelle**

Voir sujets p. 141 (extrait théâtral), p. 97 (document chiffré) et p. 160 (document de référence).

DOCUMENT 6

THÈME
Le voyage

Dans **Tristes tropiques**, *l'ethnologue C. Lévi-Strauss évoque, au chapitre 4, certaines conséquences de la civilisation sur les voyages.*

Voyages, coffrets magiques aux promesses rêveuses, vous ne livrerez plus vos trésors intacts. Une civilisation proliférante et surexcitée trouble à jamais le silence des mers. Les parfums des tropiques et la fraîcheur des êtres sont viciés par une fermentation aux relents[1] suspects, qui mortifie[2] nos désirs et nous voue à cueillir des souvenirs à demi corrompus.

Aujourd'hui où des îles polynésiennes noyées de béton sont transformées en porte-avions pesamment ancrés au fond des mers du Sud, où l'Asie tout entière prend le visage d'une zone maladive, où les bidonvilles rongent l'Afrique, où l'aviation commerciale et militaire flétrit la candeur de la forêt américaine ou mélanésienne[3] avant même d'en pouvoir détruire la virginité, comment la prétendue évasion du voyage pourrait-elle réussir autre chose que nous confronter aux formes les plus malheureuses de notre existence historique ? Cette grande civilisation occidentale, créatrice des merveilles dont nous jouissons, elle n'a certes pas réussi à les produire sans contrepartie. Comme son œuvre la plus fameuse, pile où s'élaborent des architectures d'une complexité inconnue, l'ordre et l'harmonie de l'Occident exigent l'élimination d'une masse prodigieuse de sous-produits maléfiques dont la terre est aujourd'hui infectée. Ce que d'abord vous nous montrez, voyages, c'est notre ordure lancée au visage de l'humanité.

Je comprends alors la passion, la folie, la duperie des récits de voyage. Ils apportent l'illusion de ce qui n'existe plus et qui devrait être encore, pour que nous échappions à l'accablante évidence que vingt mille ans d'histoire sont joués. Il n'y a plus rien à faire : la civilisation n'est plus cette fleur fragile qu'on préservait, qu'on développait à grand-peine dans quelques coins abrités d'un terroir riche en espèces rustiques, menaçantes sans doute par leur vivacité, mais qui permettaient aussi de varier et de revigorer les semis. L'humanité s'installe dans la monoculture ; elle s'apprête à produire la civilisation en masse, comme la betterave. Son ordinaire ne comportera plus que ce plat.

Claude Lévi-Strauss (né en 1908), *Tristes tropiques* (1955), extrait du livre I, chapitre 4 © éd. Plon.

1. Mauvaises odeurs.

2. Détériore.

3. La Mélanésie est une partie de l'Océanie : elle comporte en particulier la Nouvelle-Calédonie.

SUR LE MÊME **THÈME**

→ Article de presse, p. 67
→ Bande dessinée, p. 86
→ Extrait poétique, p. 108
→ Affiche publicitaire, p. 132
→ Photo, p. 153

Pour analyser le document

1. Déterminez le thème global de l'extrait et la problématique précise abordée à l'intérieur de ce thème. Précisez qui sont les destinataires du message.

2. Qu'est-ce qui est mis en cause par l'auteur ? Reformulez et énumérez les différentes critiques exprimées, puis précisez quel est le registre du document (▸ FICHE 8, P. 294).

vers la **synthèse**

1. Deux documents : rapprochez l'extrait d'essai de la page 61 et l'extrait poétique (p. 108) pour analyser leur caractère contradictoire. Montrez ensuite qu'ils présentent, cependant, à propos des voyages, certains points communs.
Voir autres consignes p. 68 (extrait de presse), p. 132 (affiche publicitaire) et p. 153 (photo).

2. Trois documents : voir consignes p. 68 (extrait de presse) et p. 132 (affiche publicitaire).

3. Quatre documents : voir consignes p. 132 (affiche publicitaire) et p. 153 (photo).

vers l'**écriture personnelle**

1. En un exposé argumenté de trois paragraphes, vous présenterez votre propre conception du voyage en expliquant comment vous l'envisagez et ce que vous en attendez. Vous pouvez prendre appui sur les différents documents du corpus (rubrique « Sur le même thème »).

2. Voir autres sujets p. 108 (extrait poétique) et p. 132 (affiche publicitaire).

DOCUMENT 7

THÈME
Les menaces sur les libertés

Dans un essai consacré à Internet, le sociologue Ph. Breton évoque ce qui peut constituer un danger.

Les libertés sont également[1] menacées, très concrètement, par un développement inattendu des aspects les plus brutaux du commerce électronique. Tel est le thème du rapport 1999 de la Commission nationale pour l'informatique et les libertés (CNIL)[2], en France, qui s'inquiète du développement de la « cybersurveillance » et des conditions du commerce électronique.

La suppression des médiations[3] dans le commerce rend les choses plus faciles, trop faciles au goût de certains, comme Solveig Godeluck, qui rappelle qu'il suffit de cliquer sur une icône pour passer de la décision d'achat au paiement en ligne : « Les impulsifs ont intérêt à se policer[4]. » La journaliste rappelle les résultats d'une enquête américaine qui montre qu'en 1999, 25 % des internautes affirment être incités à l'achat par la « net-réclame », alors que seuls 14 % des lecteurs de journaux et 11 % des téléspectateurs le sont.

Les promesses de « redonner son pouvoir » au consommateur paraissent bien abstraites face aux très nombreuses tentatives des régies publicitaires sur Internet de violer la vie privée des internautes. Le principe est simple, et il n'a pas attendu les nouvelles technologies de l'information : plus le publicitaire connaît la vie, les goûts, les habitudes de celui à qui il s'adresse, plus il pourra « adapter » son message et accroître les chances de séduire son interlocuteur, donc de vendre. Les grandes régies américaines implantent, en toute légalité, des petits logiciels dans la mémoire des ordinateurs de ceux qui sont connectés sur Internet : ces « cookies » permettent de suivre les déplacements sur le réseau de leurs propriétaires et de connaître leur personnalité.

Certaines régies, comme DoubleClick, la plus grande entreprise mondiale de ce type, sont accusées de croiser ces données avec des fichiers nominatifs. La

1. L'auteur vient d'évoquer la menace d'un espionnage des particuliers, à échelle mondiale, grâce à Internet.

2. Voir p. 164 (texte définissant la CNIL).

3. Intermédiaires.

4. Se surveiller, se maîtriser.

SUR LE MÊME **THÈME**
→ Extrait de presse, p. 69
→ Document chiffré, p. 97
→ Extrait de roman, p. 105
→ Photo, p. 154
→ Document de référence, p. 164

transparence est ainsi totale. Le tout s'inscrit dans un contexte où la séparation entre les textes « de contenu », comme les articles de journalistes ou des critiques de livres ou de disques, et des textes « publicitaires » est de moins en moins nette. Il suffit de regarder une page d'un fournisseur d'accès pour voir que les frontières sont particulièrement floues.

Philippe Breton, *Le Culte de l'Internet : une menace pour le lien social ?* (2000), extrait du chapitre 7

Pour analyser le document

1. Quel est le domaine concerné par l'extrait et, dans ce domaine, quel est le thème précis abordé ?

2. L'auteur de l'extrait évoque plusieurs types de menaces : qu'est-ce qui est menacé, et par quoi ?

vers la **synthèse**

1. Deux documents : en un paragraphe faisant référence aux deux extraits, dites ce qu'ont en commun l'extrait d'essai ci-dessus et l'extrait de roman (p. 105).

2. Trois documents : voir consigne p. 71 (extrait de presse).

vers l'**écriture personnelle**

1. Ph. Breton considère qu'Internet comporte un certain nombre de dangers réels pour les libertés : donnez votre point de vue personnel sur cette question. Vous pouvez prendre appui sur les différents documents du corpus (rubrique « Sur le même thème »).

2. Voir autres sujets p. 71 (extrait de presse) et p. 166 (document de référence).

DOCUMENT 8

THÈME
L'exclusion

Dans le cadre de l'Université de tous les savoirs (UTLS) de 2007, Jacques Hassin, médecin au Centre d'accueil et de soins hospitaliers de Nanterre, a prononcé une conférence consacrée à ceux qui « vivent dans des conditions extrêmes ». En voici le texte.

Des gens vivent dans les rues de nos villes. C'étaient les Gueux, les Va-nu-pieds, les Inutiles au monde. Ce sont les Sans domicile fixe, les Clochards, les Zonards. Ils seraient aujourd'hui 10 à 15000 à Paris, dont 15 % de femmes. Comment ces personnes vivent-elles ? Et comment peut-on les aider ?

J'évoquerai ici l'expérience qui peut être celle de ces gens. Je le ferai depuis ma place de soignant, qui m'offre une vision forcément partielle. Certains signes permettent cependant de saisir, de l'extérieur, ce que vivent ces personnes. Ils concernent en particulier le rapport au corps, ainsi que le rapport au temps et à l'espace.

Dans la rue, on meurt tôt — la moyenne d'âge de cette population est de 53 ans. On y meurt le plus souvent de maladies qui auraient pu être soignées. Car la santé n'est pas le premier souci, l'hygiène non plus : le corps, ce sont d'abord les besoins vitaux.

Chaque soir il faut trouver où dormir. Chaque jour il faut trouver à manger. On s'étonne parfois de ce qu'« *ils font la manche pour acheter de l'alcool et des cigarettes* ». Oui. Et l'inverse est tout aussi vrai : beaucoup disent qu'ils sont incapables de faire la manche s'ils ne sont pas ivres. Pour ces personnes qui consomment parfois jusqu'à 10 litres de vin par jour, on peut parler d'« alcoolomanie ».

La résistance à la douleur et à la dégradation physique s'accroît d'autant. Les lésions corporelles ne sont pas soignées. Il peut sembler étonnant que quelqu'un refuse un traitement au risque, par exemple, de se faire amputer. Mais pour se représenter ce que serait la vie avec une jambe en moins, il faut une perception globale de son corps, au-delà des besoins immédiats — il faut pouvoir se projeter dans l'avenir.

Quand nous arrivons à entrer en contact et à parler avec eux, les gens de la rue font presque toujours état d'un changement brutal, d'un grand malheur arrivé dans leur vie : avant, j'avais une vie normale ; puis il y a eu un accident ; j'ai perdu mon boulot, mon logement, et je me suis retrouvé à la rue. Mais ces récits de vie recouvrent d'autres choses : ces gens ont souvent connu, dans leur enfance, la violence, l'abandon familial, l'inceste — et ces histoires-là ne se racontent pas au tout-venant.

Autre phénomène, disons-le, troublant : ces personnes ne se suicident pas. Quand on connaît leurs conditions de vie, comment ne pas se dire : « *si j'étais à leur place…* » ? Mais se suicider, c'est refuser un avenir. Or pour les gens de la rue, l'avenir n'existe pas. Il est nié.

Tout ce qui est nouveau est perçu comme menaçant. Leurs rendez-vous avec des médecins et des assistants sociaux sont presque toujours manqués. Ce sont des gens qui vivent sans aucun calendrier, en s'enfermant peu à peu dans la répétition mécanique du présent. Quand on est à la rue, il n'y a plus de jours de la semaine, plus de mois ni d'années : le temps se déroule de manière circulaire.

Il faut le dire avec force : personne, vraiment personne, ne peut choisir de vivre une vie pareille. Le plus difficile, c'est sans doute l'isolement psycho-affectif[1]. Comme le dit Xavier Emmanuelli[2], ce sont des « hommes invisibles » — qui pourtant sont toute la journée à côté de nous. Mais les passants, ils passent : le contact direct n'existe plus, les regards se détournent.

Vivre dans la rue, c'est être en marge, pas totalement en dehors. Des formes de solidarité se constituent, souvent liées au partage de l'espace. Il y a le territoire de jour, qui est notamment celui où on fait la manche. Et un lieu de repos, un peu plus protégé, pour la nuit. Comme un reste d'attachement au passé, ce territoire de nuit est parfois proche d'un endroit où ils ont vécu « avant ». Parfois, c'est simplement une cage d'escalier dans laquelle ils cachent un duvet.

Et la sexualité ? Pendant longtemps, on pensait : « *ça doit être le cadet de leurs soucis* ». Ce n'est pas vrai. Dans la rue, aucune intimité n'est possible. C'est un souci permanent, qui aggrave beaucoup les souffrances.

Tout le sens de l'action des travailleurs sociaux et des médecins est de trouver des solutions d'accompagnement durables pour ces populations. Nous cherchons des places dans les centres d'hébergement d'urgence, les maisons relais, les hôpitaux, les centres psychiatriques. Les étrangers déboutés du droit d'asile sont pris en charge par les urgences mais après, malheureusement, rien n'est possible pour eux. Autre difficulté : quelqu'un qui sort d'un centre de réinsertion se retrouve souvent accablé de dettes à payer. Il faut donc penser à long terme pour envisager ce type d'action.

Des liens se créent parfois, sur quelques mois, quelques années. Certains acceptent d'entrer dans une structure de soin, une maison de retraite. Mais dans un premier temps, ils mettent systématiquement notre action en échec. C'est très déstabilisant. Pourquoi nous insultent-ils lorsque nous venons vers eux, pourquoi refusent-ils notre aide ?

1. La privation d'affection, l'absence d'amitié, d'amour…

2. Né en 1938, Xavier Emmanuelli est un des fondateurs de Médecins sans frontières (MSF) et le fondateur du Samu Social qui vient en aide aux personnes démunies.

D'abord, ces personnes n'ont pas vraiment de vie privée : leur existence se déroule dans la rue ; qui plus est, quand nous venons à leur rencontre, nous leur demandons souvent de se raconter. Le refus et l'insulte sont des modes de défense psychologique. Et ce sont aussi des façons d'exister, d'avoir un rapport avec quelqu'un.

La prise en charge de gens aussi déstructurés ne doit pas relever de l'improvisation. Un élan de générosité ne suffit pas. Il peut même s'avérer néfaste, pour celui qui en est à l'origine comme pour celui qu'on veut aider.

Bénévolat ne signifie pas incompétence. On peut devenir bénévole après une formation et s'engager à être présent régulièrement au sein d'une équipe. Surtout, il est essentiel de s'interroger sur les raisons pour lesquelles on se propose d'aider ces gens. Aider des « SDF », ce n'est pas les sauver.

Cette prise de conscience est tout aussi nécessaire pour les médecins professionnels. Pour pouvoir exercer mon métier auprès de ces personnes qui vivent dans la rue, j'ai dû effectuer un véritable travail de deuil.

Avec eux, le suivi s'apparente beaucoup plus à un soin palliatif[3] qu'à un traitement en profondeur. Les accompagner, tout en acceptant qu'ils puissent refuser mon aide ; les soigner, tout en sachant que je ne pourrai pas forcément les guérir : il faut reconnaître que ce sont des choses difficiles à accepter pour un médecin. Mais cela fait partie de ce que nous devons aux gens de la rue — à leur dignité d'êtres humains.

Jacques Hassin, « Vivre dans la rue », conférence de l'Université de tous les savoirs, 30 juin 2007 (http://www.utls.fr).

3. Traitement qui soulage sans guérir.

SUR LE MÊME THÈME

→ Dessin de presse, p. 80
→ Document chiffré, p. 91
→ Extrait de roman, p. 103
→ Extrait poétique, p. 112
→ Œuvre d'art, p. 117
→ Photo, p. 145

Pour analyser le document

1. Donnez le thème de la conférence : en précisant sa structure, énumérez les différents points abordés.

2. Regroupez les caractéristiques de l'exclusion telles qu'elles apparaissent dans le texte ; dites d'où vient la difficulté de sortir de cet état, et quels sont les obstacles rencontrés par ceux qui cherchent à apporter des remèdes à de telles situations. En quoi peut-on parler, avec J. Hassin, de « conditions extrêmes » ?

vers la **synthèse**

1. Deux documents : rapprochez l'extrait d'essai ci-dessus et l'extrait de roman (p. 103) pour faire apparaître la similitude des situations évoquées. Mettez en relief, cependant, ce qu'elles ont de différent.
Voir autres consignes p. 80 (dessin de presse) et p. 92 (document chiffré).

2. Trois documents : rapprochez l'extrait d'essai ci-dessus, l'extrait de roman (p. 103) et l'extrait poétique (p. 112) pour analyser, en trois étapes successives, les caractéristiques de l'exclusion, ses explications et ses possibles conséquences.
Voir autre consigne p. 92 (document chiffré).

3. Quatre documents : voir consignes p. 80 (dessin de presse) et p. 118 haut (œuvre d'art).

vers l'**écriture personnelle**

1. Quelles pourraient être les démarches les plus efficaces venues des institutions, par exemple des ONG, et/ou de ceux qui se sentent concernés, pour attirer l'attention et l'intérêt des passants vers ceux que l'auteur de la conférence appelle « les hommes invisibles » ? Exposez votre point de vue personnel sous une forme argumentée.

2. Voir autre sujet p. 80 (dessin de presse).

PROLONGEMENTS

LEXIQUE

EXERCICE 1

Les documents de ce chapitre relèvent, pour la plupart, de l'argumentation. Vérifiez que vous pouvez définir les mots et expressions suivants :
une thèse • un argument • un argumentaire • une preuve • une cause • une conséquence • une réfutation • un raisonnement déductif, inductif, dialectique, concessif • un raisonnement par analogie • convaincre • persuader.
Vous pouvez vous aider des Fiches 3 et 4, p. 286 et 287.

EXERCICE 2

Voici une série de dix expressions définissant ou caractérisant différentes démarches : trouvez celle qui correspond à chaque document que vous avez étudié dans ce chapitre.

- *présentation de plusieurs constats et d'explications*
- *analyse critique et dénonciatrice*
- *exposé d'une succession d'explications*
- *interrogations sur une démarche à suivre et justifications de cette démarche*
- *présentation de raisons personnelles*
- *formulation d'une thèse et annonce des objectifs visés*
- *exposé structuré de situations difficiles et des solutions pour y remédier*
- *étude lexicale et sémantique d'un terme*
- *évocation violemment dépréciative*
- *exposé accompagné de citations et de données chiffrées.*

EXPRESSION ÉCRITE

EXERCICE 3

En vous appuyant sur l'exemple rédigé de la page 107, faites la présentation d'un ou de plusieurs documents de ce chapitre. Pour chaque document choisi, vous devez donner, en deux phrases, le titre, l'auteur, la date, le genre, le thème et la ou les problématiques du document.

EXERCICE 4

Après une phrase d'accroche indiquant leur thème commun, présentez successivement, dans le même paragraphe, le texte de B. Vian (p. 101) et celui de M.-F. Hirigoyen (p. 54) en donnant les éléments suivants : titre, auteur, date, genre, problématique, relation entre les deux textes. (Voir exemple rédigé p. 107.)

EXERCICE 5

Reformulez les idées essentielles des lignes 23 à 32 du document 5 (p. 60) en vous efforçant de ne pas reprendre les mots du texte.

EXERCICE 6

Reformulez les idées essentielles du dernier paragraphe du document 3 (p. 56) en reprenant le moins possible les mots et expressions du texte.

EXERCICE 7

Résumez les deux derniers paragraphes du document 5 (p. 60) au tiers de leur longueur (environ 90 mots) en respectant les contraintes suivantes :
– ne pas prendre de distance par rapport au texte : vous êtes l'auteur ;
– respecter les idées et leur ordre logique ;
– respecter le temps verbal et le mode dominant ;
– reprendre le moins possible les mots du texte.

Premier paragraphe du document 5 résumé en 95 mots

Vers 1960, grâce à la mixité et à la scolarité jusqu'à seize ans, filles et garçons auraient dû avoir les mêmes chances. Mais les études sont sexuées et inégalitaires. Les garçons sont plus nombreux que les filles dans les filières d'élite. Dans le technique, les filles dominent dans le tertiaire, les garçons dans l'industriel. La répartition par sexe oriente les filles vers les secteurs littéraires, sociaux, paramédicaux dévalués et mal payés selon un schéma indissociable de la fonction maternelle, voulu par la tradition, par l'éducation et par les intéressées elles-mêmes.

ACTIVITÉS ORALES

EXERCICE 8

Faites une capture d'écran représentant une page d'un fournisseur d'accès à Internet et expliquez, en 10 minutes, en relation avec le document 7 (p. 62), le caractère « flou » des frontières entre l'information et la publicité (l. 23-29). Dites ensuite pourquoi une telle confusion est dangereuse (total de l'exposé : 20 minutes).

EXERCICE 9

Cherchez quel auteur français a, le premier, composé des essais et à quelle date. En un exposé d'une quinzaine de minutes, situez cet auteur dans son époque, citez quelques caractéristiques de son œuvre ainsi que quelques titres de chapitres. Expliquez de façon concise comment il concevait cette œuvre, ce qu'elle contient et ce qu'il en attendait. Dans une édition en français moderne (éd. Arlea, 2002), choisissez un bref passage représentatif, dont vous ferez la lecture.

CHAPITRE 7

Analyser un extrait de presse

APPROCHES

DOCUMENT 1

THÈME
Le voyage

Le texte qui suit constitue l'ouverture du dossier de presse du festival « Étonnants Voyageurs » qui s'est tenu à Saint-Malo en 2006.

La route des épices, les longues caravanes de musc[1], de soies et d'or sur les dunes écarlates, et, passé l'horizon, la promesse de mondes recommencés, de royaumes de merveilles, de civilisations étranges et raffinées pour s'enivrer enfin « d'espace et de lumière et de cieux embrasés » (Baudelaire) : l'Orient. Et peut-être déjà faudrait-il le dire au pluriel : Orients proches et lointains, « moyens » ou « extrêmes » mais toujours « autres » – multiples comme nos rêves de partance, nos fantasmes et nos peurs, dont ils sont le miroir.

Voyageurs et marchands, poètes et conquérants, rêveurs de royaume et mystiques[2], depuis l'aube des temps n'ont eu de cesse de le trouver, pour se trouver ou pour s'y perdre : est-il de plus beau sujet, pour un festival comme « Étonnants Voyageurs » ? L'Orient, ou la figure même de l'Ailleurs.

Mais où le situer, au juste, cet Orient – puisque la Terre est ronde ? Delacroix[3] le trouvait déjà au Maroc, dans l'éblouissement tout à la fois de la lumière et d'une autre culture : il n'aura de cesse, cet Orient, de se déplacer, des sables du désert, jusqu'à la Chine immense, l'Inde mystérieuse, le Japon si lointain – autre manière de dire qu'il est peut-être, d'abord, un continent imaginaire, l'« Autre » de l'Occident, son double inversé, qui accompagne sa course depuis les origines : l'Empire de la sagesse contre celui de la raison, l'Empire des sens contre nos morales trop étroites, et celui de la Tradition contre notre religion de l'Histoire.

Orients rêvés, Orients réels : qui ne ressent pas que le monde de demain s'invente d'abord là-bas, très loin probablement de nos imageries « exotiques » ? Et cet énorme enfantement tout à la fois fascine et inquiète – où l'on dirait que l'Occident, à son tour, fonctionne pour bien des acteurs comme leur double inversé, désiré et haï.

Orient-Occident : demain le grand affrontement ? Ou bien au contraire la promesse enfin d'un dialogue, d'une pollinisation[4] croisée – quand la Terre, enfin, devient ronde ? Cette édition du festival, aussi, comme l'occasion d'une grande rencontre, de multiples débats…

Tous, préparant cette édition, nous avons été fascinés, enthousiasmés, « bluffés » par l'énorme bouillonnement créateur de cet Orient nouveau, la prolifération d'artistes, de cinéastes, d'écrivains novateurs. Nous vous avons fait découvrir l'année dernière les futurs « grands » de la littérature mondiale. Cap cette année sur l'Orient : un monde, à découvrir.

Michel Le Bris, « Orients rêvés, Orients réels », extrait du dossier de presse du festival « Étonnants Voyageurs » (Saint-Malo), 2006 © http://www.etonnants-voyageurs.com

1. Substance odorante provenant de certains mammifères et utilisée dans la fabrication des parfums.

2. Penseurs à la recherche d'un absolu.

3. Peintre français (1798-1863) inspiré par les paysages et les scènes de la vie au Maroc.

4. Échange de pollen permettant la fécondation.

SUR LE MÊME **THÈME**

→ Extrait d'essai, p. 61
→ Bande dessinée, p. 86
→ Extrait poétique, p. 108
→ Publicité, p. 132
→ Photo, p. 153

Pour analyser le document

1. À propos du voyage, déterminez les différents thèmes qui ressortent des propos de J.-M. Le Bris et les registres adoptés. (▸ FICHE 8, P. 294)

2. À quoi se trouvent associés le voyage et l'Orient ? Quelles données propres à certains pays d'Extrême-Orient ne sont pas du tout abordées dans le texte ?

vers la **synthèse**

1. Deux documents : rapprochez l'extrait de presse (p. 67) et l'extrait d'essai (p. 61). Qu'ont-ils en commun ? Sur quoi divergent-ils ?
Voir autre consigne, haut p. 88 (bande dessinée).

2. Trois documents : regroupez l'extrait d'essai (p. 61), l'extrait de presse (p. 67) et l'extrait poétique (p. 108) pour montrer en quoi l'éloge des voyages peut être contrebalancé par l'évocation de certains aspects de la réalité.
Voir autres consignes, haut p. 88 (bande dessinée) et p. 132 (affiche publicitaire).

3. Quatre documents : voir consigne p. 153 (photo).

vers l'**écriture personnelle**

1. Voir sujets p. 62 (extrait d'essai) et p. 108 (extrait poétique).

2. Voir aussi sujet p. 132 (affiche publicitaire).

DOCUMENT 2

THÈME
L'exploitation des enfants

En juillet 2007, **Courrier international** *a consacré plusieurs articles au problème des enfants soldats en Afrique. Le texte suivant a été publié dans un journal béninois.*

Les conflits armés qui ont essaimé sur le continent africain ces dernières années ont vu émerger un nouveau type de soldats : les enfants. Pour suppléer à l'insuffisance numérique de combattants, des mouvements armés n'hésitent pas à enrôler de force des enfants à qui ils donnent une formation sommaire et des armes pour tuer ou se faire tuer. Drogués, endoctrinés et conditionnés, certains enfants deviennent ainsi de redoutables machines de guerre, comme on l'a vu au Liberia dans les rangs du Front patriotique national du Liberia (NPFL) de l'ex-président Charles Taylor.

Les multiples récits d'enfants qui racontent dans le détail comment ils en sont venus à tuer et piller sauvagement, notamment au Liberia et en Sierra Leone, sont assez éloquents. Ils révèlent surtout l'impact déshumanisant de la guerre sur des êtres encore fragiles, qui obéissent aux ordres comme des automates. Redoutables parce que manipulables à volonté, les enfants soldats constituent le gros des troupes de certaines rébellions armées, et leur situation n'attire pas plus l'attention que celle des autres combattants. L'image d'un enfant à peine pubère, trimballant une kalachnikov plus grande que lui, peut susciter l'émoi dans l'opinion publique occidentale. Mais, en Afrique, la réaction n'est pas évidente – et particulièrement dans des pays engagés dans de tels conflits armés. À l'exception de quelques organisations non gouvernementales, pour la plupart occidentales, les enfants dans la guerre n'émeuvent pas autrement les consciences. Beaucoup d'Africains considèrent que, de même qu'un enfant en deuil, un enfant en guerre n'est plus un enfant. Certains vont jusqu'à penser que, dès lors qu'un enfant perd ses parents dans la guerre, il est normal qu'il prenne les armes pour les venger. Qu'importe son âge.

Le cercle vicieux de l'enrôlement forcé des enfants leur fait croire que la kalachnikov est le meilleur gagne-pain. Pourtant, quel que soit le conflit armé en Afrique, on se rend compte que ces enfants ne bénéficient pas souvent du même traitement que leurs aînés. Ils sont sur les premières lignes de front, et n'ont pas droit au butin.

Même si un adage africain dit : « *C'est l'enfant qui sait bien se laver les mains qui mange avec les adultes* », aussi loin que l'on remonte dans l'histoire des peuples africains, les enfants n'étaient généralement pas associés aux conflits. « *C'est un fait que, dans les traditions africaines, l'on apprend très tôt à l'enfant à se préparer à la vie adulte. Pour les garçons, cela se traduit entre autres par une initiation au maniement des armes traditionnelles. En aucun cas, cependant, ils ne peuvent prendre part à des guerres s'ils n'ont atteint l'âge adulte. Le phénomène des enfants soldats est donc tout aussi nouveau qu'il laisse indifférent plus d'un dans les pays africains* », confie C. Mondja, sociologue.

Jusque-là apanage des adultes, la participation à la guerre a commencé pour les enfants lors des récentes rébellions que l'Afrique a connues. En Sierra Leone, au Soudan, en Angola, au Tchad, au Liberia, en république démocratique du Congo, les enfants ont été associés à la guerre, de gré ou de force, par de nombreux mouvements armés.

Vu d'Afrique, le problème des enfants soldats paraît n'être qu'un maillon de la longue chaîne de problèmes et de défis auxquels le continent doit faire face. Loin d'être parmi les priorités, il est laissé à un certain nombre d'ONG[1], qui s'emploient à éduquer, former et réinsérer ces victimes de guerre des temps modernes en Afrique. Sans l'existence du Tribunal pénal international[2], les Africains seraient abandonnés à leur sort quant au drame des enfants soldats. Et les seigneurs de la guerre continueraient d'abuser d'eux en leur infligeant de basses besognes pour assouvir leurs ambitions.

Serge-Félix N'Piénikoua, « Un enfant en guerre n'est plus un enfant » © *La Gazette du Golfe* (Cotonou, Bénin), repris dans *Courrier international*, 19 au 25 juillet 2007.

1. Organisations non gouvernementales apportant de l'aide aux populations.

2. Tribunal instauré en 1994 pour juger les auteurs du génocide au Rwanda.

SUR LE MÊME **THÈME**
- → Document chiffré, p. 94
- → Extrait poétique, p. 109
- → Œuvre d'art, p. 124
- → Affiche publicitaire, p. 128
- → Photo, p. 152
- → Document de référence, p. 163

Pour analyser le document

1. Sur le thème des enfants soldats, retrouvez dans les propos du journaliste ce qui exprime et caractérise le phénomène ainsi que ses différentes explications.

2. L'auteur de l'article envisage les conséquences, sur les enfants soldats, de leur enrôlement : quelles sont-elles ? Sur quels plans se situent-elles ? Quelles sont les solutions mises en place ?

vers la **synthèse**

1. Deux documents : rapprochez l'extrait de presse ci-dessus et l'extrait du document de référence (p. 163) pour faire apparaître tous les points sur lesquels ils s'opposent.
Voir autres consignes p. 109 (extrait poétique) et p. 128 (affiche publicitaire).

2. Quatre documents : voir consignes p. 128 (affiche publicitaire), p. 152 (photo) et p. 164 (document de référence).

vers l'**écriture personnelle**

1. En prenant appui sur les différents documents du corpus (voir rubrique « Sur le même thème »), exposez, de manière argumentée, sous forme de deux ou trois paragraphes, en quoi les traitements imposés aux enfants sont inhumains.

2. Voir autres sujets p. 95 (document chiffré, deux sujets proposés) et p. 164 (document de référence).

DOCUMENT 3

THÈME
Les menaces sur les libertés

Un article du quotidien **Le Monde** *aborde un problème qui touche tous les citoyens dans leur vie quotidienne.*

Les Britanniques sont le peuple le plus épié au monde : selon les chiffres les plus courants, le royaume abriterait en réalité 4,2 millions de caméras, soit une pour 14 personnes. Ces Close Circuit Televisions (ou CCTV) sont partout : dans la rue, sur les autoroutes, dans les trains, les bus, les couloirs du métro, les centres commerciaux ou les stades. Un Londonien peut être filmé jusqu'à 300 fois par jour.

Le citoyen ne se plaint guère de cette omniprésence et retient surtout l'utilité du dispositif dans la lutte contre le terrorisme. L'Association des officiers de police remarque que de stricts garde-fous légaux protègent le citoyen contre d'éventuels abus. Certaines associations s'inquiètent pourtant de la multiplicité des formes que revêt le contrôle des Britanniques, nourri d'une incessante collecte d'informations sur leurs déplacements et leurs comportements, et dont les caméras ne sont que l'indice le plus visible.

En France, la Commission nationale de l'informatique et des libertés (CNIL[1]) lance elle aussi dans son rapport annuel 2006, publié lundi 9 juillet, *« une alerte à la société de surveillance »* qui menace *« la protection des données et nos libertés »*. *« L'innovation technologique est à la fois porteuse de progrès et de dangers,* met en garde Alex Türk, le président de la CNIL. *Les individus sont tentés par le confort qu'elle procure, mais ils sont peu conscients des risques qu'elle comporte. Ils ne se préoccupent guère de la surveillance de leurs déplacements, de l'analyse de leurs comportements, de leurs relations, de leurs goûts. »*

Les systèmes de vidéosurveillance sont en augmentation constante en France depuis leur autorisation par la loi Pasqua sur la sécurité du 21 janvier 1995. Ce texte a subordonné l'installation de caméras dans les lieux publics à des finalités précises (protection des bâtiments publics, régulation du trafic routier) et à un contrôle judiciaire : les communes souhaitant installer des caméras doivent demander l'autorisation du préfet, donnée après l'avis d'une commission présidée par un magistrat. Au nom du nécessaire respect de la vie privée, la vidéosurveillance ne devait pas permettre de visualiser des images de l'intérieur des immeubles d'habitation et de leurs entrées. Par ailleurs, hormis le cadre d'une enquête de flagrant délit ou d'une enquête judiciaire, les enregistrements doivent être détruits dans un délai d'un mois.

Garanties « insuffisantes »

Le ministère de l'intérieur a régulièrement réclamé un usage plus large de l'outil, dans deux directions : un élargissement du parc de caméras, et une augmentation de la durée de conservation des données enregistrées. Le nombre de caméras surveillant les rues de Paris (330 en surface, sur 30 000 au total dans la capitale contre 65 000 à Londres) est considéré par le préfet de police comme *« un maillon faible pour la sécurité »*.

En décembre 2005, la France a durci pour la huitième fois en dix ans son arsenal antiterroriste, en étendant l'usage de la vidéosurveillance aux abords des bâtiments privés. La loi a aussi donné aux services de police et de gendarmerie la possibilité d'accéder directement aux images, hors de tout contrôle de l'autorité judiciaire. En examinant le texte, la CNIL avait estimé qu'il appelait *« des garanties particulières pour préserver la liberté d'aller et venir et le respect de la vie privée »* et que celles prévues étaient *« insuffisantes »*.

Les matériels disponibles sur le marché, contrôlables à distance, peuvent suivre un passant sur un trajet complet dans la ville ou encore pratiquer la reconnaissance faciale en temps réel. La CNIL et les associations de défense des droits de l'homme s'inquiètent de la nécessité d'aller plus loin, alors que les moyens de contrôler l'usage de la vidéosurveillance n'ont pas suivi son développement.

Nathalie Guibert et **Jean-Pierre Langellier** (à Londres), « M. Sarkozy entend développer le réseau de vidéosurveillance » © *Le Monde*, 10 juillet 2007.

1. Voir p. 164.

SUR LE MÊME **THÈME**

→ Extrait d'essai, p. 62
→ Document chiffré, p. 97
→ Extrait de roman, p. 105
→ Photo, p. 154
→ Document de référence, p. 164

Pour analyser le document

1. Sur le thème de la surveillance électronique, dégagez du texte : des constats faits dans deux pays, les justifications apportées au phénomène évoqué et les réactions qu'il provoque.

2. Expliquez en quoi la question de la vidéosurveillance met en jeu des notions contradictoires.

vers la synthèse

1. Deux documents : exposez les différents points communs qui existent entre l'extrait de presse ci-contre et la photo de la page 154.
Voir autres consignes p. 98 (document chiffré) et p. 166 (document de référence).

2. Trois documents : rapprochez l'extrait d'essai (p. 62), l'extrait de presse ci-contre et le document de référence (p. 164) pour mettre en évidence les menaces qui pèsent sur les libertés individuelles et les moyens mis en œuvre pour limiter ces menaces.

3. Quatre documents : voir consignes p. 98 (document chiffré) et p. 154 (photo).

vers l'écriture personnelle

1. Diminution de vos libertés de citoyen(ne) contre sécurité plus grande : quel est votre point de vue personnel sur ce sujet ? Répondez de manière argumentée. Vous pouvez nourrir votre réflexion des différents documents proposés (rubrique « Sur le même thème »).

2. Voir autres sujets p. 63 (extrait d'essai) et p. 166 (document de référence).

DOCUMENT 4

THÈME
Les dérives de la médecine

Journal tri-hebdomadaire consacré au droit et à la justice, **La Gazette du Palais** *interroge, dans l'extrait qui suit, le professeur Axel Kahn sur les transformations de la médecine.*

Gazette du Palais : *Vous avez employé le terme « client ». N'y a-t-il pas aussi, parfois, un certain « clientélisme » de la part des médecins ? N'assiste-t-on pas à une dérive de cette relation vers quelque chose qui serait davantage de l'ordre du consumérisme[1] ?*

Axel Kahn : Vous me posez deux questions bien différentes qui, selon moi, touchent des problèmes distincts. La tradition, c'est-à-dire le temps du paternalisme tout puissant, aujourd'hui dépassé – ce dont je me réjouis – mettait déjà aux prises le médecin et les clients. La clientèle se négociait, s'achetait, se léguait par héritage… L'idée selon laquelle c'est le malade qui est déterminant dans le choix de son médecin, ancienne mais en pratique plutôt factice, est devenue une réalité qui aboutit de plus en plus à un vrai « nomadisme » médical. Le malade change souvent de médecin jusqu'à en trouver un qui réponde à ses désirs, quels qu'ils soient. En ce sens, la relation médecin-client est en tout cas moins captive qu'auparavant. En revanche, vous touchez du doigt un autre problème : la nature contractuelle[2] du rapport des patients au praticien transforme ce dernier en un technicien professionnel comme les autres. Lorsque le médecin savait ce qui était bon pour son malade, celui-ci n'avait rien à revendiquer ; il demandait simplement à bénéficier de la bienveillance et de la compétence de l'homme de l'Art[3]. À partir du moment où la relation contractuelle devient prédominante, les désirs du client sont bien plus vastes que cela. Ils sont sans doute de rétablir le « silence des organes », – j'y reviendrai – mais aussi de garantir un certain bien-être mental, voire social, d'accéder à certains avantages, par exemple au travail, dans le cadre d'un conflit quelconque. Le médecin peut également être requis afin de contribuer à augmenter la performance du client. Cela est explicite dans certaines spécialités médicales, telles la chirurgie esthétique, la médecine du sport, pour ne parler que des pratiques légales. Mais nous avons tous conscience que la frontière est ténue[4], voire artificielle, entre exercice légitime et dopage frauduleux. Un tel phénomène résulte de deux évolutions[5] conjointes. D'une part, le pouvoir décisionnaire du médecin sur le malade a évolué en exigence du malade envers le médecin. Le patient enjoint au professionnel de santé de répondre à ses attentes. Il y a bien entendu une augmentation, dans notre société, du souci de la performance sous toutes ses formes puisque dans cette société, nous répète-t-on, seul le plus performant sera en mesure de l'emporter et, *in fine*[6], de se tailler une place à la hauteur de ses capacités et de ses ambitions.

Entretien avec **Axel Kahn** © *La Gazette du Palais*, 6-7 juin 2007.

1. Qui relève de la consommation.
2. Définie par un contrat fixant les engagements des deux parties en présence.
3. Le spécialiste.
4. Légère, fragile.
5. A. Kahn annonce deux « évolutions » mais n'en traite qu'une.
6. Finalement.

SUR LE MÊME THÈME
→ Dessin de presse, p. 89
→ Extrait théâtral, p. 137
→ Photo, p. 151
→ Document de référence, p. 162

Pour analyser le document

1. Sur le thème des relations entre patients et médecins, reformulez les différents changements observés par A. Kahn. De quoi ces changements sont-ils révélateurs sur le plan social ?

2. Repérez les situations envisagées dans le texte à partir desquelles on peut parler de « dérives » de la médecine.

vers la **synthèse**

1. Deux documents : rapprochez l'article de la *Gazette du Palais* (p. 71) et le Serment médical (p. 162) pour faire apparaître sur quels points ils s'opposent et quelle est la position d'A. Kahn.
Voir autre consigne p. 139 (extrait théâtral).

2. Quatre documents : voir consignes p. 151 (photo) et p. 162 (document de référence).

vers l'**écriture personnelle**

1. « C'est le malade qui est déterminant dans le choix de son médecin » : si vous êtes d'accord avec cette affirmation, expliquez pourquoi en développant deux ou trois arguments personnels. Si au contraire vous ne partagez pas ce point de vue, exposez vos raisons.

2. Voir autre sujet p. 162 (document de référence).

Comment analyser **un extrait de presse**

Sous des **formes diverses** et de longueur limitée, (dépêche, chronique, entretien, éditorial, article de fond, reportage, « papier » d'opinion...), le texte de presse est en prise directe sur la **réalité** et l'actualité. Il aborde des **faits de société**, sur lesquels il **informe** et **fait réfléchir**. Il exprime donc des **idées**.

Comment le texte de presse exprime des idées

Les articles de presse abordent des situations sociales, des faits réels, des événements historiques, sur lesquels le journal attire l'attention, avec le double objectif de **faire savoir** et de provoquer des **réflexions** : l'évocation d'une situation conduit à l'**analyse** de son évolution ; l'exposé d'un fait est complété par celui de ses causes et de ses conséquences ; un événement politique, économique ou social donne lieu à des recherches d'**interprétations** et de **significations**.

→ **EX :** l'article de J.-M. Le Bris (p. 67) informe sur le contenu d'un festival et attire l'attention sur les **relations Orient/Occident**. L'article du *Courrier international* (p. 68) explique l'embrigadement des enfants soldats et analyse **l'absence de réactions** en Afrique ; l'article sur la surveillance électronique (p. 69) interpelle les citoyens sur une **diminution** de leurs libertés ; Axel Kahn (p. 71) évoque les transformations de la relation patient/médecin et conduit chaque lecteur à **s'interroger** sur ses propres comportements.

Déterminer le thème global et les problématiques

Le **thème** d'un article **est** connu grâce au **titre**, et parfois précisé par un chapeau de présentation. Le texte contient souvent des intertitres. Le lecteur commence donc sa lecture avec une première idée, confirmée par le **lexique dominant**, les problématiques étant déterminées par les **orientations différentes** du texte. Dans un **entretien**, les questions posées permettent au lecteur de trouver le fil conducteur de chaque réponse. La compréhension des idées d'un article est facilitée par le fait qu'il est court et structuré.

→ **EX :** sur le thème des enfants soldats, identifiable au lexique utilisé, l'article du *Courrier international* (p. 68) met en évidence certaines **contradictions** à l'intérieur même des traditions ancestrales ; à propos de la surveillance électronique, l'article du *Monde* (p. 69) **met clairement en balance** le désir de sécurité et le poids de la surveillance. Sur le thème des dérives de la médecine (p. 71), A. Kahn évoque le caractère contractuel d'une nouvelle relation non plus patient/médecin, mais client/médecin, avec des exigences d'efficacité inquiétantes.

Déterminer qui parle dans un extrait de presse

L'information journalistique passe par la confrontation de sources diverses : **propos**, **témoignages**, **points de vue**. Il arrive donc souvent qu'un article comporte des **citations** et des références. Les citations sont identifiables à l'utilisation de **l'italique et/ou de guillemets**, à la présence du **nom** de celui qui parle et à l'indication des **circonstances** des propos. Parfois les paroles rapportées émanent de spécialistes interrogés par le journaliste. Enfin, dans certains types d'articles, comme ceux que l'on appelle « d'opinion », ou encore dans les éditoriaux, le journaliste signataire de l'article fait part de son point de vue et prend position (▸ FICHE 6, P. 290). Dans l'analyse d'un document de presse, il est donc important de signaler à qui appartiennent les idées importantes que l'on reformule.

→ **EX :** M. Le Bris (p. 67) cite Baudelaire ; l'article du *Courrier international* (p. 68) reprend des proverbes africains ; dans le texte sur la surveillance informatique (p. 69), les deux auteurs laissent la parole au président de la CNIL et émaillent leur article de citations, toutes en italique et entre guillemets.

Les extraits de presse semblent souvent **plus accessibles** que les extraits d'essai, auxquels ils ressemblent, du fait de l'utilisation d'une **langue plus directe et plus familière**. Ils nécessitent cependant de bonnes connaissances lexicales.

APPLICATION

DOCUMENT 5

THÈME
La sauvegarde des forêts

Dans un article du **Nouvel Observateur** *de janvier 2000, la journaliste Josette Alia évoque la tempête de décembre 1999.*

Aujourd'hui, l'ampleur des dommages est telle qu'on ne peut espérer sauver la totalité du bois des arbres abattus. D'après les premières estimations de l'ONF[1], au moins 35 millions de mètres cubes de bois, soit plus de 100 millions d'arbres, ont été touchés par les deux tempêtes des 26 et 27-28 décembre dernier dans les forêts publiques (6 millions de mètres cubes en Alsace, 18 millions en Lorraine, 3,5 millions en Champagne-Ardenne). Comme ces forêts publiques représentent un tiers de la forêt française, on peut estimer à 100 millions de mètres cubes de bois, soit 200 millions à 250 millions d'arbres, l'ensemble des dégâts. Fait exceptionnel, 80 % de l'espace forestier français est atteint, soit environ 26 % de l'ensemble du territoire national. On n'a pas encore fait le décompte exact des pertes, sûrement énormes, en Aquitaine et dans les Landes (le département le plus boisé de France), où le patrimoine forestier est en grande partie privé. À l'ONF, on a une seule certitude : ce coup de chablis (le chablis est l'arbre arraché, le volis est l'arbre sélectionné) est le plus important du siècle.

Oui, il s'agit bien d'une catastrophe. Humaine, d'abord. Pour les forestiers qui pratiquent leur métier comme un art et le vivent comme une passion. Pour les amoureux : Versailles sans ses bois, le parc de Courson[2] détruit, autant de beautés effacées à jamais. Catastrophe pour nous tous, finalement. L'arbre est une mémoire vivante. Il a accompagné notre histoire, grandi avec les générations. Il peuple nos paysages familiers. À Marines, dans le Vexin[3], une jeune mère de famille est venue avec ses enfants voir le Grand Cèdre frappé à mort. Ce cèdre du Liban avait été planté à la Révolution dans le parc d'une belle maison du village. (« Il mesurait plus de 30 mètres et avait plus de 300 ans, explique la mère à ses deux petites filles fascinées, et voilà, il est mort. ») Il gît de tout son long, enveloppé dans ses énormes branches noires, tombé en travers d'un mur, de la rue, d'un autre mur effondré. Les enfants parlent bas comme devant un cercueil. Ce soir, combien de cèdres, de chênes historiques, de tilleuls centenaires sous lesquels on dînait en famille gisent à terre, racines dressées…

1. L'Office National des Forêts.

2. Domaine célèbre pour son château et surtout pour ses jardins et son parc aux nombreuses espèces d'arbres.

3. Zone se situant aux confins de l'Eure et du Val d'Oise, entre la région parisienne et la Normandie.

Catastrophe économique aussi. Avec ses 15 millions d'hectares boisés qui font d'elle la troisième d'Europe, après celles de la Suède et de la Finlande, la forêt française rapporte beaucoup d'argent. Les champignons, cèpes, lactaires ou morilles, représentent un chiffre d'affaires de 1 milliard de francs[4] les bonnes années. La filière bois (de l'abattage de l'arbre aux produits finis, pâte à papier ou meubles) a un chiffre d'affaires global annuel d'environ 435 milliards de francs[5] et elle emploie 550 000 personnes (de 15 à 17 milliards de francs[6] dans les Landes, 10 milliards de francs[7] en Alsace).

Le prix moyen de l'hectare de forêt est de 12 400 francs[8], ce qui n'est pas si mal, même si la rentabilité reste faible (environ 3 % en 1997) à cause de l'émiettement de la forêt privée, qui représente les deux tiers de la forêt française. Inutile de dire qu'avec tout ce bois abattu les prix vont brutalement chuter les années à venir. Pour cause d'offre excessive et aussi parce que le bois blessé, destiné à la pâte à papier, se vend moins cher que le bois scié utilisé pour les meubles. Mais d'ici quatre à cinq ans le bois risque de manquer car les forêts se reconstituent très lentement : il faut cent cinquante à cent quatre-vingts ans pour faire pousser une forêt de chênes, cent vingt ans pour les épicéas et les hêtres, cent ans pour les châtaigniers, quatre-vingts ans pour les pins. Qui assumera des investissements à si long terme ?

Josette Alia, « Massacre au fond des bois » © *Le Nouvel Observateur*, n° 1835, 6-12 janvier 2000.

4. 152 millions 450 000 euros.

5. 66 milliards 315 millions d'euros.

6. 2,3 à 2,7 milliards d'euros.

7. 1,5 milliard d'euros.

8. 1890 euros.

SUR LE MÊME **THÈME**
→ Schéma, p. 93
→ Extrait poétique, p. 115
→ Œuvre d'art, p. 121
→ Affiche publicitaire, p. 133
→ Extrait théâtral, p. 136
→ Photo, p. 150

Pour analyser le document

1. Quel est le thème précis de l'article ? Comment l'exposé est-il structuré ? Celle qui parle donne-t-elle son point de vue personnel ?

2. Expliquez les différents aspects de la « catastrophe ». Quelles fonctions positives des arbres se trouvent ainsi mises en relief ? Précisez dans quels domaines.

vers la **synthèse**

1. Deux documents : rapprochez l'extrait de presse (p. 73) et l'extrait poétique (p. 115) pour faire apparaître le caractère humain attribué aux arbres et rédigez un paragraphe sur ce thème à partir du contenu des deux documents.
Voir autres consignes p. 93 bas (schéma) et p. 137 (extrait théâtral).

2. Trois documents : voir consigne p. 150 (photo).

3. Quatre documents : voir consignes p. 93 bas (schéma) et p. 133 (affiche publicitaire).

vers l'**écriture personnelle**

Voir p. 137 (extrait théâtral, deux sujets).

DOCUMENT 6

THÈME
La publicité

Jean-Marie Dru, président de l'agence de publicité TBWA, répond aux questions de la rédaction du **Monde 2**.

Le Monde 2 : *Que dire de la multiplication des spams[1], des drapeaux[2], des panneaux[2] sur Internet, les messageries et les téléphones portables ?*

Jean-Marie Dru : Trop de publicité tue la publicité. Déjà dans les années 1960, le publicitaire américain Bill Bernbach, l'homme qui a lancé la minuscule « Coccinelle » aux pays des grosses voitures, refusait de multiplier les publicités à la télévision. Il ne voulait pas s'inviter de force, disait-il, *« dans le salon des gens »*. Il pensait que l'audience d'une publicité venait de sa créativité, pas de l'occupation permanente du temps libre de cervelle du public. Il appelait cela de la *« courtoisie »*. Je partage ces idées. J'étais le premier à me battre en France, il y a quinze ans, pour une seule interruption dans les programmes de télévision le soir, et un seul écran de publicité. Je suis d'accord pour dire qu'il y a trop d'affichages sauvages en dehors des villes, qu'ils gâchent les paysages. Je regrette l'inflation

1. Courrier électronique non sollicité, émis dans un but publicitaire ou commercial.

2. Publicités de formats différents qui s'affichent sur un écran d'ordinateur, sans être sollicitées.

des spams sur le Net, les coupures répétées des films et des journaux d'actualité aux États-Unis.

***L. M. 2 :** Plutôt que de publicité, vous préférez parler de « média art », pourquoi ?*

J.-M. D. : Cette expression décrit bien une profession au carrefour des arts appliqués, du commerce et du média, qui cherche à exprimer en quelques images et quelques mots talentueux, en les plaçant au bon endroit, la qualité d'un produit. La publicité fait travailler beaucoup d'artistes, parfois les plus grands réalisateurs, photographes et illustrateurs. Une bonne moitié des metteurs en scène célèbres a fait ses classes dans la publicité : la génération des Ridley Scott, Alan Parker dans les années 1980, ou Michel Gondry et Spike Jonze aujourd'hui[3]. C'est un métier qui associe les arts visuels, les métiers du commerce et du marketing, mais aussi les sciences humaines, la sociologie, l'anthropologie[4]… Tous les points de contact et de séduction qui existent entre une personne et une marque nous intéressent. Prenez l'iPod. Nous avons travaillé avec des chanteurs sur des films sans parole, pour montrer la dimension universelle de la musique, tout en donnant son avis sur la conception des « Apple Stores ». Chacun de ces points de contact doit être ouvragé avec soin. Selon moi, notre métier est un art de fertilité, pas de matraquage.

***L. M. 2 :** La publicité est-elle indissociable du commerce ?*

J.-M. D. : La réclame a toujours existé. La publicité – l'affichage pour commencer – accompagne depuis un siècle la révolution industrielle et la croissance économique. Elle a aidé à promouvoir d'innombrables bons produits, des marques inconnues, à renouveler des métiers menacés, à lancer des entreprises de valeur. Aujourd'hui, elle contribue à financer la presse magazine, la télévision, le cinéma, le mobilier urbain, le multimédia. Quand on se retourne sur les anciennes publicités, on découvre qu'elles égayent notre vie quotidienne, lui apportent souvent du style, de l'humour, et témoignent de l'esprit d'une époque. Il faut certainement la réglementer, légiférer contre ses abus, éviter les intrusions et les monopoles, comme pour toutes les autres activités humaines. Aujourd'hui, il faut la réinventer.

***L. M. 2 :** Vous utilisez un mot-clef, symbolique selon vous de la créativité publicitaire, « disruption ». C'est-à-dire ?*

J.-M. D. : C'est un mot qui vient du vieux français signifiant « rupture », que je traduis par « rupture dans les habitudes de pensée ». Pour éviter les grosses ficelles de la « réclame », nous n'allons pas simplement répéter qu'un produit est bon. Il nous faut apporter une plus-value symbolique. Un produit, une machine, une boisson n'est pas seulement un objet fonctionnel. Prenez Orangina. La publicité pouvait juste vanter son caractère naturel, en mettant en avant la présence de la pulpe d'orange. Cela aurait été descriptif. En 1971, quand Bertrand Petit a inventé le jingle[5] « Orangina. Secouez-moi ! », il a ajouté une dimension festive, joyeuse, au produit. Ce que j'ai appelé à l'époque un « saut créatif ». Sans un saut dans l'inconnu, nous n'apportons rien, nous faisons de la propagande, ou juste du marketing. Si un publicitaire présente une campagne sans que le client ressente une certaine frayeur devant la nouveauté, vous pouvez être sûr que cette idée n'aura aucune efficacité.

Entretien avec **Jean-Marie Dru** © *Le Monde 2*, 19 mai 2007.

3. Metteurs en scène de cinéma américains.

4. Science qui étudie la dimension sociale de l'homme.

5. Motif musical associé à un slogan publicitaire.

SUR LE MÊME **THÈME**

→ Dessin de presse, p. 88
→ Extrait de roman, p. 99
→ Œuvre d'art, p. 120
→ Affiche publicitaire, p. 134
→ Document de référence, p. 156

Pour analyser le document

1. Déterminez le thème global de l'entretien et les quatre orientations abordées, dont vous synthétiserez chacune en une phrase ou deux (voir exemple de réponse rédigée ci-après).

2. Parmi les caractéristiques de la publicité, dont vous dresserez la liste à partir du document, distinguez celles que J.-M. Dru considère comme des qualités. Quelles sont celles qui peuvent s'interpréter comme des dangers ?

Exemple de réponse rédigée (paragraphe 2 du document)

J.-M. Dru met en relief dans le second paragraphe la diversité de nature et de fonctions de la publicité : capable de vanter un produit, elle touche pour cela au domaine esthétique et à l'économie, donne du travail à des artistes, est inséparable des sciences de l'homme, exploite les liens entre les marques et le public, comme le montre l'exemple des « Apple stores ». Elle est, selon celui qui parle, plus création que persuasion.

vers la synthèse

1. Deux documents : mettez en parallèle l'extrait de presse (p. 74) et l'extrait d'essai (p. 62) pour étudier sur quel point ils se rencontrent.
Voir autres consignes p. 100 (extrait de roman) et p. 134 (affiche publicitaire).

2. Trois documents : confrontez l'extrait de presse (p. 74), l'extrait de roman (p. 99) et le document de référence (p. 156) pour présenter, en trois étapes, les caractéristiques de la publicité, les excès qui la menacent et les règles déontologiques qui la limitent.
Voir autres consignes p. 88 bas (dessin de presse), p. 120 (œuvre d'art) et p. 157 (document de référence).

vers l'écriture personnelle

1. Faut-il supprimer la publicité ? Répondez de manière personnelle à cette question en prenant appui sur les différents documents du corpus (rubrique « Sur le même thème »).

2. Voir autres sujets p. 100 (extrait de roman), p. 120 (œuvre d'art), p. 133 (affiche publicitaire) et p. 157 (document de référence).

DOCUMENT 7

THÈME
Le travail

Dans un article du **Monde Initiatives** *de 1997, Marie-Claude Betbeder rend compte de plusieurs études sur la situation de jeunes à la recherche d'un emploi.*

Raouf Saïdi, un jeune sociologue, termine tout juste une étude sur « La représentation du travail chez les jeunes demandeurs d'emploi » réalisée à partir du public de la PAIO (Permanence d'accueil, d'information et d'orientation) de Nanterre, dans les Hauts-de-Seine. Il s'en dégage une image choc.

La parole de ces jeunes souvent accusés de ne pas chercher réellement de travail laisse transparaître une vision survalorisée, idéalisée, de ce dernier : « *C'est,* résume Raouf Saïdi, *le "plaisir" d'exercer un métier qu'on "aime", car il est le couronnement ("aboutissement", "finalité", "j'aurais réussi") d'un processus d'acquisitions, d'un savoir particulier qui sera une composante de l'identité de l'individu ("son boulot", "sa filière").* »

Il implique la « *possession "d'idées", l'effort de mise à disposition de ses compétences ("volonté", "passion", "le meilleur de soi")* » et réclame en retour « *la reconnaissance de l'approbation de la part d'autrui ("compliments", "appréciations"). Par ailleurs, il est "altruiste par définition" ("aider", "progresser", etc.) et par destination ("les gens", "l'entreprise*», *"l'État").* » C'est « *une mise en relation multidimensionnelle entre les individus et les groupes qui composent la société* ».

Les tâches qu'ils rejettent sont celles qui sont vécues comme des impasses : sans ouvertures relationnelles, sans initiatives ni possibilités d'évolution. S'y résigner équivaut à accepter de perdre l'espoir. Alignés par thème, dans des tableaux, les mots de ces jeunes forment d'étonnantes litanies qui disent le rêve d'un travail qui serait un accomplissement, une porte ouverte vers une vie autre.

En ce qui concerne les étudiants, un numéro d'*Agora débats jeunesses* (quatrième trimestre, 1996), jeune revue éditée par L'Harmattan, donne la parole à des sociologues comme Olivier Galland, François Dubet et à une psychanalyste familière du milieu étudiant, Myriam Ziri, sur le thème « Pourquoi étudier ? ». L'unanimité règne sur un point crucial : étudier est un désir en soi, désir fort et de plus en plus largement partagé. La période des études est devenue un âge de la vie où l'on se construit, où l'on se prépare à l'autonomie adulte, où l'on cherche à découvrir le monde. Et cela compte au moins autant qu'acquérir un savoir monnayable. La question *« Quel travail pour moi ? »* se double en filigrane d'une autre : *« Que vais-je faire de ma vie d'être libre ? »*

Mais aujourd'hui le monde des sans-bagages et une partie de celui des diplômés se retrouvent dans la précarité. Les travaux que mène depuis quinze ans Laurence Rouleau-Berger – dans le cadre du Groupe de recherches sur la socialisation (GRS) du CNRS – révèlent des lieux – des *« espaces intermédiaires »* – où tous ces précaires ont commencé à se rencontrer.

La jonction s'est faite sous l'emblème de la création. Le nombre de jeunes qui tentent de vivre d'activités artistiques est aujourd'hui considérable dans l'audiovisuel, le théâtre, la mode, la musique, la danse… Mieux encore, sous l'effet de la rage et de l'envie de vivre, ces jeunes de toutes origines aux prises avec la précarité, ont développé de nouveaux modes d'expression et de nouvelles normes sociales. […] [1]

Au bout du compte, c'est le même désir qu'on aperçoit chez tous : gagner sa vie certes ; mais, si possible, ne pas *« la perdre à la gagner »*.

Marie-Claude Betbeder, « Ne pas perdre sa vie à la gagner » © *Le Monde Initiatives*, 14 mai 1997.

1. Les quelques lignes qui manquent évoquent les domaines artistiques qui tentent les jeunes en situation précaire.

SUR LE MÊME **THÈME**

→ Extrait d'essai, p. 54
→ Dessin de presse, p. 85
→ Document chiffré, p. 92
→ Extrait de roman, p. 101
→ Œuvre d'art, p. 126
→ Affiche publicitaire, p. 130
→ Image de film, p. 148
→ Document de référence, p. 157

Pour analyser le document

1. Après avoir déterminé le thème global du document, expliquez comment il est construit ; précisez à quoi servent les parenthèses, les guillemets et l'emploi de l'italique.

2. Reformulez, en les résumant, les représentations et les attentes que les jeunes ont du travail et des études : qu'est-ce qui domine chez eux ? De quelles qualités font-ils preuve ?

vers la **synthèse**

1. Deux documents : voir consigne p. 93 haut (document chiffré).

2. Trois documents : voir consignes p. 126 (œuvre d'art) et p. 158 (document de référence).

3. Quatre documents : voir consigne p. 85 (dessin de presse).

vers l'**écriture personnelle**

1. Expliquez comment vous comprenez l'expression « ne pas perdre sa vie à la gagner », puis donnez votre point de vue personnel sur cette conception de la vie et du travail.

2. Voir autres sujets p. 55 (extrait d'essai), p. 85 (dessin de presse) et p. 148 (image de film).

DOCUMENT 8

THÈME
Le comédien en scène

Le spécialiste de cinéma Michel Ciment s'entretient avec la comédienne Helen Mirren à propos de son interprétation de la reine Élisabeth II dans le film de Stephen Frears, **The Queen**.

Quand on interprète un rôle de ce genre, il peut y avoir conflit entre votre propre idée d'Élisabeth telle qu'elle s'est forgée pendant le demi-siècle où vous avez suivi son évolution, le point de vue du scénario et l'interprétation que vous en faites.

D'abord, il m'est arrivé d'en discuter avec les auteurs, de proposer mon opinion et dans chaque scène d'infléchir à l'occasion tel ou tel aspect. J'ai aussi fait de nombreuses recherches personnelles et je dois dire honnêtement que cela a modifié ce que je pensais d'elle. J'ai été élevée dans une famille farouchement républicaine, violemment hostile au système des classes sur lequel trône la monarchie. Pour mes parents comme pour moi, c'était une institution sans vraie nécessité. Comme pour beaucoup de gens de mon âge – dont Stephen Frears –, cette attitude était *de rigueur*[1]. En préparant mon rôle, je pense avoir séparé (et cela me semble nécessaire pour un comédien) mes idées politiques et morales, mon ressentiment à l'égard de la famille royale, de la personne que j'allais interpréter. En réalité, c'est très difficile

1. En français dans le texte d'origine.

parce que la reine comme personne et la reine comme institution sont étroitement mêlées. J'étais très attirée par la jeune fille qu'elle était avant même qu'elle sache qu'elle allait devenir reine. Pas plus que la première Élisabeth elle n'était destinée à sa naissance à devenir reine, et elles sont montées sur le trône par des chemins très indirects et sans s'y attendre vraiment. Pendant quinze ou seize ans, elle a vécu sans cet horizon royal.

Quel genre de recherches avez-vous faites ?

J'ai regardé beaucoup de documents filmés, lu beaucoup de biographies. Les images télévisées, par exemple, sont d'une utilité limitée parce qu'on la voit presque exclusivement dans ses fonctions officielles. De même pour les portraits dits « intimes » et qui ne le sont pas du tout parce que ce sont des tableaux où le modèle est très conscient et prend la pose. Le livre qui m'a été le plus utile a été écrit par la nounou d'Élisabeth et de Margaret[2] qui a élevé Élisabeth depuis l'âge de cinq ans jusqu'à son adolescence. La famille royale fut scandalisée par ses souvenirs, car c'était pour eux une trahison de la confiance qu'ils avaient accordée à cette femme. En fait, c'est un ouvrage assez apologétique[3], mais qui décrit bien le monde dans lequel cette petite fille a grandi. Or ce que je cherchais dans la reine, c'était justement la petite fille, la personne qui était là au départ, quels que soient les chemins qu'elle aurait à emprunter par la suite. Il y a eu aussi trois photos qui m'ont aidée et que j'avais accrochées au mur de ma caravane. L'une avec son cheval, où elle apparaît très heureuse car elle adore les animaux ; une autre aux funérailles de sa mère où ses yeux sont remplis de larmes, image très rare car on ne voyait jamais la reine pleurer ; et une troisième quand elle était enfant. Il y a aussi un morceau de film, long d'une vingtaine de secondes que je n'ai cessé de me repasser. Elle a environ douze ans, sort d'une grosse voiture noire et va à la rencontre d'un dignitaire comme membre de la famille royale et non comme la future reine d'Angleterre. On sent dans son comportement le désir de bien faire son devoir. Son visage est d'un sérieux incroyable, elle s'avance pour serrer la main du notable, et tout cela témoigne d'un soin impeccable et d'un sens des responsabilités dès le plus jeune âge.

Il n'y a rien dans votre interprétation qui relève de l'imitation.

C'est une femme très difficile à connaître car il y a un contraste entre cette incroyable image publique et le secret qui l'entoure. Elle a un sens naturel de la dignité privée et il n'y a aucune affectation dans son caractère réservé. Sans vouloir la mimer en aucune façon, j'ai cherché à retrouver sa diction et sa voix ainsi que sa démarche. J'ai été bien aidée par Penny Dyer la répétitrice, la première personne avec qui j'ai travaillé sur le film, qui m'a permis de trouver le ton exact de la voix, comment la placer. C'est une vraie psychologue de la voix, elle vous explique d'où elle vient. Je lui dois beaucoup car elle a été le réceptacle de toutes mes anxiétés, de tous mes battements de cœur à l'idée que je n'y arriverais pas, et elle a réussi à me mettre à l'aise. C'était la condition nécessaire pour que je devienne la reine, que je crée une *persona*[4] physique du personnage, comme tout acteur se doit de le faire.

Propos recueillis et traduits de l'anglais par **Michel Ciment** © *Positif* n° 548, octobre 2006.

2. Sœur de la reine.

3. Écrit dans un registre très élogieux.

4. Incarnation.

SUR LE MÊME **THÈME**

→ Extrait d'essai, p. 55
→ Dessin de presse, p. 82
→ Extrait théâtral, p. 142
→ Photo, p. 147

Pour analyser le document

1. Donnez le thème général de l'entretien et les orientations précises qu'il prend à l'intérieur de ce thème.

2. Personnage et comédienne : différenciez dans le document ce qui renvoie à l'une et ce qui renvoie à l'autre. En quoi cela renseigne-t-il le lecteur sur la manière de travailler de la comédienne ? Qu'apprend-il ?

vers la synthèse

1. Deux documents : rapprochez l'extrait de presse (p. 77) et l'extrait théâtral (p. 142) pour mettre en évidence, sous la forme de deux paragraphes, la nécessité du travail du comédien et la nature de ce travail.
Voir autre consigne p. 82 (dessin de presse).

2. Quatre documents : voir consignes p. 82 (dessin de presse) et p. 143 (extrait théâtral).

vers l'écriture personnelle

1. De plus en plus souvent, des comédiens ont à incarner des personnages historiquement proches, parfois alors qu'ils sont encore en vie. Quelles vous semblent être les qualités dont ils doivent faire preuve et en quoi consiste, selon vous, leur travail ? Répondez de manière personnelle, en vous aidant des documents du corpus (rubrique « Sur le même thème »).

2. Voir autres sujets p. 56 (extrait d'essai) et p. 147 (photo).

PROLONGEMENTS

LEXIQUE

EXERCICE 1

Voici une liste de termes extraits des documents de ce chapitre. Intégrez chacun à une phrase qui en explicite le sens dans son contexte : *affectation* • *audience* • *estimer* • *paternalisme* • *performance* • *pouvoir décisionnaire* • *précarité* • *rentabilité* • *représentation.*
Puis trouvez à chacun un synonyme dans le même contexte ou dans un contexte différent en tenant compte du fait qu'ils peuvent avoir plusieurs significations.

EXERCICE 2

Voici une autre liste de mots extraits des trois premiers documents. Trouvez-leur un ou plusieurs équivalents dans leur contexte.
Document 1 : *prolifération*.
Document 2 : *ont essaimé* • *émerger* • *suppléer* • *endoctrinés* • *manipulables* • *bénéficient* • *assouvir*.
Document 3 : *épié* • *arsenal* • *autorité judiciaire*.

EXPRESSION ÉCRITE

EXERCICE 3

En vous appuyant sur l'exemple rédigé (p. 107), faites la présentation d'un des documents que vous avez étudiés dans ce chapitre.

EXERCICE 4

Transformez le document 7 (extrait du *Monde Initiatives*, p. 76) en entretien. Pour cela, considérez les lignes 6-15, 16-20, 24-30, 36-40, comme des réponses à une question précédente posée par l'auteur de l'article. Formulez ces questions. Elles s'adressent successivement à Raouf Saïdi, Myriam Ziri et Laurence Rouleau-Berger.

EXERCICE 5

Reformulez de manière différente la phrase : « Les Britanniques sont le peuple le plus épié du monde » pour faire comprendre :
– qu'il s'agit d'une supposition ;
– qu'il s'agit d'une possibilité ;
– qu'il s'agit d'une évidence ;
– qu'il s'agit d'une rumeur ;
– qu'il s'agit d'un constat que vous avez du mal à croire ;
– qu'il s'agit d'un constat que vous ne pouvez accepter.

ACTIVITÉS ORALES

EXERCICE 6

En relation avec le corpus sur les évolutions de la médecine, composez à plusieurs un exposé sur le traitement du thème de la médecine et des médecins dans le théâtre de Molière. Accompagnez votre exposé d'une lecture à plusieurs voix de brefs extraits représentatifs.

RECHERCHES / COMPOSITION D'UN DOSSIER

EXERCICE 7

Le thème du voyage rejoint et nourrit la réflexion sur les notions de « relativisme culturel » et d'« ethnocentrisme ». Vous chercherez la signification de ces deux expressions, expliciterez leurs relations de sens avec le voyage et donnerez des exemples extraits de l'histoire et de la littérature. Vous pourrez envisager à cette occasion le mythe du « bon sauvage ». Composez à partir de cet ensemble un dossier documentaire comportant des illustrations.

CHAPITRE 8

Analyser un dessin de presse, une bande dessinée

APPROCHES

DOCUMENT 1

THÈME
L'exclusion

Dessin réalisé en 1988 par **Soulas** (né en 1932) © Soulas/Iconovox.

SUR LE MÊME **THÈME**

→ Extrait d'essai, p. 63
→ Document chiffré, p. 91
→ Extrait de roman, p. 103
→ Extrait poétique, p. 112
→ Œuvre d'art, p. 117
→ Photo, p. 145

Pour analyser le document

1. Le thème étant donné par le titre du dessin, dites précisément ce qu'il représente et qui il met en scène, à travers des éléments explicites et d'autres, que le lecteur peut deviner.

2. Sur quels aspects de l'exclusion le dessin insiste-t-il particulièrement ? De quelle manière ?

vers la **synthèse**

1. Deux documents : rapprochez le dessin ci-dessus et l'extrait d'essai (p. 63) pour dire ce qu'ils ont en commun et quel rôle peut jouer le dessin par rapport au texte. Voir autre consigne p. 145 (photo).

2. Trois documents : voir consignes p. 92 (document chiffré) et p. 145 (photo).

3. Quatre documents : regroupez l'extrait d'essai (p. 63), l'extrait poétique (p. 112), le dessin de presse ci-dessus et la photo (p. 145) pour établir une liste des caractéristiques de l'exclusion et expliquer pourquoi il est très difficile d'en sortir.

vers l'**écriture personnelle**

1. Certains exclus, pourtant en situation très difficile, refusent l'aide offerte par les services sociaux : à votre avis, quelles raisons peuvent motiver ces refus ? Vous pourrez prendre appui sur les différents documents du corpus pour répondre (rubrique « Sur le même thème »).

2. Voir autre sujet p. 65 (extrait d'essai).

DOCUMENT 2

THÈME
La condition des femmes

SUR LE MÊME **THÈME**

→ Extrait d'essai, p. 60
→ Document chiffré, p. 96
→ Œuvre d'art, p. 123
→ Extrait théâtral, p. 139
→ Document de référence, p. 158

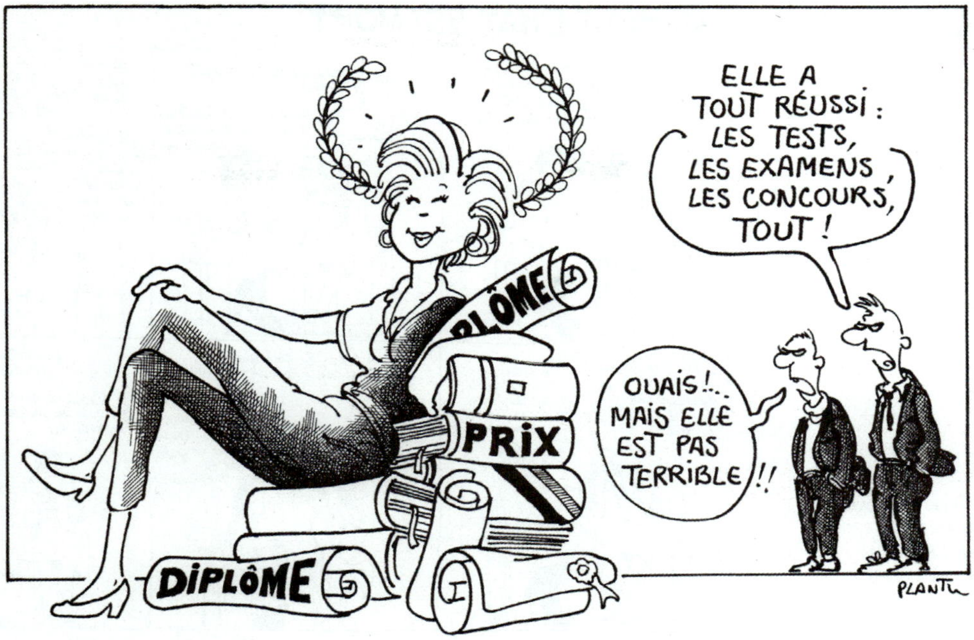

Dessin de **Plantu** (né en 1951), extrait *de Wolfgang, tu feras informatique* (1988) © éd. La Découverte/*Le Monde*.

Pour analyser le document

1. Le thème traité est celui des discriminations hommes/femmes : repérez tous les éléments du dessin qui permettent de le déterminer en précisant le domaine spécifique envisagé (exemple rédigé ci-dessous).

2. Formulez le contenu du message transmis par l'image et dites quels sont les procédés qui lui confèrent son sens et sa force.

Exemple de réponse rédigée

Le dessin de Plantu regroupe trois personnages. Une jeune femme occupe environ les 2/3 du cadrage et impose sa présence. Souriante, auréolée d'une couronne de laurier, elle est assise, avec une satisfaction visible à son sourire et à son attitude, sur de gros livres qui représentent des récompenses. L'image montre aussi les rouleaux de diplômes, preuves de sa réussite. À droite du dessin (environ 1/3 du cadrage), apparaissent deux personnages masculins, nettement plus petits, qui, les mains dans les poches, la regardent avec agressivité. L'un d'entre eux rappelle les succès de la lauréate, en insistant sur la totalité de ses réussites, par ordre de difficulté croissante, – « tests », « examens », « concours ». L'autre répond par une remarque négative et vengeresse sur le physique de la jeune femme. Dans le cadre des discriminations entre les hommes et les femmes, le domaine précis envisagé est celui des études et de la réussite : on le perçoit au lexique utilisé, aux objets représentés et à la couronne de laurier, symbole de la victoire.

vers la **synthèse**

1. Deux documents : rapprochez le dessin de presse ci-dessus et l'œuvre d'art (p. 123) et dites ce qui ressort de leur confrontation.
Voir autre consigne p. 141 (extrait théâtral).

2. Trois documents : rapprochez l'extrait d'essai (p. 60), le dessin de presse ci-dessus et l'extrait théâtral (p. 139) sur les deux points suivants : la volonté et la possibilité des femmes de réussir/les obstacles à cette réussite.

3. Quatre documents : regroupez l'extrait d'essai (p. 60), le dessin de presse ci-dessus, l'extrait théâtral (p. 139) et le document de référence (p. 158) pour analyser les manifestations et les sources des discriminations que subissent les femmes.
Voir autre consigne p. 97 (document chiffré).

vers l'**écriture personnelle**

Voir sujets p. 97 (document chiffré) et p. 160 (document de référence).

DOCUMENT 3

THÈME
Le comédien en scène

LE PETIT CHAT EST MORT[1]

Bande dessinée de **Claire Bretécher** (née en 1940), « Le petit chat est mort[1] », extraite des *Frustrés* (1973-1980), tome 1, p. 53 © éd. Claire Bretécher (1975), Hyphen SA, Paris.

1. Réplique prononcée par Agnès, personnage de *L'École des femmes* de Molière (acte II, scène 5, v. 461) et considérée comme particulièrement difficile à dire, malgré son apparente simplicité.

2. Jean-Louis Barrault (1910-1994), Roger Planchon (né en 1931) et Peter Brook (né en 1925) sont des metteurs en scène de théâtre très célèbres. François Truffaut (1932-1984) est un metteur en scène de cinéma.

SUR LE MÊME THÈME
→ Extrait d'essai, p. 55
→ Extrait de presse, p. 77
→ Extrait théâtral, p. 142
→ Photo, p. 147

Pour analyser le document

1. Comment le lecteur peut-il déterminer qu'il est question du travail du comédien ? À partir de la succession des vignettes et du contenu des bulles, dites ce que racontent le dessin et le texte.

2. L'histoire et sa chute ont une portée critique : sur quoi porte cette critique et quels en sont les outils ? Répondez en tenant compte de toutes les composantes de la bande dessinée et du registre (▸ **Fiche 8, p. 294**) adopté.

vers la **synthèse**

1. Deux documents : quelle utilité pourrait avoir la bande dessinée ci-dessus par rapport à l'extrait de presse (p. 77) dans lequel une comédienne parle de la préparation d'un rôle ?

2. Quatre documents : regroupez l'extrait de presse (p. 77), la bande dessinée ci-dessus, le texte théâtral (p. 142) et la photo (p. 147) pour étudier les différentes difficultés du métier de comédien.
Voir autre consigne p. 143 (extrait théâtral).

vers l'**écriture personnelle**

Voir sujets p. 56 (extrait d'essai), p. 79 (extrait de presse) et p. 147 (photo).

DOCUMENT 4

THÈME
Le devenir des sites industriels

Dessin de **Sempé** (né en 1932), extrait de *Un peu de Paris* (2001) © éd. Gallimard.

SUR LE MÊME **THÈME**

→ Extrait d'essai, p. 56
→ Extrait de roman, p. 106
→ Extrait poétique, p. 110
→ Œuvre d'art, p. 125
→ Photo, p. 146

Pour analyser le document

1. Expliquez en quoi, à partir de ce qui est représenté, on peut parler de « rénovation » (terme qui apparaît sur la pancarte, en bas à gauche), et non de création à partir de rien ?

2. Sur quels aspects de la rénovation urbaine le dessin met-il l'accent ? Que dénonce-t-il ? En utilisant quel procédé ?

vers la synthèse

1. Deux documents : architecture, rénovation, patrimoine : en quoi peut-on rapprocher, sur ces thèmes, le dessin de Sempé et l'extrait d'essai (p. 56) ?

2. Deux documents : qu'ont en commun le dessin de Sempé et la photo (p. 146) ?

vers l'écriture personnelle

Voir sujets p. 57 (extrait d'essai) et p. 146 (photo).

Comment analyser **un dessin de presse et une bande dessinée**

Le **dessin de presse**, avec ou sans texte, représente un **fait** ou une **situation** d'une actualité proche ou lointaine sur lesquels le dessinateur attire l'attention. La bande dessinée associe l'**image** et le **texte** pour raconter une **histoire**.

Déterminer le thème d'un dessin ou d'une bande dessinée

Saisi globalement par le regard, le dessin livre son thème à travers les **éléments** qui le composent : lieux, personnages, attitudes, complétés parfois par des **paroles** ou par un **titre**. Dans le cas de la bande dessinée, qu'elle soit de presse ou qu'elle appartienne à un album, c'est la **continuité des images** (les vignettes) et les modifications visibles de la **situation** représentée qui révèlent de quoi il est question.

→ EX : le thème des **relations hommes/femmes** est identifiable, chez Plantu (p. 81) à travers les **personnages** présents et les paroles qui figurent dans les bulles (ou phylactères). En présentant la coupe d'un immeuble en **rénovation** (mot visible sur un panneau), Sempé (p. 83) fait savoir qu'il « parle » de restauration urbaine. Dans la BD de C. Bretécher (p. 82), les **paroles** (allusions à des metteurs en scène et à des expériences passées) et les **attitudes**, manifestations d'excitation et de peur, indiquent le thème : les **angoisses** de deux comédiennes avant une audition.

Déterminer le sens du message

Sur un thème donné, le dessin et la bande dessinée comportent **une ou des significations**. Celles-ci viennent de la juxtaposition d'éléments graphiques et textuels. Avec une grande simplicité de moyens : personnages esquissés et parfois stéréotypés, situations réduites à un ou deux éléments, paroles brèves mais frappantes, les dessinateurs de presse font ressortir **l'essentiel** en **quelques** traits. Observateurs de la nature humaine, ils captent des **caractéristiques** récurrentes et les présentent sous une forme comique ou grinçante. Ils offrent ainsi à leurs lecteurs un miroir de la vie sociale, ou une **représentation schématisée** mais percutante de l'actualité. Dans certaines bandes dessinées de presse, limitées à une page, une « **chute** » inattendue et prévisible à la fois, conclut le déroulement. Les BD en albums racontent des histoires mises en images. Ce sont en général des fictions dont le message ressort du thème, des épisodes, des personnages et de leurs actions.

→ EX : le dessin de Plantu (p. 81) montre, par l'expression des visages, les **réactions jalouses** d'hommes devant une femme qui réussit brillamment. Le sens vient des **disproportions** et **oppositions** (▸ Fiche 5, p. 288), inséparables ici du texte. Par d'autres oppositions, Sempé (p. 83) montre comment la rénovation d'un immeuble ancien conduit à la **construction stéréotypée** de bureaux sans originalité. C. Bretécher (p. 82) ridiculise ses comédiennes, qui vantent leurs expériences et évoquent leurs angoisses alors qu'elles doivent juste tourner une publicité…

Déterminer les fonctions du dessin de presse et de la bande dessinée

Les dessins et BD de presse ont pour première vocation de **distraire** et de faire sourire. Souvent ironiques, jouant sur les distorsions, sur les mots, ils donnent l'impression de **tourner en dérision** les choses sérieuses. La **gravité** des sujets et l'apparente légèreté du traitement doivent faire **prendre conscience** et **faire réfléchir**. C'est là leur deuxième finalité, que l'on retrouve dans certaines bandes dessinées humoristiques et dans celles qui s'affirment **engagées**. Leurs histoires se mettent au service d'une réflexion sociale, morale, humaine, rendue accessible par l'association image/texte.

→ EX : le dessin de Plantu (p. 81) met en scène, en l'accentuant, une forme courante de machisme ; dans la bande dessinée de C. Bretécher (p. 82), la chute « dégonfle » d'un seul coup la vanité des deux interlocutrices ; Sempé (p. 83) dénonce sans violence le souci de rentabilité des rénovations urbaines.

Plus sérieux qu'on ne le croit, le dessin de presse et la bande dessinée, de presse ou d'album, témoignent des manières de vivre d'une société et de la capacité de celle-ci d'accepter son image.

APPLICATION

DOCUMENT 5

THÈME
Le travail

Dessin réalisé en 1986 par **Honoré** (né en 1941) © Honoré/Iconovox.

SUR LE MÊME **THÈME**

→ Extrait d'essai, p. 54
→ Extrait de presse, p. 76
→ Document chiffré, p. 92
→ Extrait de roman, p. 101
→ Œuvre d'art, p. 126
→ Affiche publicitaire, p. 130
→ Image de film, p. 148
→ Document de référence, p. 157

Pour analyser le document

1. Décrivez ce que vous voyez sur l'image en donnant ses composantes et ses caractéristiques. Déduisez de cette observation le thème global du document et l'aspect plus précis qui est abordé.

2. Dites sur quoi le dessin attire l'attention, par quels moyens, et quelle est l'importance du texte contenu dans la bulle.

vers la **synthèse**

1. Deux documents : voir consigne p. 130 (affiche publicitaire).

2. Trois documents : voir consigne p. 148 (image de film).

3. Quatre documents : regroupez l'extrait d'essai (p. 54), l'extrait de presse (p. 76), l'extrait de roman (p. 101) et le dessin de presse ci-dessus pour étudier des aspects opposés du travail.
Voir autre consigne p. 148 (image de film).

vers l'**écriture personnelle**

1. On associe traditionnellement le travail à l'idée de « gagner sa vie ». Vous direz sous une forme argumentée ce que vous attendez de votre future vie professionnelle et quel sens vous donnez à l'expression « gagner sa vie ».

2. Voir autres sujets p. 55 (extrait d'essai), p. 77 (extrait de presse) et p. 148 (image de film).

DOCUMENT 6

THÈME
Le voyage

Le Photographe *est une bande dessinée qui retrace une mission réelle, en 1986, dans le nord de l'Afghanistan, d'une équipe de Médecins Sans Frontières (MSF). Cette équipe est accompagnée par Didier Lefèvre, auteur des photos.*

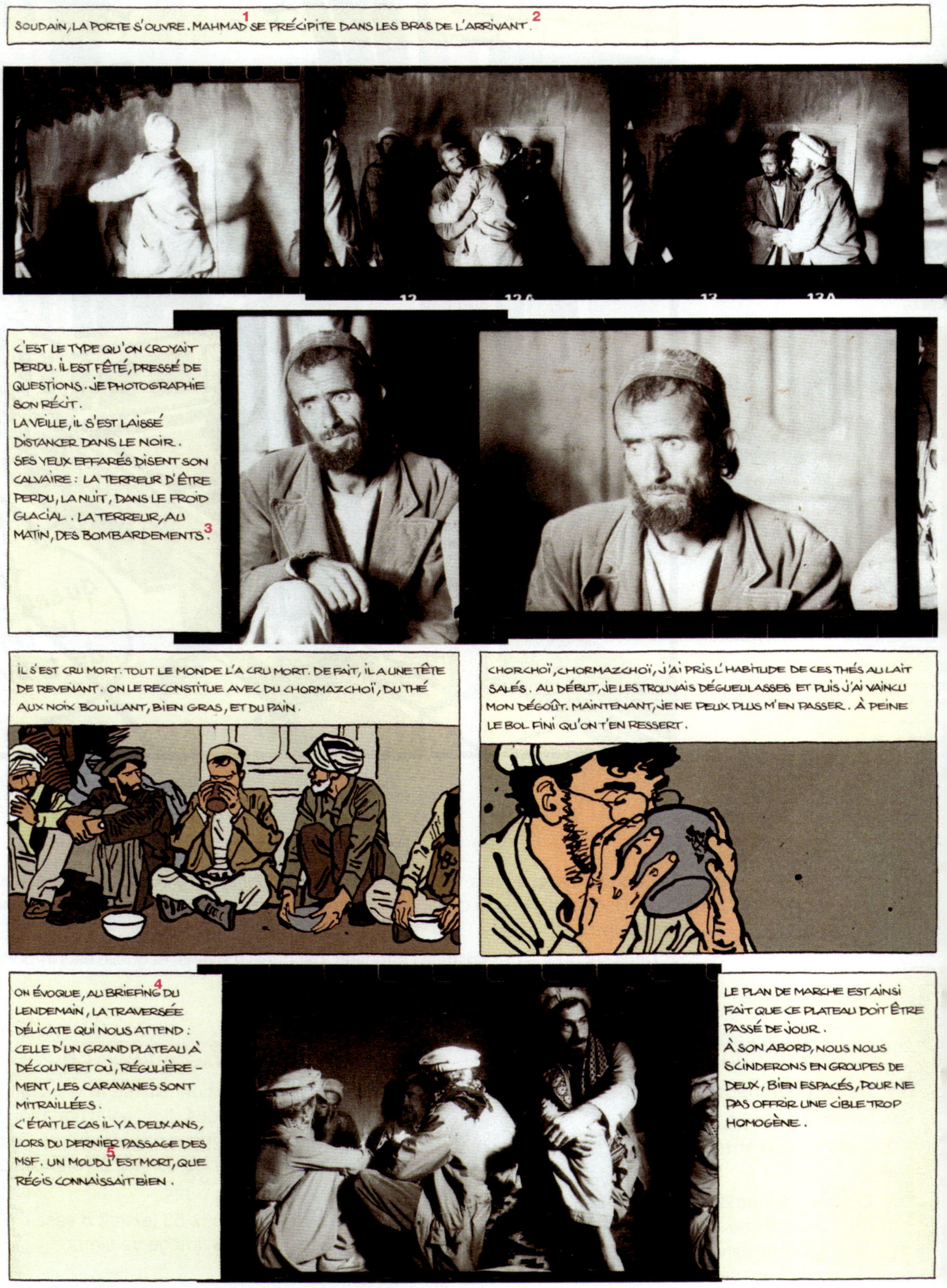

1. Mahmad est le guide interprète du groupe.
2. Il s'agit d'un palefrenier, qui avait disparu.
3. L'Afghanistan est alors en guerre avec l'URSS.
4. Réunion d'organisation.
5. Abréviation de « moudjahid », terme qui désigne un combattant musulman.
6. Ville du nord de l'Afghanistan.

Didier Lefèvre (photographies), **Emmanuel Guibert** (texte et dessin) et **Frédéric Lemercier** (mise en page et couleur), *Le Photographe* (2003), vol. 1, p. 77-78 © éd. Dupuis.

SUR LE MÊME **THÈME**
→ Extrait d'essai, p. 61
→ Extrait de presse, p. 67
→ Extrait poétique, p. 108
→ Affiche publicitaire, p. 132
→ Photo, p. 153

Pour analyser le document

1. Observez les deux planches et déterminez leurs caractéristiques : nature des images, disposition des vignettes, nature et contenu du texte, relations entre le texte et les images. Dites ensuite de quoi il est question dans ces deux planches. Quelle est leur originalité par rapport à des bandes dessinées classiques ?

2. À l'intérieur du thème dominant, quels aspects particuliers se trouvent mis en relief, successivement ? Récapitulez les différentes informations et dites quelles impressions elles peuvent produire sur le lecteur. Déduisez des réponses précédentes les fonctions d'une telle bande dessinée.

vers la synthèse

1. Deux documents : rapprochez l'extrait de presse (p. 67) et l'extrait de bande dessinée (p. 86-87) pour mettre en évidence différentes sortes et différentes caractéristiques du voyage.
Voir autre consigne p. 153 (photo).

2. Trois documents : regroupez l'extrait de presse (p. 67), l'affiche publicitaire (p. 132) et l'extrait de bande dessinée (p. 86-87) pour étudier le rôle que peut jouer ce dernier document par rapport aux deux autres.

3. Quatre documents : voir consigne p. 153 (photo).

vers l'écriture personnelle

1. La bande dessinée est présentée par Y. Frémion, dans l'*Encyclopædia Universalis*, comme « le langage idéal de tous ceux à qui la culture traditionnelle est refusée ou peu accessible. » En quelques paragraphes argumentés, vous direz si vous partagez ce point de vue.

2. Voir autres sujets p. 62 (extrait d'essai), p. 108 (extrait poétique) et p. 132 (affiche publicitaire).

DOCUMENT 7

THÈME
La publicité

SUR LE MÊME **THÈME**

→ Extrait de presse, p. 74
→ Extrait de roman, p. 99
→ Œuvre d'art, p. 120
→ Publicité, p. 134
→ Document de référence, p. 156

Dessin réalisé en 2006 par **Faujour** (né en 1959) © Faujour/Iconovox.

Pour analyser le document

1. Expliquez comment est composé ce dessin de presse, quelles sont ses spécificités et quel est son thème : à partir de quels éléments ce thème peut-il être identifié ?

2. Déterminez quel est le message exprimé par le document et quel est son registre (▸ FICHE 8, P. 294) : sur quoi insiste-t-il directement ou indirectement ? Quelle est sa force ?

vers la synthèse

1. Deux documents : rapprochez le dessin de presse ci-dessus et le document de référence (p. 156) pour expliquer en quoi les pratiques évoquées par le dessin pourraient faire réagir le BVP.
Voir autre consigne p. 135 (affiche publicitaire).

2. Trois documents : regroupez le dessin de presse ci-dessus, l'extrait de presse (p. 74) et l'extrait de roman (p. 99) pour étudier en trois paragraphes, ce que l'on peut reprocher à la publicité.
Voir aussi consigne p. 157 (document de référence).

vers l'écriture personnelle

1. Voir sujets p. 100 (extrait de roman), p. 133 (affiche publicitaire) et p. 157 (document de référence).

2. Voir sujets p. 76 (extrait de presse) et p. 120 (œuvre d'art).

DOCUMENT 8

THÈME
Les dérives de la médecine

Dessin de **Serre** (1938-1998), extrait de *Humour noir et hommes en blanc* © éd. Glénat (1973).

SUR LE MÊME THÈME

→ Extrait de presse, p. 71
→ Extrait théâtral, p. 137
→ Photo, p. 151
→ Document de référence, p. 162

Pour analyser le document

1. Décrivez ce que vous voyez sur le document pour en définir le thème global et le registre (▸ FICHE 8, P. 294) utilisé. Caractérisez la manière de dessiner de Serre.

2. Quel sens se dégage de l'ensemble des éléments qui composent le dessin ? Sur quelle dérive de la médecine le dessinateur a-t-il mis l'accent ?

vers la synthèse

1. Deux documents : rapprochez le dessin de presse ci-dessus et le document de référence (p. 162). Que remarquez-vous ?
Voir autre consigne p. 151 (photo).

2. Trois documents : voir consigne p. 151 (photo).

3. Quatre documents : voir consignes p. 151 (photo) et p. 162 (document de référence).

vers l'écriture personnelle

1. Pour le dessinateur Plantu, « La fonction d'un dessinateur de presse est de réveiller l'attention, de donner envie aux gens de s'informer toujours davantage. » Vous direz si vous partagez ou non cette conception du dessin de presse, en prenant appui sur les différents dessins de ce chapitre.

2. Voir autres sujets p. 72 (extrait de presse) et p. 162 (document de référence).

PROLONGEMENTS

LEXIQUE

EXERCICE 1

Les figures de rhétorique suivantes sont fréquentes dans le graphisme des dessins de presse et de manière générale dans les images. Vérifiez que vous connaissez leur sens et trouvez-en des emplois dans les dessins de ce chapitre, ainsi que dans les œuvres d'art du chapitre 12 (p. 117) et dans les photos du chapitre 15 (p. 145) : *accumulation* • *antithèse* • *gradation* • *hyperbole* • *métaphore* • *métonymie* • *répétition (ou anaphore)* • *symbole* (▸ FICHE 5, P. 288).

EXPRESSION ÉCRITE

EXERCICE 2

Rédigez une analyse de certains dessins de presse de ce chapitre, à votre choix, en reprenant la structure de phrase suivante :
Le dessinateur (donnez son nom) *montre, met en scène, représente, donne à voir, illustre,...* (donnez ici le contenu précis du dessin). *Il fait comprendre, illustre, dénonce ainsi, ridiculise, attire l'attention sur, fait prendre conscience de...* (donnez ici le sens du message).

Exemple de réponse rédigée (dessin p. 85)

Le dessinateur Honoré représente un homme – un cadre, si l'on en croit sa tenue vestimentaire – qui tente, au prix de beaucoup d'efforts, de fléchir l'aiguille rigide d'une énorme pendule, dans le contexte géométrique et assez inhumain d'immeubles de bureau d'une ville moderne. Il attire ainsi l'attention, par la résistance de l'aiguille et par la position acrobatique du personnage, sur la difficulté que rencontrent les travailleurs par rapport à la « flexibilité du temps de travail », ce que soulignent aussi les mots placés dans la bulle.

EXERCICE 3

Accompagnez chaque dessin de ce chapitre – y compris la bande dessinée – d'une notice explicative qui en donne le sens en peu de mots.

Exemple de réponse rédigée (dessin p. 89)

Le tableau de chasse du chirurgien a de quoi inquiéter son patient.

EXERCICE 4

En prenant modèle sur l'exemple qui figure p. 107, présentez, au choix, trois dessins de ce chapitre en une ou deux phrases. Chaque présentation doit préciser l'auteur, la date, le thème, ainsi que certaines particularités.

ACTIVITÉS ORALES

EXERCICE 5

Préparez un exposé oral d'une dizaine de minutes pour expliquer sur quels procédés repose le rire dans certains dessins de presse de ce chapitre.

EXERCICE 6

À propos du dessin de presse, organisez un débat autour de la question : « Peut-on rire de tout ? » pour déterminer certaines des fonctions et des limites du rire.

RECHERCHES / COMPOSITION D'UN DOSSIER

EXERCICE 7

Recherchez et présentez à la classe des dessins de presse qui illustrent cette définition, donnée par le dessinateur Faizant : « Un bon dessin est celui qui dit avec le minimum de mots et d'expressions un fait qui s'est produit. Le dessinateur doit arriver à le rendre amusant, même s'il ne l'est pas. »

EXERCICE 8

Composez un dossier de dessins de presse sur l'un des deux thèmes au programme et classez ces dessins selon des critères que vous exposerez à la classe : registre (▸ FICHE 8, P. 294), technique de dessin, présence ou non de paroles, d'une légende, relations avec l'actualité...

EXERCICE 9

Préparez un échantillonnage de dessins de presse d'auteurs différents et présentez-les à la classe pour faire apparaître des manières de dessiner différentes.

CHAPITRE 9

Analyser un schéma, un document chiffré

APPROCHES

DOCUMENT 1

THÈME
L'exclusion

En 2006, la Fédération Nationale des Associations d'Accueil et de Réinsertion sociale (FNARS) et le journal **La Croix** *ont demandé au CSA, qui est un institut de sondage, une étude sur l'univers des Sans domicile fixe (SDF). Cette étude a porté sur 493 personnes de 18 ans et plus hébergées en centre d'hébergement d'urgence et en centre de réinsertion sociale. Nous donnons ici le tableau de réponses à la première question posée.*

L'ATTITUDE À L'ÉGARD DE LA SOCIÉTÉ ET LA PERCEPTION DE L'AVENIR

QUESTION : **Par rapport à la société française, diriez-vous que vous avez envie… ?**

	Ensemble Novembre 2006	Rappel[1] Ensemble 1997	Rappel[2] Ensemble 1994
	%	%	%
… de vous y intégrer	**35**	30	28
… de la transformer	**30**	22	20
… d'en faire partie, sans plus	**15**	16	16
… d'y prendre des responsabilités	**9**	16	16
… de vivre en marge	**7**	4	9
… d'en profiter	**3**	7	7
- Ne se prononcent pas	**1**	5	4
TOTAL	*100*	*100*	*100*

Sondage exclusif **CSA / FNARS / *La Croix*** (30 octobre au 10 novembre 2006).

1. Sondage CSA / *La Croix*/FNARS réalisé du 17 au 25 janvier 1997 auprès d'un échantillon national représentatif de 515 personnes Sans domicile fixe.

2. Sondage CSA / *La Croix* / *La Rue* / FNARS réalisé du 12 au 22 novembre 1994 auprès d'un échantillon national représentatif de 503 personnes Sans domicile fixe.

SUR LE MÊME **THÈME**

→ Extrait d'essai, p. 63
→ Dessin de presse, p. 80
→ Extrait de roman, p. 103
→ Extrait poétique, p. 112
→ Œuvre d'art, p. 117
→ Photo, p. 145

Pour analyser le document

1. Sur le thème des relations entre les SDF et la société, déterminez, à partir de tout ce qui compose le document (tableau, notes, chapeau de présentation) :
– qui a commandé le sondage et qui l'a réalisé, à quelle époque,
– quelle est la fraction de population, le « champ », à partir de laquelle a été effectué le sondage,
– sur quel point précis porte la question posée,
– comment se présentent le tableau, ses composantes, sa structure, comment sont donnés les résultats chiffrés,
– s'il y a et, dans ce cas, quelles sont les données chronologiques.

2. Qu'apprennent au lecteur du tableau les chiffres en gras de la première colonne, concernant les relations entre les SDF et la société ? Quel est l'intérêt des deux autres colonnes de chiffres ? Quelle est l'utilité d'un tableau de ce type par rapport à un exposé écrit ?

Exemple de réponse rédigée (question 2)

Les chiffres en gras de la première colonne donnent les résultats d'un sondage effectué en 2006 concernant les vœux (suggérés par la question) exprimés par des SDF interrogés. L'addition des trois premiers résultats (35 %, 30 % et 15 %) apprend au lecteur que 80 % des SDF interrogés souhaitent ne pas (ne plus) être en dehors de la société : ils veulent s'y intégrer, la transformer ou en faire partie, ce qui signifie que dans les trois cas, ils doivent être à l'intérieur. Seuls 7 % souhaitent rester en marge. Ces résultats vont à l'encontre de l'idée couramment admise selon laquelle les SDF sont des personnes qui refusent de faire partie de la société.

Les deux autres colonnes de chiffres permettent de suivre l'évolution des réponses depuis 1994 à travers deux sondages antérieurs à 2006, 1994 et 1997. Les chiffres révèlent une augmentation du nombre de ceux qui souhaitent « rentrer » dans la société : 64 %, puis 68 %, puis 80 %. En même temps on constate une diminution nette du nombre de ceux qui souhaitent avoir des responsabilités : 16 %, 16 % et 9 %. La modification importante figure dans les deux premières lignes avec la manifestation d'un souhait plus important de transformer la société.

L'intérêt du tableau est de donner des résultats chiffrés, qui permettent, par les trois colonnes, de suivre une évolution dans le temps, sans la nécessité d'explications. Le fait que toutes les composantes soient réunies sur un tableau en facilite la compréhension, mais le lecteur doit faire lui-même un travail de mise en relation des différents éléments.

vers la synthèse

1. Deux documents : rapprochez l'extrait d'essai (p. 63) et le tableau de pourcentages (p. 91) pour mettre en relief des éléments communs en ce qui concerne les relations SDF/société.

2. Trois documents : regroupez le tableau de pourcentages (p. 91), l'extrait d'essai (p. 63) et le dessin de presse (p. 80) pour analyser les souhaits d'intégration de certains SDF et ce qui y fait obstacle.

vers l'écriture personnelle

Voir sujets p. 65 (extrait d'essai) et p. 80 (dessin de presse).

DOCUMENT 2

THÈME
Le travail

En avril 2007, le journal **La Croix** *a consacré un supplément à différentes questions sociales parmi lesquelles l'évolution du travail en relation avec les diplômes.*

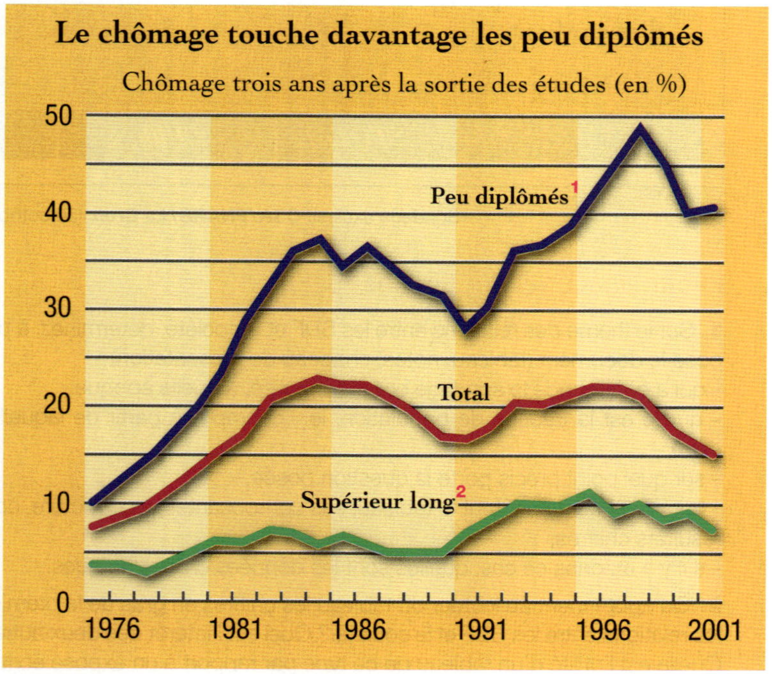

Courbes du chômage par rapport au niveau d'études, enquête **Emploi Insee**, publiée dans le supplément du quotidien ***La Croix***, avril 2007.

1. Niveau certificat d'étude, brevet des collèges, baccalauréat.

2. À partir de bac + 3 ou + 4 et plus.

SUR LE MÊME **THÈME**

Pour analyser le document

1. Expliquez de quoi se compose le document, comment il est construit et quelle est l'importance du sous-titre. Quelle est l'utilité des couleurs ? En quoi aident-elles la lecture ?

2. Sur le thème des relations entre le chômage et les diplômes, récapitulez les informations que donnent les trois courbes, de 1976 à 2001, ponctuellement et en continu. Quelle tendance se dessine, en ce qui concerne les diplômes ? en ce qui concerne le chômage ? Quelles conclusions le lecteur peut-il tirer de ce document ?

vers la synthèse

Deux documents : rapprochez le document ci-contre (p. 92) et l'extrait de presse (p. 76). Quels éléments ont-ils en commun ?

vers l'écriture personnelle

1. Voir sujets p. 55 (extrait d'essai) et p. 77 (extrait de presse).

2. Voir sujets p. 148 (image de film) et p. 85 (dessin de presse).

DOCUMENT 3

THÈME
La sauvegarde des forêts

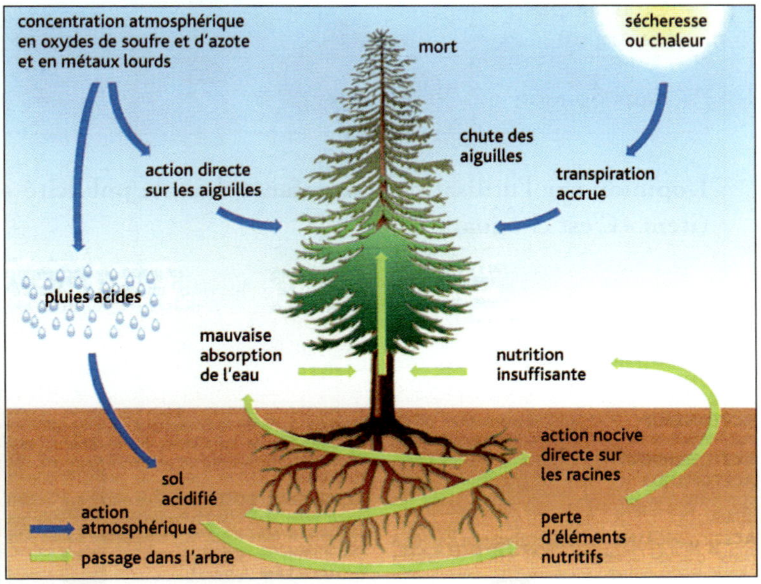

Schéma de Xavier Hue, extrait du ***Dictionnaire Larousse 2008*** : « les pluies acides et leur action sur l'environnement ».

SUR LE MÊME **THÈME**

→ Extrait de presse, p. 73
→ Extrait poétique, p. 115
→ Œuvre d'art, p. 121
→ Affiche publicitaire, p. 133
→ Extrait théâtral, p. 136
→ Photo, p. 150

Pour analyser le document

1. À propos des « pluies acides » dites de quoi se compose le schéma et comment il fonctionne : par quels procédés graphiques met-il en évidence un processus dans lequel se conjuguent différents phénomènes ? Où se trouve et quelle est la « clé » qui permet de comprendre ce fonctionnement ?

2. Qu'apprend le lecteur concernant la double source de nocivité pour les arbres ? Quel est le rôle de la nature ? Comparez le schéma et la définition (*Dictionnaire Larousse 2008*) de l'expression « pluies acides » : que remarquez-vous ?

Définition : « se dit des précipitations (pluies, brouillards) polluées par les fumées industrielles et contenant de l'acide sulfurique et de l'acide nitrique, très nuisibles à la végétation, en particulier aux forêts. » Qu'apporte de plus le schéma ?

vers la synthèse

1. Deux documents : rapprochez le schéma ci-dessus et l'extrait de presse (p. 73). Dites quel est leur thème commun et ce que le contenu du schéma apporte au texte. Voir autre consigne p. 121 (œuvre d'art).

2. Trois documents : voir consigne p. 121 (œuvre d'art).

3. Quatre documents : regroupez le schéma ci-dessus, l'extrait de presse (p. 73), l'extrait théâtral (p. 136) et la photo (p. 150) pour étudier ce qui détruit les arbres et leur importance à travers différentes fonctions.

vers l'écriture personnelle

Voir p. 137 (extrait théâtral, deux sujets proposés).

DOCUMENT 4

THÈME
L'exploitation des enfants

Le document suivant est extrait d'une enquête réalisée les 26 et 27 octobre 2005 par le département Stratégies d'Opinion de TNS Sofres sur un échantillon de 1000 personnes représentatif de l'ensemble de la population de 18 ans et plus, interrogées en face à face à leur domicile.

L'UTILISATION DES ENFANTS DANS LA PUBLICITÉ

QUESTION : **Trouvez-vous choquant ou pas choquant que des enfants apparaissent dans des publicités ?**

	Rappel enquête		Octobre 2005
	Le Parisien/SOFRES avril 1983	*TNS Sofres/Stratégies* septembre 2002	
– C'est choquant	*31*	24	22
– Ce n'est pas choquant	*62*	73	75
– Sans opinion	*7*	3	3

L'opinion sur l'utilisation des enfants dans la publicité selon l'âge en 2005 (item « C'est choquant »)

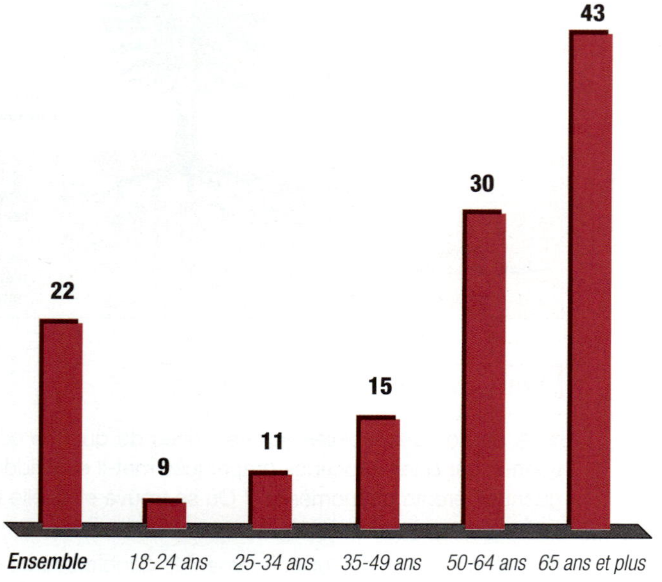

Enquête **TNS Sofres** sur l'image de la publicité auprès des Français, 2005.

Pour analyser le document

1. Sur le thème de l'utilisation des enfants dans la publicité, le document se compose de deux éléments, un tableau de pourcentages et un diagramme en bâtons. Dites comment est construit le tableau et quel est son contenu par rapport à la question posée. Que précise le diagramme par rapport au tableau ? Donnez ses composantes et dites, en vous aidant de la couleur, quel élément a disparu.

2. Explicitez ce qu'apprend le tableau en 2005. Y a-t-il une évolution par rapport à 1983 et à 2002 ? Concernant l'item, « *C'est choquant* », que révèle le diagramme ?
Quelles conclusions le lecteur peut-il tirer de l'ensemble des deux documents ? Quels sont les avantages de ces deux modes de représentation ? Sont-ils interchangeables ?

SUR LE MÊME THÈME
→ Extrait de presse, p. 68
→ Extrait poétique, p. 109
→ Œuvre d'art, p. 124
→ Affiche publicitaire p. 128
→ Photo, p. 152
→ Document de référence, p. 163

vers la synthèse

Deux documents : rapprochez le tableau ci-contre sur l'utilisation des enfants dans la publicité et le document de référence (p. 163) pour chercher à quel(s) article(s) de la convention cette utilisation peut contrevenir.

vers l'écriture personnelle

1. Quels vous semblent être les dangers de l'utilisation des enfants dans la publicité ? Répondez à cette question de manière personnelle, en deux ou trois paragraphes argumentés.

2. Quelles raisons peuvent expliquer, selon vous, que 73 % de ceux qui trouvent choquante l'utilisation des enfants dans la publicité soient des gens âgés de plus de cinquante ans ? Répondez à cette question en quelques paragraphes argumentés reposant sur vos observations et réflexions personnelles.

3. Voir autres sujets p. 69 (extrait de presse) et p. 164 (document de référence).

Comment analyser **un schéma, un document chiffré**

Les schémas, graphiques, courbes, diagrammes en bâtons, en lignes ou circulaires, ont pour fonction de donner une **représentation simplifiée** ou une **quantification chiffrée** de phénomènes, situations ou processus. Les tableaux indiquent la plupart du temps des statistiques sous forme de pourcentages. L'analyse de ces documents, qui contiennent des informations et conduisent à des interprétations, nécessite de tenir compte de nombreux éléments.

Déterminer le thème abordé

Quel que soit le mode de représentation choisi, dessin simplifié, diagramme ou tableau statistique, le **thème global** peut être découvert grâce à des informations qui accompagnent le document, et qui sont situées avant ou après. On trouve ainsi, dans la plupart des cas, un **titre général**, un ou des **sous-titres**, un court **texte de présentation** indiquant l'orientation générale d'un sondage, une **légende**, la **question** posée dans une enquête, les différents choix de **réponse** proposés, des notes.

→ **EX :** le document 1 (p. 91) est accompagné par un ensemble de **précisions** permettant de savoir, entre autres informations, que le sondage a été fait auprès de SDF. Le titre de la courbe du document 2 (p. 92) annonce les relations entre chômage et diplôme, avec une précision complémentaire donnée juste en dessous. La **légende** du document 3 (p. 93) permet de savoir qu'il s'agit des pluies acides. Le tableau du document 4 (p. 94) et le diagramme en bâtons s'inscrivent l'un et l'autre dans un sondage dont **le titre général** indique qu'il s'agit de l'image de la publicité auprès des Français.

Déterminer les informations données

À l'intérieur du thème global, chaque document a pour finalité de donner des **informations** sous une **forme simplifiée, réduite à des chiffres** et/ou à des courbes ou des lignes, non rédigée et facile à percevoir, qui combine divers éléments. Dans un schéma, une **mise en relation** peut se faire par un **système de flèches** ; dans un diagramme, les chiffres donnés en **abscisse** et en **ordonnée** permettent soit de suivre une **évolution continue** dans le temps (courbe), soit de pointer des **situations successives** (diagramme en bâtons). Les **chiffres** d'un tableau de pourcentage, dans une enquête d'opinion, donnent des **proportions** qui permettent de comprendre comment est jugé un phénomène, en fonction des personnes interrogées et de leur nombre. On peut remarquer que certaines formes de représentations sont interchangeables : un diagramme en bâtons peut prendre la forme d'un diagramme circulaire (ou « camembert »), et réciproquement.

→ **EX :** le tableau constituant le document 1 (p. 91) révèle, par les réponses proposées, les **souhaits** des SDF en 2006 par rapport à ceux formulés en 1994 et en 1997. Les chiffres révèlent des **changements**. La courbe du document 2 (p. 92) montre les **fluctuations** de la relation chômage/diplôme et fait apparaître une forte **aggravation** du chômage des jeunes peu diplômés trois ans après la fin de leurs études. Le document 3 (p. 93) montre, par le jeu des flèches jaunes et des flèches bleues, le **mécanisme des pluies acides** et la manière dont se conjuguent deux phénomènes entraînant la destruction de la forêt. Le tableau du document 4 (p. 94) montre que l'utilisation des enfants dans la publicité ne choque pas beaucoup actuellement, mais que ce sont surtout les personnes âgées de plus de cinquante ans qui se disent choquées.

Interpréter dessins et chiffres

Le premier travail d'analyse d'un schéma ou d'un document chiffré consiste à **prendre connaissance**, par une lecture précise, de toutes les **informations** données (celles qui sont rappelées dans le paragraphe précédent), et à les mettre en relation. Ces premières informations conduisent souvent à interpréter ce qui est vu et à en approfondir le sens, en découvrant des éléments implicites : il faut pour cela tenir compte de la **formulation** et de l'orientation des questions, des **dates**, de l'organisme qui a demandé un sondage, mettre les **chiffres** en regard, comparer, ne pas en rester à ce qui est visible. Le lecteur fait alors de nouvelles découvertes, à partir des chiffres et des proportions.

→ **EX :** le document 1 (p. 91) prouve que certains organismes se préoccupent de comprendre l'état d'esprit des SDF et leurs relations avec la société. Les courbes du document 2 (p. 92) soulignent une **présence particulièrement forte du chômage** des jeunes en 1997-1998 et montrent – sur une durée de vingt-cinq ans – que la meilleure garantie pour trouver du travail est toujours d'avoir un diplôme solide : plus le chômage est important, plus les moins diplômés sont touchés. Grâce au document 3 (p. 93), le lecteur peut comprendre que l'homme et la nature sont liés et que les actions de l'un ont des **répercussions inévitables** sur l'autre, avec réciprocité. Dans le document 4 (p. 94), les résultats du premier tableau sont précisés par le diagramme en bâtons qui décompose les 22 % de réponses « C'est choquant » en fonction des âges.

Tout en simplifiant la présentation de données diverses, les schémas et les tableaux demandent et permettent d'aller plus loin dans la connaissance et dans l'analyse des phénomènes dont rendent compte les chiffres.

APPLICATION

DOCUMENT 5

THÈME
La condition des femmes

Le document qui suit est extrait de la même enquête que le document 4 (p. 94), mais il concerne un autre thème.

L'UTILISATION DU CORPS DE LA FEMME DANS LA PUBLICITÉ

QUESTION : **Trouvez-vous choquant ou pas choquant que des publicités montrent des femmes très peu vêtues ?**

	Rappel enquête		Octobre 2005
	Le Parisien/SOFRES avril 1983	*TNS Sofres/Stratégies* septembre 2002	
– C'est choquant	*38*	45	**41**
– Ce n'est pas choquant	*56*	53	**57**
– Sans opinion	*6*	2	**2**

L'opinion sur l'utilisation du corps de la femme dans la publicité selon le sexe en 2005

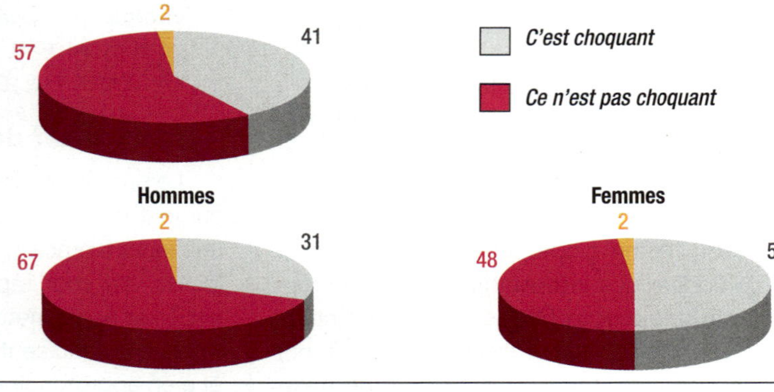

Enquête **TNS Sofres** sur l'image de la publicité auprès des Français, 2005.

SUR LE MÊME **THÈME**
→ Extrait d'essai, p. 60
→ Dessin de presse, p. 81
→ Œuvre d'art, p. 123
→ Extrait théâtral, p. 139
→ Document de référence, p. 158

Pour analyser le document

1. Étudiez la première partie du document : nature, composition, informations données par les chiffres et par les dates. Quelles conclusions le lecteur peut-il tirer des résultats inscrits dans le tableau ? Ces résultats pourraient-ils être indiqués sous une autre forme que le tableau ?

2. Observez les trois diagrammes circulaires (les « camemberts »). Établissez leurs liens avec le tableau qui précède et dites en quoi ils le précisent. À partir des chiffres indiqués et de la couleur, dites comment « fonctionne » ce type de représentation chiffrée. De quoi le lecteur a-t-il besoin pour lire puis interpréter le document ? Ici, qu'apprend-il ? Les proportions indiquées sur le document pourraient-elles être représentées autrement ?

vers la **synthèse**

Quatre documents : expliquez autour de quelles représentations de la femme on peut rapprocher le document graphique ci-contre, le dessin de presse (p. 81), l'extrait théâtral (p. 139) et le document de référence (p. 158).

vers l'**écriture personnelle**

1. La publicité utilise très fréquemment l'image de la femme, pour vanter des produits divers. Comment réagissez-vous, personnellement, à cette manière de procéder ? Exposez votre point de vue sous une forme argumentée, en quelques paragraphes.

2. Voir autres sujets p. 141 (extrait théâtral) et p. 160 (document de référence).

DOCUMENT 6

THÈME
Les menaces sur les libertés

Le document est extrait d'un sondage réalisé par le CSA[1] *pour l'hebdomadaire* **Valeurs actuelles**, *par téléphone, les 1er et 2 août 2007, sur un échantillon représentatif de 1001 personnes âgées de 18 ans et plus constitué selon la méthode des quotas*[2].

QUESTION : **Le ministère de l'Intérieur envisage de tripler les capacités de vidéosurveillance sur le territoire notamment grâce à l'interconnexion des dispositifs de surveillance de la RATP, de la SNCF, des collectivités et des grands magasins. Vous, personnellement, êtes-vous tout à fait favorable, plutôt favorable, plutôt pas favorable ou pas favorable du tout à ce projet ?**

	Ensemble des Français	Dont sympathisants du Parti socialiste	Dont sympathisants du Mouvement démocrate	Dont sympathisants de l'UMP
	%	%	%	%
Favorable	**73**	**56**	**63**	**95**
- Tout à fait favorable	31	17	27	51
- Plutôt favorable	42	39	36	44
Pas favorable	**26**	**43**	**37**	**4**
- Plutôt pas favorable	13	21	26	2
- Pas favorable du tout	13	22	11	2
- Ne se prononcent pas	1	1	–	1
TOTAL	*100*	*100*	*100*	*100*

Sondage exclusif, **CSA pour *Valeurs actuelles***, 2007.

1. CSA est le nom d'un institut de sondage.

2. Méthode qui consiste à choisir un ensemble représentatif de la société avec pour base la répartition connue de la population (sexe, âge, catégorie socioprofessionnelle…).

SUR LE MÊME **THÈME**
→ Extrait d'essai, p. 62
→ Extrait de presse, p. 69
→ Extrait de roman, p. 105
→ Photo, p. 154
→ Document de référence, p. 164

Pour analyser le document

1. Faites un descriptif précis du document : thème et composition de la question, structure du tableau, orientation particulière des colonnes 2, 3 et 4.

2. Qu'apprend le lecteur en ce qui concerne l'influence des choix politiques sur la question de la vidéosurveillance ? Les résultats donnés pourraient-ils prendre une autre forme, sous forme de diagramme, par exemple ?

vers la synthèse

1. Deux documents : qu'apporte à l'extrait de presse (p. 69) le tableau statistique (p. 97) sur la surveillance électronique ?

2. Quatre documents : rapprochez le tableau statistique (p. 97), l'extrait de presse (p. 69), l'extrait de roman (p. 105) et la photo (p. 154). Que fait apparaître ce rapprochement sur la question de la surveillance électronique ?

vers l'écriture personnelle

1. Voir sujets p. 63 (extrait d'essai) et p. 71 (extrait de presse).

2. Voir sujet p. 166 (document de référence).

PROLONGEMENTS

EXPRESSION ÉCRITE

EXERCICE 1

Présentez sous une forme rédigée les informations données par la courbe bleue et par la courbe verte du document 2 (p. 92). Ajoutez ensuite, toujours sous forme rédigée, ce qu'apprend la courbe rouge.

EXERCICE 2

Faites l'analyse rédigée du document ci-dessous en partant du titre et en expliquant comment ce qu'il annonce se trouve prouvé par le diagramme en ligne.

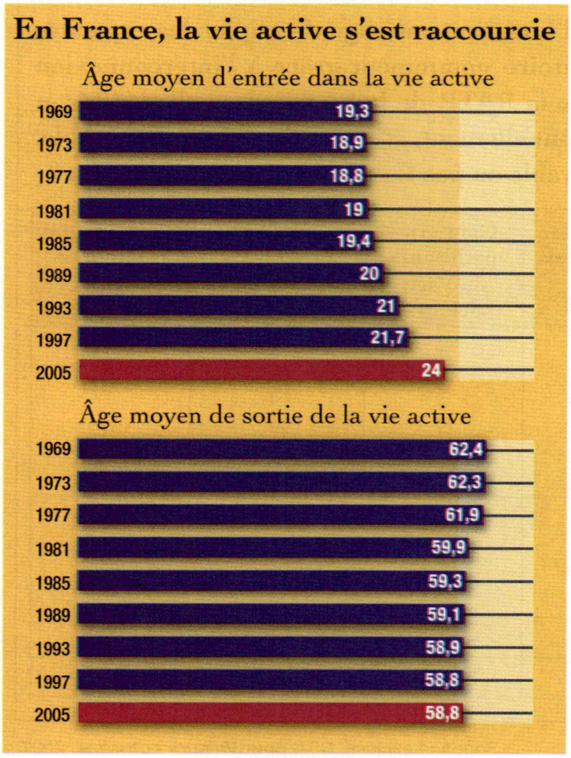

Document extrait du magazine *Enjeux-Les Échos*, juin 2007, INED, Eurostat, estimation C. Van de Velde.

TRANSFORMATION

EXERCICE 3

Transformez en diagramme en bâtons le tableau qui constitue le document 1 (p. 91).

ACTIVITÉS ORALES

EXERCICE 4

Faites, devant la classe, une présentation orale commentée du document 6 (p. 97) puis organisez un débat sur les relations entre l'acceptation de la vidéosurveillance et l'appartenance politique des « sondés ».

EXERCICE 5

Débat : quelle est l'utilité, quel est le pouvoir et quels sont les dangers des sondages d'opinion ?

RECHERCHES

EXERCICE 6

Sur le thème des attitudes des jeunes adultes par rapport aux SDF, préparez un questionnaire pour demander comment ces derniers sont perçus par les étudiants de votre classe et par d'autres étudiants de votre établissement. Posez cinq questions. La première évoquera la peur et les quatre suivantes d'autres réactions possibles. Établissez ensuite le résultat chiffré du sondage en indiquant le nombre de personnes interrogées et les pourcentages pour chacune des cinq réponses. N'oubliez pas d'indiquer les dates de réalisation du sondage. Donnez les résultats sous différentes formes, quand c'est possible, en tableau, diagramme en ligne, diagramme en bâtons et « camembert ».
Faites ensuite un exposé oral des résultats et commentez-les.

CHAPITRE 10

Analyser un extrait de roman

APPROCHES

DOCUMENT 1

THÈME
La publicité

Dans **99 francs – 14,99 €***, le narrateur, qui appartient à une agence de publicité, présente au lecteur le milieu professionnel dans lequel il évolue.*

À un moment, il faut bien que quelqu'un fabrique les publicités que vous voyez partout : le Président de l'agence[1] et ses directeurs commerciaux les vendent à leurs clients annonceurs, on en parle dans la presse, on les parodie à la téloche, on les dissèque dans les bureaux d'études, elles font grimper la notoriété du produit et ses chiffres de vente par la même occasion. Mais à un moment, il y a un jeune con assis sur sa chaise qui les a imaginées dans sa petite tête et ce jeune con il vaut cher, très cher, parce qu'il est le Maître de l'Univers, comme je vous l'ai déjà expliqué. Ce jeune con se situe à la pointe extrême de la chaîne productiviste, là où toute l'industrie aboutit, là aussi où la bagarre économique est la plus âpre. Des marques imaginent des produits, des millions d'ouvriers les fabriquent dans des usines, on les distribue dans des magasins innombrables. Mais toute cette agitation ne servirait à rien si le jeune con sur sa chaise ne trouvait pas comment écraser la concurrence, gagner la compétition, convaincre les acheteurs de ne pas choisir une autre marque. Cette guerre n'est pas une activité gratuite, ni un jeu de dilettante[2]. On ne fait pas ces choses-là en l'air. Il se passe quelque chose d'assez mystérieux quand, avec Charlie, le directeur artistique assis en face de moi, nous sentons que nous avons trouvé une idée pour fourguer une fois de plus un produit inutile dans le panier de la ménagère pauvre. Tout d'un coup, on se regarde avec des yeux complices. La magie est accomplie : donner envie à des gens qui n'en ont pas les moyens d'acheter une nouvelle chose dont ils n'avaient pas besoin dix minutes auparavant. À chaque fois, c'est la première fois. L'idée vient toujours de nulle part. Ce miracle me bouleverse, j'en ai les larmes aux yeux. Il devient vraiment urgent que je me fasse lourder.

Mon titre exact, c'est concepteur-rédacteur ; ainsi appelle-t-on, de nos jours, les écrivains publics. Je conçois des scénarios de films de trente secondes et des slogans pour les affiches. Je dis « slogans » pour que vous compreniez mais sachez que le mot « slogan » est complètement has-been[3]. Aujourd'hui on dit « accroche » ou « titre ». J'aime bien « accroche » mais « titre » est plus frime. Les rédacteurs les plus snobs disent tous « titre », je ne sais pas pourquoi. Du coup, moi aussi je dis que j'ai pondu tel ou tel « titre » parce que si tu es snob tu es augmenté plus souvent.

Frédéric Beigbeder (né en 1965), *99 F – 14,99 €* (2000), chapitre 7 © éd. Grasset.

1. Terme désignant une entreprise de publicité.
2. Amateur.
3. Expression anglaise signifiant « dépassé », « obsolète ».

SUR LE MÊME **THÈME**
→ Extrait de presse, p. 74
→ Dessin de presse, p. 88
→ Œuvre d'art, p. 120
→ Affiche publicitaire, p. 134
→ Document de référence, p. 156

Pour analyser le document

1. Sur le thème de la publicité, récapitulez ce que dit le texte concernant :
– l'omniprésence, les fonctions et les effets de la publicité ainsi que son caractère indispensable dans la chaîne commerciale ;
– les caractéristiques de la créativité publicitaire ;
– l'importance de ceux qu'on appelle les « créatifs », catégorie à laquelle appartient le narrateur.

2. Définissez la position de celui qui parle par rapport à la publicité et le registre (▸ Fiche 8, p. 294) de ses propos.

vers la synthèse

1. Deux documents : rapprochez l'extrait de roman (p. 99) et le document de presse (p. 74). Qu'est-ce que révèle cette mise en parallèle ?

2. Trois documents : voir consignes p. 76 (extrait de presse) et p. 88 bas (dessin de presse).

vers l'écriture personnelle

1. La publicité est-elle indispensable ? Répondez à cette question en donnant, à travers trois paragraphes argumentés, votre réponse personnelle. Appuyez-vous sur les différents documents du corpus indiqués dans la rubrique « Sur le même thème ».

Exemple de paragraphe rédigé

Même si « faire savoir » n'est pas sa vocation première, la publicité joue un rôle important en donnant des informations. Et sur ce plan, nous nous sommes si bien habitués à sa présence qu'elle peut paraître indispensable. Comment connaissons-nous l'existence de certains produits, de certains matériels ? Comment sommes-nous au courant d'inventions nouvelles et de mise sur le marché de produits qui n'existaient pas ou qui nous étaient inconnus ? Ce n'est pas en lisant des articles, des ouvrages spécialisés, mais en regardant ce qui est affiché tout autour de nous. Par sa présence partout et sous des formes très variées, la publicité tient notre curiosité en haleine et anticipe sur nos attentes. Son omniprésence et sa puissance informative sont si fortes que c'est d'elle que nous attendons de savoir ce qui se passe non seulement dans le domaine commercial, mais aussi dans le domaine culturel et dans tous les aspects de la vie : alimentation, vêtements, loisirs. On en arrive parfois à avoir du mal à différencier la publicité qui reste toujours une incitation à acheter, de l'information stricte, qui ne pousse pas à la consommation.

2. Voir autres sujets p. 76 (extrait de presse), p. 133 (affiche publicitaire) et p. 157 (document de référence).

3. Voir aussi sujet p. 120 (œuvre d'art).

DOCUMENT 2

THÈME
Le luxe

Le roman d'apprentissage **Les Aventures de Télémaque** *raconte le voyage du fils d'Ulysse à la recherche de son père. Dans l'extrait qui suit, Mentor, qui s'occupe de l'éducation du jeune prince, lui parle du luxe.*

L'autre mal, presque incurable, est le luxe. Comme la trop grande autorité empoisonne les rois, le luxe empoisonne toute une nation. On dit que le luxe sert à nourrir les pauvres aux dépens des riches ; comme si les pauvres ne pouvaient pas gagner leur vie plus utilement, en multipliant les fruits de la terre, sans amollir les riches par des raffinements de volupté. Toute une nation s'accoutume à regarder comme les nécessités de la vie les choses les plus superflues : ce sont tous les jours de nouvelles nécessités qu'on invente, et on ne peut plus se passer des choses qu'on ne connaissait point trente ans auparavant. Ce luxe s'appelle bon goût, perfection des arts et politesse de la nation. Ce vice, qui en attire une infinité d'autres, est loué comme une vertu ; il répand sa contagion depuis le roi jusqu'aux derniers de la lie du peuple. Les proches parents du roi veulent imiter sa magnificence ; les grands, celle des parents du roi ; les gens médiocres[1] veulent égaler les grands ; car qui est-ce qui se fait justice ? Les petits veulent passer pour médiocres[1] : tout le monde fait plus qu'il ne peut, les uns, par faste et pour se prévaloir de leurs richesses, les autres, par mauvaise honte et pour cacher leur pauvreté. Ceux mêmes qui sont assez sages pour condamner un si grand désordre ne le sont pas assez pour oser lever la tête les premiers et pour donner des exemples contraires. Toute une nation se ruine, toutes les conditions[2] se confondent. La passion d'acquérir du bien pour soutenir une vaine dépense corrompt les âmes les plus pures : il n'est plus question que d'être riche ; la pauvreté est une infamie. Soyez savant, habile, vertueux ; instruisez les hommes ; gagnez des batailles ; sauvez la patrie ; sacrifiez tous vos intérêts : vous êtes méprisé, si vos talents ne sont relevés par le faste[3]. Ceux mêmes qui n'ont pas de bien veulent paraître en avoir ; ils en dépensent comme s'ils en avaient : on emprunte, on trompe, on use de mille artifices indignes pour parvenir. Mais qui remédiera à ces maux ? Il faut

1. D'un niveau moyen.
2. Conditions sociales.
3. Le luxe.
4. Qui se nourrit et se contente de peu.

SUR LE MÊME **THÈME**

→ Extrait d'essai, p. 57
→ Extrait poétique, p. 113
→ Œuvre d'art, p. 119
→ Publicité, p. 129

changer le goût et les habitudes de toute une nation ; il faut lui donner de nouvelles lois. Qui le pourra entreprendre, si ce n'est un roi philosophe, qui sache, par l'exemple de sa propre modération, faire honte à tous ceux qui aiment une dépense fastueuse et encourager les sages, qui seront bien aises d'être autorisés dans une honnête frugalité[4] ?

François de Fénelon (1651-1715), *Les Aventures de Télémaque* (1699), dix-septième livre.

Pour analyser le document

1. Reformulez les reproches adressés au luxe par Mentor et expliquez en quoi ces reproches sont des arguments étayant la première phrase du texte. Parmi ces arguments/reproches distinguez ceux qui concernent l'organisation sociale de ceux qui touchent à la morale.

2. Repérez dans le texte des phrases dans lesquelles celui qui parle énonce des points de vue appartenant à l'opinion courante ; dites s'il les partage ou non.

vers la **synthèse**

Deux documents : sur quels points peut-on rapprocher l'extrait de roman ci-contre et l'extrait d'essai (p. 57) ?
Voir autre consigne p. 114 (extrait poétique).

vers l'**écriture personnelle**

1. Le luxe, un bien ou un mal ? Donnez votre point de vue personnel sur cette question en un exposé de trois arguments illustrés d'exemples. Vous pouvez prendre appui sur les textes du corpus (rubrique « Sur le même thème »).

2. Voir autres sujets p. 59 (extrait d'essai) et p. 129 (affiche publicitaire).

DOCUMENT 3

THÈME
Le travail

Au cours d'un déplacement, les deux jeunes héros du roman **L'Écume des jours**, *Colin et Chloé, croisent des ouvriers au travail.*

Pourquoi sont-ils si méprisants ? demanda Chloé. Ce n'est pas tellement bien de travailler…

– On leur a dit que c'était bien, dit Colin. En général, on trouve ça bien. En fait, personne ne le pense. On le fait par habitude et pour ne pas y penser, justement.

– En tout cas, c'est idiot de faire un travail que des machines pourraient faire.

– Il faut construire des machines, dit Colin. Qui le fera ?

– Oh ! Évidemment, dit Chloé. Pour faire un œuf, il faut une poule, mais, une fois qu'on a la poule, on peut avoir des tas d'œufs. Il vaut donc mieux commencer par la poule.

– Il faudrait savoir, dit Colin, qui empêche de faire des machines. C'est le temps qui doit manquer. Les gens perdent leur temps à vivre, alors, il ne leur en reste plus pour travailler.

– Ce n'est pas plutôt le contraire ? dit Chloé.

– Non, dit Colin. S'ils avaient le temps de construire les machines, après ils n'auraient plus besoin de rien faire. Ce que je veux dire, c'est qu'ils travaillent pour vivre au lieu de travailler à construire des machines qui les feraient vivre sans travailler.

– C'est compliqué, estima Chloé.

– Non, dit Colin. C'est très simple. Ça devrait, bien entendu, venir progressivement. Mais, on perd tellement de temps à faire des choses qui s'usent…

– Mais, tu crois qu'ils n'aimeraient pas mieux rester chez eux et embrasser leur femme et aller à la piscine et aux divertissements ?

– Non, dit Colin. Parce qu'ils n'y pensent pas.

– Mais, est-ce que c'est leur faute si ils croient que c'est bien de travailler ?

– Non, dit Colin, ce n'est pas leur faute. C'est parce qu'on leur a dit : « Le tra-

SUR LE MÊME **THÈME**

→ Extrait d'essai, p. 54
→ Extrait de presse, p. 76
→ Dessin de presse, p. 85
→ Document chiffré, p. 92
→ Œuvre d'art, p. 126
→ Publicité, p. 130
→ Image de film, p. 148
→ Document de référence, p. 157

vail, c'est sacré, c'est bien, c'est beau, c'est ce qui compte avant tout, et seuls les travailleurs ont droit à tout. » Seulement, on s'arrange pour les faire travailler tout le temps et alors ils ne peuvent pas en profiter.

– Mais, alors, ils sont bêtes ? dit Chloé.

– Oui, ils sont bêtes, dit Colin. C'est pour ça qu'ils sont d'accord avec ceux qui leur font croire que le travail c'est ce qu'il y a de mieux. Ça leur évite de réfléchir et de chercher à progresser et à ne plus travailler.

– Parlons d'autre chose, dit Chloé. C'est épuisant, ces sujets-là.

Boris Vian (1920-1959), *L'Écume des jours* (1947), chapitre XXV

Pour analyser le document

1. Le dialogue a pour thème le travail : sur quelle(s) question(s) précise(s) porte le débat ?

2. Plusieurs points de vue sont exprimés dans cet extrait : reformulez-les et dites à qui ils appartiennent.

vers la **synthèse**

1. Deux documents : rapprochez l'extrait de roman ci-dessus et la fable de La Fontaine « Le Laboureur et ses enfants » (p. 116) et exposez, en deux paragraphes rédigés, le point sur lequel les textes se rejoignent et le point sur lequel ils s'opposent.
Voir autre consigne p. 55 (extrait d'essai).

2. Trois documents : voir consigne p. 126 (œuvre d'art).

3. Quatre documents : voir consigne p. 85 (dessin de presse).
Voir autre consigne p. 158 (document de référence).

vers l'**écriture personnelle**

Voir sujets p. 55 (extrait d'essai), p. 77 (extrait de presse), p. 85 (dessin de presse) et p. 148 (image de film).

Comment analyser **un extrait de roman**

Le roman est un genre littéraire qui relève de la **fiction**. Il figure cependant dans des corpus de synthèse consacrés à des **faits de société**, parce qu'il met en scène des **personnages** dans des **lieux** et à des **époques** qui sont empruntés à la **vie réelle**. Analyser un extrait de roman dans le cadre de la synthèse, c'est en faire apparaître les **idées**, qui se dégagent des situations rapportées.

Comment le roman exprime des idées

Le roman raconte une **histoire** par la voix d'un **narrateur** qui est à l'extérieur ou à l'intérieur du récit, qui prend ou non position, et qui rapporte les faits et les actions en adoptant un certain type de **point de vue**. Les **idées** – éléments abstraits – s'expriment à travers les situations, les actions, les comportements des personnages et leurs propos.

→ **EX :** certains **fonctionnements de la publicité** sont présentés dans le texte de F. Beigbeder (p. 99) à travers l'évocation d'une **complicité** entre le narrateur et son chef hiérarchique. Dans le texte de B. Vian (p. 101), les différents **points de vue sur le travail** sont exprimés au cours d'un **échange de propos** entre deux personnages. Dans l'extrait des *Aventures de Télémaque* (p. 100), c'est à travers un exposé destiné à son élève que le personnage de Mentor aborde la question du luxe, et de son influence, dans un triple contexte social, économique et moral. Ses propos didactiques et moralisateurs se justifient par son rôle de précepteur.

Identifier le thème principal et la (ou les) problématique(s)

On détermine le thème de chaque extrait à partir du **lexique** dominant et des **réseaux** (▸ Fiche 1, p. 284) qu'il constitue, en posant la question « de quoi s'agit-il ? ». Les problématiques se révèlent à travers les relations entre des réseaux différents, complémentaires, parfois opposés.

→ **EX :** le texte de B. Vian (p. 101) est un dialogue dont le **thème** est le travail, ce qui est perceptible à l'importance de ce terme dans le texte. Sur ce thème s'opposent des **points de vue** argumentés qui créent un débat : un **jugement négatif** et un **point de vue habituel**, courant. À travers cette opposition se pose la question de la valeur humaine du travail et de son image traditionnelle. Dans l'extrait de *99 F – 14,99 €*, une des questions envisagée est perceptible à la présence du lexique de l'économie et de la publicité.

Savoir à qui attribuer les idées

Les idées exprimées n'appartiennent pas nécessairement à celui qui les énonce. Il est donc essentiel de trouver à qui on doit les attribuer (▸ FICHE 2, P. 285).

→ **EX :** dans son discours, Mentor (Fénelon, p. 100) reprend sur le luxe, ironiquement, des points de vue qui ne sont visiblement pas les siens, mais qui constituent **l'opinion courante**. Dans le texte de F. Beigbeder (p. 99), la première personne désigne le locuteur, mais ses propos à la fois élogieux et dénonciateurs relèvent d'un **registre ironique** (▸ FICHE 8, P. 294) qui brouille les prises de position.

Savoir utiliser certains indices

Certains **procédés d'écriture** aident à la découverte des idées, de leur(s) sens, de leur charge d'émotion et de leur importance dans le texte. Les **pronoms personnels**, les **modalisateurs** (▸ FICHE 6, P. 290), les **modes verbaux**, les **registres** (▸ FICHE 8, P. 294), les **articulations logiques** (▸ FICHE 4, P. 287) contribuent à la compréhension de ce que « **disent** » les textes narratifs derrière ce qu'ils « **racontent** ».

→ **EX :** concernant le **luxe**, le personnage de Mentor (p. 100) utilise un **lexique moral négatif**. Il énonce une succession de critiques sous une forme rendue catégorique par l'**emploi du présent** de l'indicatif et l'absence de termes atténuateurs.

Les **histoires racontées** ne se limitent pas au récit de faits. Elles sont porteuses d'idées : dans les corpus de documents, ces idées entrent en résonance avec d'autres, ce qui en facilite l'identification.

APPLICATION

DOCUMENT 4

THÈME
L'exclusion

Envoyé au bagne pour le vol d'un pain, Jean Valjean, héros du roman **Les Misérables**, *a accompli sa peine, mais une fois libéré, il est identifiable comme ancien bagnard partout où il va. Après une épuisante journée de marche, chassé d'une auberge, il est entré dans une autre et s'est assis.*

– Monsieur[1], dit-il, je ne puis vous recevoir.

L'homme[2] se dressa à demi sur son séant.

– Comment ! avez-vous peur que je ne paye pas ? voulez-vous que je paye d'avance ? J'ai de l'argent, vous dis-je.

– Ce n'est pas cela.

– Quoi donc ?

– Vous avez de l'argent…

– Oui, dit l'homme.

– Et moi, dit l'hôte, je n'ai pas de chambre.

L'homme reprit tranquillement : – Mettez-moi à l'écurie.

– Je ne puis.

– Pourquoi ?

– Les chevaux prennent toute la place.

– Eh bien, repartit l'homme, un coin dans le grenier. Une botte de paille. Nous verrons cela après dîner.

– Je ne puis vous donner à dîner.

Cette déclaration, faite d'un ton mesuré mais ferme, parut grave à l'étranger. Il se leva.

– Ah bah ! mais je meurs de faim, moi. J'ai marché dès le soleil levé. J'ai fait douze lieues. Je paye. Je veux manger.

– Je n'ai rien, dit l'hôte.

L'homme éclata de rire et se tourna vers la cheminée et les fourneaux.

– Rien ! et tout cela ?

1. C'est l'aubergiste qui parle.

2. Jean Valjean.

– Tout cela m'est retenu.

– Par qui ?

– Par ces messieurs les rouliers[3].

– Combien sont-ils ?

– Douze.

– Il y a là à manger pour vingt.

– Ils ont tout retenu et tout payé d'avance.

L'homme se rassit et dit sans hausser la voix :

– Je suis à l'auberge, j'ai faim, et je reste.

L'hôte alors se pencha à son oreille, et lui dit d'un accent qui le fit tressaillir :

– Allez-vous-en.

Le voyageur était courbé en cet instant et poussait quelques braises dans le feu avec le bout ferré de son bâton, il se retourna vivement, et, comme il ouvrait la bouche pour répliquer, l'hôte le regarda fixement et ajouta toujours à voix basse :

– Tenez, assez de paroles comme cela. Voulez-vous que je vous dise votre nom ? Vous vous appelez Jean Valjean. Maintenant voulez-vous que je vous dise qui vous êtes ? En vous voyant entrer, je me suis douté de quelque chose, j'ai envoyé à la mairie, et voici ce qu'on m'a répondu. Savez-vous lire ?

En parlant ainsi il tendait à l'étranger, tout déplié, le papier qui venait de voyager de l'auberge à la mairie et de la mairie à l'auberge[4]. L'homme y jeta un regard. L'aubergiste reprit après un silence :

– J'ai l'habitude d'être poli avec tout le monde. Allez-vous-en.

L'homme baissa la tête, ramassa le sac qu'il avait déposé à terre, et s'en alla.

Victor Hugo (1802-1885), *Les Misérables* (1862), première partie, livre deuxième, « La chute », chapitre I, « Le soir d'un jour de marche ».

3. Transporteurs de marchandises, ancêtres des routiers actuels.

4. Devinant le statut de Jean Valjean, l'aubergiste s'est renseigné à la mairie : tout ancien forçat devait en effet y signaler son passage dans une ville. Le « papier » explique le refus de l'aubergiste : personne ne veut recevoir un ancien forçat.

SUR LE MÊME THÈME

→ Extrait d'essai, p. 63
→ Dessin de presse, p. 80
→ Document chiffré, p. 91
→ Extrait poétique, p. 112
→ Œuvre d'art, p. 117
→ Photo, p. 145

Pour analyser le document

1. Après avoir donné le thème du passage, exposez la situation de Jean Valjean telle qu'elle apparaît dans le texte et les conditions qui font qu'il pourrait être accepté à l'auberge. Reformulez puis caractérisez les raisons avancées par l'aubergiste pour le rejeter.

2. Quelles informations historiques et sociales donne ce texte et sur quoi fait-il réfléchir ?

vers la synthèse

1. Deux documents : l'extrait poétique (p. 112) et l'extrait de roman ci-dessus traitent le même thème : définissez ce thème et développez en deux paragraphes deux points de convergence entre les deux documents (voir paragraphe rédigé ci-dessous). Trouvez aussi un point de divergence et exposez-le en un troisième paragraphe.

Exemple de paragraphe rédigé

L'extrait des Misérables *et le poème de J. Prévert mettent en scène l'un et l'autre un homme en situation d'exclusion. Cette situation est d'abord caractérisée par la faim. L'allusion à l'œuf dur aperçu sur un comptoir, et que l'homme affamé ne peut s'offrir, revient dans le texte comme un élément fondamental, refrain obsessionnel, qui souligne l'impossibilité de manger et le sentiment, pour le personnage, d'être maintenu à distance des autres. Le personnage de Jean Valjean se trouve dans une situation similaire : on ne veut pas lui donner à manger. Dans les deux cas, le refus de nourriture, même s'il a des explications différentes, est la première façon pour certains, qui détiennent des biens, de manifester le rejet d'un de leurs semblables.*

Voir autre consigne p. 65 (extrait d'essai).

2. Trois documents : voir consigne p. 65 (extrait d'essai).

vers l'écriture personnelle

Voir sujets p. 65 (extrait d'essai) et p. 80 (dessin de presse).

DOCUMENT 5

THÈME
Les menaces sur les libertés

Winston, le héros du roman de G. Orwell, ***1984****, vit dans un monde dominé par l'omniprésence de Big Brother (Grand Frère), qui régente tout et surveille tout le monde.*

Au-dehors, même à travers le carreau de la fenêtre fermée, le monde paraissait froid. Dans la rue, de petits remous de vent faisaient tourner en spirale la poussière et le papier déchiré. Bien que le soleil brillât et que le ciel fût d'un bleu dur, tout semblait décoloré, hormis les affiches collées partout. De tous les carrefours importants, le visage à la moustache noire vous fixait du regard. Il y en avait un sur le mur d'en face. BIG BROTHER VOUS REGARDE, répétait la légende, tandis que le regard des yeux noirs pénétrait les yeux de Winston. Au niveau de la rue, une autre affiche, dont un angle était déchiré, battait par à-coups dans le vent, couvrant et découvrant alternativement un seul mot : ANGSOC. Au loin, un hélicoptère glissa entre les toits, plana un moment, telle une mouche bleue, puis repartit comme une flèche, dans un vol courbe. C'était une patrouille qui venait mettre le nez aux fenêtres des gens. Mais les patrouilles n'avaient pas d'importance. Seule comptait la Police de la Pensée.

Derrière Winston, la voix du télécran continuait à débiter des renseignements sur la fonte[1] et sur le dépassement des prévisions pour le neuvième plan triennal. Le télécran recevait et transmettait simultanément. Il captait tous les sons émis par Winston au-dessus d'un chuchotement très bas. De plus, tant que Winston demeurait dans le champ de vision de la plaque de métal, il pouvait être vu aussi bien qu'entendu. Naturellement, il n'y avait pas moyen de savoir si, à un moment donné, on était surveillé. Combien de fois, et suivant quel plan, la Police de la Pensée se branchait-elle sur une ligne individuelle quelconque, personne ne pouvait le savoir. On pouvait même imaginer qu'elle surveillait tout le monde, constamment. Mais de toute façon, elle pouvait mettre une prise sur votre ligne chaque fois qu'elle le désirait. On devait vivre, on vivait, car l'habitude devient instinct, en admettant que tout son émis était entendu et que, sauf dans l'obscurité, tout mouvement était perçu.

Georges Orwell (1903-1950), *1984* (1950), première partie, premier chapitre, traduit de l'anglais par A. Audiberti © éd. Gallimard.

1. Il s'agit d'informations télévisées sur la production de fonte (alliage de fer et de carbone) prévue par plans sur trois ans.

SUR LE MÊME **THÈME**

→ Extrait d'essai, p. 62
→ Extrait de presse, p. 69
→ Document chiffré, p. 97
→ Photo, p. 154
→ Document de référence, p. 164

Pour analyser le document

1. Déterminez le thème de l'extrait et expliquez dans quelle situation se trouve le personnage dont il est question.

2. Que laisse deviner cette situation en ce qui concerne le régime politique en place, son pouvoir et la liberté des individus ? Que peut en conclure le lecteur sur le plan des fonctions de l'extrait ?

vers la **synthèse**

1. Deux documents : voir consigne p. 63 (extrait d'essai).

2. Quatre documents : voir p. 98 (document chiffré) et p. 154 (photo).

vers l'**écriture personnelle**

Voir sujets p. 63 (extrait d'essai), p. 71 (extrait de presse) et p. 166 (document de référence).

DOCUMENT 6

THÈME
Le devenir des sites industriels

Ouvrier sans travail, Étienne Lantier arrive, de nuit, sur le site d'une exploitation minière. L'action se passe au XIXe siècle, sous le Second Empire, dans le nord de la France.

Un chemin creux s'enfonçait. Tout disparut. L'homme[1] avait à sa droite une palissade, quelque mur de grosses planches fermant une voie ferrée ; tandis qu'un talus d'herbe s'élevait à gauche, surmonté de pignons confus, d'une vision de village aux toitures basses et uniformes. Il fit environ deux cents pas. Brusquement, à un coude du chemin, les feux reparurent près de lui, sans qu'il comprît davantage comment ils brûlaient si haut dans le ciel mort, pareils à des lunes fumeuses. Mais, au ras du sol, un autre spectacle venait de l'arrêter. C'était une masse lourde, un tas écrasé de constructions, d'où se dressait la silhouette d'une cheminée d'usine ; de rares lueurs sortaient des fenêtres encrassées, cinq ou six lanternes tristes étaient pendues dehors, à des charpentes dont les bois noircis alignaient vaguement des profils de tréteaux[2] gigantesques ; et, de cette apparition fantastique, noyée de nuit et de fumée, une seule voix montait, la respiration grosse et longue d'un échappement de vapeur, qu'on ne voyait point.

Alors, l'homme reconnut une fosse[3]. Il fut repris de honte : à quoi bon ? il n'y aurait pas de travail. Au lieu de se diriger vers les bâtiments, il se risqua enfin à gravir le terri[4] sur lequel brûlaient les trois feux de houille, dans des corbeilles de fonte, pour éclairer et réchauffer la besogne. Les ouvriers de la coupe[5] à terre avaient dû travailler tard, on sortait encore les déblais inutiles. Maintenant, il entendait les moulineurs[6] pousser les trains sur les tréteaux, il distinguait des ombres vivantes culbutant les berlines[7], près de chaque feu.

« Bonjour », dit-il en s'approchant d'une des corbeilles.

Tournant le dos au brasier, le charretier était debout, un vieillard vêtu d'un tricot de laine violette, coiffé d'une casquette en poil de lapin ; pendant que son cheval, un gros cheval jaune, attendait, dans une immobilité de pierre, qu'on eût vidé les six berlines montées par lui. Le manœuvre employé au culbuteur[8], un gaillard roux et efflanqué, ne se pressait guère, pesait sur le levier d'une main endormie. Et, là-haut, le vent redoublait, une bise glaciale, dont les grandes haleines régulières passaient comme des coups de faux.

« Bonjour », répondit le vieux.

Émile Zola (1840-1902), *Germinal* (1885), chapitre 1.

1. Étienne Lantier, le héros.
2. Construction supportant des rails.
3. Installations d'un puits de mine.
4. Amoncellement de déblais remontés de la mine.
5. Remise en état des galeries de la mine.
6. Mineurs travaillant à la surface.
7. Bennes transportant la houille.
8. Instrument permettant de vider les berlines.

SUR LE MÊME **THÈME**
→ Extrait d'essai, p. 56
→ Dessin de presse, p. 83
→ Extrait poétique, p. 110
→ Œuvre d'art, p. 125
→ Photo, p. 146

Pour analyser le document

1. Précisez quel est le thème de l'extrait, puis récapitulez les informations que donne le texte sur les lieux évoqués et sur les gens qui y travaillent.

2. Par qui les lieux sont-ils vus et quelles images en sont données ? Dans quel registre (▸ FICHE 8, P. 294) ?

vers la synthèse

1. Deux documents : voir consigne p. 111 (extrait poétique).

2. Trois documents : rapprochez l'extrait d'essai (p. 56), l'extrait de roman ci-dessus et l'extrait poétique (p. 110) pour mettre en relief les raisons de la sauvegarde et de la réhabilitation des sites industriels.

3. Quatre documents : voir consignes p. 125 (œuvre d'art) et p. 146 (photo).

vers l'écriture personnelle

Voir sujets p. 57 (extrait d'essai) et p. 146 (photo).

PROLONGEMENTS

LEXIQUE

EXERCICE 1

Mentor est le nom du personnage qui parle dans le texte de Fénelon (p. 100). Cherchez quel sens a ce mot lorsqu'il est un nom commun. Trouvez cinq autres mots venus de noms propres de l'Antiquité et devenus noms communs.

EXERCICE 2

Repérez des termes familiers et/ou grossiers dans le texte de F. Beigbeder (p. 99) et remplacez-les par des équivalents en langue courante (▸ FICHE 9, P. 295). Cherchez ensuite plusieurs raisons qu'un auteur peut avoir de faire s'exprimer de cette manière un de ses personnages.

EXERCICE 3

Voici une série de termes figurant dans les différents extraits de romans de ce chapitre. Donnez un ou plusieurs synonymes pour chacun d'entre eux :
Artifice • *corrompre* • *incurable* • *légende* • *magnificence* • *modération* • *notoriété* • *parodier* • *prévisions*.

EXPRESSION ÉCRITE

EXERCICE 4

L'affirmation « La pauvreté est une infamie » est une phrase qui figure dans le texte de Fénelon (p. 100). Utilisez diverses formes de modalisation (▸ FICHE 6, P. 290) et faites les modifications nécessaires pour faire comprendre successivement :
- que ce propos n'appartient pas à Mentor mais relève des idées généralement admises ;
- que vous ne partagez pas du tout ce jugement ;
- que ce propos est universellement accepté ;
- que ce propos est admis par certains seulement et pas par tous (ni par vous) ;
- que vous êtes tout à fait d'accord avec ce propos ;
- que vous avez du mal à donner une opinion nette ;
- que vous justifiez vos hésitations par le fait que le mot « infamie » peut avoir plusieurs sens.

EXERCICE 5

Présentez de manière rédigée (deux phrases maximum) l'un des textes de la partie « Application » en prenant appui sur l'exemple rédigé ci-dessous (présentation du texte de V. Hugo). Cette présentation doit comporter les éléments suivants : auteur, titre de l'œuvre, date, genre, thème et problématique(s).

Exemple de présentation rédigée

Dans un extrait des Misérables, *roman de 1862, V. Hugo met en scène un ancien bagnard à la recherche d'un gîte. Composé de dialogue, le document montre, à travers la mauvaise foi d'un aubergiste, l'exclusion dont sont victimes, même lorsqu'ils ont accompli leur peine, ceux que la justice a condamnés.*

ACTIVITÉS ORALES

EXERCICE 6

Préparez un exposé d'une vingtaine de minutes sur les deux personnages de Mentor et de Télémaque (texte p. 100). Rattachez-les à l'épopée d'Ulysse et exposez quelles sont les différentes significations de leurs voyages, pour les comparer aux significations des voyages qui sont évoqués dans le texte de J. M. de Heredia (p. 108).

EXERCICE 7

Choisissez un extrait de roman de ce chapitre, préparez sa lecture à voix haute et faites suivre cette lecture, devant la classe, d'un exposé rapide des idées que contient le texte.

RECHERCHES

EXERCICE 8

Cherchez ce qu'est un « roman d'éducation » puis élaborez une courte fiche dans laquelle vous donnerez une définition, certaines caractéristiques ainsi que les fonctions de ce type de roman en vous appuyant sur plusieurs exemples appartenant à des époques différentes.

CHAPITRE 11

Analyser un extrait poétique

APPROCHES

DOCUMENT 1

THÈME
Le voyage

Les conquérants

Comme un vol de gerfauts[1] hors du charnier natal,
Fatigués de porter leurs misères hautaines,
De Palos de Moguer[2], routiers[3] et capitaines
Partaient, ivres d'un rêve héroïque et brutal.

Ils allaient conquérir le fabuleux métal
Que Cipango[4] mûrit dans ses mines lointaines,
Et les vents alizés inclinaient leurs antennes
Aux bords mystérieux du monde Occidental.

Chaque soir, espérant des lendemains épiques,
L'azur phosphorescent de la mer des Tropiques
Enchantait leur sommeil d'un mirage doré ;

Ou penchés à l'avant des blanches caravelles,
Ils regardaient monter en un ciel ignoré
Du fond de l'Océan des voiles nouvelles.

José Maria de Heredia (1842-1905), *Les Trophées* (1893), « Le Moyen Âge et la Renaissance ».

1. Oiseaux de proie.
2. Nom du port d'Espagne d'où partit Christophe Colomb le 3 août 1492.
3. Aventuriers.
4. Nom du Japon sur les cartes du Moyen Âge.

SUR LE MÊME **THÈME**
→ Extrait d'essai, p. 61
→ Extrait de presse, p. 67
→ Bande dessinée, p. 86
→ Affiche publicitaire, p. 132
→ Photo, p. 153

Pour analyser le document

1. J. M. de Heredia évoque les grands voyages de découvertes et ceux qui les ont accomplis. Exposez, tels qu'ils sont donnés dans le texte, les raisons et les objectifs qui motivaient ces voyages puis donnez les caractéristiques des voyages et des conquérants.

2. Quel registre (▸ FICHE 8, P. 294) utilise celui qui parle pour parler des conquérants et de leurs voyages ?

vers la **synthèse**

1. Deux documents : voir consigne p. 62 (extrait d'essai).

2. Trois documents : voir consigne p. 68 (extrait de presse).

3. Quatre documents : voir consigne p. 132 (affiche publicitaire).

vers l'**écriture personnelle**

1. À l'époque des grands reportages et des émissions de télévision qui montrent des contrées lointaines, cela vaut-il encore la peine de voyager ? Vous répondrez de manière affirmative ou de manière négative à cette question, selon votre point de vue personnel, en deux ou trois paragraphes argumentés illustrés par des exemples tirés de vos lectures et des documents du corpus (rubrique « Sur le même thème »).

2. Voir autres sujets p. 62 (extrait d'essai) et p. 132 (affiche publicitaire).

DOCUMENT 2

THÈME
L'exploitation des enfants

Melancholia

Où vont tous ces enfants dont pas un seul ne rit ?
Ces doux êtres pensifs que la fièvre maigrit ?
Ces filles de huit ans qu'on voit cheminer seules ?
Ils s'en vont travailler quinze heures sous des meules ;
Ils vont, de l'aube au soir, faire éternellement
Dans la même prison le même mouvement.
Accroupis sous les dents d'une machine sombre,
Monstre hideux qui mâche on ne sait quoi dans l'ombre,
Innocents dans un bagne, anges dans un enfer,
Ils travaillent. Tout est d'airain[1], tout est de fer.
Jamais on ne s'arrête et jamais on ne joue.
Aussi quelle pâleur ! la cendre est sur leur joue.
Il fait à peine jour, ils sont déjà bien las.
Ils ne comprennent rien à leur destin, hélas !
Ils semblent dire à Dieu : « Petits comme nous sommes,
Notre père, voyez ce que nous font les hommes ! »
Ô servitude infâme imposée à l'enfant !
Rachitisme ! travail dont le souffle étouffant
Défait ce qu'a fait Dieu ; qui tue, œuvre insensée,
La beauté sur les fronts, dans les cœurs la pensée,
Et qui ferait – c'est là son fruit le plus certain ! –
D'Apollon un bossu, de Voltaire un crétin !
Travail mauvais qui prend l'âge tendre en sa serre,
Qui produit la richesse en créant la misère,
Qui se sert d'un enfant ainsi que d'un outil !
Progrès dont on demande : « Où va-t-il ? que veut-il ? »
Qui brise la jeunesse en fleur ! qui donne, en somme,
Une âme à la machine et la retire à l'homme !
Que ce travail, haï des mères, soit maudit !
Maudit comme le vice où l'on s'abâtardit,
Maudit comme l'opprobre[2] et comme le blasphème !
Ô Dieu ! qu'il soit maudit au nom du travail même,
Au nom du vrai travail, sain, fécond, généreux,
Qui fait le peuple libre et qui rend l'homme heureux !

Victor Hugo (1802-1885), *Les Contemplations* (1856), « Autrefois », livre III, poème 2, vers 113-146.

1. Alliage à base de cuivre, également connu sous le nom de bronze, synonyme de dureté.

2. Terme de la langue soutenue (▸ FICHE 9, P. 295) pour désigner la honte, le reproche, la réprobation.

SUR LE MÊME THÈME

→ Extrait de presse, p. 68
→ Document chiffré, p. 94
→ Œuvre d'art, p. 124
→ Affiche publicitaire, p. 128
→ Photo, p. 152
→ Document de référence, p. 163

Pour analyser le document

1. Sur le thème du travail des enfants au XIXe siècle, trouvez et reformulez ce qui est dit dans le texte concernant : les conditions de vie ; les effets négatifs du travail ; la notion de progrès.

2. Caractérisez la position de celui qui parle par rapport au thème évoqué.

vers la **synthèse**

1. Deux documents : rapprochez l'extrait poétique ci-dessus et l'extrait de presse (p. 68) pour mettre en relief différentes formes d'exploitation des enfants et leurs effets. Voir autres consignes p. 124 (œuvre d'art) et p. 152 (photo).

2. Quatre documents : voir consignes p. 128 (affiche publicitaire) et p. 124 (œuvre d'art).

vers l'**écriture personnelle**

1. Voir sujets p. 69 (extrait de presse) et p. 164 (document de référence).

2. Voir aussi p. 95 (document chiffré, deux sujets).

DOCUMENT 3

THÈME
Le devenir des sites industriels

Les usines

Se regardant avec les yeux cassés de leurs fenêtres
Et se mirant dans l'eau de poix et de salpêtre[1]
D'un canal droit, marquant sa barre à l'infini,
Face à face, le long des quais d'ombre et de nuit,
Par à travers les faubourgs lourds
Et la misère en pleurs de ces faubourgs,

Ronflent terriblement usines et fabriques.
Rectangles de granit et monuments de briques,
Et longs murs noirs durant des lieues,
Immensément, par les banlieues ;
Et sur les toits, dans le brouillard, aiguillonnées
De fers et de paratonnerres,
Les cheminées.

Se regardant de leurs yeux noirs et symétriques,
Par la banlieue, à l'infini,
Ronflent le jour, la nuit,
Les usines et les fabriques.

Oh les quartiers rouillés de pluie et leurs grand'rues !
Et les femmes et leurs guenilles apparues
Et les squares, où s'ouvre, en des caries
De plâtras blanc et de scories[2],
Une flore pâle et pourrie.

Aux carrefours, porte ouverte, les bars :
Étains, cuivres, miroirs hagards,
Dressoirs[3] d'ébène et flacons fols[4]
D'où luit l'alcool
Et sa lueur vers les trottoirs.
Et des pintes[5] qui tout à coup rayonnent,
Sur le comptoir, en pyramides de couronnes ;
Et des gens soûls, debout,
Dont les larges langues lapent, sans phrases,
Les ales[6] d'or et le whisky, couleur topaze.

Par à travers les faubourgs lourds
Et la misère en pleurs de ces faubourgs,
Et les troubles et mornes voisinages,
Et les haines s'entrecroisant de gens à gens
Et de ménages à ménages,
Et le vol même entre indigents,
Grondent, au fond des cours, toujours,
Les haletants battements sourds
Des usines et des fabriques symétriques.

Émile Verhaeren (1855-1916), *Les Villes tentaculaires* (1895), « Les usines », vers 1-41.

1. Efflorescence de nitrate de potassium apparaissant sur les murs humides.
2. Sous-produit d'un travail métallurgique.
3. Sorte de buffets.
4. Fous (terme ancien).
5. Mesure de capacité pour les liquides ; récipient contenant cette mesure.
6. Bière blonde.

SUR LE MÊME THÈME

→ Extrait d'essai, p. 56
→ Dessin de presse, p. 83
→ Extrait de roman, p. 106
→ Œuvre d'art, p. 125
→ Photo, p. 146

Pour analyser le document

1. Le poète Émile Verhaeren évoque le monde industriel de la fin du XIXe siècle. Trouvez dans le texte et exposez plusieurs caractéristiques de ce monde en ce qui concerne l'architecture, l'atmosphère générale, les êtres humains et leur manière de vivre.

2. Quelles relations le poème fait-il apparaître entre les lieux et les gens ?

vers la synthèse

1. Deux documents : rapprochez l'extrait poétique ci-contre et l'extrait de roman (p. 106) pour repérer leurs éléments communs en ce qui concerne :
– les usines et les sites industriels ;
– les conditions de vie du prolétariat.

Rédigez deux paragraphes en vous inspirant de l'exemple donné ci-après.

Exemple de paragraphe rédigé

Le rapprochement du texte poétique et de l'extrait de roman révèle des points communs dans le paysage évoqué. Dans les deux textes, l'accent est mis sur les formes à la fois gigantesques, géométriques et effrayantes du site industriel : lignes, masses, blocs. D'abord indistinctes pour celui qui les découvre, ces formes se précisent, mais dans les deux cas, elles sont présentées comme rendues incertaines par l'obscurité et par les fumées. On observe l'insistance sur le bruit, dans un document, il est question de « ronflements », dans l'autre, de « respiration », sur les matériaux, sur la rareté ou la détérioration de la végétation. Les deux documents ont en commun de montrer un lieu industriel sous la forme d'un univers de matériaux divers et/ou de machines, hors de la mesure humaine, ayant quelque chose de monstrueux. Les deux lieux présentés sont personnifiés et leur représentation est hyperbolique. (▸ FICHE 5, P. 288)

2. Trois documents : voir consigne p. 106 (extrait de roman).

3. Quatre documents : voir consigne p. 146 (photo).

vers l'écriture personnelle

Voir sujets p. 57 (extrait d'essai) et p. 146 (photo).

Comment analyser **un extrait poétique**

Les **textes poétiques**, dont certains figurent dans les corpus de synthèse, ont des formes particulières : vers rimés, vers libres, prose poétique. Ils utilisent un langage original et des spécificités d'écriture à travers lesquelles s'expriment des **idées** qu'il faut savoir identifier et reformuler.

Comment la poésie exprime des idées

Les textes poétiques se reconnaissent à une forme en général **versifiée** et **rimée** et au fait que tout ce qu'ils suggèrent ou évoquent repose sur des **rythmes**, des **reprises sonores**, des **recherches** d'écriture et de langage. L'expression des **idées** n'est donc pas directe : elle est le plus souvent métaphorique et imagée. Il faut chercher ces idées et trouver leur sens – parfois politique, sociologique ou philosophique – à travers des **comparaisons**, des **symboles**, des **allégories** et d'autres figures de rhétorique (▸ FICHE 5, P. 288), qui évoquent des situations, des faits, transposent des réalités, expriment des sentiments et des émotions.

→ **EX :** les conquistadors et leurs voyages (J. M. de Heredia, p. 108) sont présentés à travers une série de **comparaisons** et de **métaphores** valorisantes ; dans le poème d'É. Verhaeren (p. 110), c'est une **évocation à la fois fantastique et réaliste** qui permet de comprendre la nature d'un site industriel et les conditions de vie du prolétariat ; le poème de V. Hugo (p. 109) montre, à travers les **images** d'un univers industriel monstrueux et dévorant, l'exploitation inhumaine des enfants au XIXe siècle.

Identifier le thème principal et les problématiques

La forme versifiée et les nombreuses figures de rhétorique ne doivent pas constituer un obstacle à une lecture attentive qui définit **de quoi il est question** (thème principal) grâce au **lexique** utilisé, au **sens des mots** et à la **récurrence** et/ou à la mise en valeur de certains termes par leur place ou leurs sonorités (▸ FICHE 5, P. 288). Les **problématiques**, c'est-à-dire certaines questions nées des relations entre les idées, sont perceptibles à la **structure** des textes, aux **articulations** logiques, à certaines **figures** (les antithèses ▸ FICHE 5, P. 288), à l'opposition des **réseaux lexicaux** (▸ FICHE 1, P. 284). La poésie les met en valeur de manière plus concrète et plus imagée que ne le font les textes d'idées. Le **titre** du poème et celui de l'œuvre peuvent aussi apporter des informations.

→ **EX :** le travail des enfants, thème essentiel du texte de V. Hugo (p. 109), s'oriente vers la **question du progrès** et sa mise en cause exprimée avec violence ; le texte d'É. Verhaeren (p. 110), décrit un univers dans lequel les lieux déterminent la **misère** et la **promiscuité** des êtres ; dans le texte de Heredia (p. 108) se révèlent d'une part l'admiration du poète pour la période de la Renaissance, d'autre part l'importance des **voyages de découverte** qui ont révolutionné la connaissance scientifique du monde et montré que l'humanité entrait alors dans une ère nouvelle, au sortir du Moyen Âge.

Ainsi, il n'y a pas d'incompatibilité entre les textes poétiques et les idées : ces textes utilisent les différentes **formes de discours** (▸ FICHE 3, P. 286), sont caractérisés par certains **registres** (▸ FICHE 8, P. 294), mettent en jeu différents **systèmes d'énonciation** (▸ FICHE 2, P. 285). Leur analyse peut être facilitée par leur intégration à un corpus : en effet, ils entrent alors en résonance avec les autres documents, qui en éclairent le sens et attirent l'attention sur certaines idées essentielles.

APPLICATION

DOCUMENT 4

THÈME
L'exclusion

La grasse matinée

Il est terrible
le petit bruit de l'œuf dur cassé sur un comptoir d'étain
il est terrible ce bruit
quand il remue dans la mémoire de l'homme qui a faim
elle est terrible aussi la tête de l'homme
la tête de l'homme qui a faim
quand il se regarde à six heures du matin
dans la glace du grand magasin
une tête couleur de poussière
ce n'est pas sa tête pourtant qu'il regarde
dans la vitrine de chez Potin[1]
Il s'en fout de sa tête l'homme
il n'y pense pas
il songe
il imagine une autre tête
une tête de veau par exemple
avec une sauce de vinaigre
ou une tête de n'importe quoi qui se mange
et il remue doucement la mâchoire
doucement
et il grince des dents doucement
car le monde se paye sa tête
et il ne peut rien contre ce monde
et il compte sur ses doigts un deux trois
un deux trois
cela fait trois jours qu'il n'a pas mangé
et il a beau se répéter depuis trois jours
Ça ne peut pas durer
ça dure
trois jours
trois nuits
sans manger
et derrière ces vitres
ces pâtés ces bouteilles ces conserves
poissons morts protégés par les boîtes
boîtes protégées par les vitres
vitres protégées par les flics
flics protégés par la crainte
que de barricades pour six malheureuses sardines…

Un peu plus loin le bistrot
café-crème et croissants chauds
l'homme titube
et dans l'intérieur de sa tête
un brouillard de mots
un brouillard de mots
sardines à manger

1. Nom d'une chaîne de magasins d'alimentation.

œuf dur café-crème
café arrosé rhum
café-crème
café-crème
café-crime arrosé sang !...
Un homme très estimé dans son quartier
a été égorgé en plein jour
l'assassin le vagabond lui a volé
deux francs
soit un café arrosé
zéro franc soixante-dix
deux tartines beurrées
et vingt-cinq centimes pour le pourboire du garçon

Il est terrible
le petit bruit de l'œuf dur
cassé sur un comptoir d'étain
il est terrible ce bruit
quand il remue dans la mémoire
de l'homme qui a faim.

Jacques Prévert (1900-1977), « La grasse matinée », dans *Paroles* (1946) © éd. Gallimard.

SUR LE MÊME **THÈME**

→ Extrait d'essai, p. 63
→ Dessin de presse, p. 80
→ Document chiffré, p. 91
→ Extrait de roman, p. 103
→ Œuvre d'art, p. 117
→ Photo, p. 145

Pour analyser le document

1. Identifiez le thème évoqué par le poème de J. Prévert ; précisez quels différents aspects de ce thème se trouvent abordés et comment ils s'enchaînent dans l'évocation.

2. Quel registre (▸ FICHE 8, P. 294) crée le titre choisi ? D'où vient la force dénonciatrice du poème ?

vers la **synthèse**

1. Deux documents : voir consigne p. 104 (extrait de roman).

2. Trois documents : voir consigne p. 65 (extrait d'essai).

3. Quatre documents : voir consignes p. 80 (dessin de presse) et p. 118 haut (œuvre d'art).

vers l'**écriture personnelle**

Voir sujets p. 65 (extrait d'essai) et p. 80 (dessin de presse).

DOCUMENT 5

THÈME
Le luxe

Regrettera qui veut le bon vieux temps.
Et l'âge d'or et le règne d'Astrée[1],
Et les beaux jours de Saturne[2] et de Rhée[2],
Et le jardin de nos premiers parents ;
Moi, je rends grâce à la Nature sage,
Qui, pour mon bien m'a fait naître en cet âge
Tant décrié par nos pauvres docteurs[3] :
Ce temps profane est tout à fait pour mes mœurs.
J'aime le luxe, et même la mollesse,
Tous les plaisirs, les arts de toute espèce
La propreté, le goût, les ornements :
Tout honnête homme a de tels sentiments.
Il est bien doux pour mon cœur très immonde
De voir ici l'abondance à la ronde,
Mère des arts et des heureux travaux,
Nous apporter de sa source féconde,

1. Fille de Zeus et de Thémis, représentant l'âge d'or.

2. Divinités associées à l'âge d'or.

3. Savants.

Et des besoins et des plaisirs nouveaux.
L'or de la terre et les trésors de l'onde
Leurs habitants et les peuples de l'air,
Tout sert au luxe, aux plaisirs de ce monde.
Ah ! le bon temps que ce siècle de fer[4] !
Le superflu, chose très nécessaire,
A réuni l'un et l'autre hémisphère.
Voyez-vous pas[5] ces agiles vaisseaux
Qui du Texel[6], de Londres, de Bordeaux,
S'en vont chercher, par un heureux échange,
De nouveaux biens, nés aux sources du Gange,
Tandis qu'au loin, vainqueurs des musulmans
Nos vins de France enivrent les sultans ?
Quand la nature était dans son enfance,
Nos bons aïeux vivaient dans l'innocence,
Ne connaissant ni le tien ni le mien.
Qu'auraient-ils pu connaître ? Ils n'avaient rien,
Ils étaient nus ; et c'est chose très claire
Que qui n'a rien n'a nul partage à faire.
Sobres étaient. Ah ! je le crois encor[7] ;
Martialo[8] n'est point du siècle d'or.
D'un bon vin frais ou la mousse ou la sève
Ne gratta point le triste gosier d'Ève.
La soie et l'or ne brillaient point chez eux :
Admirez-vous pour cela nos aïeux ?
Il leur manquait l'industrie[9] et l'aisance :
Est-ce vertu ? C'était pure ignorance. [...]

Voltaire (1694-1778), *Le Mondain* (1736), vers 1 à 43.

4. Selon la mythologie gréco-latine, les grandes périodes de l'histoire sont l'âge d'or, d'argent, d'airain et de fer.

5. Ne voyez-vous pas.

6. Île néerlandaise de la mer du Nord.

7. Orthographe voulue par la rime avec « or ».

8. Auteur d'un traité de gastronomie.

9. Activité productive.

SUR LE MÊME **THÈME**
→ Extrait d'essai, p. 57
→ Extrait de roman, p. 100
→ Œuvre d'art, p. 119
→ Affiche publicitaire, p. 129

Pour analyser le document

1. À partir de l'affirmation du vers 9 et du réseau lexical dominant, dites de quoi il est question dans le texte. Récapitulez les différents aspects du domaine abordé.

2. Trouvez les différents arguments par lesquels celui qui parle défend ses choix personnels et définissez le registre (▸ **Fiche 8, p. 294**) du poème. À quelle forme de discours (▸ **Fiche 3, p. 286**) appartient-il ?

vers la **synthèse**

1. Deux documents : mettez en parallèle l'extrait poétique ci-dessus et l'extrait de roman (p. 100) pour faire apparaître au moins deux points précis sur lesquels ils s'opposent ; rédigez deux paragraphes pour exprimer ces deux oppositions.

Exemple de paragraphe rédigé

Le texte de Fénelon, très critique, et celui de Voltaire, au contraire élogieux, expriment, à propos du luxe, des idées qui s'opposent sur plusieurs points : ainsi Voltaire fait du luxe un moteur efficace du développement des échanges et de l'économie, en évoquant les nouvelles routes commerciales, la jonction des hémisphères, la commercialisation de biens qui viennent d'horizons lointains. Il insiste particulièrement sur les notions d'abondance, de superflu, et évoque une forme de bonheur et de créativité liés à la notion de luxe, associée à celle de plaisir. Fénelon prête en revanche à Mentor, dans l'extrait du Télémaque*, un jugement tout à fait opposé : le luxe, présenté comme un vice, est considéré comme la cause essentielle de la « ruine » de la nation, responsable de dépenses, d'emprunts, d'attachement au superflu et d'oubli de la frugalité.*

Outre l'économie, les deux points de vue présentés s'opposent sur le plan de la morale...

2. Deux documents : voir autre consigne p. 59 (extrait d'essai, deux sujets).
3. Trois documents : voir consigne p. 129 (affiche publicitaire).
4. Quatre documents : voir consigne p. 118 bas (œuvre d'art).

vers l'**écriture personnelle**

Voir sujets p. 59 (extrait d'essai), p. 101 (extrait de roman) et p. 129 (affiche publicitaire).

DOCUMENT 6

THÈME
La sauvegarde des forêts

Arbres dans la nuit et le jour

Candélabres de la noirceur,
Hauts-commissaires des ténèbres,
Malgré votre grandeur funèbre
Arbres, mes frères et mes sœurs,
Nous sommes de même famille,
L'étrangeté se pousse en nous
Jusqu'aux veinules, aux ramilles,
Et nous comble de bout en bout.

À vous la sève, à moi le sang,
À vous la force, à moi l'accent
Mais nuit et jour nous ressemblant,
Régis par le suc[1] du mystère,
Offerts à la mort, au tonnerre,
Vivant grand et petitement,
L'infini qui nous désaltère
Nous fait un même firmament.

Nos racines sont souterraines,
Notre front dans le ciel se perd
Mais, tronc de bois ou cœur de chair,
Nous n'avançons que dans nous-mêmes.
L'angoisse nourrit notre histoire
Et c'est un même bûcheron
Qui, nous couchant de notre long,
Viendra nous couper la mémoire. [...]

Jules Supervielle (1884-1960), extrait de « Arbres dans la nuit et le jour », dans *1939-1945*, recueilli dans *Œuvres poétiques complètes* © éd. Gallimard, « Bibliothèque de la Pléiade ».

1. Liquide organique issu des tissus végétaux. Ici métaphore désignant ce qui nourrit les arbres.

SUR LE MÊME THÈME

→ Extrait de presse, p. 73
→ Schéma, p. 93
→ Œuvre d'art, p. 121
→ Affiche publicitaire, p. 133
→ Extrait théâtral, p. 136
→ Photo, p. 150

Pour analyser le document

1. Déterminez le thème du poème et formulez l'idée essentielle qui se dégage d'un rapprochement récurrent.

2. Quels rôles celui qui parle attribue-t-il aux arbres à partir du rapprochement signalé dans la question 1 ?

vers la synthèse

1. Deux documents : voir consigne p. 74 (extrait de presse).

2. Quatre documents : voir consignes p. 150 (photo) et p. 133 (affiche publicitaire).

vers l'écriture personnelle

Voir p. 137 (extrait théâtral, deux sujets).

PROLONGEMENTS

LEXIQUE

EXERCICE 1

À quels textes de ce chapitre pourraient être associés les mots suivants (il peut y avoir plusieurs mots pour le même texte) :
analogies • *éloge* • *exotisme* • *exploitation* • *ironie* • *mémoire* • *mythe* • *nostalgie* • *paradis* • *pathétique* • *prolétariat* • *révolution industrielle* • *rituel* • *satire* • *similitudes* • *utopie* ?
Vérifiez que vous pouvez les définir ou leur trouver un synonyme.

EXPRESSION ÉCRITE

EXERCICE 2

Le Laboureur et ses enfants

Travaillez, prenez de la peine :
C'est le fonds[1] qui manque le moins.
Un riche Laboureur, sentant sa mort prochaine,
Fit venir ses enfants, leur parla sans témoins.
Gardez-vous, leur dit-il, de vendre l'héritage
Que nous ont laissé nos parents.
Un trésor est caché dedans.
Je ne sais pas l'endroit ; mais un peu de courage
Vous le fera trouver, vous en viendrez à bout.
Remuez votre champ dès qu'on aura fait l'Oût[2]
Creusez, fouillez, bêchez ; ne laissez nulle place
Où la main ne passe et repasse.
Le père mort, les fils vous retournent le champ
Deçà, delà, partout ; si bien qu'au bout de l'an
Il en rapporta davantage.
D'argent, point de caché. Mais le père fut sage
De leur montrer avant sa mort
Que le travail est un trésor.

Jean de La Fontaine (1621-1695),
Fables (1690), livre V, fable IX.

1. Ressource.
2. Orthographe du XVIIe siècle. Le nom du mois d'août désigne aussi la moisson.

En commençant par « *La fable de La Fontaine* (titre) *aborde le thème de (du)... et explique...* », rédigez un bref paragraphe précisant de quel thème il s'agit, ce que le fabuliste fait comprendre à son lecteur, et comment il s'y prend pour faire passer son message.

EXERCICE 3

« Le travail est un trésor. » (La Fontaine)
Intégrez cette affirmation à différentes phrases pour faire comprendre :
- que cette idée vient de La Fontaine ;
- qu'il n'est pas le seul à affirmer cette idée ;
- que vous souscrivez à cette idée ;
- que vous n'êtes pas tout à fait d'accord avec cette affirmation ;
- que vous n'êtes pas du tout d'accord avec cette affirmation ;
- que beaucoup de gens ne croient pas à cette idée.

EXERCICE 4

En prenant exemple sur le modèle de la page 107, présentez, en deux phrases, le texte de Victor Hugo (p. 109) et celui de Prévert (p. 112) (auteur, genre, date, thème, problématiques).

ACTIVITÉS ORALES

EXERCICE 5

Présentez en un exposé oral d'une dizaine de minutes ce qu'on appelle le « mythe de l'âge d'or » : donnez les diverses significations de cette expression, puis exposez ce que ce mythe cherche à expliquer concernant les relations entre l'homme et le monde.

EXERCICE 6

Dans « Melancholia » (p. 109), V. Hugo dénonce le travail des enfants. Dans un exposé d'une quinzaine de minutes, présentez plusieurs engagements sociaux du même écrivain. Appuyez-vous par exemple sur *Les Misérables*, sur *Le Dernier Jour d'un condamné*, sur *L'Année terrible*, sur *Choses vues*.

CHAPITRE 12

Analyser une œuvre d'art

APPROCHES

DOCUMENT 1

THÈME
L'exclusion

Ernest Pignon-Ernest (né en 1942), *Expulsions* (1977), sérigraphies collées sur les murs de Paris et de la banlieue parisienne.

SUR LE MÊME THÈME
→ Extrait d'essai, p. 63
→ Dessin de presse, p. 80
→ Document chiffré, p. 91
→ Extrait de roman, p. 103
→ Extrait poétique, p. 112
→ Photo, p. 145

Pour analyser le document

1. Sur le thème indiqué par le titre, *Expulsions,* expliquez ce que représente la photo et quelle a été l'idée de l'artiste.

2. Qu'est-ce qui donne sa force à la représentation ? En quoi peut-on parler d'art engagé ?

vers la synthèse

1. Deux documents : quelles remarques vous inspire le rapprochement de cette œuvre d'art (p. 117) et de la photo (p. 145) sur le thème de l'exclusion ?

2. Trois documents : voir consigne p. 145 (photo).

3. Quatre documents : rapprochez l'extrait d'essai (p. 63), l'extrait poétique (p. 112), l'œuvre d'art (p. 117) et la photo (p. 145) pour étudier les conditions de vie des exclus, et ce qui peut expliquer leur situation.

vers l'écriture personnelle

1. De nombreux artistes utilisent la rue comme support de leurs œuvres : vous en chercherez des exemples et vous exposerez, sous une forme argumentée, votre manière personnelle de réagir à ces formes de création artistique.

2. Voir autres sujets p. 65 (extrait d'essai) et p. 80 (dessin de presse).

DOCUMENT 2

THÈME
Le luxe

Observez le tableau de Gervex, **Une soirée au Pré Catelan**, *reproduit ci-contre, et répondez aux questions ci-dessous.*

Pour analyser le document

1. Décrivez ce que vous voyez sur le tableau et dites à partir de quels éléments on peut le rattacher à l'idée de luxe.

2. La mise en valeur de cette notion se fait aussi à travers des procédés de composition : quel rôle jouent les lignes horizontales et les lignes verticales, la perspective, les contrastes, l'angle de vue choisi par le peintre ?

vers la synthèse

1. Deux documents : rapprochez l'œuvre d'art ci-contre et l'affiche publicitaire (p. 129). Énumérez tous les points qu'elles ont en commun.

Exemple de réponse rédigée

Le tableau d'H. A. Gervex et la publicité pour l'eau de parfum « Miss Dior Chérie », choisis pour illustrer la notion de luxe, présentent un certain nombre de points communs.

On observe d'abord des ressemblances dans le décor : d'un côté un restaurant très illuminé, d'architecture classique, fait dans une pierre de couleur claire et lumineuse, avec des colonnes ; de l'autre, une belle demeure elle aussi de style classique avec une colonnade. Les deux constructions sont placées dans un jardin à la végétation soignée, massifs taillés, grands arbres, allée et pelouse. D'autres ressemblances viennent de la présence humaine : une clientèle riche et luxueusement habillée sur le tableau d'H. A. Gervex, une jeune femme en tenue de soirée sur l'affiche publicitaire. Dans les deux cas, la lumière est prépondérante : celle d'innombrables lustres dans le tableau, alors qu'il s'agit d'une scène de nuit, celle du jour qui éclaire la belle demeure, dans la publicité. Les deux représentations connotent la vie mondaine, le luxe, l'argent, le raffinement.

2. Deux documents : expliquez en quoi le tableau pourrait illustrer l'extrait d'essai (p. 57).

3. Quatre documents : regroupez l'extrait d'essai (p. 57), l'extrait poétique (p. 113), l'affiche publicitaire (p. 129) et l'œuvre d'art ci-contre pour étudier les différentes caractéristiques du luxe.

vers l'écriture personnelle

Voir sujets p. 59 (extrait d'essai), p. 129 (affiche publicitaire) et p. 101 (extrait de roman).

Henri Alexandre Gervex (1852-1929), *Une soirée au Pré Catelan*[1] (1909), détail, huile sur toile, 217 x 318 cm (musée Carnavalet, Paris).

SUR LE MÊME THÈME
→ Extrait d'essai, p. 57
→ Extrait de roman, p. 100
→ Extrait poétique, p. 113
→ Affiche publicitaire, p. 129

1. Nom d'un restaurant célèbre, situé au bois de Boulogne, renommé pour sa riche clientèle. C'est son propriétaire, Léopold Mourrier, qui commanda le tableau à H. A. Gervex.

DOCUMENT 3

THÈME
La publicité

1. Il s'agissait, à la fin des années 1960, du projet de construction d'une importante voie de circulation automobile en bordure de Seine passant à proximité de la cathédrale Notre-Dame de Paris. Ce projet provoqua, à l'époque, de très vigoureuses protestations et la formation d'un « Comité de défense des berges de la Seine », à la demande duquel fut faite cette affiche. Les différentes affiches de R. Savignac sont à présent considérées comme des œuvres d'art.

SUR LE MÊME **THÈME**
→ Extrait de presse, p. 74
→ Dessin de presse, p. 88
→ Extrait de roman, p. 99
→ Affiche publicitaire, p. 134
→ Document de référence, p. 156

Affiche de **Raymond Savignac** (1907-2002), *Non à la voie express*[1] (1972).

Pour analyser le document

1. Le document proposé est une affiche publicitaire exprimant une protestation contre une véritable invasion. Expliquez comment se trouvent exprimés cette invasion et les risques qui menacent la cathédrale. Sur quelles métaphores (▸ Fiche 5, p. 288) a joué R. Savignac pour exprimer ce risque ?

2. En tant qu'affiche publicitaire, cette œuvre associe un slogan et un visuel. Quels sont les liens logiques entre ce qui est écrit et ce qui est dessiné ? Sur quoi repose la force de persuasion de l'ensemble ?

vers la **synthèse**

1. Deux documents : voir consigne p. 134 (affiche publicitaire).

2. Trois documents : rapprochez l'extrait de presse (p. 74), l'affiche publicitaire (p. 134) et l'œuvre d'art ci-dessus pour montrer en quoi les deux publicités illustrent les propos tenus dans l'extrait.

vers l'**écriture personnelle**

1. Qu'est-ce qui peut faire d'une publicité une œuvre d'art ? Donnez votre point de vue en quelques paragraphes argumentés et illustrés d'exemples.

2. Voir autres sujets p. 76 (extrait de presse), p. 133 (affiche publicitaire), p. 100 (extrait de roman) et p. 157 (document de référence).

DOCUMENT 4

THÈME
La sauvegarde des forêts

Jean-Marie Massaud, *Missed Tree I et II*[1] (2007), vases/sculptures, 159 cm et 200 cm.

1. Traduction en français : *l'arbre dont on a la nostalgie*. Le chiffre I indique que l'arbre a un corps unique, II, qu'il est ramifié.

SUR LE MÊME **THÈME**

→ Extrait de presse, p. 73
→ Schéma, p. 93
→ Extrait poétique, p. 115
→ Affiche publicitaire, p. 133
→ Extrait théâtral, p. 136
→ Photo, p. 150

Pour analyser le document

1. Décrivez les trois arbres/sculptures présents sur l'image et dites ce qui les caractérise : forme, couleur, taille, ressemblance avec de vrais arbres. Quelle impression produisent-ils ?

2. En vous appuyant sur les propos du concepteur de ces arbres, et sur le titre qu'il a choisi, dites quelle peut être l'importance et la fonction d'une telle création artistique. Il s'agit, pour lui, de « donner corps à une forêt fantôme. Offrir à chacun le privilège de déjeuner à l'ombre, même si le contexte (intérieur ou terrasse) ne permet pas d'y planter un arbre. »

vers la synthèse

1. Deux documents : en quoi peut-on rapprocher l'œuvre d'art et le schéma (p. 93) ?

2. Trois documents : regroupez l'œuvre d'art ci-dessus, le schéma (p. 93) et l'extrait théâtral (p. 136) pour mettre en relief les qualités reconnues aux arbres et les menaces qui pèsent sur leur existence.

3. Quatre documents : voir consigne p. 150 (photo).

vers l'écriture personnelle

Voir p. 137 (extrait de théâtre, deux sujets).

Comment analyser **une œuvre d'art**

Sous des formes diverses, conçue comme une **réalisation humaine**, l'œuvre d'art est enracinée dans **le réel**, qu'elle représente, idéalise, déforme ou dépasse. Elle est porteuse de **significations** liées à sa nature, à son thème et à la **sensibilité** de son créateur.

Déterminer le thème d'une œuvre d'art

Le thème de l'œuvre d'art qui relève du regard – peinture, gravure, sculpture, réalisations visuelles... – est identifiable, lorsqu'elle est figurative et non abstraite, à l'aide des **éléments représentés**. Ces derniers font en général partie de l'environnement et regroupent des personnes, des paysages, des objets, des scènes de la vie... composantes que précise en général le titre. La date permet de les situer dans le temps.

→ **EX :** le tableau d'H. A. Gervex (p. 119) montre la salle brillamment éclairée et remplie de dîneurs d'un restaurant célèbre, ainsi que le jardin qui l'entoure. Le thème abordé est celui de la vie mondaine et du luxe en 1909. Les précisions vestimentaires situent elles aussi la scène. E. Pignon-Ernest (p. 117) prend pour point de départ un mur d'immeuble sur un chantier de démolition et lui ajoute deux personnes expulsées, illustrant par là le sort tragique de ceux que la reconstruction immobilière jette dans la rue. R. Savignac (p. 120) représente les tours de Notre-Dame de Paris au milieu d'un flot de voitures. L'œuvre de J.-M. Massaud (p. 121) est constituée de vases en forme d'arbres de taille humaine. L'affiche évoque les problèmes de circulation urbaine, les vases « parlent » de la nature.

Déterminer le sens et les caractéristiques de la représentation

À l'intérieur du thème global se révèlent des aspects particuliers sur lesquels les artistes ont mis l'accent. C'est la conjonction d'un **thème** et de différents **procédés** et **choix** de composition et de réalisation qui confère à l'œuvre son **sens précis**. Il est important d'être sensible au cadrage, à la disposition des éléments représentés, aux lignes, aux couleurs, aux contrastes, aux proportions, à la présence de figures diverses – métaphores, hyperboles (▸ Fiche 5, p. 288) –, aux références implicites ou explicites à de nombreux domaines relevant de l'histoire et de la culture.

→ **EX :** dans son tableau (p. 119), le peintre H. A. Gervex peint des personnes réelles que les spectateurs de 1909 pouvaient identifier : c'est leur vie qui est ainsi montrée et rendue publique, pour mettre en valeur le Pré Catelan. L'identité de ces personnes peut également être significative pour d'autres raisons : ainsi la présence reconnaissable – à l'époque – d'un aviateur célèbre, A. Santos-Dumont, a été considérée comme un hommage rendu à la fois à ses exploits et au progrès scientifique. **L'angle de vue** choisi, les **contrastes**, l'opposition intérieur/extérieur contribuent à mettre en relief la splendeur d'un lieu réel. L'expulsion représentée par E. Pignon-Ernest (p. 117) est représentée par deux personnes hors de leur immeuble, mais pour ainsi dire encore rattachées à leur lieu d'habitation, entre **l'intérieur et l'extérieur** et seules, comme abandonnées, sans savoir où aller. Dans l'affiche de R. Savignac (p. 120), le spectateur de 1970 comprend les menaces qui pèsent sur la cathédrale – elle est **en situation de noyade** et appelle à l'aide – et la cause de ces menaces. Le caractère inquiétant de la situation est rendu par la représentation des voitures et le **déséquilibre personnifié** de la cathédrale.

Déterminer les effets et les finalités de l'œuvre d'art

Une œuvre d'art peut avoir pour finalité de **représenter le réel** à travers une sensibilité. Mais les effets qu'elle provoque et les émotions du spectateur montrent qu'elle a souvent d'autres vocations et qu'elle traduit différentes formes d'**engagement** et d'**action** : célébrer, dénoncer, faire prendre conscience.

→ **EX :** le tableau d'H. A. Gervex (p. 119), œuvre de commande à la gloire du Pré Catelan, apporte au spectateur du XXIe siècle un **témoignage** sur la société du début du siècle précédent. E. Pignon-Ernest (p. 117) attire l'attention sur la situation pitoyable de ceux qui se retrouvent à la rue par suite d'expulsions. C'est toute une politique urbaine qui se trouve **dénoncée**. R. Savignac (p. 120) traduit le caractère monstrueux de l'invasion automobile et **justifie** ainsi les refus des opposants au projet de voie express : son affiche est un véritable manifeste. Enfin les vases de J.-M. Massaud (p. 121) **rappellent l'importance** des arbres dans la vie des hommes et ce qu'ils apportent, même lorsqu'ils sont faux.

L'analyse d'une œuvre d'art implique qu'on la regarde en détail pour en déterminer le thème et le sens. Se découvrent alors des finalités qui permettent de la situer dans un **contexte**, de la rattacher à une **esthétique** et d'en mieux comprendre les **enjeux**. L'une de ses vocations importantes est de faire échapper au temps ce qu'elle représente.

APPLICATION

DOCUMENT 5

THÈME
La condition des femmes

Un bureau, patron et secrétaires tapant à la machine, illustration pour le catalogue *Manufrance* (1925), Manufacture de Saint-Étienne[1].

1. « Manufacture d'armes et de cycles de Saint-Étienne », entreprise créée en 1885 dans la ville de Saint-Étienne et spécialisée dans la vente par correspondance. Elle éditait un catalogue et un journal, *Le Chasseur Français.* Elle a disparu en 1986.

SUR LE MÊME **THÈME**

→ Extrait d'essai, p. 60
→ Dessin de presse p. 81
→ Document chiffré, p. 96
→ Extrait théâtral, p. 139
→ Document de référence, p. 158

Pour analyser le document

1. Décrivez ce que vous voyez sur le dessin en rattachant ces différents éléments à la légende. À quoi les lieux et la situation professionnelle sont-ils identifiables ?

2. Récapitulez les informations données par le dessin sur le statut des femmes par rapport aux hommes dans la situation professionnelle représentée.

vers la **synthèse**

1. Deux documents : expliquez en quoi on peut rapprocher le dessin de presse (p. 81) et l'œuvre d'art ci-dessus malgré la différence de date et de nature des deux documents.

2. Trois documents : rapprochez l'extrait d'essai (p. 60), l'œuvre d'art ci-dessus et l'extrait théâtral (p. 139) pour étudier les manifestations de l'inégalité hommes/femmes et les explications qui en sont données.

vers l'**écriture personnelle**

1. Voir sujets p. 141 (extrait théâtral) et p. 160 (document de référence).

2. Voir autre sujet p. 97 (document chiffré).

DOCUMENT 6

THÈME
L'exploitation des enfants

Enfants que l'on descend dans un puits de mine en Angleterre, gravure sur bois aquarellée (1844).

SUR LE MÊME THÈME

- → Extrait de presse, p. 68
- → Document chiffré, p. 94
- → Extrait poétique, p. 109
- → Affiche publicitaire, p. 128
- → Photo, p. 152
- → Document de référence, p. 163

Pour analyser le document

1. Que représente le document ? Faites-en une description précisant quelle(s) forme(s) prend le thème traité. Donnez quelques caractéristiques de la représentation.

2. Quelle est l'utilité d'une telle œuvre ? Qu'apporte-t-elle au spectateur du XXIe siècle ? Quel est le registre (▸ **Fiche 8, p. 294**) de la gravure ?

vers la **synthèse**

1. Deux documents : rapprochez l'œuvre d'art ci-dessus et la photo (p. 152). Que remarquez-vous ?

2. Deux documents : quel rôle l'œuvre d'art ci-dessus pourrait-elle jouer par rapport au texte poétique (p. 109) ?

3. Trois documents : voir consigne p. 128 (affiche publicitaire).

4. Quatre documents : regroupez l'œuvre d'art ci-dessus, le texte poétique (p. 109), la photo (p. 152) et le document de référence (p. 163) pour étudier les différentes formes, anciennes et modernes, de l'exploitation des enfants, leurs conséquences et les réactions provoquées par cet état de choses.

vers l'**écriture personnelle**

1. Voir sujets p. 69 (extrait de presse) et p. 164 (document de référence).

2. Voir aussi p. 95 (document chiffré, deux sujets).

DOCUMENT 7

THÈME
Le devenir des sites industriels

Nicolaï Alexeievitch Kassatkine (1859-1930), *Nouvelle industrie textile à Orechovo-Zoejevo* (1904), huile sur toile (musée d'Art et d'Histoire, Serpoukhov, Russie).

SUR LE MÊME **THÈME**

→ Extrait d'essai, p. 56
→ Dessin de presse, p. 83
→ Extrait de roman, p. 106
→ Extrait poétique, p. 110
→ Photo, p. 146

Pour analyser le document

1. Donnez le thème du tableau et dites ce qu'il représente précisément, puis étudiez sa composition : cadrage, nature et position des personnages par rapport à l'ensemble, proportions. Signalez aussi certains contrastes.

2. Vers quel registre (▸ FICHE 8, P. 294) les caractéristiques du tableau orientent-elles le spectateur ? Quel semble être le « message » qui lui est adressé ?

vers la **synthèse**

1. Deux documents : rapprochez l'œuvre d'art ci-dessus et la photo (p. 146) et dites quelles remarques on peut tirer de ce rapprochement.

2. Quatre documents : regroupez l'extrait d'essai (p. 56), l'extrait de roman (p. 106), l'œuvre d'art ci-dessus et la photo (p. 146) pour étudier en quoi la nature des sites industriels justifie leur conservation et leur réhabilitation.

vers l'**écriture personnelle**

Voir sujets p. 57 (extrait d'essai) et p. 146 (photo).

DOCUMENT 8

THÈME
Le travail

Fernand Léger (1881-1955), *Les Constructeurs* (1950), huile sur toile, 500 cm x 200 cm (musée national Fernand Léger, Biot).

SUR LE MÊME **THÈME**

→ Extrait d'essai, p. 54
→ Extrait de presse, p. 76
→ Dessin de presse, p. 85
→ Document chiffré, p. 92
→ Extrait de roman, p. 101
→ Affiche publicitaire, p. 130
→ Image de film, p. 148
→ Document de référence, p. 157

Pour analyser le document

1. Dites quel est le thème du tableau et retrouvez les éléments qui correspondent à son titre. Donnez ensuite certaines caractéristiques de la manière de peindre de F. Léger.

2. Couleurs, personnages, activités représentées, cadrages, lignes… quels peuvent être, à travers ces composantes, les différents « messages » exprimés par le peintre en 1950 ?

vers la **synthèse**

1. Deux documents : rapprochez l'œuvre d'art ci-dessus et l'image de film (p. 148) pour faire apparaître deux images différentes du travail.

2. Trois documents : regroupez l'extrait de presse (p. 76), l'extrait de roman (p. 101) et l'œuvre d'art ci-dessus pour étudier diverses représentations du travail.

3. Quatre documents : voir consigne p. 148 (image de film).

vers l'**écriture personnelle**

1. Voir sujets p. 55 (extrait d'essai) et p. 77 (extrait de presse).

2. Voir autres sujets p. 85 (dessin de presse) et p. 148 (image de film).

PROLONGEMENTS

LEXIQUE

EXERCICE 1

Cherchez à quelles œuvres de ce chapitre peuvent être associées les expressions suivantes (quatre œuvres) et trouvez des expressions du même type pour les quatre autres : *la représentation dramatisée d'une noyade* • *une œuvre décorative de taille humaine* • *l'image brillante du luxe et de la richesse* • *une mise en scène élogieuse et optimiste des réalisations humaines*.

EXPRESSION ÉCRITE

EXERCICE 2

Voici, en vrac, des éléments de description et d'analyse de certaines œuvres d'art de ce chapitre. Pour chaque œuvre concernée, réunissez ces éléments dans un paragraphe rédigé qui les intègre en les associant. Choisissez l'ordre qui vous convient.

Œuvre d'Ernest Pignon-Ernest (p. 117) :

• Un mur d'immeuble démoli sur lequel on voit encore, de l'extérieur, les papiers peints.

• Un mur qui suggère la destruction et qui laisse imaginer toute une vie.

• Deux personnages portant avec eux ce qui leur permet de survivre, un matelas roulé, une couverture, des sacs.

• Une importante disproportion entre le mur et la taille des personnages.

• Des habitants rejetés à l'extérieur, mis dehors, exclus.

• Une image illustrant, dans une tonalité grisâtre et triste, le titre « Expulsions ».

• Une image qui évoque d'autres images d'exils.

Œuvre de Raymond Savignac (p. 120) :

• Un dessin dans lequel le noir domine.

• Une stylisation simplificatrice des différents éléments représentés.

• Le flot des voitures semblables à des insectes envahissant les lieux autour de Notre-Dame de Paris.

• Une cathédrale vacillant sur sa base et deux mains (personnification) signalant un appel au secours dans une situation de noyade.

• Idée que la nouvelle voie va détruire un site religieux important sous l'accumulation agressive des voitures.

• Une illustration de la vieille lutte entre les traditions, les croyances, et le progrès.

EXERCICE 3

En vous inspirant de l'exemple de réponse rédigée de la page 107, faites la présentation du tableau de N. A. Kassatkine (document 7, p. 125).

ACTIVITÉS ORALES

EXERCICE 4

Préparez un exposé d'une quinzaine de minutes pour montrer, à partir d'exemples tirés de ce chapitre et d'autres productions artistiques, comment l'art se met au service d'une représentation de la vie en société (images des classes sociales, manières de vivre, habitat, transports, costumes, loisirs, mœurs…), mais que dans la plupart des cas, il ne se contente pas de montrer.

EXERCICE 5

Dans un exposé d'une dizaine de minutes, présentez Raymond Savignac, montrez plusieurs de ses affiches et explicitez leurs caractéristiques.

EXERCICE 6

Qu'appelle-t-on « art engagé » lorsqu'il s'agit de représentations picturales ? En un exposé d'une quinzaine de minutes, donnez une définition de cette notion et illustrez-la par des exemples pris dans ce chapitre et ailleurs (ouvrages d'art, Internet).

RECHERCHE

EXERCICE 7

Faites une recherche sur le peintre H. A. Gervex et trouvez, grâce à cette recherche, à quel romancier du début du XXe siècle il se trouve associé à travers certains tableaux, dont *Le Pré Catelan*. Tirez de ce rapprochement des remarques diverses sur la représentation, dans un tableau, de personnes identifiables lorsqu'il ne s'agit pas de portraits.

CHAPITRE 13

Analyser une publicité

APPROCHES

DOCUMENT 1

THÈME
L'exploitation des enfants

Campagne **Amnesty International**, 2007.

SUR LE MÊME **THÈME**
→ Extrait de presse, p. 68
→ Document chiffré, p. 94
→ Extrait poétique, p. 109
→ Œuvre d'art, p. 124
→ Photo, p. 152
→ Document de référence, p. 163

Pour analyser le document

1. Décrivez ce que vous voyez sur la photo en tenant compte des différents plans. Quels éléments signalent la violence, la guerre et le statut des enfants ? Sur quoi le photographe a-t-il mis l'accent ?

2. Trouvez les relations de sens perceptibles entre la photo et les deux phrases qui se trouvent en bas de l'image : « 300 000 enfants soldats rêvent juste d'être des enfants. Agissez avec Amnesty International ». Sur quelles oppositions le texte et la photo insistent-ils ? D'où vient la force argumentative de l'image par rapport au texte ?

vers la **synthèse**

1. Deux documents : rapprochez l'affiche publicitaire ci-dessus et l'extrait de presse (p. 68) pour comparer les moyens utilisés par chaque document pour faire connaître et dénoncer l'existence des enfants soldats.

2. Trois documents : observez trois documents iconographiques : l'affiche publicitaire ci-dessus, l'œuvre d'art (p. 124) et la photo (p. 152) pour définir en quoi consistait et consiste encore l'exploitation des enfants.
Voir autre consigne p. 152 (photo).

3. Quatre documents : regroupez l'article de presse (p. 68), l'affiche publicitaire ci-dessus, l'extrait poétique (p. 109) et la photo (p. 152) pour montrer en quoi le sort de certains enfants ne s'est pas amélioré avec le temps et le progrès.
Voir autre consigne p. 152 (photo).

vers l'**écriture personnelle**

1. Voir sujets p. 69 (extrait de presse) et p. 164 (document de référence).

2. Voir aussi p. 95 (document chiffré, deux sujets).

DOCUMENT 2

THÈME
Le luxe

Publicité pour l'eau de parfum **Miss Dior Chérie**, 2007.

SUR LE MÊME **THÈME**

→ Extrait d'essai, p. 57
→ Extrait de roman, p. 100
→ Extrait poétique, p. 113
→ Œuvre d'art, p. 119

Pour analyser le document

1. Décrivez ce que vous voyez sur l'image et dites comment elle est structurée : lignes, symétries, proportions et disproportions… À travers quels éléments précis se manifeste la notion de luxe, présente dans le slogan ?

2. Cette affiche publicitaire pour une eau de parfum d'une grande marque ne comporte pas de texte argumentaire. D'où vient alors la force d'incitation et de persuasion de l'ensemble ? Répondez en expliquant à quoi l'eau de parfum et sa marque se trouvent associées.

vers la **synthèse**

1. Deux documents : rapprochez cette affiche publicitaire et l'œuvre d'art (p. 119) pour retrouver des éléments communs représentatifs de la notion de luxe.

2. Trois documents : cherchez à quels domaines envisagés dans l'extrait d'essai (p. 57) et dans l'extrait poétique (p. 113) peut renvoyer cette publicité.

3. Quatre documents : voir consigne p. 118 bas (œuvre d'art).

vers l'**écriture personnelle**

1. Voir sujets p. 59 (extrait d'essai) et p. 101 (extrait de roman).

2. Le dictionnaire Larousse donne comme définition du mot « luxe » : « caractère de ce qui est coûteux, raffiné, somptueux ». En vous appuyant sur l'ensemble des documents du corpus (rubrique « Sur le même thème »), vous direz si cette définition vous semble complète, ou si vous pensez qu'il faut lui ajouter des précisions et des applications différentes.

DOCUMENT 3

THÈME
Le travail

Les Huit heures, affiche de **F. A. Doumenq**, 1919.

SUR LE MÊME **THÈME**
→ Extrait d'essai, p. 54
→ Extrait de presse, p. 76
→ Dessin de presse, p. 85
→ Document chiffré, p. 92
→ Extrait de roman, p. 101
→ Œuvre d'art, p. 126
→ Image de film, p. 148
→ Document de référence, p. 157

Pour analyser le document

1. Retrouvez et énumérez tous les éléments de l'affiche publicitaire qui évoquent le monde ouvrier et tous ceux qui traitent de la problématique particulière des huit heures. Qui est à l'origine du document ? À qui s'adresse-t-il ?

2. Par quels moyens l'auteur de l'affiche a-t-il associé l'image et le texte : quel est le « message » transmis par l'élément textuel ? Quel est le rôle des différents éléments figuratifs ? Comment se complètent-ils ?

vers la **synthèse**

1. Deux documents : rapprochez l'affiche publicitaire ci-dessus et le dessin de presse (p. 85). Que suggère ce rapprochement concernant la notion de temps de travail ?

2. Deux documents : rapprochez l'affiche publicitaire ci-dessus et le document de référence (p. 157). Quelles relations voyez-vous entre les deux ?

3. Trois documents : voir consigne p. 148 (image de film).

4. Quatre documents : voir consignes p. 148 (image de film) et p. 158 (document de référence).

vers l'**écriture personnelle**

1. Voir sujets p. 55 (extrait d'essai) et p. 77 (extrait de presse).

2. Voir autres sujets p. 85 (dessin de presse) et p. 148 (image de film).

Comment analyser **une publicité**

Une affiche publicitaire se compose d'une partie imagée, le **visuel**, et d'une partie textuelle désignée par le mot « rédactionnel ». La (ou les) relation(s) entre l'image et le texte donne(nt) son **sens** et sa **force** à la publicité. Elle a en effet plusieurs fonctions : **informer**, **faire réagir**, **persuader**.

Déterminer le thème d'une affiche publicitaire

La réponse à la question « de quoi est-il question ? » se trouve dans la partie visuelle de l'affiche, que l'œil saisit globalement et qui donne à voir des lieux, des personnes, des actions, des objets, des scènes immédiatement identifiables. Ces éléments sont **mis en scène** en fonction d'effets et révèlent une véritable **construction** de l'image.

→ **EX :** dans la publicité Dior (p. 129), le parc, la belle demeure classique, la voiture, qui figurent à l'arrière-plan, la tenue de soirée de la jeune femme connotent le **luxe**, la vie facile et mondaine, la richesse. L'affiche pour Amnesty International (p. 128) montre des **enfants armés** jouant au football dans un lieu où l'on aperçoit aussi des **ruines** et la fumée d'un incendie. Dans le document de la page 130, les fumées d'usine en arrière-plan et l'apparence vestimentaire des personnages de gauche suggèrent clairement le **monde ouvrier** tandis que les personnages de droite évoquent le patronat.

Déterminer l'orientation et le sens d'une affiche publicitaire

À l'intérieur du thème global, le luxe, la guerre, le travail en usine… chaque affiche s'attache à un aspect particulier mis en relief par d'autres éléments graphiques, plus précis, et par la **relation entre le visuel et le texte**. Une affiche publicitaire peut comporter trois types de texte : le **nom** de l'annonceur – Dior, Amnesty, les syndicats ouvriers de la Seine – le **slogan**, **l'argumentaire**. Le slogan est une formule en général brève et incisive, facile à mémoriser, et dont la fonction est d'inscrire un nom et une sorte de devise dans l'esprit du lecteur. L'argumentaire, plus développé, énonce des qualités qui doivent inciter à acheter un produit. Certaines publicités comportent aussi – sur un mode graphique – le logo de la marque. Mais parfois seul figure le nom de l'annonceur, indispensable ; le sens de la publicité vient alors de l'**image** elle-même, des liens perceptibles avec la marque, le produit ou la cause illustrés et d'éléments **implicites** suggérés par le visuel.

→ **EX :** l'affiche publicitaire pour Amnesty International (p. 128) comporte une **injonction** en relation avec le texte portant sur l'existence **d'enfants soldats**. L'image correspond exactement à la phrase qui souligne l'incompatibilité de leur double statut de soldat et d'enfant. Dans l'affiche concernant les huit heures (p. 130), c'est la grosse montre ouverte en forme de 8 qui attire l'attention du destinataire, avec ses chiffres remplacés par des lettres, la corde prête à casser représentant la **lutte** entre les ouvriers et le patronat, qui tirent dans deux sens opposés, de manière symétrique.

Comprendre d'où vient la force d'une publicité

La publicité a pour fonctions de **faire savoir** et de **faire réagir** pour **persuader**. Elle a une finalité commerciale, mais elle se met aussi au service de grandes causes, comme on le voit avec les campagnes d'Amnesty International ou d'autres organismes humanitaires. Dans ses différentes actions, elle utilise des **procédés argumentatifs** (▸ Fiche 4, p. 287) divers dans le **visuel** et dans le **texte** : effets de surprise et de rupture, illustration métaphorique (▸ Fiche 5, p. 288) ou symbolique, originalité des associations, oppositions, références culturelles parfois détournées, jeux de mots, appel aux émotions, aux sentiments, aux souvenirs collectifs, à l'Histoire.

→ **EX :** la publicité pour Dior (p. 129) laisse croire, par un **jeu d'association** et un **slogan** « le luxe d'être libre » que l'eau de parfum garantit (ou révèle) la possession de tout ce qui figure sur l'image. L'affiche d'Amnesty International (p. 128), montrant à la fois les armes et le jeu, rappelle le sort de centaines de milliers d'enfants qui sont des soldats et non plus des enfants. La réflexion et/ou l'émotion suscitées doivent conduire à l'action. L'affiche syndicale (p. 130) **joue sur le chiffre 8** et répète le mot « heures » en insistant sur la notion de temps et sur celle de lutte, presque gagnée comme le montre la corde symbolique.

APPLICATION

DOCUMENT 4

THÈME
Le voyage

Affiche pour **Air France** de **Victor Vasarely**, 1946.

SUR LE MÊME **THÈME**

→ Extrait d'essai, p. 61
→ Extrait de presse, p. 67
→ Bande dessinée, p. 86
→ Extrait poétique, p. 108
→ Photo, p. 153

Pour analyser le document

1. Décrivez ce qui figure sur l'affiche en mettant en relief les lignes, les contrastes et la structure de la composition d'ensemble, ainsi que les relations avec ce qui est écrit.

2. Quelles sont les connotations de l'image ? Quelles représentations donne-t-elle du voyage ? Que provoque-t-elle chez celui qui la regarde ? En quoi ces connotations sont-elles incitatives ?

vers la **synthèse**

1. Deux documents : rapprochez l'affiche publicitaire ci-dessus et l'extrait d'essai (p. 61) pour étudier à quelles idées du texte correspond l'image.

2. Trois documents : mettez en parallèle l'extrait d'essai (p. 61), l'extrait de presse (p. 67) et l'affiche publicitaire ci-dessus, pour montrer sur quels plans ils se complètent et sur quels plans ils s'opposent.
Voir autre consigne p. 88 haut (bande dessinée).

3. Quatre documents : regroupez l'extrait d'essai (p. 61), l'extrait poétique (p. 108), l'affiche publicitaire et la photo (p. 153) pour faire apparaître les oppositions entre les voyages de rêves et certaines formes de la réalité.

vers l'**écriture personnelle**

1. À propos du voyage, Charles Baudelaire écrivait dans *Les Fleurs du mal* (poème CXXVI, VII) :
« Amer savoir, celui qu'on tire du voyage !
Le monde, monotone et petit, aujourd'hui,
Hier, demain, toujours, nous fait voir notre image :
Une oasis d'horreur dans un désert d'ennui ! »
Dans un développement argumenté et illustré d'exemples, vous direz si vous partagez ce point de vue ou si votre perception du voyage est plus optimiste.

2. Voir autres sujets p. 62 (extrait d'essai) et p. 108 (extrait poétique).

DOCUMENT 5

THÈME
La sauvegarde des forêts

Publicité pour la marque de vêtements de sport **Aigle**, 2007.

SUR LE MÊME **THÈME**

→ Extrait de presse, p. 73
→ Schéma p. 93
→ Extrait poétique, p. 115
→ Œuvre d'art, p. 121
→ Extrait théâtral, p. 136
→ Photo, p. 150

Pour analyser le document

1. Décrivez ce que représente l'image et dites ce qu'elle comporte d'étonnant, puis retrouvez les relations perceptibles entre cette image, le logo, la marque et le slogan.

2. Que connote le terme « réintroduction » ? À partir des relations entre l'image et le slogan, déterminez sur quoi est construite cette publicité, les valeurs qu'elle met en jeu et ce qui peut faire son efficacité.

vers la **synthèse**

1. Deux documents : rapprochez l'affiche publicitaire ci-dessus et la photo (p. 150) pour mettre en évidence leurs éléments communs. En quoi ces deux images ont-elles, en ce qui concerne l'homme et la nature, la même finalité ?

2. Trois documents : voir consigne p. 150 (photo).

3. Quatre documents : regroupez l'affiche publicitaire ci-dessus, l'extrait de presse (p. 73), l'extrait poétique (p. 115) et l'extrait théâtral (p. 136) pour étudier la diversité des relations entre l'homme et les arbres et l'importance de ces relations.

vers l'**écriture personnelle**

1. Dans un texte publié en 1927, le poète et romancier Blaise Cendrars écrivait à propos de la publicité : « C'est la plus chaleureuse manifestation de la vitalité des hommes d'aujourd'hui, de leur puissance, de leur puérilité, de leur don d'invention et d'imagination et la plus belle réussite de leur volonté de moderniser le monde dans tous ses aspects et dans tous les domaines. »
En quelques paragraphes argumentés, vous donnerez votre point de vue personnel sur cette perception de la publicité en exposant vos raisons de partager ou de rejeter le point de vue de B. Cendrars. Vous pouvez prendre appui sur les différents documents de ce chapitre ainsi que sur ceux des pages 74, 120, et 134.

2. Est-ce le rôle de la publicité pour des vêtements de sensibiliser aux relations de l'homme et de la nature ? Vous donnerez votre point de vue personnel sur ce sujet. À propos de la publicité, de son rôle et de sa force, vous pourrez prendre appui sur les différents documents relatifs à ce mode de communication (p. 74, 88 et 99).

DOCUMENT 6

THÈME
La publicité

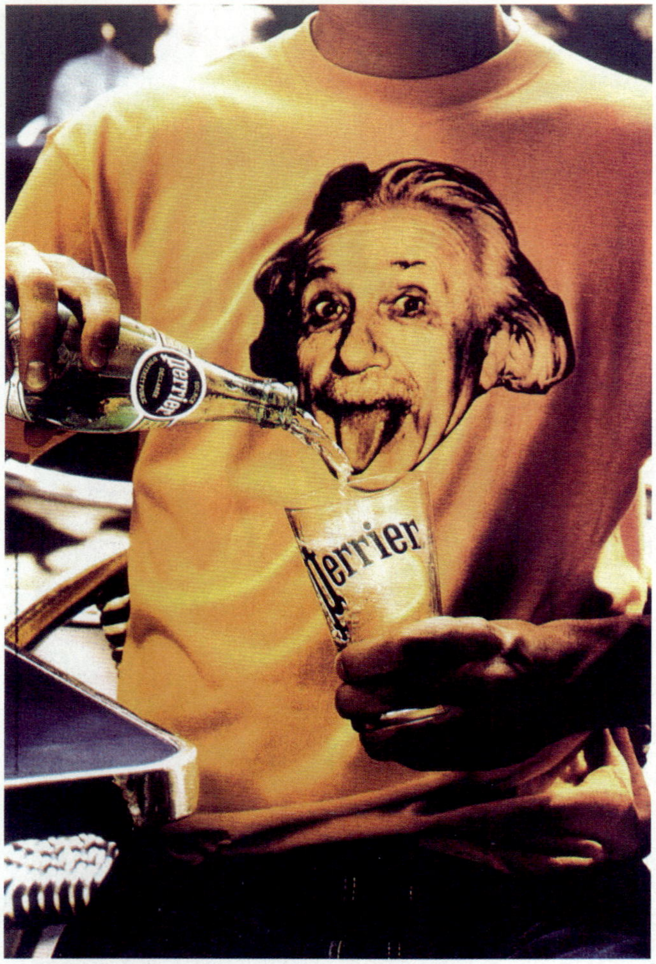

Publicité pour **Perrier**, 1998.

SUR LE MÊME THÈME

- → Extrait de presse p. 74
- → Dessin de presse, p. 88
- → Extrait de roman, p. 99
- → Œuvre d'art, p. 120
- → Document de référence, p. 156

Pour analyser le document

1. Observez attentivement l'image, situez la scène et décrivez ce que vous voyez. Quels sont les trois éléments particulièrement mis en valeur ? Par quels moyens ?

2. À propos de la marque Perrier, quelles sont les significations possibles du rapprochement des trois éléments essentiels ? Quel est le message publicitaire implicite ?

vers la **synthèse**

1. Deux documents : quels aspects présents dans l'extrait de presse (p. 74) l'affiche publicitaire ci-dessus peut-elle illustrer ?

2. Deux documents : mettez en parallèle l'affiche publicitaire ci-dessus et l'œuvre d'art (p. 120) pour faire apparaître deux utilisations différentes de la publicité.

Exemple de réponse rédigée

L'œuvre de Savignac et l'affiche Perrier relèvent l'une et l'autre du domaine publicitaire. On peut néanmoins observer que leurs finalités ne sont pas les mêmes. L'image dont le slogan est « Non à la voie express » n'est pas là pour vanter un produit et le faire acheter par les consommateurs, mais pour exprimer, de manière imagée et frappante, le refus catégorique formulé par une association s'opposant à un projet urbain. Savignac a ainsi mis son talent au service d'une cause collective. La publicité Perrier a pour objectif, elle, d'attirer l'attention sur un produit et de sensibiliser les consommateurs à ses qualités, étancher la soif et rendre intelligent… Mais il apparaît que la défense d'une cause et la promotion d'un produit peuvent utiliser des moyens qui présentent certaines similitudes. Dans les deux cas, c'est l'image qui attire l'attention sur des associations de sens inattendues. Chez Savignac, la cathédrale Notre-Dame est représentée en état de noyade sous le flot effrayant et irrésistible des voitures. L'idée d'un appel au secours est suggérée par les deux mains qui prolongent les tours et par le mouvement oblique qui laisse penser que l'édifice bascule. Le jeu des couleurs est important : le noir dominant fait du flot de voitures une sorte d'invasion d'insectes obstinés dans leur marche en avant. L'ensemble est dramatisé. Du côté Perrier, c'est l'humour qui domine à travers l'image : celle-ci attire l'attention sur une rencontre inattendue, Perrier et A. Einstein. Par un jeu de juxtaposition réalisé grâce à la photo, le contenu de la bouteille passe par le personnage avant de couler dans le verre. La signification dominante est la suivante : A. Einstein aime Perrier, ce qui est une référence illustre sous-entendant qu'on peut devenir comme lui si l'on boit cette eau. Le sens vient du montage, la couleur jaune permettant de jouer sur les ombres et sur la lumière.

3. Deux documents : comparez le dessin de presse relatif à la publicité (p. 88) et l'affiche publicitaire ci-contre pour faire apparaître les différences de statut et de finalité des deux documents.

4. Trois documents : voir consigne p. 120 (œuvre d'art).

vers l'écriture personnelle

1. La publicité sous forme d'image a-t-elle pour seule finalité d'être un outil commercial ? Vous répondrez à cette question de manière argumentée, en vous appuyant sur les différents documents indiqués dans la rubrique « Sur le même thème » et sur votre observation des publicités imagées.

2. Voir autres sujets p. 76 (extrait de presse), p. 120 (œuvre d'art), p. 157 (document de référence) et p. 100 (extrait de roman).

PROLONGEMENTS

LEXIQUE

EXERCICE 1

Vérifiez que vous connaissez le sens des termes suivants, empruntés au domaine de la publicité : *agence* • *argumentaire* • *créatif* • *publicitaire* • *slogan* • *visuel* • *logo*.

EXPRESSION ÉCRITE

EXERCICE 2

En prenant pour exemple le bref texte donné ci-dessous, faites la présentation d'une publicité figurant dans ce chapitre, au choix : identifiez-la (annonceur/destinataire), donnez son thème global et l'aspect particulier sur lequel le concepteur a mis l'accent.

Exemple de réponse rédigée

L'affiche publicitaire pour l'Union des Syndicats ouvriers de la Seine, signée Doumenq, est consacrée à l'application des huit heures journalières de travail. Par une forte insistance sur le temps et sur la lutte, à travers l'image de la montre qui elle-même représente un 8, son auteur met en relief la nécessité de l'action ouvrière contre la résistance du patronat.

EXERCICE 3

Trouvez une phrase qui puisse servir de légende explicative à chacune des publicités proposées dans ce chapitre (exemple rédigé p. 90, exercice 3, chapitre dessin de presse).

EXERCICE 4

Compte tenu de ce qui est représenté sur chaque image, formulez en deux phrases au plus ce que pourrait être l'argumentaire des publicités Dior, Air France et Perrier.

ACTIVITÉS ORALES

EXERCICE 5

En prenant appui sur les différentes publicités qui figurent dans ce manuel, préparez un exposé d'une vingtaine de minutes pour expliquer les différentes manières dont « fonctionne » la relation image / texte dans les affiches publicitaires.

EXERCICE 6

À partir des publicités qui figurent dans ce manuel, faites une recherche sur l'importance et le rôle des objets dans les affiches publicitaires. Présentez le résultat de vos recherches sous forme d'un exposé d'une quinzaine de minutes.

EXERCICE 7

Il est déjà question de la publicité au XIXe siècle dans le commerce et dans la littérature : recherchez dans le roman de Balzac *César Birotteau* et dans celui de Zola *Au Bonheur des Dames* des exemples de démarches publicitaires et présentez-les en un exposé comportant la lecture de certains passages que vous aurez sélectionnés.

RECHERCHES / COMPOSITION D'UN DOSSIER

EXERCICE 8

Cherchez et classez des images publicitaires diverses pour montrer que la publicité n'a pas uniquement une vocation commerciale et qu'elle peut aussi se mettre au service de grandes causes.

EXERCICE 9

Cherchez et regroupez des publicités ayant des vocations différentes pour composer un dossier. À partir de ces publicités, vous répondrez à cette question : selon qu'elle vante un produit ou qu'elle défend une grande cause, la publicité utilise-t-elle les mêmes procédés ?

CHAPITRE 14

Analyser un extrait théâtral

APPROCHES

DOCUMENT 1

THÈME
La sauvegarde des forêts

Plusieurs membres de la bourgeoisie russe sont rassemblés dans la propriété d'un professeur en retraite. La conversation tourne autour des forêts, qui intéressent particulièrement le docteur Mikhaïl Lvovitch Astrov. L'action se passe au XIXe siècle.

SONIA[1]. – Non, c'est très, très intéressant[2]. Mikhaïl Lvovitch plante tous les ans de nouvelles forêts, et on lui a déjà envoyé une médaille de bronze, un diplôme aussi. Il fait l'impossible pour empêcher que l'on détruise les vieux arbres. Si vous l'entendiez parler, vous seriez tout à fait d'accord avec lui. Il dit que les forêts embellissent la terre, qu'elles amènent l'homme à comprendre la beauté, et lui inspirent de hautes pensées. Les forêts adoucissent la rigueur du climat. Dans les pays où le climat est doux, on dépense moins de forces à lutter contre la nature, et c'est pourquoi l'homme, dans ces pays, est plus délicat, plus tendre. Les gens y sont beaux, souples, sensibles ; ils parlent avec élégance, ils se meuvent avec grâce ; chez eux fleurissent les sciences et les arts, leur philosophie n'est pas morose, et les sentiments qu'ils nourrissent pour les femmes sont empreints d'une belle noblesse.

VOÏNITSKI[3], *riant*. – Bravo ! Bravo ! Tout ceci est fort gentil, mais peu convaincant… (*À Astrov.*) Permets-moi donc, mon ami, de continuer à brûler du bois dans mes poêles, et à construire des hangars en bois.

ASTROV. – Tu pourrais très bien brûler de la tourbe[4] dans tes poêles et construire des hangars en pierre… J'admets que l'on coupe les arbres quand on ne peut pas faire autrement… Mais pourquoi s'obstiner à les anéantir ? Les forêts russes gémissent sous la hache, des milliards d'arbres périssent, les repaires des bêtes sauvages, les nids des oiseaux se vident, les rivières s'ensablent et se dessèchent, des paysages merveilleux disparaissent à jamais – et tout cela, tout cela parce que les hommes sont trop paresseux pour se baisser et ramasser le combustible. (*À Éléna Andréiévna.*) N'ai-je pas raison, Madame ? Il faut être un insensé et un barbare pour brûler dans son poêle toute cette beauté, pour détruire ce que nous ne sommes pas capables de créer. L'homme a été doué de raison et de force créatrice afin de multiplier ce qui lui est donné, mais jusqu'à présent il n'a pas créé, il a détruit… Il y a de moins en moins de forêts, le gibier disparaît de plus en plus, le climat est chaque jour plus rude, et chaque jour aussi, la terre s'appauvrit et s'enlaidit. (*À Voïnitski.*) Et voilà que tu me regardes ironiquement ; tout ce que je dis te semble dénué de sérieux… Eh bien, eh bien… C'est peut-être là une manie, mais quand je passe à proximité d'une forêt que j'ai sauvée du déboisement, ou encore quand j'entends bruire un jeune bois que j'ai planté de mes propres mains, je sens que le climat lui-même est un peu en mon pouvoir, et que si, dans mille ans, l'homme doit être heureux, ce sera un peu grâce à moi. Quand je plante un jeune bouleau, et que je le vois ensuite se couvrir de feuilles vertes et se balancer dans le vent, mon âme

1. Sonia est la fille du professeur en retraite.

2. Il vient d'être question des forêts, thème considéré comme peu intéressant par l'épouse du professeur, Éléna Andréiévna.

3. Personnage de la pièce.

4. Charbon formé par la décomposition partielle des végétaux.

SUR LE MÊME **THÈME**

→ Extrait de presse, p. 73
→ Schéma, p. 93
→ Extrait poétique, p. 115
→ Œuvre d'art, p. 121
→ Affiche publicitaire, p. 133
→ Photo, p. 150

s'emplit d'orgueil et… (*Apercevant le valet de ferme qui lui apporte un petit verre de vodka sur un plateau.*) Mais… (*Il boit.*) Il est temps que je m'en aille… Tout cela, en fin de compte, ce n'est que des manies. J'ai l'honneur de vous saluer. (*Il se dirige vers la maison.*)

Anton Tchékhov (1860-1904), *Oncle Vania* (1897), acte premier, traduit du russe par A. Adamov © éd. Flammarion, 1973.

Pour analyser le document

1. Le point de vue d'Astrov sur les forêts est donné par deux voix différentes. Précisez à qui appartiennent ces voix et quel peut être, pour le dramaturge et pour le spectateur, l'intérêt de cette manière de procéder.

2. Récapitulez les différentes qualités et les différents avantages qui sont attribués aux forêts par Astrov. Quelles sont, dans le texte, les conséquences de leur disparition ?

vers la **synthèse**

1. Deux documents : rapprochez l'extrait théâtral ci-contre et l'extrait de presse (p. 73) pour exposer, en trois paragraphes, le constat de la déforestation, l'utilité des forêts, les conséquences de leur destruction.

2. Trois documents : voir consignes p. 150 (photo, deux consignes) et p. 121 (œuvre d'art).

3. Quatre documents : voir consignes p. 93 bas (schéma), p. 133 (affiche publicitaire) et p. 150 (photo).

vers l'**écriture personnelle**

1. D'après Astrov, personnage de la pièce *Oncle Vania*, d'A. Tchékhov, la disparition des arbres appauvrit et enlaidit la terre, tandis que leur présence rend les hommes heureux. Vous direz en une brève présentation quel est votre point de vue à ce sujet et, quel qu'il soit, vous le soutiendrez par trois arguments. Vous pouvez prendre appui sur les différents documents du corpus (rubrique « Sur le même thème »).

2. En prenant appui sur les documents du corpus (rubrique « Sur le même thème »), vous développerez votre point de vue sur la nécessité de sauvegarder les forêts.

DOCUMENT 2

THÈME
Les dérives de la médecine

Knock est un médecin qui vient de s'installer dans une petite ville de province. Pour mettre en œuvre sa conception très personnelle de la médecine, il fait appel aux services de l'instituteur Bernard.

KNOCK. – Monsieur Bernard, quelqu'un qui est bien renseigné sur vous, m'a révélé que vous aviez un grave défaut : la modestie. Vous êtes le seul à ignorer que vous possédez ici une autorité morale et une influence personnelle peu communes. Je vous demande pardon d'avoir à vous le dire. Rien de sérieux ici ne se fera sans vous.

BERNARD. – Vous exagérez, docteur.

KNOCK. – C'est entendu ! Je puis soigner sans vous mes malades. Mais la maladie, qui est-ce qui m'aidera à la combattre, à la débusquer ? Qui est-ce qui instruira ces pauvres gens sur les périls de chaque seconde qui assiègent leur organisme ? Qui leur apprendra qu'on ne doit pas attendre d'être mort pour appeler le médecin ?

BERNARD. – Ils sont très négligents. Je n'en disconviens pas.

KNOCK, *s'animant de plus en plus.* – Commençons par le commencement. J'ai ici la matière de plusieurs causeries de vulgarisation, des notes très complètes, de bons clichés, et une lanterne. Vous arrangerez tout cela comme vous savez le faire. Tenez, pour débuter, une petite conférence, toute écrite, ma foi, et très agréable, sur la fièvre typhoïde, les formes insoupçonnées qu'elle prend, ses véhicules innombrables :

eau, pain, lait, coquillages, légumes, salades, poussières, haleine, etc… les semaines et les mois durant lesquels elle couve sans se trahir, les accidents mortels qu'elle déchaîne soudain, les complications redoutables qu'elle charrie à sa suite ; le tout agrémenté de jolies vues : bacilles formidablement grossis, détails d'excréments typhiques[1], ganglions infectés, perforations d'intestin, et pas en noir, en couleurs, des roses, des marrons, des jaunes et des blancs verdâtres que vous imaginez. (*Il se rassied.*)

BERNARD, *le cœur chaviré.* – C'est que… je suis très impressionnable... Si je me plonge là-dedans, je n'en dormirai plus.

KNOCK. – Voilà justement ce qu'il faut. Je veux dire : voilà l'effet de saisissement que nous devons porter jusqu'aux entrailles de l'auditoire. Vous, monsieur Bernard, vous vous y habituerez. Qu'ils n'en dorment plus ! (*Penché sur lui.*) Car leur tort, c'est de dormir, dans une sécurité trompeuse dont les réveille trop tard le coup de foudre de la maladie.

BERNARD, *tout frissonnant, la main sur le bureau, regard détourné.* – Je n'ai pas déjà une santé si solide. Mes parents ont eu beaucoup de peine à m'élever. Je sais bien que, sur vos clichés, tous ces microbes ne sont qu'en reproduction. Mais, enfin…

KNOCK, *comme s'il n'avait rien entendu.* – Pour ceux que notre première conférence aurait laissés froids, j'en tiens une autre, dont le titre n'a l'air de rien : « Les porteurs de germes. » Il y est démontré, clair comme le jour, à l'aide de cas observés, qu'on peut se promener avec une figure ronde, une langue rose, un excellent appétit, et receler dans tous les replis de son corps des trillions de bacilles de la dernière virulence capables d'infecter un département. (*Il se lève.*) Fort de la théorie et de l'expérience, j'ai le droit de soupçonner le premier venu d'être un porteur de germes. Vous, par exemple, absolument rien ne me prouve que vous n'en êtes pas un.

BERNARD *se lève.* – Moi ! docteur…

KNOCK. – Je serais curieux de connaître quelqu'un qui, au sortir de cette deuxième petite causerie, se sentirait d'humeur à batifoler.

BERNARD. – Vous pensez que moi, docteur, je suis un porteur de germes ?

KNOCK. – Pas vous spécialement. J'ai pris un exemple. Mais j'entends la voix de M. Mousquet[2]. À bientôt, cher monsieur Bernard, et merci de votre adhésion, dont je ne doutais pas.

Jules Romains (1885-1972), *Knock ou le Triomphe de la médecine* (1923), acte II, scène 2

1. Venant de malades atteints de la fièvre typhoïde.

2. Le pharmacien, que Knock doit recevoir après l'instituteur.

SUR LE MÊME THÈME

→ Extrait de presse, p. 71
→ Dessin de presse, p. 89
→ Photo, p. 151
→ Document de référence, p. 162

Pour analyser le document

1. L'extrait théâtral ci-dessus traite de la médecine et de la manière dont le docteur Knock conçoit son métier. À ce sujet, expliquez ce qu'il attend de son interlocuteur et ce qu'il provoque chez lui.

2. Quelle conception du rôle du médecin se dégage des différentes répliques ? En quoi consiste la médecine selon Knock ?

vers la **synthèse**

1. Deux documents : rapprochez l'extrait théâtral (p. 137) et l'extrait de presse (p. 71) pour mettre en évidence, dans un paragraphe rédigé, ce qu'ils ont en commun sur le thème des dérives possibles de la médecine. (Exemple de paragraphe rédigé ci-dessous.)

Exemple de paragraphe rédigé

Le rapprochement de l'extrait de Knock et des propos d'Axel Kahn révèle deux conceptions de la médecine, qui ne vont pas dans le même sens, mais qui sont l'une et l'autre sujettes à discussion et à critique par la nature des relations instaurées entre le médecin et ses patients. La pièce de théâtre montre, en situation, un médecin, Knock, dont l'objectif visible, lorsqu'il reçoit un patient, est de le rendre malade. Il applique sa théorie – tout être bien portant est un malade qui s'ignore – à l'instituteur et, au nom du principe de précaution et de la prévention, lui met devant les yeux de telles horreurs médicales qu'il en fait presque immédiatement un malade. Rendre malade au lieu de soigner est contraire à l'éthique médicale. De son côté, A. Kahn observe une modification profonde de la relation entre le médecin et ses patients. Plus « clients » que « patients », ceux-ci ont tendance, selon le chercheur, à instaurer avec le médecin une relation de type contractuel qui diminue le rôle du médecin et le conduit à se soumettre aux exigences du « client ». Celui-ci ne demande pas seulement à être soigné, mais à être embelli (chirurgie esthétique) ou rendu plus performant dans certains domaines comme le sport. A. Kahn fait remarquer que l'on n'est pas loin du dopage. Les deux conceptions dénoncées sont l'une et l'autre contraires au « Serment médical » (p. 162).

2. Trois documents : voir consigne p. 151 (photo).

3. Quatre documents : voir consignes p. 151 (photo) et p. 162 (document de référence).

vers l'**écriture personnelle**

Voir sujets p. 72 (extrait de presse) et p. 162 (document de référence).

DOCUMENT 3

THÈME
La condition des femmes

Un groupe d'hommes et de femmes est isolé sur une île. Les hommes décident d'établir une constitution. Les femmes s'inquiètent du statut qui leur est réservé.

ARTHÉNICE.[1] – Messieurs, daignez répondre à notre question ; vous allez faire des règlements pour la république, n'y travaillerons-nous pas de concert ? À quoi nous destinez-vous là-dessus ?

HERMOCRATE[1]. – À rien, comme à l'ordinaire.

UN AUTRE HOMME. – C'est-à-dire à vous marier quand vous serez filles, à obéir à vos maris quand vous serez femmes, et à veiller sur votre maison : on ne saurait vous ôter cela, c'est votre lot.

MADAME SORBIN. – Est-ce là votre dernier mot ? Battez tambour ; (*et à Lina*) et vous, allez afficher l'ordonnance[2] à cet arbre. (*On bat le tambour et Lina affiche.*)

HERMOCRATE. – Mais, qu'est-ce que c'est que cette mauvaise plaisanterie-là ? Parlez-leur donc, seigneur Timagène, sachez de quoi il est question.

TIMAGÈNE[1]. – Voulez-vous bien vous expliquer, Madame ?

MADAME SORBIN. – Lisez l'affiche, l'explication y est.

ARTHÉNICE. – Elle vous apprendra que nous voulons nous mêler de tout, être associées à tout, exercer avec vous tous les emplois, ceux de finance, de judicature[3] et d'épée[4].

HERMOCRATE. – D'épée, Madame ?

ARTHÉNICE. – Oui d'épée, Monsieur ; sachez que jusqu'ici nous n'avons été poltronnes que par éducation.

1. Arthénice est une femme, Hermocrate et Timagène sont des hommes.
2. Avis officiel.
3. En relation avec la justice.
4. En relation avec l'armée.

MADAME SORBIN. – Mort de ma vie ! qu'on nous donne des armes, nous serons plus méchantes que vous ; je veux que dans un mois, nous maniions le pistolet comme un éventail : je tirai ces jours passés sur un perroquet moi qui vous parle.

ARTHÉNICE. – Il n'y a que de l'habitude à tout.

MADAME SORBIN. – De même qu'au Palais à tenir l'audience, à être Présidente, Conseillère, Intendante[5], Capitaine ou Avocate.

UN HOMME. – Des femmes avocates ?

MADAME SORBIN. – Tenez donc, c'est que nous n'avons pas la langue assez bien pendue, n'est-ce pas ?

ARTHÉNICE. – Je pense qu'on ne nous disputera pas le don de la parole.

HERMOCRATE. – Vous n'y songez pas, la gravité de la magistrature et la décence du barreau ne s'accorderaient jamais avec un bonnet carré[6] sur une cornette[7]...

ARTHÉNICE. – Et qu'est-ce que c'est qu'un bonnet carré, Messieurs ? Qu'a-t-il de plus important qu'une autre coiffure ? D'ailleurs, il n'est pas de notre bail[8] non plus que votre Code ; jusqu'ici c'est votre justice et non pas la nôtre ; justice qui va comme il plaît à nos beaux yeux, quand ils veulent s'en donner la peine, et si nous avons part à l'institution des lois, nous verrons ce que nous ferons de cette justice-là, aussi bien que du bonnet carré, qui pourrait bien devenir octogone si on nous fâche ; la veuve ni l'orphelin n'y perdront rien.

UN HOMME. – Et ce ne sera pas la seule coiffure que nous tiendrons de vous[9]...

MADAME SORBIN. – Ah ! la belle pointe d'esprit ; mais finalement, il n'y a rien à rabattre, sinon lisez notre édit, votre congé est au bas de la page.

HERMOCRATE. – Seigneur Timagène, donnez vos ordres, et délivrez-nous de ces criailleries.

TIMAGÈNE. – Madame...

ARTHÉNICE. – Monsieur, je n'ai plus qu'un mot à dire, profitez-en ; il n'y a point de nation qui ne se plaigne des défauts de son gouvernement ; d'où viennent-ils, ces défauts ? C'est que notre esprit manque à la terre dans l'institution de ses lois, c'est que vous ne faites rien de la moitié de l'esprit humain que nous avons, et que vous n'employez jamais que la vôtre, qui est la plus faible.

Marivaux (1688-1763), *La Colonie* (1750), scène 13.

5. Représentant du pouvoir royal dans les provinces.

6. Le bonnet carré est la coiffure des juges.

7. La cornette est une coiffure pour femme.

8. Nous ne le reconnaissons pas.

9. Allusion aux cornes des maris trompés.

SUR LE MÊME **THÈME**

→ Extrait d'essai, p. 60
→ Dessin de presse, p. 81
→ Document chiffré, p. 96
→ Œuvre d'art, p. 123
→ Document de référence, p. 158

Pour analyser le document

1. Les personnages en scène s'opposent sur le thème de la condition des femmes et de leur participation à la vie politique. Exposez les deux thèses en présence et dites à qui chacune appartient.

2. Reformulez les arguments qui soutiennent chacune des deux thèses et dites à quels domaines ils se réfèrent.

vers la synthèse

1. Deux documents : mettez en parallèle l'extrait théâtral (p. 139) et le dessin de presse (p. 81) et dites en deux paragraphes ce qui les rapproche malgré leur éloignement dans le temps.
Voir autres consignes p. 61 (extrait d'essai) et p. 160 (document de référence).

2. Trois documents : voir consignes p. 81 (dessin de presse), p. 123 (œuvre d'art) et p. 160 (document de référence).

3. Quatre documents : voir consignes p. 81 (dessin de presse) et p. 97 (document chiffré).

vers l'écriture personnelle

1. Le personnage d'Arthénice pense que c'est l'éducation qui conditionne la vie des femmes et la manière dont elles sont considérées. Vous prendrez position par rapport à ce point de vue sous la forme d'un exposé argumenté (trois arguments) et illustré d'exemples. Vous pouvez prendre appui sur les documents du corpus (rubrique « Sur le même thème »).

2. Voir autres sujets p. 97 (document chiffré) et p. 160 (document de référence).

Comment analyser **un extrait théâtral**

Le texte de théâtre appartient à la **fiction**. Il met en scène des personnages qui **parlent** et qui expriment, à travers leurs **échanges**, des **idées** et des **prises de position** autant que des sentiments et des émotions.

Comment le théâtre exprime des idées

Composé uniquement de **paroles échangées**, le texte de théâtre ne nécessite pas, comme le roman, la présence d'un narrateur, qui pourrait expliquer, préciser, commenter… Il appartient donc au lecteur ou au spectateur de « décrypter » des propos tenus dans des **situations** – souvent conflictuelles – empruntées à la réalité, et qui constituent l'**intrigue**. Ces paroles en apparence spontanées peuvent exprimer aussi bien des **réactions immédiates** des personnages que des **exposés construits**. Il arrive qu'une réplique contienne à elle seule toute une idéologie.

→ **EX :** dans le texte de Marivaux (p. 139), la simple remarque « À rien, comme à l'ordinaire » exprime le **point de vue traditionnel des hommes** ; dans l'extrait de *Knock* (J. Romains, p. 137), le dialogue avec l'instituteur révèle chez le médecin une **conception paradoxale de la médecine** : ses propos ont en effet pour visée de rendre son interlocuteur malade ; on trouve dans les propos des personnages de la pièce de Tchékhov (p. 136) une défense argumentée de la forêt.

Identifier le thème global et la (ou les) problématique(s) d'un extrait

Le **thème** global d'un extrait théâtral (réponse à la question : « de quoi s'agit-il dans le texte ? ») est identifiable à la présence récurrente d'un ou de plusieurs **réseaux lexicaux** dans les **répliques**. Les **problématiques** viennent de la coexistence et de la confrontation de réseaux différents, voire opposés.

→ **EX :** sur la question de **la destruction des arbres** (thème dominant) dans le texte de Tchékhov (p. 136), la problématique oppose aux habitudes de déforestation les conséquences esthétiques, humaines et écologiques de cette action ; sur la question **du rôle des femmes** (thème dominant) dans le texte de Marivaux (p. 139), les hommes défendent un point de vue traditionnel tandis que les femmes considèrent que leur statut est conditionné par leur **éducation**, et que les choses devraient changer. La **confrontation idéologique** constitue la problématique.

Savoir identifier les idées de l'auteur

Au théâtre, les locuteurs sont indiqués par les didascalies. S'il est facile de savoir qui prononce les paroles, il peut être difficile de comprendre quelles sont les positions de l'auteur et quelles idées il **exprime** à travers ses personnages. La détermination de ces idées demande au lecteur d'être attentif aux **connotations**, à la manière dont sont présentés les personnages, au rôle qui leur est confié, aux **jugements** implicites de l'auteur sur eux.

→ **EX :** dans le texte de Marivaux (p. 139), l'auteur donne **le beau rôle** aux femmes en faisant comprendre leur intelligence, leur dynamisme et leurs compétences. Dans le texte de J. Romains (p. 137), il apparaît que l'auteur de la pièce ne partage pas la conception médicale du Dr Knock. Il la dénonce, conduisant peu à peu le lecteur à découvrir ce qui motive le personnage.

Par son caractère « parlé » et spontané, le texte théâtral est très marqué par certains **registres** (▸ Fiche 8, p. 294) et par l'utilisation de toutes les **formes de discours** (▸ Fiche 3, p. 286), en particulier le **discours argumentatif** (▸ Fiches 3 et 4, p. 286 et 287). Il est important de tenir compte de ces caractéristiques dans l'analyse.

APPLICATION

DOCUMENT 4

THÈME
Le comédien en scène

En 1940, au Conservatoire d'art dramatique de Paris, l'acteur Louis Jouvet fait travailler à une élève, Claudia, une scène du **Dom Juan** *de Molière en plusieurs leçons. Sous le titre* **Elvire Jouvet 40**, *sept de ces leçons sont portées à la scène par Brigitte Jaques en 1986 avec deux comédiens dans les rôles de Louis Jouvet et de Claudia. L'extrait qui suit fait partie de la deuxième leçon.*

CLAUDIA. – Jamais je n'arriverai à ça[1].

(Claudia descend de la scène. L'altercation entre L. J. et elle a lieu dans la salle. Léon[2] et Octave[2] restent en plan sur la scène.)

LOUIS JOUVET. – Mais si ; tu y es presque.

Tu dois y arriver, si tu n'y arrives pas tu me décevras beaucoup, parce que le seul reproche que je te fais… c'est celui que je te faisais pendant ta deuxième année, tu te le rappelles, je te l'ai expliqué un jour : tu as mal joué le jeu, tu as truqué, tu as maquignonné[3] ; tu as voulu arriver à avoir une scène de concours éblouissante, tu avais admirablement préparé ta scène (tu as un sens, tu as une intelligence du théâtre !), mais en te voyant faire ça, je me disais : ce n'est pas vrai ; elle n'y met pas ce qu'il faut y mettre.

Tu as tendance à faire du chiqué, parce que la *technique qui ne vient pas du sentiment, c'est du chiqué.*

Il faut rejeter ça. Tu la sens, cette scène d'Elvire, tu la sens très bien, ce que je te demande, c'est de te « sortir les tripes », comme on dit vulgairement, et d'y aller, de nous les montrer. Il y a des comédiens qui ne se « sortent pas les tripes » par timidité, par une espèce de gêne qui est complexe, par pudeur. Chez toi, ce n'est pas par pudeur ou par timidité. Tu es quelqu'un qui comprend tout de suite les choses du point de vue de leur exécution ; le fait que tu conçois très clairement dans ton intelligence, dans ton imagination dramatique (on voit bien ce que tu imagines), fait que tu es *préoccupée uniquement de l'exécution ; mais tu ne t'es pas suffisamment nourrie du sentiment et du personnage.*

CLAUDIA. – Je m'en occupe beaucoup plus, maintenant.

L. J. – Tu ne t'en occupes pas assez. Comme dit Shakespeare : « Que le lait de la tendresse humaine te monte aux lèvres », la tendresse, ou la colère…

CLAUDIA. – Je vais vous donner d'autres scènes…

L. J. – Ce n'est pas timidité chez toi, ou pudeur : comprends-moi bien. C'est très grave, c'est très vrai. Ce qui te gêne, toi, pour le sentiment, c'est ton orgueil.

Tu es intelligente dramatiquement, tu te dis : moi je ne veux pas faire ce travail-là, ça va m'agacer… Tu aurais une bonne petite nature pas intelligente, tu aurais été touchée, tu aurais senti ce que je t'ai expliqué. Et tu te serais dit : je vais essayer de le faire, même si ça m'humilie devant les camarades, pour arriver à me connaître. Toi, tu te dis : j'ai bien pigé ce qu'il m'a expliqué, ça va m'ennuyer de faire ça devant les camarades, je vais passer à autre chose. C'est cela que j'appelle ton orgueil.

CLAUDIA. – Je peux répondre ?

L. J. – Mesure bien tes paroles, comme je mesure les miennes.

CLAUDIA. – Ce n'est pas tout à fait ça…

L. J. – Tu dis : pas tout à fait…

1. Louis Jouvet vient d'expliquer à Claudia que la scène qu'elle doit jouer est « pathétique » et « déchirante ».

2. Deux élèves comédiens qui assistent à la leçon.

3. Tu as triché.

CLAUDIA *(elle est au pied de l'avant-scène et parle face au public. L. J. est dans le rang du milieu.)* – Je ne peux pas vous dire que ce n'est pas ça du tout !

Je veux arriver à me défaire de ce que je fais là pour pouvoir le passer comme vous me l'indiquez. J'avais pris ce rôle simplement du côté « annonciation », alors pour arriver à le faire comme j'ai essayé de le faire tout à l'heure, pour y arriver vraiment, pour me baigner dedans, je ne vais pas y arriver maintenant… Chez moi c'est très long, c'est de l'incubation[4].

Il arrive que je sois dans le sentiment pendant huit jours, puis tout à coup je ne peux pas y arriver. C'est une question d'incubation.

C'est pour cela que je vous dis je vais le laisser ; je ne veux pas vous le passer avant quelque temps, parce que je n'aurai pas fait de progrès dedans. D'ici trois semaines, je pourrai peut-être faire ce que vous m'avez demandé.

L. J. *(silence)*. – Je ne retire pas ce que je t'ai dit ; ce que je voudrais que tu fasses : c'est TRAVAILLER TON SENTIMENT.

CLAUDIA. – C'est ce que je vais faire.

Louis Jouvet (1887-1951) et **Brigitte Jaques**, *Elvire Jouvet 40 : sept leçons de L. J. à Claudia sur la seconde scène d'Elvire du* Dom Juan *de Molière* (1986), extrait de la deuxième leçon © éd. Beta.

4. État qui précède le déclenchement d'une maladie.

SUR LE MÊME THÈME
→ Extrait d'essai, p. 55
→ Extrait de presse, p. 77
→ Bande dessinée, p. 82
→ Photo, p. 147

Pour analyser le document

1. Sur quoi porte l'échange de paroles entre Louis Jouvet et Claudia ?

2. Dégagez des différentes répliques les reproches et les compliments adressés par le professeur à son élève et déterminez à partir de là les grandes lignes de la leçon. Quelles sont les difficultés qui ressortent du dialogue, concernant le travail du comédien ?

vers la synthèse

1. Deux documents : rapprochez l'extrait de théâtre ci-contre et l'extrait d'essai (p. 55) pour mettre en évidence ce qui les rapproche et ce qui les sépare sur la question du sentiment dans le jeu de l'acteur.
Voir autre consigne p. 79 (extrait de presse).

2. Trois documents : voir consigne p. 147 (photo).

3. Quatre documents : regroupez l'extrait de théâtre ci-contre, l'extrait d'essai (p. 55), l'extrait de presse (p. 77) et la bande dessinée (p. 82) pour étudier la nature du travail de l'acteur et l'importance du sentiment et des émotions.
Voir autre consigne p. 82 (bande dessinée).

vers l'écriture personnelle

1. Voir sujets p. 56 (extrait d'essai) et p. 79 (extrait de presse).

2. Voir autre sujet p. 147 (photo).

PROLONGEMENTS

LEXIQUE

EXERCICE 1

Vérifiez que vous connaissez le sens des mots et expressions suivants, qui appartiennent au lexique du théâtre :
acteur • action • aparté • coup de théâtre • décor • dénouement • didascalie • dramaturge • durée de l'action • durée de la représentation • gestuelle • intrigue • jeu • monologue • personnage • répétition • réplique • rôle • salle • scène • tirade.
Illustrez certaines définitions par des exemples pris dans les documents de ce chapitre.

EXPRESSION ÉCRITE

EXERCICE 2

En vous aidant de la réponse rédigée qui figure p. 107, faites la présentation du document de la partie « Application » de ce chapitre.

EXERCICE 3

En commençant par *« L'extrait de tirade de Kean expose les différentes raisons qui motivent un acteur, les raisons pour lesquelles lui-même ne peut cesser de jouer »*, rédigez, pour analyser l'extrait qui suit, un ensemble de paragraphes dans lesquels vous signalerez, dans l'ordre qui vous convient :
- le caractère obsessionnel de la tirade ;
- les contradictions de l'exposé de Kean ;
- la diversité des raisons exprimées ;
- la mise en cause directe de l'interlocutrice.

Vous intégrerez à votre paragraphe, comme raisons exprimées, les idées suivantes : réalisation de soi, recherche, refus, compensation, transfert, action par personnage interposé, impossibilité de ne pas jouer, besoin vital et remède contre la folie, confusion entre la réalité et la représentation fictive.

KEAN[1]

[...] On ne joue pas pour gagner sa vie. On joue pour mentir, pour se mentir, pour être ce qu'on ne peut pas être et parce qu'on en a assez d'être ce qu'on est. On joue pour ne pas se connaître, et parce qu'on se connaît trop. On joue les héros parce qu'on est lâche et les saints parce qu'on est méchant ; on joue les assassins parce qu'on meurt d'envie de tuer son prochain.

On joue parce qu'on est menteur de naissance. On joue parce qu'on aime la vérité et parce qu'on la déteste. On joue parce qu'on deviendrait fou si on ne jouait pas. Jouer ! Est-ce que je sais, moi, quand je joue ? Est-ce qu'il y a un moment où je cesse de jouer ? Regardez-moi : est-ce que je hais les femmes ou est-ce que je joue à les haïr ? Est-ce que je joue à vous faire peur et à vous dégoûter ou est-ce que j'ai très réellement et très méchamment envie de vous faire payer pour les autres ? Hein ? Retournez compter vos sous[2] d'or et laissez-nous nos louis de carton.

Alexandre Dumas (1802-1870), *Kean* (1836), acte II, adaptation de J.-P. Sartre, 1954 © éd. Gallimard.

1. Edmund Kean (1789-1833) est un acteur britannique qu'Alexandre Dumas a mis en scène dans le drame qui porte son nom. Le personnage s'adresse ici à Anna, une jeune femme qui désire devenir comédienne.
2. Anna est la fille d'un commerçant.

ACTIVITÉS ORALES

EXERCICE 4

Après avoir trouvé qui est l'auteur de l'élégie adressée aux bûcherons de la forêt de Gastine et après l'avoir situé dans le temps, vous vous appuierez sur ce texte pour exposer, de manière organisée, et sous forme d'exposé, ce que l'on désigne par le mot « animisme » et vous rapprocherez ce terme du mot « écologie », pour ouvrir des pistes de réflexion en relation avec le thème de la sauvegarde des forêts. (Vous pouvez vous référer aux documents p. 73, 115 et 136.)

EXERCICE 5

Dans un exposé d'une trentaine de minutes, vous présenterez l'origine du théâtre dans l'Antiquité grecque puis vous définirez la tragédie antique ou la comédie : nature, structure, thèmes, rapports avec les mythes, fonctions sociales et morales.

RECHERCHES

EXERCICE 6

Depuis l'Antiquité biblique, les arbres sont associés à des fêtes, à des rituels, à des symboles divers. On peut citer le laurier, dont on fait des couronnes, et le chêne, arbre sacré des druides. Cherchez d'autres exemples d'arbres symboliques et donnez leur(s) signification(s).

CHAPITRE 15

Analyser une photo

APPROCHES

DOCUMENT 1

THÈME
L'exclusion

SUR LE MÊME **THÈME**

→ Extrait d'essai, p. 63
→ Dessin de presse, p. 80
→ Document chiffré, p. 91
→ Extrait de roman, p. 103
→ Extrait poétique, p. 112
→ Œuvre d'art, p. 117

Olivier Coulange, sans abri (1992), agence Vu.

Pour analyser le document

1. Décrivez tout ce que vous voyez sur la photo en mettant en évidence les trois « éléments » essentiels, leur disposition, ce qui les fait ressortir par rapport au décor, la nature de ce décor, plusieurs effets de contraste.

2. Sur quoi le photographe attire-t-il ainsi l'attention de celui qui regarde la photo ? Quelle est l'utilité d'une telle photo ?

vers la **synthèse**

1. Deux documents : après avoir signalé les différences de nature de la photo ci-dessus et du dessin de presse (p. 80), dites ce qui rapproche et ce qui sépare les deux documents.
Voir autre consigne p. 118 haut (œuvre d'art).

2. Trois documents : comparez les trois images de l'exclusion qui sont données par le dessin de presse (p. 80), l'œuvre d'art (p. 117) et la photo ci-dessus. Signalez ce qui les rapproche et ce qui les différencie.

3. Quatre documents : voir consignes p. 80 (dessin de presse) et p. 118 haut (œuvre d'art).

vers l'**écriture personnelle**

1. Voir sujets p. 65 (extrait d'essai) et p. 80 (dessin de presse).

2. Voir aussi sujet p. 118 haut (œuvre d'art).

DOCUMENT 2

THÈME
Le devenir des sites industriels

Ancienne Centrale Montemartini transformée en musée à Rome et hébergeant des œuvres classiques des musées du Capitole (2006), agence Cuboimages / Leemage.

SUR LE MÊME **THÈME**

→ Extrait d'essai, p. 56
→ Dessin de presse, p. 83
→ Extrait de roman, p. 106
→ Extrait poétique, p. 110
→ Œuvre d'art, p. 125

Pour analyser le document

1. Dites ce que vous voyez sur la photo, comment sont disposés les deux éléments représentés, avec quels effets de lumière et de profondeur, puis récapitulez tout ce qui les oppose : à quel univers appartiennent-ils l'un et l'autre ?

2. Qu'est-ce qui se trouve mis en valeur par cette photo concernant la sauvegarde des sites industriels ? Quel(s) message(s) le spectateur peut-il « déchiffrer » lorsqu'il regarde la juxtaposition des deux « œuvres » ?

vers la **synthèse**

1. Deux documents : voir consignes p. 57 (extrait d'essai), p. 125 (œuvre d'art) et p. 83 (dessin de presse).

2. Quatre documents : regroupez l'extrait d'essai (p. 56), l'extrait de roman (p. 106), l'extrait poétique (p. 110) et la photo ci-dessus pour exposer les caractéristiques du monde industriel et l'importance d'en conserver des traces qui ne soient pas des ruines.
Voir autre consigne p. 125 (œuvre d'art).

vers l'**écriture personnelle**

1. Que vous inspire le rapprochement inattendu, dans un musée, d'une statue antique et d'une machine industrielle ? Répondez en prenant appui sur les différents documents du corpus (rubrique « Sur le même thème »).

2. Voir autre sujet p. 57 (extrait d'essai).

DOCUMENT 3

THÈME
Le comédien en scène

Pascal Gely, Philippe Adrien dirigeant les comédiens lors des répétitions du *Procès* de F. Kafka à la Cartoucherie, Théâtre de la Tempête, à Vincennes (2005), agence Enguerand / Bernand.

SUR LE MÊME **THÈME**
→ Extrait d'essai, p. 55
→ Extrait de presse, p. 77
→ Bande dessinée, p. 82
→ Extrait théâtral, p. 142

Pour analyser le document

1. Décrivez ce que vous voyez sur l'image et dites quels éléments permettent de penser qu'il s'agit ici d'une répétition théâtrale. Qui est la personne vue de dos ? Que fait-elle ?

2. Dites ce que connote le mot « répétition », surtout lorsqu'il est employé au pluriel : que suggère-t-il concernant le travail des acteurs, celui du metteur en scène, et ce qu'ils recherchent tous ?

vers la **synthèse**

1. Trois documents : regroupez l'extrait d'essai (p. 55), l'extrait théâtral (p. 142) et la photo ci-dessus pour mettre en évidence le travail que nécessite le jeu théâtral ou cinématographique.

2. Quatre documents : voir consigne p. 82 (bande dessinée).

vers l'**écriture personnelle**

1. L'art du comédien, au théâtre ou au cinéma, est-il un art de l'imitation ? Vous donnerez une réponse personnelle à cette question sous la forme de quelques paragraphes argumentés. Vous pouvez prendre appui sur les différents documents du corpus (rubrique « Sur le même thème »).

2. Voir autres sujets p. 56 (extrait d'essai) et p. 79 (extrait de presse).

DOCUMENT 4

THÈME
Le travail

SUR LE MÊME **THÈME**

→ Extrait d'essai, p. 54
→ Extrait de presse, p. 76
→ Dessin de presse, p. 85
→ Document chiffré, p. 92
→ Extrait de roman, p. 101
→ Œuvre d'art, p. 126
→ Affiche publicitaire, p.130
→ Document de référence, p. 157

Image du film *Les Temps modernes* (1936), de **Charlie Chaplin** (1889-1977), avec Charlie Chaplin (Charlot).

Pour analyser le document

1. Dites ce que représente l'image et ce que permet le choix du cadrage (les limites de la photo). Sur quel procédé cette image est-elle construite ? Dans quelle situation se trouve chacun des deux personnages présents ?

2. Concernant la nature du travail et le statut des ouvriers, sur quoi la photo attire-t-elle l'attention du spectateur ? Quel registre (▸ FICHE 8, P. 294) le cinéaste utilise-t-il ?

vers la **synthèse**

1. Deux documents : voir consigne p. 126 (œuvre d'art).

2. Trois documents : rapprochez le dessin de presse (p. 85), l'affiche publicitaire (p. 130) et l'image de film ci-dessus pour mettre en évidence certaines formes de rapports de force et de disproportions entre l'univers du travail et les hommes.

3. Quatre documents : regroupez quatre documents iconographiques : le dessin de presse (p. 85), l'œuvre d'art (p. 126), l'affiche publicitaire (p. 130) et l'image de film ci-dessus pour faire ressortir certains points communs dans les représentations du travail. Quel rôle joue l'œuvre d'art par rapport aux autres images ?
Voir autre consigne p. 158 (document de référence).

vers l'**écriture personnelle**

1. Le travail humain, facteur de détérioration ou d'épanouissement ? Donnez une réponse personnelle à cette question, sous forme argumentée. Vous pouvez prendre appui sur les différents documents du corpus (rubrique « Sur le même thème »).

2. Voir autres sujets p. 55 (extrait d'essai), p. 77 (extrait de presse) et p. 85 (dessin de presse).

Comment analyser **une photo**

À la fois **art** et **technique**, la photo se trouve au confluent de la **réalité** perçue et de sa **représentation** choisie. Analyser une photo implique de tenir compte de cette spécificité.

Déterminer le thème d'une photo

Ce que représente une photo est en général identifiable au premier coup d'œil par le spectateur, qui en a une **perception globale** et qui y retrouve des éléments réels connus.

→ **EX :** la première photo (p. 145) montre un homme faisant du jogging et un SDF assis au bord du chemin. Cette photo parle de l'exclusion. Sur la photo 2 (p. 146), une statue antique et une machine moderne illustrent la volonté de conserver les sites industriels. L'image 3 (p. 147) a pour thème des répétitions au théâtre et la photo 4 (p. 148) est une image de film qui évoque le monde du travail à travers une machine faite d'innombrables rouages.

Être attentif à la « réalité » représentée

Le spectateur prend la photo pour la **représentation** exacte de la réalité, alors qu'elle peut être le résultat d'un **montage**, d'un **trucage**, ou montrer des scènes de **fiction**. C'est ce qui se passe au cinéma : une photo de film relève de la fiction ; une photo dite « de plateau » et prise pendant le tournage permet, grâce à certains indices, de déterminer comment se fait le passage d'une réalité jouée à l'impression de vérité que ressent le spectateur.

→ **EX :** la photo du film de C. Chaplin (p. 148) pourrait laisser croire à l'existence de la machine monstrueuse, puisqu'elle est représentée. La photo de théâtre (p. 147) montre des comédiens bien réels mais incarnant des personnages de fiction dans un décor lui aussi réel mais représentant un lieu de fiction.

Déterminer les caractéristiques d'une photo et leurs effets

Celui qui regarde une photo peut être frappé par certaines **caractéristiques**. Il y a les grandes **lignes**, la **disposition** de ses composantes selon différents **effets de profondeur** (premier plan, arrière-plan) et leur taille en fonction des plans, pour créer des **effets de proportion**. Les personnages sont représentés en pied (plan moyen), ou vus à mi-corps (plan américain). On note aussi le cadrage, la nature de la vision de haut en bas (plongée) ou de bas en haut (contre-plongée), l'angle de vision du photographe… Le choix du noir et blanc ou des couleurs est également révélateur.

→ **EX :** la photo 1 (p. 145) est construite sur un **triangle** situé au centre de l'image et qui attire l'attention sur les **oppositions** : l'homme qui court (mobilité), l'homme assis replié sur lui-même (immobilité), le chariot. Sur la photo 2 (p. 146), la lumière, les couleurs, la **mise en perspective**, l'**angle de vision**, conduisent le spectateur à passer de l'Antiquité à l'ère industrielle. Le **cadrage** de la photo 4 (p. 148) montre une accumulation sans fin de rouages avec une tête qui ne semble pas s'en différencier.

Déterminer le sens et les fonctions d'une photo

Les techniques de prise de vue et les **choix** du photographe conduisent le spectateur à déterminer le sens et les fonctions de certaines photos. On attend d'une photo qu'elle **montre**, pour illustrer, informer, dénoncer, mettre en relief certains aspects de la réalité. Ses objectifs sont historiques, sociaux, humains, esthétiques.

→ **EX :** la photo 1 (p. 145) sensibilise le spectateur sur le décalage entre l'énergie du joggeur indifférent et l'immobilité résignée du SDF dont les seuls biens se résument au contenu du chariot, symbole de la consommation. L'objectif est une prise de conscience. La photo 2 (p. 146) conduit le spectateur à s'interroger sur la nature de l'**art** et sur l'importance du **patrimoine** en mettant sur le même plan une œuvre antique et une machine moderne. La machine des *Temps modernes* (p. 148) dénonce l'inhumanité monstrueuse des mécaniques qui broient l'ouvrier, image d'un monde de rentabilité peu soucieux des individus.

Parce qu'elle met en jeu le **regard du photographe**, l'utilisation de l'appareil et la **sensibilité du spectateur**, la photo est un outil de représentation très efficace, mais dont il convient de bien connaître les caractéristiques pour en comprendre le sens.

APPLICATION

DOCUMENT 5

THÈME
La sauvegarde des forêts

L'Odyssée Verte est un parcours qui a été ouvert par l'ONF (Office National des Forêts) en juillet 2007, à l'Espace Rambouillet (parc animalier et forestier), dans les Yvelines. Le parcours est constitué d'un sentier de 300 m de long, à près de 5 mètres du sol, qui permet d'être à hauteur des branches.

Photographie extraite du dossier de presse de « **L'Odyssée Verte** », Espace Rambouillet (2007), ONF (Office National des Forêts).

SUR LE MÊME **THÈME**

→ Extrait de presse, p. 73
→ Schéma, p. 93
→ Extrait poétique, p. 115
→ Œuvre d'art, p. 121
→ Affiche publicitaire, p. 133
→ Extrait théâtral, p. 136

Pour analyser le document

1. Décrivez ce que vous voyez sur l'image et expliquez les relations que l'on peut établir avec l'expression « Odyssée Verte ».

2. Que met en valeur l'image ? Sur quoi attire-t-elle l'attention ?

vers la synthèse

1. Deux documents : voir consigne p. 133 (affiche publicitaire).

2. Trois documents : rapprochez l'extrait de presse (p. 73), l'extrait théâtral (p. 136) et la photo ci-dessus pour exposer les raisons que l'homme peut avoir de sauvegarder et de respecter les arbres.

3. Trois documents : quel thème commun se trouve abordé par l'extrait théâtral (p. 136), la photo ci-dessus et l'affiche publicitaire (p. 133) ? Quelle est l'originalité de l'affiche ?

4. Quatre documents : regroupez l'extrait poétique (p. 115), l'œuvre d'art (p. 121), l'extrait théâtral (p. 136) et la photo ci-dessus pour étudier les différentes sortes de relations qui unissent les hommes et les arbres.
Voir autre consigne p. 93 bas (schéma).

vers l'écriture personnelle

Voir p. 137 (extrait théâtral, deux sujets).

DOCUMENT 6

THÈME
Les dérives de la médecine

Affiche du film de **Michael Moore**, *Sicko* (2007), Collection Christophe L.

SUR LE MÊME **THÈME**

- Extrait de presse, p. 71
- Dessin de presse, p. 89
- Extrait théâtral, p. 137
- Document de référence, p. 162

Pour analyser le document

1. Identifiez tous les éléments textuels qui accompagnent l'image : différenciez ceux qui sont strictement informatifs de ceux qui font partie du « message » argumentatif. Décrivez ensuite ce que l'image met en scène, en précisant non seulement les composantes mais aussi leur disposition.

2. Associez le « slogan » qui figure en haut de l'image à ce qu'elle représente : quel message se trouve exprimé et dans quel registre ? Qu'est-ce qui est mis en cause ? D'où vient la force critique de l'ensemble ?

vers la **synthèse**

1. Deux documents : rapprochez le dessin de presse (p. 89) et l'affiche ci-dessus pour caractériser leur registre commun et chercher ce qui fait leur efficacité.

2. Trois documents : regroupez l'affiche ci-dessus, l'extrait de théâtre (p. 137) et le dessin de presse (p. 89) pour exposer les critiques qui visent certaines conceptions de la médecine.

3. Quatre documents : rassemblez l'extrait de théâtre (p. 137), l'extrait de presse (p. 71), le dessin de presse (p. 89) et l'affiche ci-dessus pour étudier certaines menaces pesant sur l'exercice de la médecine.

vers l'**écriture personnelle**

Voir sujets p. 162 (document de référence) et p. 72 (extrait de presse).

DOCUMENT 7

THÈME
L'exploitation des enfants

Marie Dorigny, enfants travaillant dans une briqueterie en Colombie (1992-1993), agence Sipa Press.

SUR LE MÊME **THÈME**

- → Extrait de presse, p. 68
- → Document chiffré, p. 94
- → Extrait poétique, p. 109
- → Œuvre d'art, p. 124
- → Affiche publicitaire, p. 128
- → Document de référence, p. 163

Pour analyser le document

1. Observez l'image, donnez son thème et précisez ce qui la caractérise : couleurs, lignes, position des enfants, position du photographe. Sur le thème choisi, quelle peut être sa fonction ?

2. Réagissez personnellement à cette photo : que vous inspire-t-elle ? Sur quoi vous fait-elle réfléchir ?

vers la **synthèse**

1. Deux documents : expliquez pourquoi on peut rapprocher la photo ci-dessus et l'extrait poétique (p. 109).
Voir autre consigne p. 124 (œuvre d'art).

2. Trois documents : regroupez la photo ci-dessus, l'affiche publicitaire (p. 128) et le document de référence (p. 163) pour étudier les différentes relations entre le texte et les deux images.
Voir autre consigne p. 128 (affiche publicitaire).

3. Quatre documents : rapprochez la photo ci-dessus, l'extrait de presse (p. 68) et l'affiche publicitaire (p. 128) pour donner certaines caractéristiques de l'exploitation des enfants et exposer en quoi cette exploitation contrevient au contenu de la convention internationale (document de référence p. 163).
Voir autres consignes p. 124 (œuvre d'art), p. 128 (affiche publicitaire) et p. 164 (document de référence).

vers l'**écriture personnelle**

1. Voir sujets p. 69 (extrait de presse) et p. 164 (document de référence).

2. Voir aussi p. 95 (document chiffré, deux sujets).

DOCUMENT 8

THÈME
Le voyage

Martin Parr, Athènes, touristes devant l'Acropole (1991), agence Magnum.

SUR LE MÊME THÈME

→ Extrait d'essai, p. 61
→ Extrait de presse, p. 67
→ Bande dessinée, p. 86
→ Extrait poétique, p. 108
→ Affiche publicitaire, p. 132

Pour analyser le document

1. En tant qu'observateur de la photo, dites où vous vous trouvez et ce que vous voyez : quel est le thème, quel est le contenu de la photo ?

2. Sur quel phénomène le photographe a-t-il mis l'accent dans le choix de la scène représentée ? Étudiez la composition, les lignes, les plans successifs. Quelles remarques personnelles cette photo vous inspire-t-elle ?

vers la **synthèse**

1. Deux documents : mettez en parallèle la photo ci-dessus et l'extrait de bande dessinée (p. 86) pour faire apparaître les caractéristiques de deux types de voyages très différents.

2. Deux documents : en quoi peut-on rapprocher la photo ci-dessus et l'extrait d'essai (p. 61) ?

3. Quatre documents : regroupez l'extrait d'essai (p. 61), l'extrait de presse (p. 67), l'extrait de bande dessinée (p. 86) et la photo ci-dessus pour mettre en relief les charmes et les risques du voyage.
Voir autre consigne p. 132 (affiche publicitaire).

vers l'**écriture personnelle**

Voir sujets p. 62 (extrait d'essai), p. 108 (extrait poétique) et p. 132 (affiche publicitaire).

DOCUMENT 9

THÈME
Les menaces sur les libertés

Mario Fourmy, poste de contrôle de surveillance des réseaux de transport de la RATP (1999), agence REA.

SUR LE MÊME **THÈME**

→ Extrait d'essai, p. 62
→ Extrait de presse, p. 69
→ Document chiffré, p. 97
→ Extrait de roman, p. 105
→ Document de référence, p.164

Pour analyser le document

1. Décrivez ce que représente l'image en insistant sur la nature du matériel visible.

2. Surveillance/sécurité : expliquez ce qui, sur la photo, renvoie à chacune des deux notions et quels risques entraîne la confusion de ces deux notions.

vers la **synthèse**

1. Deux documents : voir consigne p. 71 (extrait de presse).

2. Quatre documents : regroupez l'extrait de roman (p. 105), l'extrait de presse (p. 69), le document de référence (p. 164) et la photo ci-dessus pour étudier comment se manifeste la surveillance électronique, les justifications qui en sont données et les dangers qu'elle comporte.
Voir autre consigne p. 98 (document chiffré).

vers l'**écriture personnelle**

Voir sujets p. 63 (extrait d'essai), p. 71 (extrait de presse) et p. 166 (document de référence).

PROLONGEMENTS

LEXIQUE

EXERCICE 1

Vérifiez que vous connaissez le sens des termes suivants, qui relèvent de l'analyse de l'image :
angle de prise de vue • *cadrage* • *cadre* • *champ* • *composition* • *lignes directrices* • *perspective* • *photogramme* • *plan (moyen, américain, rapproché, gros plan)* • *point de fuite.*
Vous pouvez vous référer à la p. 302 (glossaire).

EXPRESSION ÉCRITE

EXERCICE 2

Voici neuf groupes d'idées non rédigées correspondant chacun à une photo de ce chapitre. En vous inspirant de l'exemple rédigé ci-contre, intégrez ces idées à des phrases rédigées qui les expriment et qui signalent à quelle photo elles correspondent. Les idées sont données dans l'ordre des photos.

Document 1 p. (145) : opposition entre deux attitudes/allure dégagée et indifférente du joggeur/repli sur soi pitoyable du SDF/invisible/contexte inhabituel/importance du chariot.

Exemple rédigé

En attirant l'attention sur l'opposition entre deux attitudes, l'allure dégagée et énergique du joggeur et le repli sur soi immobile et résigné du SDF, le document 1 (ou la photo qui constitue le document 1, ou le document photographique 1) fait prendre conscience de l'indifférence de ceux qui finissent par ne plus voir les SDF. Ici, l'un d'entre eux se trouve dans un paysage inhabituel, accompagné de tout ce qu'il possède. Le photographe souligne, par sa position, le nouveau rôle joué par le chariot, habituel symbole de la consommation.

Document 2 (p. 146) : réhabilitation/coexistence d'une statue antique et d'une machine industrielle moderne/passage de l'industrie à l'art/interrogation sur la nature de l'art.
Document 3 (p. 147) : composantes d'une prise de vue photographique/répétition/travail de l'acteur.
Document 4 (p. 148) : caractère monstrueux et dévorant de la machine/ouvrier au service de la machine/sorte de victime d'un sacrifice fait aux temps modernes et à la technique.
Document 5 (p. 150) : univers ludique frais et verdoyant créé dans les arbres/sensibilisation/prise de conscience/sentiment d'aventure.
Document 6 (p. 151) : Michael Moore entre deux squelettes installés dans une salle d'attente/interrogations sur le système de santé américain/association macabre : hôpital-mort, quel sort pour ceux qui entrent à l'hôpital ?/quel respect de l'éthique médicale ?
Document 7 (p. 152) : enfants colombiens au travail/lourdeur des briques/image d'esclaves modernes/compassion et indignation/fonction de la photographie.
Document 8 (p. 153) : touristes devant le Parthénon/tourisme de masse/détérioration des sites/interrogations sur le sens du voyage.
Document 9 (p. 154) : omniprésence d'instruments de surveillance / sécurité ? surveillance ? liberté ? / responsabilité et rôle de ceux qui surveillent.

EXERCICE 3

En prenant modèle sur l'exemple rédigé ci-dessous, faites la présentation d'une ou plusieurs photos de ce chapitre. Chaque présentation doit donner, sans que l'ordre soit imposé, le thème, l'auteur, la date, le genre, et, éventuellement, la problématique du document.

Exemple de présentation rédigée

Le document 6 est l'affiche du film Sicko, *du metteur en scène américain Michael Moore, sorti en 2007. Sur le mode de l'humour macabre, ce dernier se représente en compagnie de plusieurs squelettes dans une salle d'attente. Le thème abordé est la santé, et plus particulièrement le système de santé américain, sur la valeur duquel le spectateur est invité à s'interroger.*

EXERCICE 4

Faites une présentation écrite de ce que vous voyez sur la photo de Martin Parr (document 8, p. 153) et terminez-la par une conclusion positive et optimiste, élogieuse (▸ Fiche 8, p. 294) sur la fréquentation des sites artistiques. Faites ensuite une présentation de la même image, sous une forme différente, pour arriver à une conclusion exactement opposée — satirique, pessimiste et critique (▸ Fiche 8, p. 294) — sur le même thème.

ACTIVITÉS ORALES

EXERCICE 5

Préparez un exposé d'une quinzaine de minutes sur l'historique de la photographie : date de son apparition, inventeurs, nature du daguerréotype, développement de cette technique, grands noms de la photographie du XIXe siècle. Vous pourrez faire référence à Charles Baudelaire en cherchant son point de vue dans les *Écrits sur l'art* (« Salon de 1859 ») et signaler les caractéristiques de différentes « écoles » photographiques importantes au XIXe et au XXe siècles.

EXERCICE 6

Présentez en un exposé d'une vingtaine de minutes les raisons pour lesquelles une photo n'est pas toujours fiable : de quelles manières peut-elle être modifiée ? Donnez des précisions techniques (logiciels informatiques) et des exemples historiques.

EXERCICE 7

« Aucune photographie ne montre le réel », « L'image ne ment pas ». À partir de ces deux constats, organisez un jeu de rôles dont les participants seront : un(e) photographe de presse, un(e) cinéaste, un(e) photographe amateur, un(e) documentaliste, un(e) iconographe dans une maison d'édition, un(e) enquêteur(trice) de la police, une personne ayant utilisé son téléphone portable pour photographier un accident.
L'objectif du jeu est de prendre position, professionnellement parlant, par rapport aux deux constats contradictoires, pour essayer d'en déterminer la pertinence et les limites.
Pour préparer ce jeu de rôle, on peut trouver divers documents textuels et iconographiques dans l'anthologie *Faire voir... quoi, comment, pour quoi ?* (éd. Hatier, 2008).

CHAPITRE 16

Analyser un document de référence

APPROCHES

DOCUMENT 1

THÈME
La publicité

Il existe en France un organisme officiel relatif à la publicité, le **Bureau de Vérification de la Publicité** *(BVP). Le texte qui suit précise ses missions.*

RÔLE ET MISSIONS : CONCILIER RESPECT ET CRÉATIVITÉ

Le BVP est l'organisme d'autodiscipline de la publicité en France. Il a pour but de « mener une action en faveur d'une publicité loyale, véridique et saine dans l'intérêt des professionnels de la publicité, des consommateurs et du public ». En d'autres termes, sa mission est de parvenir à concilier liberté d'expression publicitaire et respect des consommateurs. Le maintien de cet équilibre entre créativité et responsabilité est au cœur de l'autodiscipline publicitaire.

Concrètement, cette mission ambitieuse renvoie à différents types d'actions :

Élaboration de codes de bonnes pratiques

Le BVP, avec tous les acteurs de la publicité (agences, annonceurs, supports de publicité, syndicats professionnels), détermine la déontologie. Il s'agit de **règles d'autodiscipline** que la profession se donne volontairement pour que la publicité en France soit exemplaire, au-delà de la simple application des lois qui peuvent déjà la réglementer.

Mise en application des règles déontologiques

Les équipes du BVP s'assurent au quotidien de la bonne prise en compte de ces règles déontologiques. Pour cela, trois étapes principales :

• le **conseil** tous médias, avant la finalisation des publicités : les **adhérents** du BVP peuvent lui demander conseil sur leurs projets. Le BVP examine ainsi en conseil plus de 13 000 visuels différents par an. Un projet sur deux environ fait l'objet d'une demande de modification de sa part.

• l'**avis** publicité télévisée, juste avant la diffusion : toute publicité diffusée à la télévision doit impérativement être visionnée par le BVP qui émet un avis (« favorable », « à modifier », « à ne pas diffuser »). La télévision est le seul média soumis à cet examen préalable systématique. 20 000 films sont ainsi visionnés.

• l'**autosaisie**, après la diffusion des publicités : le BVP peut s'autosaisir, après diffusion, des cas constituant des manquements à la déontologie et demander, selon la gravité, une modification de la campagne publicitaire ou même une « cessation de diffusion ».

Soulignons que les règles déontologiques et la mission du BVP portent sur le seul contenu du message publicitaire (de nature à induire en erreur ? de nature à choquer ? irresponsable ? etc.) : en aucun cas il n'est juge de questions relatives aux produits ou services dont la publicité fait la promotion.

Médiation entre professionnels et consommateurs

Le BVP a fortement développé ces dernières années l'écoute et le dialogue avec la société civile[1], les consommateurs-citoyens, leurs représentants. Il est

1. Expression qui désigne l'ensemble des citoyens par opposition à la classe politique.

notamment le lieu où les consommateurs peuvent se plaindre de publicités qui les choquent.

SUR LE MÊME **THÈME**

→ Extrait de presse, p. 74
→ Dessin de presse, p. 88
→ Extrait de roman, p. 99
→ Œuvre d'art, p. 120
→ Affiche publicitaire, p. 134

Développement de l'autodiscipline

Le BVP s'assure d'une bonne diffusion des règles déontologiques (conférences, newsletter, site, etc.) et s'efforce de convaincre un nombre toujours croissant de professionnels de la nécessité de l'autodiscipline.

© BVP, association des professionnels pour une publicité responsable, créée en 1953.

Pour analyser le document

1. Dites comment est construit le document, qui traite de la vérification de la publicité, quel est son contenu et qui il concerne. Quelle phrase définit sa fonction ?

2. Exposez, en les résumant, les différentes actions du BVP et dites quels sont ses pouvoirs. Sur quels principes ses actions reposent-elles ?

vers la **synthèse**

1. Deux documents : quels rapprochements peut-on établir entre le document de référence ci-contre relatif au BVP et l'extrait de presse (p. 74) ? Répondez en un ou deux paragraphes construits.
Voir autre consigne p. 88 bas (dessin de presse).

2. Trois documents : rapprochez le document de référence ci-contre, le dessin de presse (p. 88) et l'extrait de presse (p. 74) pour expliquer l'importance d'un code de bonnes pratiques dans le domaine de la publicité.
Voir autre consigne p. 76 (extrait de presse).

vers l'**écriture personnelle**

1. Que pourrait être une publicité déontologiquement exemplaire ? Répondez à cette question en prenant appui sur les différents documents du corpus (rubrique « Sur le même thème »).

2. Voir autres sujets p. 76 (extrait de presse), p. 100 (extrait de roman), p. 133 (affiche publicitaire) et p. 120 (œuvre d'art).

DOCUMENT 2

THÈME
Le travail

La loi de modernisation sociale du 17 janvier 2002 parue au **Journal Officiel** *du 18 janvier et mise en application à partir du 20 janvier contient un chapitre dont le titre est « Lutte contre le harcèlement moral au travail ». Voici des extraits de l'article 169.*

Article 169

I. – Après l'article L. 122-48 du code du travail, sont insérés cinq articles L. 122-49 à L. 122-53 ainsi rédigés :

« Art. L. 122-49. – Aucun salarié ne doit subir les agissements répétés de harcèlement moral qui ont pour objet ou pour effet une dégradation des conditions de travail susceptible de porter atteinte à ses droits et à sa dignité, d'altérer sa santé physique ou mentale ou de compromettre son avenir professionnel.

« Aucun salarié ne peut être sanctionné, licencié ou faire l'objet d'une mesure discriminatoire, directe ou indirecte, notamment en matière de rémunération, de formation, de reclassement, d'affectation, de qualification, de classification, de promotion professionnelle, de mutation ou de renouvellement de contrat pour avoir subi, ou refusé de subir, les agissements définis à l'alinéa précédent ou pour avoir témoigné de tels agissements ou les avoir relatés.

« Toute rupture du contrat de travail qui en résulterait, toute disposition ou tout acte contraire est nul de plein droit.

« Art. L. 122-50. – Est passible d'une sanction disciplinaire tout salarié ayant procédé aux agissements définis à l'article L. 122-49.

« Art. L. 122-51. – Il appartient au chef d'entreprise de prendre toutes dispositions nécessaires en vue de prévenir les agissements visés à l'article L. 122-49.

1. Personne contre laquelle est intentée une action en justice.

2. Éléments de la procédure pénale mise en œuvre par le juge, comme la recherche de preuves.

3. Série des actes d'une procédure depuis la demande en justice jusqu'au jugement.

« Art. L. 122-52. – En cas de litige relatif à l'application des articles L. 122-46 et L. 122-49, le salarié concerné présente des éléments de fait laissant supposer l'existence d'un harcèlement. Au vu de ces éléments, il incombe à la partie défenderesse[1] de prouver que ses agissements ne sont pas constitutifs d'un tel harcèlement et que sa décision est justifiée par des éléments objectifs étrangers à tout harcèlement. Le juge forme sa conviction après avoir ordonné, en cas de besoin, toutes les mesures d'instruction[2] qu'il estime utiles.

« Art. L. 122-53. – Les organisations syndicales représentatives dans l'entreprise peuvent exercer en justice, dans les conditions prévues par l'article L. 122-52, toutes les actions qui naissent de l'article L. 122-46 et de l'article L. 122-49 en faveur d'un salarié de l'entreprise, sous réserve qu'elles justifient d'un accord écrit de l'intéressé. L'intéressé peut toujours intervenir à l'instance[3] engagée par le syndicat et y mettre fin à tout moment. »

Extrait du Code du travail, 2002 (http://www.legifrance.gouv.fr).

SUR LE MÊME THÈME

→ Extrait d'essai, p. 54
→ Extrait de presse, p. 76
→ Dessin de presse, p. 85
→ Schéma, p. 92
→ Extrait de roman, p. 101
→ Œuvre d'art, p. 126
→ Affiche publicitaire, p. 130
→ Image de film, p. 148

Pour analyser le document

1. Observez le document et dites comment il est construit, puis précisez ce qui, à propos du harcèlement moral, est abordé dans chaque paragraphe.

2. Concernant le problème envisagé, quelle est l'utilité et quelle est la force d'un tel document ?

vers la synthèse

1. Deux documents : rapprochez le document de référence (p. 157) et l'extrait d'essai (p. 54) ; que remarquez-vous ? Voir autre consigne p. 130 (affiche publicitaire).

2. Trois documents : regroupez l'extrait d'essai (p. 54), l'extrait de presse (p. 76) et le document de référence (p. 157) pour étudier les différentes relations entre les hommes et le travail.

3. Quatre documents : ajoutez au corpus précédent, au choix, l'image de film (p. 148), l'affiche publicitaire (p. 130) ou l'extrait de roman (p. 101) pour étudier successivement les images négatives et les images positives du travail.

vers l'écriture personnelle

1. Voir sujets p. 55 (extrait d'essai) et p. 148 (image de film).

2. Voir autres sujets p. 77 (extrait de presse) et p. 85 (dessin de presse).

DOCUMENT 3

THÈME
La condition des femmes

Dans un essai consacré à la famille, C. Cordero récapitule, sous forme de chronologie, certaines dates importantes concernant le statut et la vie des femmes.

XIXe siècle

1804

Le Code civil consacre l'incapacité juridique totale de la femme mariée.

1810

Si l'adultère est un délit, la femme adultère est passible de prison. L'homme adultère d'une simple amende. Le « devoir conjugal » est une obligation : il n'y a pas de viol entre époux.

1889

Loi sur la déchéance de la puissance paternelle au profit de l'Assistance publique.

1892

Interdiction du travail de nuit pour les femmes.

XXe siècle

1907

Les femmes mariées peuvent disposer librement de leur salaire.

1909

Loi instituant un congé de maternité de huit semaines sans rupture du contrat de travail.

1920

Interdiction de la provocation à l'avortement et de la propagande contraceptionnelle.

1938

La puissance maritale est supprimée : l'épouse n'est plus tenue au devoir d'obéissance à son mari. Mais ce dernier conserve le droit d'imposer le lieu de la résidence et d'autoriser ou non l'existence d'une profession par sa femme. Il garde l'autorité paternelle sur les enfants.

1939

Code de la famille.

1942

L'avortement devient « crime » contre la sûreté de l'État. Il est puni de mort.

1945

Création de la Sécurité sociale.

1946

Le préambule de la Constitution pose le principe de l'égalité des droits entre hommes et femmes dans tous les domaines.
Institution du quotient familial pour le calcul de l'impôt.

1946 à 1949

Création des caisses d'allocations familiales. Elles prennent la relève des caisses de compensation mises en place progressivement par les employeurs à partir de la Première Guerre mondiale et dont la généralisation avait été décidée par la loi de 1932 et celle de 1939 (dite « Code de la famille »).

1966

La femme peut exercer une activité professionnelle sans l'autorisation de son mari.
Interdiction de licencier une femme enceinte et pendant douze semaines après l'accouchement.

1967

La loi Neuwirth autorise la contraception.

1970

Remplacement de l'autorité paternelle par l'autorité parentale.
Indemnisation à 90 % du salaire brut du congé de maternité par la Sécurité sociale.

1972

Attribution de l'autorité parentale à la mère exclusivement en cas de non mariage.

1975

Loi provisoire autorisant l'interruption volontaire de grossesse.
Instauration du divorce par consentement mutuel.

1976

Allocation de parent isolé.

1977
Création du congé parental d'éducation pour les femmes des entreprises de plus de 200 salariés.

1980
Loi définitive sur l'interruption volontaire de grossesse.

1982
Remboursement de l'interruption volontaire de grossesse par la Sécurité sociale.

1984
Congé parental ouvert à chacun des parents salariés sans distinction de sexe.

1988
Création du revenu minimum d'insertion (RMI).

1993
Loi instituant en cas de non mariage l'autorité parentale conjointe mais à condition que les parents aient reconnu l'enfant avant l'âge d'un an. Si la reconnaissance intervient après un an, ils doivent faire une « déclaration conjointe d'autorité parentale ».

1994
Loi attribuant l'allocation parentale d'éducation (APE) dès la deuxième naissance aux femmes ayant opté pour le foyer.

Christiane Cordero, *La Famille* (1995) © éd. *Le Monde*/Marabout.

SUR LE MÊME **THÈME**
→ Extrait d'essai, p. 60
→ Dessin de presse, p. 81
→ Document chiffré, p. 96
→ Œuvre d'art, p. 123
→ Extrait théâtral, p. 139

Pour analyser le document

1. Reformulez et classez le contenu des lois selon que celles-ci concernent :
– la femme par rapport à la vie conjugale ;
– la femme par rapport à la vie professionnelle ;
– la femme par rapport aux enfants.
Quelles relations apparaissent entre les trois domaines ?

2. Sur le plan du statut des femmes et de leurs droits, précisez quels ont été les progrès, combien de temps ils ont pris et ce qu'ils ont apporté.

vers la **synthèse**

1. Deux documents : expliquez sur quels points on peut rapprocher la chronologie (p.158) et l'extrait théâtral (p. 139) malgré les différences de forme et d'époque.

2. Trois documents : rapprochez la chronologie (p. 158), l'extrait d'essai (p. 60) et l'extrait théâtral (p. 139) pour étudier la nature et les sources des inégalités homme / femme.

3. Quatre documents : voir consignes p. 81 (dessin de presse) et p. 97 (document chiffré).

vers l'**écriture personnelle**

1. Le Préambule de la Constitution française pose, depuis 1946, le principe de l'égalité entre les hommes et les femmes. Ce principe vous semble-t-il respecté dans les faits ? Répondez sous forme d'exposé argumenté prenant appui sur les différents documents du corpus (rubrique « Sur le même thème »).

2. Voir autres sujets p. 141 (extrait théâtral) et p. 97 (document chiffré).

Comment analyser **un document de référence**

L'expression « **document de référence** » désigne différents types de documents qui ont en commun d'être **avalisés** et **reconnus officiellement** sur le plan international et/ou national et de **faire autorité** dans le domaine concerné. Parmi eux on peut citer les **règlements**, les **textes de loi**, les **conventions**, les **textes administratifs** qui définissent certaines instances.

Déterminer le thème et le contenu en relation avec la structure

Une caractéristique des documents de référence est leur **composition**, particulièrement visible : **paragraphes** séparés par des blancs, **titres** explicites, dates successives, **classification** immédiatement perceptible, **numérotation** des articles et des alinéas. L'organisation permet d'avoir d'emblée un aperçu du contenu et de la composition. Le **thème** est en général annoncé dès l'introduction du document. Il est souvent facile à déterminer à partir des titres ou de certains termes récurrents.

→ **EX :** pour le Bureau de Vérification de la Publicité (p. 156), le rôle et la mission sont annoncés puis détaillés. Le terme « publicité » revient à de nombreuses reprises dans le texte. Il est question des productions publicitaires et de leurs créateurs. Le texte de loi sur le harcèlement moral (p. 157) regroupe des articles numérotés. Dans ce texte, on trouve les termes « salariés », « contrat de travail », « entreprise », « conditions de travail » qui renvoient tous à la notion de travail. La chronologie (p. 158) donne les dates importantes du XIXe à la fin du XXe siècle. On y trouve de constantes références au statut des femmes sur le plan familial et sur le plan social.

Comprendre les informations contenues dans le document

Les documents de référence sont des textes **informatifs**, parfois **injonctifs** (▸ FICHE 3, P. 286), non l'exposé d'idées subjectives (▸ FICHE 6, P. 290) et de points de vue : ils donnent des **faits**, des **règles** à respecter, des **engagements** à tenir, le fonctionnement des **lois**, la définition des **délits**... Ils sont caractérisés par leur objectivité (▸ FICHE 6, P. 290), leur rigueur, leur précision. Leur nature fait qu'ils utilisent un lexique spécifique, notamment celui du droit, lexique précis et abstrait avec lequel les lecteurs ne sont pas toujours familiarisés. Les mots utilisés ont un sens particulier dans leur contexte et peuvent poser des problèmes de compréhension : la consultation du dictionnaire est alors nécessaire pour connaître précisément le sens des termes utilisés et comprendre l'esprit du document.

→ **EX :** on peut citer ainsi des expressions comme « règles d'autodiscipline publicitaire » (p. 156), « mesures d'instruction » (p. 158), « instance engagée » (p. 158), « règles déontologiques » (p. 156) dont le sens n'est pas immédiatement accessible.

Exploiter un document de référence dans une synthèse

Il est difficile, du fait du lexique employé, de donner le contenu précis d'un document de référence sans reprendre les termes utilisés. Pour éviter les redites et la paraphrase, qui ne sont pas admises dans l'exercice de synthèse, il est important de **signaler** le thème (réponse à la question : « de quoi s'agit-il ? ») et l'**esprit** du document en insistant sur le **rôle** qu'il joue par rapport aux autres dans le corpus. Cette démarche implique d'avoir saisi ses **enjeux**.

→ **EX :** on pourra signaler ainsi que le texte sur le Bureau de Vérification de la Publicité (p. 156) pose la nécessité d'un équilibre entre ceux qui font la publicité et ceux qui en sont les destinataires, « la cible » ; ce document énumère aussi les moyens de vérification mis en œuvre ; de même, on précisera que le texte extrait du Code du travail (p. 157) présente l'avantage de définir le harcèlement moral dans le cadre professionnel et de faire savoir que ce délit, défini, est sanctionné. La chronologie (p. 158) permet de comprendre, par la succession des lois, l'évolution du statut de la femme dans la société française. Plus que des dates précises, qui en sont les jalons, il est important de saisir le mouvement d'ensemble que les lois successives permettent de comprendre.

Le document de référence joue un rôle important du fait de son **caractère officiel**. S'il n'est pas contestable par le lecteur, il n'en offre pas moins la possibilité de réflexions diverses sur ce qui en a motivé la publication, sur ce qu'il met en jeu, sur ce qu'il définit, sur ce qu'il proscrit : il est révélateur de l'**idéologie** et des **valeurs** d'une société.

APPLICATION

DOCUMENT 4

THÈME
Les dérives de la médecine

Le **Serment d'Hippocrate**[1]*, traditionnellement et officiellement prêté par chaque médecin, a été remplacé en 1940 par le* **Serment médical***, lui-même plusieurs fois modifié. Voici la dernière version, fournie par l'article 109 du* **Code de déontologie***, et qui date de 1996*[2]*.*

Au moment d'être admis(e) à exercer la médecine, je promets et je jure d'être fidèle aux lois de l'honneur et de la probité.

Mon premier souci sera de rétablir, de préserver ou de promouvoir la santé dans tous ses éléments, physiques et mentaux, individuels et sociaux.

Je respecterai toutes les personnes, leur autonomie et leur volonté, sans aucune discrimination selon leur état ou leurs convictions. J'interviendrai pour les protéger si elles sont affaiblies, vulnérables ou menacées dans leur intégrité ou leur dignité. Même sous la contrainte, je ne ferai pas usage de mes connaissances contre les lois de l'humanité.

J'informerai les patients des décisions envisagées, de leurs raisons et de leurs conséquences. Je ne tromperai jamais leur confiance et n'exploiterai pas le pouvoir hérité des circonstances pour forcer les consciences.

Je donnerai mes soins à l'indigent et à quiconque me les demandera. Je ne me laisserai pas influencer par la soif du gain ou la recherche de la gloire.

Admis(e) dans l'intimité des personnes, je tairai les secrets qui me seront confiés. Reçu(e) à l'intérieur des maisons, je respecterai les secrets des foyers et ma conduite ne servira pas à corrompre les mœurs.

Je ferai tout pour soulager les souffrances. Je ne prolongerai pas abusivement les agonies. Je ne provoquerai jamais la mort délibérément.

Je préserverai l'indépendance nécessaire à l'accomplissement de ma mission. Je n'entreprendrai rien qui dépasse mes compétences. Je les entretiendrai et les perfectionnerai pour assurer au mieux les services qui me seront demandés.

J'apporterai mon aide à mes confrères ainsi qu'à leurs familles dans l'adversité.

Que les hommes et mes confrères m'accordent leur estime si je suis fidèle à mes promesses ; que je sois déshonoré(e) et méprisé(e) si j'y manque.

1. Célèbre médecin de l'Antiquité (460-377 av. J.-C.), dont les règles éthiques servent de modèle à tous les médecins.

2. La version de 1996 a été actualisée par Bernard Hoerni, cancérologue, président du Conseil national de l'Ordre des médecins.

SUR LE MÊME **THÈME**

→ Extrait de presse, p. 71
→ Dessin de presse, p. 89
→ Extrait théâtral, p. 137
→ Affiche de film, p. 151

Pour analyser le document

1. Définissez et caractérisez le document ; donnez son thème ; dites qui il concerne, puis montrez que la succession des paragraphes renvoie à des comportements professionnels et à des attitudes humaines.

2. Sur quel principe ou sur quelle règle morale repose chacun des paragraphes qui composent le serment ? En quoi ces principes correspondent-ils aux notions d'« honneur » et de « probité » ?

vers la **synthèse**

1. Deux documents : voir consignes p. 72 (extrait de presse) et p. 89 (dessin de presse).

2. Quatre documents : regroupez l'extrait de presse (p. 71), le dessin de presse (p. 89), l'extrait théâtral (p. 137) et le document de référence ci-dessus pour étudier successivement le rôle du médecin et les dérives possibles de la profession médicale.

vers l'**écriture personnelle**

1. Quelles raisons proposeriez-vous pour expliquer que de nombreux patients préfèrent s'adresser à un médecin de leur choix plutôt qu'à un médecin imposé ? Appuyez votre réflexion personnelle sur l'ensemble du corpus (rubrique « Sur le même thème »), pour construire un exposé structuré.

2. Voir autre sujet p. 72 (extrait de presse).

DOCUMENT 5

THÈME
L'exploitation des enfants

La **Convention internationale des droits de l'enfant** *a été adoptée par l'ONU en 1989. Le document qui suit est un ensemble d'articles extraits de la version simplifiée de ce texte, publiée en 1999 par le Ministère de l'Éducation nationale, de la Recherche et de la Technologie.*

Droits de l'enfant

Article 1 : Définition de l'enfant

La convention concerne tous les enfants de moins de 18 ans sauf si leur pays leur accorde la majorité plus tôt. Tu es concerné si tu as moins de 18 ans. [...]

Article 24 : Le droit à la santé et aux services médicaux

1 – Tu as le droit de jouir du meilleur état de santé possible et d'être soigné. Les États s'engagent à créer les services médicaux nécessaires pour qu'il en soit ainsi.

2 – Les États assureront en priorité :

a) la réduction de la mortalité infantile ;

b) le développement des soins essentiels ;

c) le développement de la lutte contre les maladies et la malnutrition et la fourniture d'eau potable ;

d) le développement de l'aide aux mamans, avant et après l'accouchement ;

e) le développement de l'information des adultes et des enfants sur la santé, la nutrition, l'hygiène, la prévention des accidents ;

f) le développement de la planification familiale.

3 – Les États aboliront les pratiques traditionnelles dangereuses pour la santé des enfants.

Les pays en développement seront particulièrement aidés. [...]

Article 27 : Le droit à un niveau de vie décent

1 – Tu as droit à un niveau de vie décent pour assurer normalement ton développement physique, mental, spirituel, moral et social.

2 – Tes parents ou ceux qui t'ont en charge sont responsables de ton développement.

3 – Si nécessaire, les États devront aider tes parents ou les personnes qui t'ont en charge.

Ils accorderont la priorité à l'alimentation, à l'habillement ou au logement.

4 – Les États te garantissent le droit de recevoir la pension alimentaire qui t'est due. Les États s'organiseront pour t'assurer ce droit, où que tu sois.

Article 28 : Le droit à l'éducation

1 – Les États te reconnaissent le droit à l'éducation sur la base de l'égalité des chances. Pour cela :

a) tu dois pouvoir bénéficier gratuitement de l'enseignement primaire.

Cet enseignement est obligatoire ;

b) les États encouragent l'organisation d'un enseignement secondaire. Ils le rendent accessible à tous les enfants. Il doit être gratuit. Des aides financières doivent être accordées, en cas de besoin ;

c) l'enseignement supérieur doit t'être également accessible, en fonction de tes capacités ;

d) tu as le droit à une orientation scolaire et professionnelle ;

e) tout doit être fait pour t'encourager à fréquenter régulièrement l'école.

2 – Les États doivent veiller à ce que les règles de la vie scolaire respectent ta dignité d'être humain conformément à cette Convention.

3 – Les États doivent coopérer pour éliminer l'ignorance et l'analphabétisme

dans le monde et pour faciliter l'accès aux connaissances scientifiques et techniques ainsi qu'aux méthodes modernes d'enseignement.

Les pays en développement doivent être particulièrement aidés. [...]

Article 31 : Le droit aux loisirs

1 – Tu as le droit au repos, aux loisirs, au jeu, aux activités récréatives. Tu as le droit de participer librement aux activités artistiques et culturelles.

2 – Les États doivent protéger ce droit. Ils encourageront toutes les initiatives favorisant le développement de ce droit, dans des conditions d'égalité.

Article 32 : Le droit à la protection contre l'exploitation

1 – Tu dois être protégé contre l'exploitation. Nul ne peut t'obliger à accomplir un travail dangereux ou nuisant à ton éducation, à ta santé, et à ton développement.

2 – Les États prendront toutes les mesures nécessaires pour te protéger.

a) ils fixeront un âge minimum à partir duquel tu pourras travailler ;

b) ils établiront des règlements concernant les heures et les conditions de travail ;

c) ils puniront ceux qui ne respectent pas ces règles.

Convention internationale des droits de l'enfant, 1989.

SUR LE MÊME THÈME

→ Extrait de presse, p. 68
→ Document chiffré, p. 94
→ Extrait poétique, p. 109
→ Œuvre d'art, p. 124
→ Affiche publicitaire, p. 128
→ Photo, p. 152

Pour analyser le document

1. Donnez les caractéristiques du document en expliquant de quoi il se compose, comment il est structuré, à qui il s'adresse et qui il met en cause de manière récurrente. Qu'est-ce qui garantit son caractère officiel et institutionnel ? Qu'est-ce qui le rend accessible aux enfants ?

2. Donnez le thème global du document et récapitulez le contenu des articles cités en résumant les droits garantis. Expliquez ensuite pourquoi il est important qu'existe un tel document.

vers la synthèse

1. Deux documents : voir consignes p. 69 (extrait de presse) et p. 95 (document chiffré).

2. Trois documents : voir consigne p. 152 (photo).

3. Quatre documents : regroupez le document de référence (p. 163), l'extrait de presse (p. 68), l'extrait poétique (p. 109) et la photo (p. 152) : qu'apprennent ces documents sur l'exploitation des enfants ? Quel est le rôle joué par le document de référence ?
Voir autres consignes p. 124 (œuvre d'art) et p. 152 (photo).

vers l'écriture personnelle

1. Pour Victor Hugo, qui le dénonce avec violence (p. 109), le travail des enfants « produit la richesse en créant la misère ». Dans un exposé argumenté et illustré d'exemples, vous réagirez à ce propos en le replaçant dans un contexte moderne. Vous pouvez prendre appui sur les différents documents qui composent le corpus (rubrique « Sur le même thème »).

2. Voir autres sujets p. 69 (extrait de presse) et p. 95 (document chiffré, deux sujets).

DOCUMENT 6

THÈME
Les menaces sur les libertés

*La **CNIL**, Commission Nationale de l'Informatique et des Libertés, a été créée en 1978 en France, pour répondre à un risque de fichage général des citoyens. En voici la définition et les missions.*

L'INSTITUTION

La Commission Nationale de l'Informatique et des Libertés (CNIL) a été instituée par la loi n° 78-17 du 6 janvier 1978 relative à l'informatique, aux fichiers et aux libertés qui la qualifie d'autorité administrative indépendante.

La CNIL c'est :

Un collège pluraliste de 17 commissaires :

4 parlementaires (2 députés, 2 sénateurs),

2 membres du Conseil économique et social,

6 représentants des hautes juridictions (2 conseillers d'État, 2 conseillers à la Cour de cassation, 2 conseillers à la Cour des comptes),

5 personnalités qualifiées désignées par le Président de l'Assemblée nationale (1 personnalité), par le Président du Sénat (1 personnalité), par le conseil des ministres (3 personnalités).

Le mandat de ses membres est de 5 ans ou, pour les parlementaires, d'une durée égale à leur mandat électif.

Pour conduire leurs missions, les membres de la CNIL s'appuient sur différents services.

Une autorité indépendante :

12 des 17 membres sont élus par les assemblées ou les juridictions auxquelles ils appartiennent.

La CNIL élit son Président parmi ses membres ; elle ne reçoit d'instruction d'aucune autorité ; les ministres, autorités publiques, dirigeants d'entreprises, publiques ou privées, ne peuvent s'opposer à l'action de la CNIL pour quelque motif que ce soit et doivent prendre toutes mesures utiles afin de faciliter sa tâche.

Le Président de la CNIL recrute librement ses collaborateurs.

Une autorité administrative :

Le budget de la CNIL est imputé sur le budget de l'État.

Les agents de la CNIL sont des agents contractuels de l'État.

Les décisions de la CNIL peuvent faire l'objet de recours devant la juridiction administrative.

Missions

Face aux dangers que l'informatique peut faire peser sur les libertés, la CNIL a pour mission essentielle de protéger la vie privée et les libertés individuelles ou publiques. Elle est chargée de veiller au respect de la loi « Informatique et Libertés » qui lui confie 5 missions principales :

Informer

La CNIL informe les personnes de leurs droits et obligations, et **propose** au gouvernement les mesures législatives ou réglementaires de nature à adapter la protection des libertés et de la vie privée à l'évolution des techniques. L'avis de la CNIL doit d'ailleurs être sollicité avant toute transmission au Parlement d'un projet de loi créant un traitement automatisé de données nominatives.

Garantir le droit d'accès

La CNIL veille à ce que les modalités de mise en œuvre du droit d'accès aux données contenues dans les traitements n'entravent pas le libre exercice de ce droit. Elle exerce, pour le compte des citoyens qui le souhaitent, l'accès aux fichiers intéressant la sûreté de l'État, la défense et la sécurité publique, notamment ceux des Renseignements généraux.

Recenser les fichiers

Les traitements de données à « risques » sont soumis à autorisation de la CNIL. Elle donne un avis sur les traitements publics utilisant le numéro national d'identification des personnes. Elle reçoit les déclarations des autres traitements. Le non-respect de ces formalités par les responsables de fichiers est passible de sanctions administratives ou pénales. La CNIL tient à la disposition du public le « fichier des fichiers », c'est-à-dire la liste des traitements déclarés et leurs principales caractéristiques.

Contrôler

La CNIL vérifie que la loi est respectée en contrôlant les applications informatiques. La Commission use de ses pouvoirs de vérification et d'investigation pour instruire les plaintes, pour disposer d'une meilleure connaissance de certains fichiers, pour mieux apprécier les conséquences du recours à l'informatique dans certains secteurs, pour assurer un suivi de ses délibérations. La CNIL surveille par ailleurs la sécurité des systèmes d'information en s'assurant que toutes les précautions sont prises pour empêcher que les données ne soient déformées ou communiquées à des personnes non-autorisées.

La CNIL peut prononcer diverses sanctions graduées : avertissement, mise en demeure, sanctions pécuniaires pouvant atteindre 300 000 €, injonction de cesser le traitement. Enfin, le Président peut demander par référé à la juridiction compétente d'ordonner toute mesure de sécurité nécessaire. Il peut, au nom de la Commission, dénoncer au Procureur de la République les violations de la loi.

Réglementer

La CNIL établit des normes simplifiées, afin que les traitements les plus courants et les moins dangereux pour les libertés fassent l'objet de formalités allégées.

Elle peut aussi décider de dispenser de toute déclaration des catégories de traitement sans risques.

SUR LE MÊME THÈME

→ Extrait d'essai, p. 62
→ Extrait de presse, p. 69
→ Document chiffré, p. 97
→ Extrait de roman, p. 105
→ Photo, p. 154

Pour analyser le document

1. Identifiez le thème du document, donnez sa structure, puis reformulez en les résumant les différentes caractéristiques de la commission (composition, principes de fonctionnement…) et ce qui lui confère son pouvoir.

2. Reformulez sous une forme simplifiée les cinq « missions » de la commission et expliquez en quoi elle protège les citoyens et leurs libertés.

vers la synthèse

1. Deux documents : rapprochez le document consacré à la CNIL (p. 164) et l'extrait de presse (p. 69). Que remarquez-vous ?

2. Trois documents : voir consigne p. 71 (extrait de presse).

3. Quatre documents : voir consigne p. 154 (photo).

vers l'écriture personnelle

1. Le texte qui définit les missions de la CNIL parle des « dangers que l'informatique peut faire peser sur les libertés ». Exposez certains de ces dangers reconnus mais montrez également en quoi l'informatique présente des avantages indéniables. Faites précéder votre double exposé d'une rapide présentation de la problématique. Vous pouvez prendre appui sur les différents documents du corpus (rubrique « Sur le même thème »).

2. Voir autres sujets p. 63 (extrait d'essai) et p. 71 (extrait de presse).

PROLONGEMENTS

LEXIQUE

EXERCICE 1

Les documents de référence emploient un vocabulaire caractérisé par son objectivité (▸ FICHE 6, P. 290), sa précision, sa rigueur. Vérifiez que vous pouvez donner le sens précis des termes ou expressions suivants, tels qu'ils sont employés dans ce chapitre :
syndicats professionnels • *déontologie* • *finalisation* • *manquements* • *prévention des accidents* • *dignité d'être humain* • *activités artistiques et culturelles* • *conditions de travail* • *affectation* • *qualification* • *résiliation de contrat* • *sous réserve que* • *altérer sa santé physique ou mentale* • *en cas de litige* • *mesure discriminatoire* • *sûreté de l'État.*

EXPRESSION ÉCRITE

EXERCICE 2

Remplacez les phrases suivantes, qui comportent un verbe conjugué, par des expressions nominalisées, dans lesquelles l'élément essentiel sera un nom :
– *Le dernier alinéa est supprimé.*
– *Le code de la famille est publié.*
– *Les États assureront en priorité le développement des soins essentiels.*
– *Les pays en développement doivent être particulièrement aidés.*
– *La puissance maritale est supprimée.*
– *L'épouse n'est plus tenue au devoir d'obéissance.*
– *Ce dernier conserve le droit d'imposer le lieu de la résidence.*

EXERCICE 3

Faites précéder chaque paragraphe (sauf le premier et le dernier) du Serment médical d'un titre très bref qui en donne le contenu.

EXERCICE 4

Résumez en une expression qui pourrait servir de titre les passages suivants du texte de loi sur le travail (p. 157) : l. 4-15, 18-19, 27-32.

EXERCICE 5

En prenant pour exemple « l'exemple rédigé » de la page 107, faites la présentation d'un des documents de ce chapitre. Rappel : cette présentation doit préciser le genre, la source, la date, le thème et la (ou les) problématique(s) abordée(s).
Dans le cas particulier des documents de ce chapitre, vous préciserez s'il s'agit d'une convention, d'un texte de loi, du texte d'un serment, de la définition d'une commission…

ACTIVITÉS ORALES

EXERCICE 6

À partir des différents documents qui figurent dans ce chapitre, préparez un exposé d'une quinzaine de minutes pour présenter, exemples à l'appui, les particularités d'écriture des documents de référence et les difficultés que le lecteur peut rencontrer dans la compréhension de ces documents.

EXERCICE 7

En un exposé d'une vingtaine de minutes, explicitez la mission du Bureau de Vérification de la Publicité : « concilier liberté d'expression publicitaire et respect des consommateurs » en faisant apparaître quels peuvent être les points de conflit. Illustrez votre propos par des exemples de publicités qui pourraient, selon vous, faire l'objet d'avis « à modifier » ou « à ne pas diffuser ».

EXERCICE 8

Trouvez et exposez, en vue d'alimenter un débat, des exemples de situations dans lesquelles un médecin pourrait se trouver en contradiction avec le Serment médical qu'il a prêté.

RECHERCHES

EXERCICE 9

Voici – par ordre alphabétique – quelques grands noms de la médecine depuis l'Antiquité : J. Bernard • X. Bichat • A. Calmette • Esculape • A. Fleming • Hippocrate • E. Jenner • R. Koch • R. Laennec • Paracelse • A. Paré • L. Pasteur • L. Schweitzer. Choisissez trois d'entre eux : cherchez leurs dates et dites ce qu'ils ont découvert, ou pourquoi ils sont célèbres.

EXERCICE 10

Qu'est-ce que l'Unicef ? Quelles sont les fonctions et les actions de cet organisme ? De quel document de ce chapitre ce qui concerne cette organisation peut-il être rapproché ? Composez, à destination des étudiants de votre classe, un document informatif (▸ FICHE 3, P. 286) pour présenter des réponses à ces différentes questions.

Jean Puy (1876-1960),
Étude ou L'élève (1933-1934),
huile sur toile, 61 x 72 cm
(Musée National d'Art moderne, Centre G. Pompidou, Paris).

3

Maîtriser l'épreuve de l'examen

Construire et rédiger une synthèse de documents

Répondre à un sujet d'écriture personnelle

CHAPITRE 17

La synthèse : classer les idées d'un corpus de documents

Considérant que le travail d'analyse des documents a été expérimenté dans les différents chapitres de la partie 2 de ce manuel, nous abordons ici la ***réalisation de la synthèse*** *par un travail préalable de* ***classification des idées****. Celles-ci émanent de documents figurant dans la partie 2. Ces documents ont été rassemblés en plusieurs corpus semblables à ceux de l'examen.*

APPROCHES

EXERCICE 1

Voici un ensemble comportant :
- un **corpus** de quatre documents sur le thème de la vidéosurveillance,
- la récapitulation des **idées** contenues dans chacun des documents,
- trois grandes **orientations** qui constituent les trois grandes parties d'une synthèse.

1. Classez et regroupez les idées en fonction des orientations données.

2. Dites quels liens logiques relient les trois grandes orientations et trouvez ainsi la problématique du corpus.

CORPUS sur le thème de **la vidéosurveillance**

Document 1 : George Orwell, *1984* (1950), première partie, chapitre I, traduit de l'anglais par A. Audiberti © éd. Gallimard. (p. 105)

Document 2 : Philippe Breton, *Le Culte de l'Internet : une menace pour le lien social ?* (2000), chapitre 7 © éd. La Découverte. (p. 62)

Document 3 : Nathalie Guibert et **Jean-Pierre Langellier** (à Londres), « M. Sarkozy entend développer le réseau de vidéosurveillance » © *Le Monde*, 10 juillet 2007. (p. 69)

Document 4 : Mario Fourmy, poste de contrôle de surveillance des réseaux de transport de la RATP (1999), agence REA. (p. 154)

IDÉES

Document 1

1. Omniprésence de Big Brother, qui surveille constamment les faits et gestes de chaque individu ; présence sur des affiches ; existence du télécran qui capte les sons et les images chez chaque individu.
2. Existence d'une surveillance assurée par des hélicoptères ; existence d'une « police de la pensée » qui peut capter tout ce qui se passe chez n'importe qui.
3. Impossibilité de savoir à quel moment on est surveillé, ce qui conduit à considérer qu'on est surveillé tout le temps par des forces policières.

→ **Présentation d'un État policier dans lequel une surveillance constante prive les individus du sentiment de liberté et détermine certains comportements.**

DOCUMENT 2

1. Menaces sur les libertés, venues de l'utilisation de l'informatique dans le domaine commercial (cybersurveillance) et dénoncées par la CNIL ; grande facilité d'achat direct sur Internet, fort pourcentage d'internautes influencés par la publicité s'appuyant sur les goûts des consommateurs.
2. Goûts des consommateurs connus par la présence de « cookies » infiltrés dans leurs ordinateurs ; violations de la vie privée par interception, stockage et utilisation de données privées.
3. Risques de plus en plus fréquents sur Internet de confusion entre les documents journalistiques d'information et les documents publicitaires : diminution de la frontière entre les deux domaines.

→ **Diminution des libertés dans un système commercial et publicitaire qui adapte l'offre d'achat à la personnalité de chacun.**

DOCUMENT 3

1. Constat du nombre très important de caméras de surveillance en Angleterre ; une pour 14 personnes ; un Londonien peut être filmé 300 fois par jour. Surveillance très dense.
2. Acceptation du dispositif par les citoyens dans le cadre de la lutte contre le terrorisme.
3. Affirmation de la police selon laquelle existent des « garde-fous » contre des abus potentiels.
4. Mais inquiétude de certaines associations devant le développement de la vidéosurveillance ; mêmes réactions en France : inquiétude de la CNIL qui voit dans cette surveillance une atteinte aux libertés.
5. Innovations technologiques considérées comme porteuses de progrès et de confort.
6. Mais présence de risques consécutifs à ces progrès.
7. En France, obligation de soumettre les dispositifs de surveillance à des autorisations et à des contrôles : pas de surveillance policière à l'intérieur des immeubles, destruction des enregistrements dans un délai imposé.
8. Forte pression du ministère de l'Intérieur pour durcir la surveillance dans deux directions, extension de la surveillance et utilisation des enregistrements hors du contrôle de l'autorité judiciaire (2005).
9. Les associations de défense des droits de l'homme et la CNIL considèrent comme insuffisants les moyens permettant de contrôler l'utilisation de la vidéosurveillance.

→ **Inquiétudes concernant l'utilisation de la vidéosurveillance : sécurité contre diminution des libertés.**

DOCUMENT 4

1. Poste de surveillance policière des réseaux de transport : nombreux ordinateurs en fonctionnement montrant le réseau des transports parisiens, un quai de métro surveillé par une caméra ; autres écrans.
2. Dispositif associé à la notion de « sécurité » : rapprochement des mots « sécurité »/« surveillance » : qui est surveillé ? par qui ?
3. Dispositif qui signifie enregistrement, images, conservation des images, photographie des usagers à leur insu ; questions implicites : que deviennent les enregistrements ? Quels sont les droits des citoyens ? Dans quelle mesure sont-ils respectés ? Quelles utilisations des données stockées dans l'ordinateur ?

→ **Développement de la surveillance par le biais de la sécurité.**

GRANDES ORIENTATIONS

I. Le développement d'Internet : vidéosurveillance et commerce électronique
II. Ce qui peut expliquer un tel développement
III. Les risques pour les citoyens

EXERCICE 2

Voici un ensemble qui comporte :
– un **corpus** de quatre documents sur le thème de la publicité,
– l'énumération des **idées** contenues dans chacun des documents,
– deux grandes **orientations** constituant deux grandes parties de synthèse.

1. Classez et regroupez les idées qui correspondent aux deux grandes orientations données.

2. Trouvez l'orientation qui n'est pas donnée et les idées qui lui correspondent. Puis déterminez la problématique de l'ensemble en explicitant les articulations logiques qui relient les trois orientations.

CORPUS sur le thème de **la publicité**

DOCUMENT 1 : **Frédéric Beigbeder**, *99 F – 14,99 €* (2000), chapitre 7 © éd. Grasset. (p. 99)
DOCUMENT 2 : Rôle et missions du **BVP**, association des professionnels pour une publicité responsable. (p. 156)
DOCUMENT 3 : Entretien avec **Jean-Marie Dru** © *Le Monde 2*, 19 mai 2007. (p. 74)
DOCUMENT 4 : Publicité pour la marque de vêtements de sport **Aigle**, campagne 2007. (p. 133)

IDÉES

DOCUMENT 1

1. Mise en relief de l'omniprésence de la publicité et de son pouvoir positif dans l'économie ; insistance sur l'importance du créatif et sur les conséquences de ses créations : nombreuses activités qui concernent les marques, les produits, créent du travail pour les ouvriers, mettent en jeu la vente, l'achat, l'argent.
2. Insistance sur la violence de la compétition, sur la concurrence, sur la force de persuasion, sur la manière de conduire les consommateurs à acheter ce dont ils n'ont pas besoin.

→ **Expression de la force, de la violence et du cynisme de l'univers et des démarches de la publicité.**

DOCUMENT 2

1. Existence et nature d'un organisme dont la fonction est d'assurer une compatibilité entre le respect du consommateur et la créativité publicitaire ; suggère par son existence la possibilité de dérives et de débordements.
2. Mise en place de règles déontologiques et de procédures qui sont le conseil, l'avis et l'autosaisie.
3. Insistance sur la notion d'autodiscipline dans la profession ; actions diverses à destination de la société civile pour moraliser le domaine de la publicité.

→ **Importance de l'existence d'un organisme veillant au respect de règles professionnelles, ce qui laisse penser qu'elles sont souvent bafouées.**

DOCUMENT 3

1. Constat de l'existence d'une multiplicité de supports et d'actions publicitaires non souhaités.
2. Nécessité de diminuer la quantité de publicités ; la publicité gâche les paysages.
3. Différence établie entre créativité et occupation du terrain.
4. Définition de la publicité comme une création s'apparentant à différents domaines, art, commerce et médias.
5. Fonctions économiques de la publicité : elle donne du travail aux artistes ; elle fait connaître des produits ; elle est inséparable de l'évolution économique ; elle empêche certains métiers de disparaître ; elle contribue à de très nombreux financements.
6. Refus de l'idée que publicité = matraquage.
7. Association publicité / humour, témoignage sur une époque, gaieté, embellissement de la vie quotidienne.
8. Affirmation d'une nécessité de réglementer la publicité, de lui imposer des limites.
9. Insistance sur le caractère inventif de la publicité et sur la nécessité de « casser » des habitudes par la nouveauté et par une certaine frayeur.

→ **Insistance sur les fonctions positives de la publicité, mais aussi sur la nécessité d'une réglementation.**

DOCUMENT 4

1. Originalité et effet de rupture venu de la représentation d'un homme sous la forme d'un singe dans un paysage africain.
2. Importance, force et originalité du slogan qui détourne une expression « pour la réintroduction de… » en lui donnant de fortes connotations écologiques, comme si l'homme appartenait à une espèce en voie de disparition.
3. Choix d'une nature sauvage adapté à la marque de vêtements de sport et suggérant la vie non civilisée.

→ **Publicité qui associe esthétique, réflexion écologique et insistance sur la marque et qui répond aux critères évoqués par J.-M. Dru.**

GRANDES ORIENTATIONS

I. Fonctions positives de la publicité
II. ……………………………………
III. Nécessité d'une réglementation

EXERCICE 3

Voici un ensemble qui regroupe :
– un **corpus** de quatre documents sur le thème des disparités hommes/femmes,
– l'énumération des **idées** que chacun contient,
– une **orientation** correspondant à une grande partie de synthèse.

1. Classez ces idées en tenant compte de l'orientation donnée et trouvez vous-même les deux orientations qui ne sont pas données. Associez ensuite à ces deux orientations les idées qui leur correspondent.

2. Dégagez la problématique du corpus à partir de l'ensemble des idées, des trois orientations et de la manière dont elles s'articulent.

CORPUS sur le thème des **disparités hommes/femmes**

Document 1 : Marivaux, *La Colonie* (1750), scène 13. (p. 139)
Document 2 : Christiane Cordero, *La Famille* (1995) © éd. *Le Monde*/ Marabout. (p. 158)
Document 3 : Nicolas Jonas, *La Famille* (2007), extrait du chapitre 7 © éd. Bréal. (p. 60)
Document 4 : Dessin de **Plantu**, extrait de *Wolfgang, tu feras informatique* (1998) © éd. La Découverte/*Le Monde*. (p. 81)

IDÉES

Document 1

1. Idée – proférée par les hommes – que les femmes ne sont pas concernées par l'élaboration d'une constitution.
2. Affirmation – par les hommes – du « lot » traditionnel des femmes : se marier, être soumises, s'occuper de leur maison.
3. Affirmation et revendication des femmes exprimées par une femme : elles sont capables d'exercer les métiers des hommes.
4. Constat – fait par une femme – selon lequel l'inégalité de condition des femmes est due à leur éducation : mais l'apprentissage peut modifier cette condition.
5. Utilisation par les hommes, pour défendre leur statut, d'arguments sans valeur (la question du bonnet).
6. Selon les femmes, les dysfonctionnements du monde viennent de ce qu'une moitié des êtres qui le composent n'est pas concernée par son fonctionnement.

→ **Confrontation argumentée hommes/femmes sur le thème de la disparité et revendications exprimées par les femmes.**

Document 2

1. Le statut de la femme – dépendance totale de son mari – est institutionnalisé en 1804 par le Code civil.
2. À partir de cette date (1804), évolution progressive du statut des femmes, accession lente à l'autonomie. Dates importantes dans cette évolution : 1907, 1938, 1946 (égalité reconnue par la Constitution), 1966.
3. Inégalité hommes/femmes illustrée par certaines dispositions légales : loi de 1810 sur l'adultère, loi de 1942 sur l'avortement, qui marque une régression.
4. Importance pour les femmes de tout ce qui concerne la contraception : loi Neuwirth de 1967, autorisation de l'IVG en 1975, remboursement de l'IVG en 1982 : possibilité pour les femmes de programmer leurs grossesses.
5. Garanties accordées aux femmes enceintes (1909, 1966).

6. Loi permettant aux femmes d'obtenir un congé parental d'éducation (1977).
7. Lois réglementant le statut des parents non mariés et l'attribution de l'autorité parentale (1972, 1976, 1993).

→ **Étapes de l'émancipation des femmes à travers la législation avec une date fondamentale qui est celle de 1946.**

Document 3

1. Instauration de la mixité scolaire vers 1960, qui devait se révéler égalitaire.
2. Mais constat d'une inégalité persistante entre filles et garçons dans le système scolaire : proportion plus grande de garçons dans les filières valorisées/filles plus nombreuses dans le tertiaire.
3. Explication à chercher dans l'idée (stéréotype) qu'il existe des compétences sexuées ; affirmation que certaines orientations professionnelles relèvent de la sensibilité féminine (littérature, secrétariat, psychologie, enfants...) mais orientations dévalorisées et peu rémunératrices.
4. Constat explicatif de l'importance de l'éducation et de la transmission des schémas traditionnels concernant l'éducation des filles.
5. Autre explication liée au fonctionnement de la famille : différences entre les activités des garçons et celles des filles, différences dans la manière dont les garçons et les filles sont considérés par les parents.

→ **Les inégalités hommes/femmes sont partout, véhiculées par la tradition, par l'école, par les milieux professionnels, par les médias.**

Document 4

1. Idée qu'une femme peut réussir magnifiquement dans les études, obtenir prix et diplômes, comme les hommes.
2. Mais idée qu'une femme qui réussit se trouve aussitôt en butte aux moqueries sexistes : on demande à une femme d'avoir, en plus de ses compétences, des qualités esthétiques que personne ne demande à un homme dans la même situation.
3. Il existe toujours de vieux stéréotypes selon lesquels une femme doit être agréable à regarder avant d'être considérée comme compétente dans son domaine.
4. Mise en évidence – par un jeu de disproportions graphiques – de l'antagonisme parfois hargneux entre hommes et femmes dans le contexte professionnel : les hommes se croient rabaissés par le succès professionnel d'une femme.

→ **Les inégalités hommes/femmes sont ancrées dans la mentalité et dans les comportements.**

GRANDES ORIENTATIONS

I. ....

II. Ce qui peut expliquer une telle situation

III. ....

Comment classer **les idées d'un corpus de documents**

Les **idées** exprimées par les documents d'un corpus et mises à jour par l'analyse constituent la **matière** de la synthèse. Une fois dégagées et **reformulées**, elles doivent être classées selon deux ou trois grandes orientations. Chaque **orientation** correspond à une grande **partie de la synthèse** ; la mise en relation des grandes orientations constitue la **problématique**.

Reformuler les idées

Le verbe « **reformuler** » indique que l'on ne reprend pas textuellement les phrases des documents. On énonce différemment, de manière **réduite** mais **explicite**, les idées qu'ils expriment en faisant bien comprendre qu'on n'en est pas l'auteur. Dans le cas des documents iconographiques, où tout s'exprime à travers l'image, et où le texte est réduit, la reformulation est indispensable pour **rendre compte du sens**. Les idées sont reformulées de deux manières : soit sous une **forme rédigée**, soit sous la forme, plus fréquente, d'une **phrase nominale**.

→ **EX :** la formulation « Mais présence de risques consécutifs à ces progrès » (exercice 1, p. 171, document 3, idée 6) est une **phrase nominale** qui exigera un développement dans la synthèse : quels sont les risques ? quels sont les progrès ? L'articulation logique « mais » souligne la relation d'opposition avec l'idée qui précède. « Le statut de la femme – dépendance totale de son mari – est institutionnalisé en 1804 par le Code civil » (exercice 3, p. 174, document 2, idée 1) est une phrase rédigée qui fait comprendre le caractère officiel et difficile à modifier du statut de la femme au XIXe siècle.

Il est important de rappeler que la synthèse de documents est un **travail rédigé**. Les idées y sont exprimées sous forme de phrases construites.

Classer les idées

La **classification des idées** dégagées des documents et reformulées permet de construire la synthèse. La démarche la plus efficace consiste à **relire** les idées reformulées et à **surligner** de la même couleur celles qui vont dans le même sens. On obtient ainsi, sur l'ensemble du corpus, des **groupes d'idées** qui ont un élément thématique commun, élément qui constitue une **grande orientation.** Il faut alors définir chaque orientation en lui donnant un **titre**. Ces titres sont essentiels pour l'élaboration du plan. La présence de notions, points de vue, exemples différents voire contradictoires, constitue une aide pour la classification : on perçoit ainsi des oppositions d'un document à l'autre, ou parfois même à l'intérieur d'un même document. Il est alors très utile de faire appel à un **tableau** qui **récapitule** les idées et permet de **visualiser** leur classification (voir ci-après, p. 178).

→ **EX :** dans le corpus sur les disparités hommes/femmes (exercice 3, p. 174-175), l'idée 4 du document de N. Jonas, qui fait état du poids de la famille, de la tradition, et des stéréotypes sur le statut des filles et sur leurs études, rejoint l'idée 2 du texte de Marivaux sur la condition traditionnelle des femmes, se marier et s'occuper de leur maison. Sur le thème commun de l'inégalité entre hommes et femmes, les deux documents proposent des explications de type sociologique. À l'inverse, dans le corpus sur la publicité (exercice 2, p. 172-173), on trouve dans le même document (entretien avec J.-M. Dru, document 3) l'idée que la publicité est un art et l'idée qu'il est nécessaire de réglementer ses excès commerciaux. Ce sont là deux aspects opposés d'une même notion.

La problématique

Les documents qui composent les corpus ont été regroupés selon des thèmes communs. Ils sont aussi associés parce que leur mise en relation et leur confrontation soulèvent une **question**, un **débat**, une « problématique ». La détermination de cette **problématique** est étroitement associée aux grandes orientations de la synthèse et à leurs articulations logiques.

→ **EX :** dans le corpus de l'exercice 1 (p. 170-171) sur la vidéosurveillance, les trois orientations données (haut p. 172) font apparaître que la **problématique** est l'équilibre à trouver entre la sécurité apportée par la vidéosurveillance et la diminution de liberté qu'elle entraîne. Dans le corpus de l'exercice 2 (p. 172-173) sur la publicité, la **problématique** vient de la nature et des fonctions de la démarche publicitaire qui vise à faire connaître mais aussi à séduire et persuader. Dans le corpus de l'exercice 3 (p. 174-175) sur le thème des discriminations dont sont victimes les femmes, la **problématique** est la mise à jour de ce qui peut expliquer de telles disparités de condition, les explications comportant en elles-mêmes des éléments de solution.

APPLICATION

EXERCICE 4

Voici, sur le thème des voyages :
– un **corpus** de quatre documents qui se trouvent dans la partie 2 de ce manuel,
– les **idées** qui figurent dans deux d'entre eux, les documents 2 et 4.

1. Trouvez et reformulez les idées figurant dans les documents 1 et 3.

2. Classez l'ensemble des idées pour faire apparaître deux grandes orientations et la problématique.

CORPUS sur le thème des **voyages**

DOCUMENT 1 : José Maria de Heredia, *Les Trophées* (1893), « Le Moyen Âge et la Renaissance ». (p. 108)

DOCUMENT 2 : Claude Lévi-Strauss, *Tristes tropiques* (1955), extrait du livre I, chapitre 4 © éd. Plon. (p. 61)

DOCUMENT 3 : Michel Le Bris, « Orients rêvés, Orients réels », extrait du dossier de presse du festival « Étonnants Voyageurs » (Saint-Malo, 2006). (p. 67)

DOCUMENT 4 : Didier Lefèvre (photographies), **Emmanuel Guibert** (texte et dessin) et **Frédéric Lemercier** (mise en page et couleur), *Le Photographe* (2003), vol. 1, p. 77-78 © éd. Dupuis. (p. 86-87)

IDÉES

DOCUMENT 2

1. Constat de la disparition des voyages associés, traditionnellement, au rêve et à la découverte de trésors merveilleux.
2. Dénonciation de la civilisation corruptrice, qui détruit l'authenticité des sites.
3. Constat de la prolifération des sous-produits du progrès : maladies, pauvreté, marginalité, corruption, éléments qui réduisent à néant le pouvoir d'évasion du voyage ; idée que les voyages ne montrent que les détritus de la civilisation.
4. Affirmation du caractère mensonger et illusoire des récits de voyages, de la disparition de l'originalité de la civilisation et de l'extension d'une uniformisation indissociable de la civilisation de masse.

➔ **Critique sévère des destructions dont la civilisation est responsable, ce qui rend les voyages désagréables et les récits de voyage inutiles.**

DOCUMENT 4

1. Mise en image (bande dessinée et photos) d'un voyage réel dans un pays lointain, l'Afghanistan, qui pourrait être exotique ; thème : voyage particulier d'une équipe médicale appartenant à une ONG médicale dans un pays en guerre ; références, présentes dans le texte, au mitraillage et aux bombardements.
2. Document comportant des photos qui attestent le caractère authentique du voyage.
3. Photos montrant la grandeur sauvage des paysages qui ne semblent pas marqués par la civilisation.
4. Insistance, par le cadrage, sur la disproportion entre les hommes et le paysage, immense et désert.

5. Texte qui rapporte la mise en place d'une stratégie pour franchir une zone difficile : insistance sur le caractère dangereux du voyage ; récit de voyage dont l'objectif n'est pas de conter le merveilleux des découvertes, mais la réalité d'un engagement humain constamment risqué.
→ **Exemple d'un voyage utilitaire et dangereux.**

EXERCICE 5

Voici, sur le thème du travail humain, un corpus de quatre documents qui se trouvent dans la seconde partie de ce manuel.

1. Reformulez les idées de chaque document.

2. Classez-les pour faire apparaître deux grandes orientations de synthèse et la problématique. Pour faciliter la classification, vous pouvez utiliser le tableau présenté ci-dessous.

CORPUS sur le thème du **travail humain**

DOCUMENT 1 : Marie-Claude Betbeder, « Ne pas perdre sa vie à la gagner » © *Le Monde Initiatives*, 14 mai 1997. (p. 76)

DOCUMENT 2 : Marie-France Hirigoyen, *Le Harcèlement moral : la violence perverse au quotidien* (1998) © éd. La Découverte/Syros. (p. 54)

DOCUMENT 3 : Image du film *Les Temps modernes* (1936), de **Charlie Chaplin,** avec Charlie Chaplin (Charlot). (p. 148)

DOCUMENT 4 : Fernand Léger, *Les Constructeurs* (1950), huile sur toile, 500 cm x 200 cm (musée national Fernand Léger, Biot). (p. 126)

EXEMPLE DE TABLEAU

DOCUMENTS : auteur, date, genre, thème	**GRANDE ORIENTATION 1**	**GRANDE ORIENTATION 2**	*Remarques éventuelles*
DOCUMENT 1 :			
DOCUMENT 2 :			
DOCUMENT 3 :			
DOCUMENT 4 :			

PROLONGEMENTS

EXPRESSION ÉCRITE

EXERCICE 1

En vous inspirant de l'exemple rédigé ci-après (sur fond bleu), regroupez les idées dont les références sont données ci-dessous (sur fond orange) et composez un paragraphe qui les présente sous une forme rédigée.

DOCUMENT 1 : *La Colonie*, de **Marivaux** (p. 139)
Idée considérée (liste complète, p. 174) :
4. Constat (fait par une femme) selon lequel l'inégalité de condition des femmes est due à leur éducation : mais l'apprentissage peut modifier cette condition.

DOCUMENT 3 : *La Famille*, de **N. Jonas** (p. 60)
Idées considérées (liste complète p. 175) :
4. Constat explicatif de l'importance de l'éducation et de la transmission des schémas traditionnels concernant l'éducation des filles.
5. Autre explication liée au fonctionnement de la famille : différences entre les activités des garçons et celles des filles, différences dans la manière dont les garçons et les filles sont considérés par les parents.

Exemple rédigé à partir de trois documents

DOCUMENT 1 : *1984*, de **G. Orwell** (p. 105)
Idées considérées (liste complète p. 170) :
1. Omniprésence de Big Brother, qui surveille constamment les faits et gestes de chaque individu ; présence sur des affiches ; existence du télécran qui capte les sons et les images chez chaque individu.
2. Existence d'une surveillance assurée par des hélicoptères ; existence d'une « police de la pensée » qui peut capter tout ce qui se passe chez n'importe qui.

DOCUMENT 3 : article du *Monde* sur la vidéosurveillance (p. 69)
Idée considérée (liste complète p. 171) :
1. Constat du nombre très important de caméras de surveillance en Angleterre ; une pour 14 personnes ; un Londonien peut être filmé 300 fois par jour. Surveillance très dense.

DOCUMENT 4 : photo d'un poste de surveillance de la RATP (p. 154)
Idées considérées (liste complète p. 171) :
1. Poste de surveillance policière des réseaux de transport : nombreux ordinateurs en fonctionnement montrant le réseau des transports parisiens, un quai de métro surveillé par une caméra ; autres écrans.
3. Dispositif qui signifie enregistrement, images, conservation des images, photographie des usagers à leur insu ; questions implicites : que deviennent les enregistrements ? Quels sont les droits des citoyens ? Dans quelle mesure sont-ils respectés ? Quelles utilisations des données stockées dans l'ordinateur ?

Une des orientations du corpus est de faire comprendre que nous sommes tous constamment surveillés : telle est en effet la conclusion à laquelle conduit le rapprochement de trois documents, qui soulignent non seulement des risques potentiels mais une situation réelle. L'article du Monde *fait état du nombre important, et en progression, de caméras de surveillance en Angleterre, en citant des chiffres qui ne sont pas encore atteints en France, « 4,2 millions de caméras, une pour 14 personnes » : un Londonien peut être filmé trois cents fois dans la journée. Cette situation est illustrée par la photo du poste de surveillance de la RATP, qui montre, dans un lieu qui semble souterrain tant il manque de lumière, de nombreux écrans de surveillance en relation avec des quais du métro et différentes stations. Cette image soulève des questions sur l'existence d'une surveillance constante, souvent à l'insu des citoyens et sans qu'ils connaissent leurs droits : qui observe, que deviennent les enregistrements ? L'omniprésence de la surveillance ainsi présentée trouve un écho dans l'extrait du roman de G. Orwell,* 1984, *qui constitue une référence importante – quoique fictive – dans le domaine de la surveillance. Dans la même ligne que le constat londonien du* Monde, *l'extrait donne à voir ce que serait un monde dans lequel une surveillance centrale permet à un personnage autoritaire, invisible et monstrueux, Big Brother, de tout savoir sur tout le monde, grâce au télécran, à des hélicoptères, et à la surveillance policière, et d'influer ainsi sur les pensées de la population. Les trois documents révèlent une menace – pas seulement fictive – sur les libertés.*

CHAPITRE **18**

La synthèse : construire le plan

APPROCHES

Voici un ensemble comprenant :
*– un **corpus** sur le thème de la sauvegarde des forêts, dont les quatre documents se trouvent dans la partie 2 de ce manuel ;*
*– un **tableau** partiellement rempli (ci-contre).*
Les exercices 1 à 7 portent sur cet ensemble.

CORPUS sur le thème de **la sauvegarde des forêts**

DOCUMENT 1 : Anton Tchékhov, *Oncle Vania* (1897), acte premier, traduit du russe par A. Adamov © éd. Flammarion, 1973. (p. 136)

DOCUMENT 2 : Jules Supervielle, extrait de « Arbres dans la nuit et le jour », dans *1939-1945, Œuvres poétiques complètes* © éd. Gallimard. (p. 115)

DOCUMENT 3 : Josette Alia, « Massacre au fond des bois » © *Le Nouvel Observateur*, n° 1835, 6-12 janvier 2000. (p. 73)

DOCUMENT 4 : photographie extraite du dossier de presse de **« L'Odyssée Verte »**, Espace Rambouillet (2007) © Office National des Forêts. (p. 150)

EXERCICE 1

Observez la structure et la composition du tableau ci-contre.

1. Comment est-il construit ? Précisez ses différentes entrées.

2. Qu'est-ce qui figure dans la première colonne ? Comment sont classés les documents ? Qu'est-ce qui est donné à propos de chacun d'eux ?

3. Qu'est-ce qui apparaît sur la première ligne horizontale ?

4. Que contiennent les cases du tableau qui sont remplies ?

5. De quoi est constituée la dernière ligne horizontale ?

EXERCICE 2

Lisez les documents du corpus, dégagez les idées et reformulez-les puis complétez le tableau en remplissant les trois cases ci-contre marquées **XXX**. Appuyez-vous pour ce travail sur ce qui est déjà donné dans le tableau. Il peut y avoir plusieurs idées par case.

EXERCICE 3

1. Une fois les idées trouvées et placées dans le tableau (exercice 2), déterminez les deux grandes orientations qui ne sont pas données (cases blanches marquées **OOO**) et expliquez quels sont leurs liens thématiques.

2. Cherchez comment ces grandes orientations s'articulent : dites en particulier si elles s'opposent ou si elles se complètent en allant dans la même direction. Dans quel ordre pouvez-vous envisager de les faire apparaître dans la synthèse ? Cet ordre est-il imposé par un raisonnement logique ?

3. Définissez, à partir de ces trois orientations, la problématique du corpus, qui est aussi celle de la synthèse.

Grandes orientations / Documents	Les fonctions humaines des forêts et leurs explications	OOO	OOO
Document 1 **A. Tchékhov**, *Oncle Vania*, 1897 **Genre :** extrait théâtral, dialogue **Thème :** l'importance des arbres et de la forêt	Point de vue d'Astrov : – les forêts ont un effet adoucissant et civilisateur sur les hommes. Elles développent la sensibilité, l'élégance, la créativité esthétique. – Astrov associe les forêts à des êtres humains par le biais de personnifications.	– Point de vue d'Astrov : de la survie de la forêt dépendent celle d'autres plantes (notion de biodiversité), la vie d'espèces animales (bêtes sauvages, oiseaux), la présence de rivières, tout un ensemble écologique.	
Document 2 **J. Supervielle**, « Arbres dans la nuit et le jour », dans *1939-1945, Œuvres poétiques complètes* **Genre :** extrait poétique **Thème :** les similitudes entre les arbres et les hommes	XXX		
Document 3 **J. Alia**, « Massacre au fond des bois », 2000 **Genre :** article de presse **Thème :** les conséquences catastrophiques d'une tempête qui a détruit de nombreuses forêts	– La forêt qui disparaît, quelles qu'en soient les causes, est une catastrophe humaine. – Les arbres sont une mémoire vivante. – Association arbres/humains par le biais du lexique et des personnifications : image de la mort des arbres familiers.	XXX	– La forêt rapporte beaucoup d'argent : les champignons récoltés valent cher ; la filière bois a un important chiffre d'affaires ; elle donne du travail à 550 000 personnes.
Document 4 Photo tirée du dossier de presse de **« L'Odyssée Verte »**, 2007 **Genre :** photographie **Thème :** sensibiliser à l'importance des arbres	– Les arbres offrent des lieux de loisir, d'aventure et de découverte comme en témoigne « L'Odyssée Verte ». – Un lien de confiance et de respect est créé entre l'homme et les arbres qui l'accueillent.	– L'ONF se donne pour mission, à travers des installations comme « L' Odyssée Verte », de faire connaître les fonctions naturelles et écologiques des arbres et des forêts.	XXX
Classification des idées en sous-thèmes des grandes orientations	– L'influence civilisatrice et formatrice de la forêt sur les hommes. – La diversité, la nature et l'importance des liens affectifs tissés entre la forêt et les hommes (passion, découverte, respect). – Les raisons de ces relations : les nombreuses similitudes entre les arbres et les hommes.	– L'influence de la forêt sur la survie de tout un environnement végétal et animal. – L'importance de la forêt par rapport à l'environnement climatique et géographique.	– L'étendue des forêts constitue une richesse nationale. – La filière bois joue un rôle important dans l'économie : rentabilité et emplois.

EXERCICE 4

Observez le contenu de la dernière ligne, **Classification des idées en sous-thèmes des grandes orientations** : que donne-t-elle par rapport à tout ce qui précède dans chaque colonne concernée ? Établissez un ordre de classification de ces sous-thèmes à l'intérieur de chaque case en précisant quels sont vos critères.

EXERCICE 5

À partir du tableau complété, présentez le plan complet de la synthèse en précisant les titres des grandes orientations II et III et les titres des sous-thèmes A et B.

I. Les fonctions humaines des forêts et leurs explications
A) L'influence civilisatrice de la forêt
B) Diversité, nature et importance des liens affectifs hommes/arbres
C) Raisons de ces relations : les similitudes hommes/arbres

II. ....
A) ....
B) ....

III. ....
A) ....
B) ....

EXERCICE 6

Vérifiez la cohérence de l'ensemble du plan en mettant en relief les liens thématiques entre ses différentes composantes : les sous-thèmes par rapport à chaque grande orientation, les grandes orientations les unes par rapport aux autres.

EXERCICE 7

Expliquez pourquoi les plans 1 et 2 proposés ci-dessous ne sont pas pertinents, par rapport au contenu des documents. Le plan 3 vous semble-t-il acceptable ? Qu'a de particulier l'orientation qui figure en II du plan 2 et en III du plan 3 ?

Plan 1
I. Constat : la forêt est menacée
II. Les causes de ce phénomène
III. Les solutions proposées

Plan 2
I. Les arbres et les hommes se ressemblent
II. C'est pourquoi il faut protéger les forêts

Plan 3
I. Les forêts et les arbres sont menacés
II. Mais les forêts et les arbres sont utiles
III. C'est pourquoi il faut les protéger

Voici un ensemble comprenant :
*– un **corpus** de documents sur le thème de l'exclusion. Ces documents se trouvent dans la partie 2 de ce manuel ;*
*– un **tableau** incomplet de classification des idées (p. 184).*

Les exercices 8 à 15 portent sur cet ensemble.

CORPUS sur le thème de **l'exclusion**

DOCUMENT 1 : Victor Hugo, *Les Misérables* (1862), première partie, livre deuxième, « La chute », chapitre I, « Le soir d'un jour de marche ». (p. 103)

DOCUMENT 2 : Jacques Prévert, « La grasse matinée », dans *Paroles* (1946) © éd. Gallimard. (p. 112)

DOCUMENT 3 : Jacques Hassin, « Vivre dans la rue », conférence de l'Université de tous les savoirs, 30 juin 2007. (p. 63)

DOCUMENT 4 : Ernest Pignon-Ernest, *Expulsions* (1977). (p. 117)

EXERCICE 8

Indiquez quelle est la composition du tableau (p. 184) en définissant ses entrées horizontales et ses entrées verticales. Expliquez en quoi il aide à construire le plan de la synthèse.

EXERCICE 9

À partir des éléments donnés par le paratexte, commencez à remplir la première colonne verticale de présentation des documents puis complétez-la (pour l'indication du thème), à mesure de votre lecture des documents.

EXERCICE 10

Au cours de la lecture des documents du corpus, dégagez leurs idées et reformulez-les pour compléter les cases blanches marquées **XXX**. Prenez appui pour ce travail sur ce qui figure déjà dans certaines cases des colonnes 2 et 3 du tableau.

Attention :
– les cases comportent plusieurs idées ;
– dans plusieurs cas, les idées figurent dans les documents de manière implicite, sous-jacente. Elles nécessitent donc que le lecteur fasse appel à des connaissances relatives à l'auteur et à ses engagements sociaux.

EXERCICE 11

Une fois les cases **XXX** remplies, dégagez les deux grandes orientations qui ne sont pas données et inscrivez-les sous la forme de titres dans les cases blanches marquées **OOO**. Vérifiez alors la cohérence des idées contenues dans les colonnes verticales par rapport aux grandes orientations inscrites en tête des colonnes 2, 3 et 4.

EXERCICE 12

Observez dans le tableau l'ordre des trois grandes orientations (colonnes 2, 3 et 4). Dites si vous pensez garder ou non cet ordre pour en faire le plan de la synthèse. Justifiez votre réponse à partir du corpus, de son contenu et de la logique des idées.

EXERCICE 13

À partir du titre trouvé pour la première grande orientation (colonne 2, case marquée **OOO**), classez les idées inscrites dans la colonne 2 en trois sous-thèmes (case marquée **CCC**). Prenez modèle sur les sous-thèmes qui figurent en bas de la colonne 3 (trois causes de l'exclusion).

EXERCICE 14

Même démarche : à partir du titre trouvé pour la troisième grande orientation (colonne 4 case marquée **OOO**), classez les idées inscrites dans la colonne 4 en trois sous-thèmes (case marquée **CCC**). Prenez pour exemple les sous-thèmes donnés pour la colonne 3 (trois causes de l'exclusion).

TABLEAU

Grandes orientations / Documents	OOO	Les raisons de l'exclusion	OOO
Document 1 : Victor Hugo, *Les Misérables*, 1862 **Genre :** extrait de roman **Thème :** le rejet d'un homme par la société	XXX	– Le lecteur apprend indirectement que l'homme rejeté par l'aubergiste est un bagnard qui a purgé sa peine (information venue de la mairie). À cette époque, un ancien bagnard devait signaler sa présence, ce qui le faisait immédiatement reconnaître.	XXX
Document 2 : **Genre :** **Thème :**	– État de faim, de solitude… – XXX	XXX	XXX
Document 3 : **Genre :** **Thème :**	– Énumération des différents exclus et chiffres. – Catégorie de personnes exposées à la maladie et à l'alcoolisme, à la dégradation physique. – Personnes sans conscience du temps, de l'avenir, manquant les rendez-vous avec ceux qui veulent les aider. – Ce sont des « hommes invisibles » pour les passants.	XXX	– Existence et action des travailleurs sociaux. – Existence de places dans des centres d'hébergement, des hôpitaux, des centres psychiatriques. Mais : actions rendues difficiles par les refus, qui constituent une défense psychologique. – Remise en cause du rôle du médecin : « aider » est différent de « sauver ».
Document 4 : E. Pignon-Ernest, *Expulsions*, 1977 **Genre :** œuvre d'art **Thème :** l'exclusion et les expulsions	– Présence sur l'image d'un couple transportant valise, sac et matelas roulés : ils semblent sortir de l'immeuble photographié. – Arrière-plan constitué par un mur d'immeuble démoli, qui suggère une situation d'expulsé n'ayant plus de logement. – Ensemble dominé par le gris et le noir : tristesse, désolation.	XXX	XXX
Classification des idées en sous-thèmes des grandes orientations	CCC	– Raisons sociales et historiques. – Raisons familiales. – Raisons structurelles, propres à la situation, impossibilité de sortir d'un enchaînement négatif et destructeur.	CCC

EXERCICE 15

À partir du tableau, complétez le plan de la synthèse selon la structure suivante :

I. ....
A) ....
B) ....
C) ....
II. Les raisons de l'exclusion
A) Raisons sociales
B) Raisons familiales
C) Raisons liées à la situation : maintien dans l'exclusion du fait d'un engrenage
III. ....
A) ....
B) ....
C) ....

EXERCICE 16

À partir des exercices relatifs à l'un des corpus précédents ou aux deux, classez selon un ordre chronologique les différentes démarches qui permettent de construire le plan d'une synthèse de documents.

Comment construire **le plan d'une synthèse**

On construit le **plan** d'une synthèse à partir des **idées** dégagées des documents et reformulées (voir à ce sujet le chapitre 17, p. 170). Un **tableau** permet de les classer.

Rappel des premières démarches

Le travail de synthèse repose d'abord sur la **lecture** et l'**analyse** des documents, ce qui permet de **dégager les idées** et de les **reformuler**. Il n'y a **pas d'ordre** recommandé pour la lecture des documents : on ne sait pas *a priori* lequel est le plus important. Mais on peut être attiré par un document dont on connaît l'auteur, ou par une image, qui donne immédiatement un thème. La lecture du premier document influe sur celle des documents suivants.

→ **EX :** dans le corpus sur l'exclusion (p. 183), le document 1 met en situation un homme exclu et les raisons de son exclusion. Ces informations facilitent la lecture des documents suivants : le lecteur est sensible à ce qui va dans le même sens et aux oppositions.

La construction du tableau

Il est possible de rassembler les idées reformulées sans faire appel à un tableau, en les **surlignant** de la même couleur pour faire des regroupements thématiques, qui conduisent aux grandes orientations. Mais quand il s'agit de **visualiser** les rapprochements d'idées d'un document à l'autre, en les ayant clairement sous les yeux, et de confronter l'ensemble de manière organisée et cohérente, le tableau se révèle très efficace : il permet d'**élaborer** progressivement le plan.

On réserve la première colonne à la **présentation des documents** (auteur, titre, date, genre et thème). Les idées thématiquement proches de chaque document sont inscrites **dans la colonne** correspondant à une première **grande orientation** sans que celle-ci ait *a priori* un titre. Si un document ne comporte pas les idées considérées, la case reste vide. Les idées différentes sont placées dans les **autres colonnes**. On prévoit en général deux ou trois colonnes, une par grande orientation ; une quatrième peut recevoir les idées non classables ailleurs. On obtient ainsi un tableau peu à peu complété, dans lequel apparaissent, colonne par colonne, et case par case, les idées proches classées selon les documents où elles se trouvent. L'efficacité de cette étape de classification dépend de la **précision** du **repérage des idées**.

→ **EX :** dans le corpus sur la sauvegarde des forêts (donné p. 180, tableau p. 181), on peut mettre dans la colonne de la première grande orientation tout ce qui concerne l'influence psychologique de la forêt sur les hommes, et dans la deuxième, ce qui concerne son influence sur l'environnement. Dans le corpus sur l'exclusion (donné p. 183), la lecture du document 3 fait émerger le thème des raisons de l'exclusion, déjà présent dans les autres documents.

Du tableau au plan

À mesure que se fait le remplissage du tableau, on peut envisager le titre des grandes orientations et vérifier leur pertinence. C'est l'**unité thématique** de chacune des colonnes qui conduit à la **formulation** (titre) d'une grande orientation (parties I, II et III du plan).

→ EX : les idées du corpus sur la sauvegarde des forêts (donné p. 180) aboutissent au plan suivant :

I. Fonctions civilisatrices des forêts
II. Fonctions écologiques des forêts
III. Fonctions économiques des forêts.

Ces trois types de fonctions conduisant à conclure à l'importance des forêts pour l'homme et à la nécessité de les préserver, ce qui constitue la problématique du corpus.

Mais il reste encore, lorsqu'on a déterminé le titre des grandes orientations, à organiser les idées proches qui figurent dans une colonne. Cette organisation aboutit à un classement en deux ou trois sous-thèmes (A, B ou A, B, C), qui abordent, en cohérence thématique avec une même orientation, des points différents.

→ EX : ainsi, dans le corpus sur l'exclusion (donné p. 183), les **raisons de l'exclusion** (grande orientation 2) apparaissent, dans les documents, comme :

A) d'origine sociale (pauvreté, statut de bagnard),
B) d'origine familiale (accident, violence, abandon…).

Une autre origine est :

C) consécutive à l'enchaînement irréversible de malheurs qui empêche de sortir de l'exclusion.

Comme on peut le remarquer, **il n'existe pas de plan type** à « appliquer » à une synthèse. Chaque corpus détermine un plan et l'organisation des grandes orientations, ou problématique, est liée, de manière indissociable, au thème du corpus et à la logique des idées.

→ EX : le corpus sur la sauvegarde des forêts (donné p. 180) aboutit à un plan dans lequel se succèdent trois types de fonction des forêts. Le corpus sur l'exclusion (donné p. 183) est construit sur le schéma : exposé d'une situation, analyse de ses origines, solutions envisagées. Chaque plan repose sur une problématique abordée avec logique.

APPLICATION

Voici un ensemble comprenant :
*– un **corpus** de quatre documents donnés ci-dessous, sur le thème des jeux vidéo ;*
*– un **tableau** de classification des idées, incomplet.*
Lisez attentivement les différents documents.

CORPUS sur le thème des **jeux vidéo**

DOCUMENT 1 : Sébastien Genvo, *Introduction aux enjeux artistiques et culturels des jeux vidéo* (2003), chapitre 1 © éd. de L'Harmattan.

DOCUMENT 2 : Pascale Kremer, « Et si c'était bon pour les enfants ? » © *Le Monde 2*, 28 octobre 2006.

DOCUMENT 3 : Laurent Trémel, « Les jeux vidéo, outil pédagogique ou vecteurs de l'idéologie dominante ? » dans *Les Cahiers pédagogiques*, décembre 2006.

DOCUMENT 4 : Samson, dessin de presse (2000) © Samson/Iconovox.

DOCUMENT 1

Comment sont perçus les jeux vidéo ?

Depuis que le collège d'enseignement secondaire *Albert Camus* de Moulins-les-Metz s'est pourvu, en février 2001, d'une connexion *Internet* accessible aux élèves, deux types de site ont été censurés : les sites pornographiques et les sites portant sur les jeux vidéo. Interrogé sur la question, Lionel Bodry, administrateur informatique de l'établissement, justifie ce choix en affirmant que les jeux vidéo ne sont pas « pédagogiques, c'est un abîme pour l'attention des élèves ».

Cet exemple est révélateur d'une certaine image véhiculée, encore aujourd'hui, par les jeux vidéo. Dans ce cas, ils sont considérés comme un loisir qui détourne les enfants des préoccupations primordiales que sont le travail et l'éducation scolaire. « Le loisir est une quantité de temps libre, affranchi des exigences du temps obligé (celui du travail professionnel ou scolaire et des astreintes qui s'y attachent ; transport, etc.) et du temps contraint (celui des obligations sociales, administratives, familiales et domestiques). Le loisir ne définit *a priori* aucun contenu d'activité [...], le loisir ne définit rien qu'un vide »[1]. Ce « vide » rejoint le terme d'abîme employé par Lionel Bodry pour qualifier les jeux vidéo. Les élèves, absorbés par l'univers du jeu, s'écartent de leur travail scolaire, deviennent inactifs.

Le jeu vidéo n'est donc pas considéré comme un médium éducatif. Ainsi, le magazine *Jeriko* propose aux établissements de l'éducation nationale un catalogue de « cd-rom reconnus d'intérêts pédagogiques »[2]. S'il couvre des disciplines aussi variées que le cinéma, le rock, l'art contemporain, l'informatique, il ne traite aucunement de jeux vidéo, qui sont considérés comme n'ayant aucun « intérêt pédagogique ».

Mais les jeux vidéo sont également considérés comme dangereux pour la santé de l'enfant. « Nintendo a tué mon fils » ; durant l'hiver 1992, ce titre vient barrer la une du *Sun*, le grand quotidien populaire anglais. Un jeune garçon venait de succomber à une crise d'épilepsie après avoir joué à *Super Mario Bros*[3]. Cette affaire contribua pour beaucoup à la constitution de l'image négative des jeux vidéo. Depuis 1993, tout éditeur de jeu vidéo est obligé d'insérer dans chaque boîte de jeu un avertissement sur les « risques » d'épilepsie liés à la pratique du jeu vidéo. L'épilepsie est une maladie neurologique qui affecte le comportement par l'apparition de crises pouvant prendre diverses formes, perte de conscience temporaire, violentes contractions musculaires... Si l'on a très vite établi un lien de causalité entre jeu vidéo et épilepsie c'est parce que ce « tandem » fait écho à la peur de déshumanisation par la machine. L'épilepsie affecte en effet l'intégrité mentale d'une personne, ces crises étant apparemment déclenchées par une machine, tout du moins dans le cas du garçon ayant succombé à *Super Mario Bros*. De nombreux films de science-fiction ayant remporté un grand succès dans les années 70 et 80 ont d'ailleurs joué sur ce registre, marquant de façon indéniable l'esprit de personnes qui sont aujourd'hui les parents des « Nintendo Kids »[4]. Il n'est donc pas étonnant que ce soit un quotidien dit « populaire » ayant pour vocation de toucher un grand nombre de lecteurs, qui soit le support d'une telle information, et non un magazine scientifique médical.

Car si le magazine *Sun* joue sur les peurs du plus grand nombre pour assurer son lectorat c'est justement que le jeu vidéo est aussi considéré comme un loisir « de masse »[5], avec les nombreuses connotations péjoratives que peut recouvrir un tel adjectif : « Les foules accumulent non pas l'intelligence mais la médiocrité, [...] par le fait seul qu'il fait partie d'une foule, l'homme descend plusieurs degrés sur l'échelle de la civilisation »[6]. Les jeux vidéo risquent d'abrutir davantage qu'ils n'éveillent l'intelligence, renforçant le risque d'aliénation des hommes par la machine.

Cette adéquation entre divertissement grand public et reconnaissance positive se retrouve cependant dans de nombreux domaines, que ce soit le cinéma, la musique ou l'art en général. De nombreuses personnalités accueillirent d'ailleurs le cinéma dans les années 20 de la même façon que le fut le jeu vidéo au début des années 90 : « Le cinématographe est un passe-temps d'illettrés, de créatures misérables, ahuries par leur besogne, une machine d'abêtissement et de dissolution »[7]. « Le cinéma ? Un inquiétant retour vers la barbarie »[8].

Sébastien Genvo, *Introduction aux enjeux artistiques et culturels des jeux vidéo* (2003), chapitre 1

NB : toutes les notes appartiennent à l'ouvrage de S. Genvo.

1. Paul Yonnet, *Jeux, modes et masses*, NRF, éditions Gallimard, Bibliothèque des sciences humaines, Mayenne, 1985, p. 64.
2. http://www.jeriko.fr
3. Alain & Frédéric Le Diberder, *L'Univers des jeux vidéo*, éditions La Découverte, p. 208.
4. J.-P. La France et Philippe Marx, *La Télévision et les Nintendo kids*, université du Québec, Montréal, 1993.
5. Pierre Bruno, *Les Jeux vidéo*, Syros, L'école des parents, Naves, 1993, p. 5.
6. Gustave Le Bon, *Psychologie des foules*, Retz, 1976 *in* Paul Yvonnet, *Jeux, modes et masses*, p. 51.
7. George Duhamel *in* Alain & Frédéric Le Diberder, *L'Univers des jeux vidéo, op. cit.* p. 160.
8. René Doumic, secrétaire de l'Académie française *in* Alain & Frédéric Le Diberder, *L'Univers des jeux vidéo, op. cit.* p. 160.

DOCUMENT 2

Prescrire l'usage de jeux vidéo aux enfants agités, agressifs, en échec scolaire. Idée saugrenue, dangereuse même, jugeront d'emblée les parents les plus ouverts. Comment imaginer que le temps passé à exterminer frénétiquement des monstres virtuels ou à cheminer dans des univers abscons[1] puisse apporter un quelconque bénéfice ?

Michael Stora en est pourtant convaincu : les jeux vidéo peuvent avoir sur l'enfant un effet « *thérapeutique* », affirme ce psychanalyste et psychologue clinicien, quitte à braver tous les préjugés sur leur caractère souvent violent, addictif[2] et abêtissant, et à s'attirer les foudres de bon nombre de confrères. Voilà quatre ans déjà que, dans son cabinet parisien comme au centre médico-psychopédagogique (CMPP) de Pantin, en Seine-Saint-Denis, il soigne par le jeu vidéo des enfants atteints de divers troubles du comportement.

L'histoire commence en 1995, avec l'arrivée sur le marché des premiers jeux vidéo en trois dimensions. Alors jeune trentenaire, Michael Stora fait l'« *expérience jubilatoire* » de cette « *puissante illusion d'exister dans l'image* »[3]. À une période de sa vie où il ne va pas très bien, comme il le glisse pudiquement, le psychanalyste se met à jouer plusieurs heures par jour et découvre sur lui-même les vertus curatives de cette pratique ludique. Pourquoi n'en ferait-il pas bénéficier ses patients ?

C'est peu de dire qu'il est regardé d'un drôle d'œil quand, pour la première fois, en 2002, il arrive au CMPP de Pantin sa console PlayStation sous le bras. « *Notre boulot de psy, c'est de faire émerger l'inconscient. Pour cela, il fallait un nouvel outil de médiation thérapeutique*[4] *parce qu'avec les Playmobil ou les poupées, mes patients ne verbalisent rien*[5]... » Ces enfants qui présentent des troubles du comportement, qui sont agressifs, hyperactifs, en échec scolaire, qui souffrent de troubles de l'attention et de pathologies narcissiques, refoulent leur imaginaire. « *Parce qu'ils ont peur de leurs fantasmes agressifs à l'égard de leurs proches,* analyse Michael Stora. *Avec le jeu vidéo, on ruse en les amenant à accomplir des actes virtuels qui ont valeur symbolique.* »

Au programme, donc, une demi-heure de psychothérapie de groupe, suivie d'une heure sur PlayStation ou Xbox avec le psychothérapeute, qui, en fonction des pathologies choisit des jeux proches du conte de fées (*Ico, Halo, Fable*...) ou, au contraire, reproduisant la vie quotidienne (*Les Sims*), mais qui ont en commun de raconter une histoire. Durant ces séances un peu spéciales, le plaisir commun du jeu, l'attention bienveillante du thérapeute valorisent l'enfant et libèrent sa parole. Autre intérêt : le psychanalyste tire des enseignements de la façon dont le patient se projette dans le jeu, choisit et manipule son avatar, véritable double numérique. Autant de révélateurs des « *conflits inconscients qui l'affectent, des fantasmes et des craintes* », à en croire Michael Stora.

Suivent les bénéfices thérapeutiques. Le jeu fonctionne comme un antidépresseur : il permet l'émergence de pulsions agressives,[6] que, paradoxalement, il aide aussi à canaliser. Michael Stora nous raconte, entre autres, l'histoire d'Éric, un préadolescent psychotique[7] qu'il avait incité à se plonger dans le jeu *Halo* en compagnie d'autres jeunes. « *Ce jeu met en scène un univers de science-fiction avec des soldats mi-hommes mi-robots qui doivent cheminer ensemble.* »

Mais Éric, au lieu de coopérer, envoyait des grenades à plasma aux autres joueurs, avant de se confondre en excuses. « *Les autres ont fini par le surnommer "Je n'ai pas fait exprès". Cet écho qu'on lui renvoyait, et le climat général de bienveillance, lui ont permis de jouer avec ses pulsions sadiques*[8] *et d'en prendre conscience.* » Contrairement à l'idée reçue, les jeux vidéo sont programmés pour empêcher celui qui les manie d'être dans le « tout, tout de suite ». « *Il a des règles très strictes,* poursuit le psycha-

1. Obscur, difficile à comprendre.

2. Qui provoque une accoutumance.

3. Les phrases en italique constituent une reprise textuelle des paroles de M. Stora.

4. Servant d'intermédiaire entre le patient et le médecin.

5. N'expriment rien par la parole.

6. Mouvements de violence non contrôlés.

7. Atteint de troubles psychologiques.

8. Tendances à accomplir des actes cruels pour le plaisir de faire mal.

nalyste. *Des ennemis qui vous empêchent d'avancer. Il faut déployer une stratégie, persévérer, accepter la frustration, collaborer.* » Impact garanti sur l'estime de soi quand, après avoir échoué et recommencé cent fois, sans jamais être jugé par la machine, l'enfant progresse enfin. Surtout qu'il s'est identifié dans le jeu à une figure héroïque. Bref, parole de psychanalyste, « *le jeu vidéo panse les blessures narcissiques* ».

Ces constatations empiriques, d'autres soignants que Michael Stora les ont faites. Benoît Virole, par exemple, psychanalyste lui aussi docteur en psychologie et en sciences du langage. Lui qui, il y a encore quelques années, était à mille lieues de s'imaginer partageant les aventures numériques de ses petits patients, s'est désormais forgé une certitude : « *La puissance de l'immersion, de ce processus psychologique particulier par lequel on devient l'objet mobile à l'écran, fait du jeu vidéo un outil thérapeutique de tout premier plan.* »

Il a vu les enfants hyperactifs[9] faire d'énormes progrès de concentration, la stimulation continue fournie par le jeu vidéo permettant d'éviter l'autostimulation[10] ; les enfants en échec scolaire reprendre confiance dans leur capacité d'apprendre en progressant peu à peu par essai/erreur ; et les jeunes psychotiques[7] souffrant d'altération[11] du sens des réalités aller étonnamment chercher dans le virtuel des bornes bien réelles.

9. Ayant un comportement marqué par l'agitation constante.

10. Manière d'être constamment poussé à agir de soi-même.

11. Une détérioration.

Pascale Kremer, « Et si c'était bon pour les enfants ? » © *Le Monde 2*, 28 octobre 2006.

DOCUMENT 3

Opium du peuple ?

Présentons ici succinctement quelques conclusions issues de nos travaux : les jeux vidéo génèrent des « grandeurs » : les joueurs – enfants, adolescents ou jeunes adultes – peuvent en effet, au travers de leur pratique, incarner de façon récurrente de « grands hommes », qu'ils soient puissants, guerriers, magiciens, chefs d'État, sportifs d'exception, etc. D'un point de vue sociologique, cette possibilité est à mettre en parallèle avec la situation sociale problématique de la jeunesse d'aujourd'hui, touchée par le chômage, la déqualification[1] et la dépendance prolongée par rapport aux parents. Certains pensent que cette logique présente des aspects « positifs » : dans cet univers virtuel, un jeune – en échec scolaire par exemple – peut en quelque sorte se « réassurer », prendre confiance en lui, et transposer ces acquis ailleurs. Peut-être, mais on peut aussi y voir là une sorte « d'opium du peuple » et un moyen de contrôle social efficace, pouvant « anesthésier » une partie de la jeunesse… Quant aux contenus, mis à part quelques produits quantitativement marginaux, force est de constater que les jeux vidéo relayent, de façon parfois caricaturale, l'idéologie néolibérale[2], un grand nombre des jeux « militaristes » épousant même la vision géopolitique du gouvernement Bush… C'est indéniable, y compris au niveau des titres cités précédemment, que l'on valorise en en méconnaissant souvent le contenu. Et si certains jeunes, du fait de leur éducation familiale, ou de leur niveau scolaire, ont les capacités de se distancier de ces thématiques, permettant par exemple une pratique « au second degré », c'est loin d'être le cas de tous. D'où un problème de fond. On trouve par ailleurs une variation significative des contenus des « jeux vidéo » en fonction du support : les jeux dont les éditeurs vantent les mérites « culturels » étant plutôt produits pour les micro-ordinateurs (dont l'acquisition reste socialement déterminée) alors que jeux de sport et jeux de combats répétitifs fleurissent sur consoles.

Nous pensons donc que les jeux vidéo doivent être appréhendés, dans une perspective scolaire, au regard de *l'éducation à l'image* : un peu comme il apparaît

1. Situation dans laquelle on n'est pas jugé à sa juste valeur.

2. Caractéristique du libéralisme moderne, qui met en valeur la loi du marché, le pouvoir de l'argent, la compétition à tout prix.

3. Trouver le sens caché.

4. Ensemble de textes servant de modèles et ayant une valeur reconnue.

aujourd'hui nécessaire qu'un jeune puisse « décrypter »[3] une œuvre littéraire, une bande dessinée, un film, une émission de télévision ou une publicité, il semble fondamental que les « jeux vidéo » fassent en classe l'objet d'un traitement analogue, passant par des actions de formation spécifiques auprès des enseignants, et la constitution de corpus de référence[4].

Laurent Trémel, « Les jeux vidéo, outil pédagogique ou vecteurs de l'idéologie dominante ? » dans *Les Cahiers pédagogiques*, décembre 2006.

DOCUMENT 4

Samson (né en 1952), dessin de presse (2000)
© Samson / Iconovox.

EXERCICE 17

Déterminez les idées des documents et reformulez-les. Lors de la recherche et de la reformulation des idées des quatre documents, identifiez les différentes « voix » qui s'expriment dans chacun d'eux : différenciez les points de vue des auteurs de ceux qui appartiennent à d'autres personnes.

EXERCICE 18

Faites la présentation des documents 1, 2 et 3 dans la colonne 1 du tableau ci-contre en prenant pour exemple le tableau de la page 181 : auteur, titre, date, genre, thème.

EXERCICE 19

Complétez les cases ou parties de cases sur fond blanc marquées **XXX** selon l'ordre qui vous convient. Attention, il manque toujours plusieurs idées.

EXERCICE 20

Le titre d'une des grandes orientations est donné : formulez les deux autres titres (cases blanches marquées **OOO**) correspondant au contenu des colonnes 2 et 3. Dites alors si l'ordre des trois grandes orientations est pertinent par rapport à l'ensemble des idées émises dans le corpus et par rapport à la logique des idées.

EXERCICE 21

1. À la fin de chacune des colonnes 2, 3 et 4, regroupez les idées sous la forme de titres correspondant aux sous-thèmes de chaque grande orientation (A, B et C).

2. Donnez ensuite le plan précis : grandes orientations et sous-thèmes de chaque grande orientation, selon le schéma :

I. ....
A) ....
B) ....
C) ....

II. ....
A) ....
B) ....
C) ....

III. Conditions d'utilisation des jeux vidéo
A) ....
B) ....

3. Dites quelles sont les articulations logiques entre les différentes parties du plan. Comment appelle-t-on ce type de plan ?

TABLEAU

Grandes orientations / Documents	OOO	OOO	Les conditions d'une utilisation positive des jeux vidéo
Document 1 :	– Idée (venue du responsable informatique d'un collège) que le jeu vidéo n'est pas pédagogique et qu'il est « un abîme » pour l'attention des élèves. – **XXX**		– Nécessité d'éviter les jugements et clichés qui déprécient toute invention nouvelle (cf. le cinéma).
Document 2 :	– Exposé de l'idée jugée saugrenue par les parents de prescrire des jeux vidéo à des enfants agités. – Allusion aux réactions négatives des confrères.	– Exposé des effets thérapeutiques des jeux sur les enfants. – **XXX**	– Nécessité d'une utilisation contrôlée par un thérapeute, qui choisit les jeux et leur durée en fonction d'objectifs précis.
Document 3 :	– **XXX**	– Effets positifs de valorisation des adolescents par les jeux vidéo. **XXX**	– Nécessité d'une capacité de distanciation pour jouer sans danger. **XXX**
Document 4 : Samson, 2000 **Genre :** dessin de presse **Thème :** les jeux vidéo et le milieu scolaire	– Critique sévère des jeux vidéo émanant d'un enseignant qui leur reproche (à tort) de générer de la violence chez les élèves (mais la violence a une autre source).		– Ne pas mettre systématiquement la violence sur le compte des jeux vidéo.
Classification des idées en sous-thèmes des grandes orientations	A)… B)… C)…	A)… B)… C)…	A)… B)…

PROLONGEMENTS

EXPRESSION ÉCRITE

EXERCICE 1

En vous inspirant de la présentation rédigée d'un document qui figure p. 107, faites, en un seul paragraphe, la présentation des quatre documents qui composent le corpus sur les jeux vidéo (p. 186 à 190). Regroupez les documents pour que votre présentation ne soit pas une simple énumération.

EXERCICE 2

Même consigne que pour l'exercice 1 : faites, en un seul paragraphe, la présentation des quatre documents du corpus qui figure p. 183 sur l'exclusion.

EXERCICE 3

En vous inspirant des exemples rédigés ci-dessous, développez le titre de chacune des grandes orientations 1 et 2 de la synthèse sur les jeux vidéo (exercice 20, p. 190) : transformez chacun des titres en une introduction partielle rédigée qui fasse référence aux documents concernés et qui annonce les trois sous-thèmes composant la grande orientation envisagée.

Exemple rédigé 1

(Corpus sur la sauvegarde des forêts, grande orientation 2, tableau p. 181)

Sur les quatre documents du corpus, trois insistent sur l'importance écologique de la forêt. Deux d'entre eux rappellent qu'elle abrite une faune et une flore ainsi préservées et qu'elle influe sur le climat. Le troisième explique que faire connaître ces fonctions est une des missions de l'ONF.

Exemple rédigé 2

(Corpus sur l'exclusion, grande orientation 2, tableau p. 184)

Soit directement, soit indirectement, les quatre documents du corpus apportent au lecteur des éclaircissements sur les causes de l'exclusion : sociales, ces causes sont également familiales.

On comprend aussi que l'exclusion s'autogénère : une fois que l'on y est, sa nature fait qu'on en sort difficilement.

EXERCICE 4

> « Nous pensons donc que les jeux vidéo doivent être appréhendés, dans une perspective scolaire, au regard de l'éducation à l'image. »
>
> (**L. Trémel**, document 3, p. 189)

Faites comprendre par différentes transformations de cette prise de position et en variant les formulations :
- que cette idée est universelle et reconnue par tous ;
- qu'elle appartient seulement à certains penseurs ou pédagogues ;
- que celui qui parle (« nous ») n'est pas du tout d'accord ;
- que celui qui parle (« nous ») est partiellement d'accord ;
- que vous-même n'êtes pas du tout d'accord ;
- que vous êtes partiellement d'accord ;
- que vous pourriez être d'accord à certaines conditions.

ACTIVITÉS ORALES

EXERCICE 5

Si vous avez une expérience des jeux vidéo sur console ou sur ordinateur, préparez un bref exposé pour expliquer ce que signifie cette expression extraite du document 3 (L. Trémel, p. 189) : « être capable de se distancier de ces thématiques, permettant par exemple une pratique “au second degré” ».

EXERCICE 6

Organisez un débat pour échanger des points de vue par rapport aux documents du corpus, sur le thème « Aspects positifs/aspects négatifs des jeux vidéo pour les enfants et pour les jeunes adultes ».

EXERCICE 7

Organisez une « table ronde » au cours de laquelle chaque participant (6 ou 7) donnera son point de vue personnel sur les jeux vidéo : nature, contenu, fonctionnement, compétences mises en jeu, apports, dangers.
Le public (les étudiants non participants) prend des notes en vue de la rédaction d'un compte rendu.

CHAPITRE 19 La synthèse : entraînement, corpus sur les mangas

Voici un ensemble comprenant :
*– un **corpus** de quatre **documents** donnés ci-après sur le thème des mangas ;*
*– un **tableau** incomplet dans lequel figurent certaines idées venues des documents.*

Faites une lecture attentive des documents. Cette lecture vous permet-elle d'avoir une idée des grandes orientations du corpus ? Si oui, précisez laquelle.

CORPUS sur le thème des **mangas**

DOCUMENT 1 : Patrick Honnoré, « Manga. La BD au goût de saké » © *Enjeux-Les Échos*, juin 2007.

DOCUMENT 2 : Jean-Jacques Larrochelle © *Le Monde*, supplément TV et radio, 3 mars 1998.

DOCUMENT 3 : Michel Temman, « Maudits mangas » © *Libération*, 11 juillet 2007.

DOCUMENT 4 : Keiji Nakasawa, *Gen d'Hiroshima* (1973), traduit du japonais par V. Zouzoulkovski, tome 2, p.15 © éd. Vertige Graphic, 2003, 2004.

DOCUMENT 1

Partout, il n'est question que de « boum des mangas », de « tsunami[1] manga ». La France est le deuxième marché de la bande dessinée japonaise, devant les États-Unis. Plus de 40 % des BD publiées en France en 2006 et environ 30 % du chiffre d'affaires proviennent du Japon et d'Asie, et le phénomène devrait encore s'amplifier. 50 % des 13-16 ans lisent des mangas… Les parents qui lorgnaient par-dessus l'épaule de leurs enfants ont désormais trouvé des auteurs assez propres sur eux pour passer le cap sans se croire obligés de se pincer le nez. Les grands médias se sont saisis du phénomène. C'est à qui parlera de ces clubs de « cosplay » comme d'un véritable phénomène de société parce que quelques centaines de jeunes passent leur temps à se déguiser (*costume play*) en héros de mangas, à vivre et à s'imaginer penser comme des Japonais… Le plus affligeant n'est pas la naïveté des jeunes (sont-ils plus ridicules que leurs parents qui croient encore que toute maison japonaise possède un jardin zen ?), mais que les médias et les éditeurs se gardent de révéler l'extraordinaire trésor d'intelligence et de vitalité de la culture japonaise de la bande dessinée et ce qu'elle apporte à la création européenne, bien au-delà de la BD.

La vague manga fut longtemps très discrète, nourrie de croisements nippo-européens. Ainsi, pratiquement tous les grands dessinateurs japonais connaissent l'œuvre de Moebius[2] par exemple. À commencer par Kazuhiro Ôtomo, auteur de *Akira*, chef-d'œuvre de la BD de science-fiction apocalyptique, grâce auquel le continent de la bande dessinée japonaise a réellement été défriché dès 1982. Même Uderzo[3], grand pourfendeur du manga, était déjà connu de Osamu

1. Raz de marée, métaphore désignant l'énorme succès des mangas.

2. Jean Giraud, dessinateur de bandes dessinées sous le nom de Gir (*Lieutenant Blueberry*) et de Moebius (BD de science-fiction).

3. Créateur avec Goscinny du personnage d'Astérix.

Tezuka qui expérimentait l'adaptation de certaines poses des personnages d'*Astérix légionnaire* dès les années 70 (vous pouvez vous amuser à les chercher par exemple dans ses *Histoires pour tous*, Delcourt). Dans l'autre sens, le graphisme des personnages féminins aux visages plus lumineux, plus solaires, plus francs, depuis les années 80, chez les plus grands auteurs de chez nous comme François Bourgeon[4] et même Jacques Tardi[5], porte à l'évidence l'influence directe ou indirecte de la bande dessinée japonaise. Et c'est bien naturel. Le dessin est un langage universel, la perception de l'originalité d'un style n'a pas besoin de mots. En revanche, l'extraordinaire force des récits de la bande dessinée japonaise sera beaucoup plus longue à reconnaître.

Certains sont des chefs-d'œuvre. Tel *Non Non Bâ*, de Shigeru Mizuki (Éditions Cornélius), récit autobiographique d'une enfance dans les années 30, avec une grand-mère qui transmettra au petit Shigeru un savoir immémorial sur les *yôkai*, ces êtres invisibles, bons ou mauvais, proches des *fairies*[6] celtes et saxonnes en plus décalés. Ça commence comme *La Guerre des boutons*[7], ça continue comme *La Gloire de mon père*[8], et ça finit comme *Le Temps retrouvé*[9]. Le personnage du père est inénarrable, et il faut le voir convaincre son fils aîné de renoncer au suicide pour un chagrin d'amour : ça, c'est un père, un vrai !

Pour aimer les mangas, il faut aimer le kitsch[10], le mauvais goût, les mauvais genres. Il faut avoir gardé une âme d'enfant, ce qui n'est plus nécessaire pour lire de la BD européenne, qui joue laborieusement les adultes alors qu'elle ne sera jamais que la petite-cousine de la littérature et des beaux-arts. La bande dessinée japonaise, elle, est née sœur cadette du cinéma, l'écart d'âge est moins important. Du cinéma, la bande dessinée japonaise possède le rythme, la multiplicité des points de vue, et un fond d'écran qui est celui de la vie réelle.

Comment devenir grand

La vie réelle, ces histoires de robots et de semi-humains à la recherche de boules mystiques ? Mais oui ! Le thème unique de la bande dessinée japonaise pour enfants est : comment devenir grand, comment contrôler mes instincts égoïstes. Comment trouver un but concret, modeste mais proche de moi, pour lequel je puisse me dévouer : protéger mes amis, réaliser un rêve, et surtout, ne jamais faillir au respect de moi-même. Réussir ou échouer n'est pas important, l'important c'est d'avoir persévéré et de ne pas quitter le combat avant d'avoir grandi. Oui, dans la bande dessinée japonaise, il y a la gagne, une volonté farouche de dépasser les barrières sociales ou économiques, mais tournée vers la victoire sur soi-même plus que sur l'autre. Le grand danger de l'enfance est la perte de sa propre dignité : car une seule lâcheté se traîne toute la vie. Tel est le schéma général sur lequel sont construits la quasi-totalité des mangas pour les enfants.

Ce schéma se retrouve d'ailleurs dans les titres pour adultes. Hinako Sugiura, parfaite connaisseuse des mentalités du Japon ancien, situe tous ses récits dans l'ancienne Tokyo au tournant du XIXe siècle, dans une esthétique directement inspirée des estampes de Hiroshige[11] et Hokusai[12].

Patrick Honnoré, « Manga. La BD au goût de saké » © *Enjeux-Les Échos*, juin 2007.

4. Auteur de bandes dessinées (*Les Passagers du vent*).

5. Dessinateur de BD, créateur d'Adèle Blanc-sec et adaptateur en BD des romans de L. Malet (personnage de Nestor Burma).

6. Contes de fées et légendes à tendance fantastique.

7. Roman de Louis Pergaud (1912).

8. Récit d'enfance de Marcel Pagnol (1957).

9. Roman à tendance autobiographique de Marcel Proust (1927).

10. Adjectif utilisé pour caractériser ce que certains jugent vulgaire, clinquant, et de mauvais goût.

11. Dessinateur, graveur et peintre japonais (1797-1858).

12. Peintre japonais (1760-1849) dont les tableaux ont inspiré certains peintres français du XIXe siècle.

DOCUMENT 2

Doués de pouvoirs surnaturels mais affligés d'une gestuelle sans finesse, vindicatifs, voire violents, les héros de mangas, créatures mi-hommes mi-enfants, ont depuis quinze ans investi les écrans européens à l'heure du goûter. Non sans inquiéter les parents. Chéris des six-quatorze ans, Goldorak, les Chevaliers du Zodiaque et autre Dragonball Z ont fait, notamment en France, la mauvaise réputation de cette forme de dessins animés venue du Japon. […][1]

Bande dessinée à l'origine, le manga (littéralement : « *image dérisoire* ») doit son nom à Katsuhika Hokusai, célèbre peintre du début du XIXe siècle, qui nomma ainsi les quinze volumes d'un ensemble de caricatures. Cette ascendance lointaine et profonde peut expliquer l'incroyable popularité des mangas. Nés peu après la seconde guerre mondiale, adaptés aux différents âges de la vie (surtout de l'homme), d'inspiration « heroic fantasy[2] » ou puisant leur source dans la vie quotidienne, ils sont lus à toute heure et en tout lieu. Surtout constitués d'images, ces recueils de l'immédiateté – chaque page se lit en quelques secondes –, épais, pour certains d'entre eux, comme des annuaires téléphoniques, absorbent aujourd'hui un tiers du papier imprimé au Japon, pour une facture de 36 milliards de francs[3] par an.

Lecture favorite dans les files d'attente de métro, les halls de gare ou d'aéroports, consommés puis jetés, ils n'ont pas manqué le rendez-vous du marchandisage et des produits dérivés. Au pays du manga, le yen[4] est roi : magazines, cartes de collection, posters, figurines, jeux vidéo et surtout films d'animation savent servir et honorer ses héros.

En marge de cette production pléthorique qui a su s'exporter existent des œuvres plus méconnues, d'une grande richesse stylistique. Ainsi *Jumping*, petit chef-d'œuvre tragicomique réalisé par Osamu Tezuka, le Walt Disney et le Hergé du manga. À ne pas manquer, le sombre *Picadone* de Renzo Kinoshita : récit d'une journée qui semblait si ordinaire en ce matin du 6 août 1945… à Hiroshima.

Jean-Jacques Larrochelle © *Le Monde*, supplément TV et radio, 3 mars 1998.
Illustration tirée de *Gunnm*, de **Yukito Kishiro** © éd. Glénat.

1. Suit un court paragraphe présentant la soirée Théma, « Manga, Mangaka », consacrée aux mangas sur la chaîne Arte.
2. Genre littéraire anglo-américain mêlant le fantastique et la science-fiction dans des récits inspirés de mythes, de légendes et d'épopées.
3. Environ 5 milliards et demi d'euros.
4. Monnaie japonaise.

DOCUMENT 3

Le triomphe est tel que le marché sature. Les chiffres donnent le tournis. Au moins 40 millions de Japonais lisent un manga par semaine. Parmi les quinze magazines imprimés à plus d'un million d'exemplaires, dix sont des revues de mangas de 250 à 500 pages, dont le tirage peut avoisiner 6 millions d'exemplaires. Comme le constate Nicolas Finet, directeur d'ouvrage du futur *Dicomanga* (en librairie fin 2007 aux éditions Fleurus) et chargé de mission pour l'Asie du festival d'Angoulême, « *avec ses mangas, gigantesque industrie de papier, le Japon a réussi à bâtir une synergie de l'image qui triomphe dans le monde entier* ».

Mais le succès a aussi son revers : les mangas de plus en plus *gore*[1] favoriseraient, pêle-mêle, la rébellion antiparentale et antisociale, la violence à l'école, les délits sexuels, la délinquance juvénile. Dans un récent rapport, vingt-cinq parlementaires japonais souhaitent ainsi que soit « *considéré un contrôle* » sur « *l'expression excessive de la violence et du sexe* », compte tenu de son « *impact négatif sur les jeunes* ». Au gré de la polémique alimentée par des élus conservateurs, la police, des sectes religieuses, des associations de familles ou de parents d'élèves, une frange de l'opinion réclame donc des lois, un contrôle des éditeurs, une police des mœurs.

Spectres et démons

« *Il y a un boom sur les mangas violents et ceux destinés aux fantasmes masculins* », confirme Tomomi Fujita. Perruque violette, costume de Candy et lentilles de contact bleu translucide, Tomomi est vendeuse au grand magasin Mandarake, un eldorado[2] du manga qui offre la palette complète du genre : histoire, science-fiction, *eroguro* (érotiques et grotesques), *gekiga* (sociaux et réalistes), *josei muke* (pour femmes), *seinen* (pour adultes), *shojo* (pour jeunes filles), *honen* (pour garçons), etc. « Devil Man, dit-elle, *est un des titres les plus adulés des lycéens. Si on le lit, la tête déraille. On finit le cœur brisé. Cassé en deux.* » Ce manga est aussi le préféré de Taro, 19 ans, étudiant en droit à l'université Chuo à Tokyo. « *Ma mère m'interdit de le lire. Car c'est très violent, avec des têtes coupées, du sang qui gicle à chaque page. La fin est un cauchemar.* »

Pour avoir la paix, Taro va le lire en douce dans des *mangas kissa*. Dans ces cybercafés ouverts vingt-quatre heures sur vingt-quatre, les bédéphiles[3] viennent se repaître de planches aux dessins frisant la perfection, peuplées de personnages déments, de jeunes filles dévergondées ou suicidaires, d'un enfant sauvant le monde de l'apocalypse nucléaire, d'attendrissantes majorettes protégeant le Japon de l'attaque d'un mouton géant, de collégiens persécutés, de pilotes kamikazes, de héros cybernétiques, de fantômes et spectres inquiétants… […]

Matsu Akira, sénatrice de choc élue sous l'étiquette du Nouveau Komeito (parti proche du PLD au pouvoir et de la secte bouddhiste Sôka Gakkai), est convaincue de la nécessité d'un contrôle. Dès 2004, face à une commission parlementaire, elle affirmait que « *les contenus extrêmes des mangas ont un impact très nocif sur les jeunes. La Constitution garantit la liberté d'expression. Mais dans le cas des mangas, nous ne pouvons pas admettre que cette liberté soit illimitée.* » Un discours qui gagne du terrain.

Depuis que l'Association de protection infantile a fait savoir, l'hiver dernier, que « *30 % des mangas adultes en vente sur Internet, contiennent des descriptions d'actes sexuels impliquant des enfants* », la police a fermement invité certains éditeurs à la « *retenue* ». Et ce, au nom de la « loi sur les livres nuisibles » (sic). Quatre titres « *nuisibles* » ont déjà été retirés de la vente. Après Osaka, l'an passé, la préfecture de Kyoto a annoncé, en juin, qu'elle s'attaquait aux « *mangas nuisibles* ».

Michel Temman, « Maudits mangas » © *Libération*, 11 juillet 2007.

1. Qui privilégie les scènes sanglantes.

2. Sorte de paradis du manga, où l'on trouve toutes les productions.

3. Néologisme pour désigner les amateurs de BD.

DOCUMENT 4

Keiji Nakasawa, *Gen d'Hiroshima* (1973), traduit du japonais par V. Zouzoulkovski, tome 2, p.15 © éd. Vertige Graphic, 2003, 2004.

TABLEAU

Grandes orientations / Documents			
Document 1 :		– Les dessins de mangas ont une grande force, certains sont des chefs-d'œuvre. – Le manga a une fonction éducative et morale : il apprend à grandir.	
Document 2 :	– Développement très important des dessins animés et BD japonais, les mangas, depuis 15 ans. – Indication de l'origine des mangas.		
Document 3 :	– Triomphe commercial d'ouvrages très appréciés par les Japonais.		– Développement de mangas « gore » caractérisés par la violence, la révolte.
Document 4 : Keiji Nakasawa, *Gen d'Hiroshima* 2003, 2004 **Genre :** planche de manga **Thème :**			
Classification des idées en sous-thèmes	A. B. C.	A. B. C.	A. B. C.

Exercice 1

Reprenez les documents l'un après l'autre et présentez-les dans la colonne 1. Puis reformulez leurs idées pour remplir toutes les cases ou parties de cases blanches du tableau, à partir de ce qui y figure déjà.
À mesure que vous remplissez le tableau, déterminez les trois grandes orientations qui pourront constituer le plan de la synthèse et complétez ainsi la première ligne horizontale. Ne remplissez pas la dernière (« Classification des idées en sous-thèmes »).

Exercice 2

Une fois le tableau rempli, sauf la dernière ligne, relisez le contenu des colonnes 2, 3 et 4 et classez les idées qu'elles contiennent pour définir les trois sous-thèmes de chaque grande orientation en leur donnant un titre. Vous remplissez ainsi la dernière ligne. Cherchez ensuite un principe d'organisation de chaque série de sous-thèmes : dans quel ordre logique (A,B,C) est-il possible de les classer ?

Exercice 3

Vérifiez la cohérence de l'ensemble : chaque grande orientation l'une par rapport à l'autre ; chaque sous-thème par rapport à la grande orientation dans laquelle il se trouve et par rapport aux autres sous-thèmes.

Exercice 4

Voici, en relation avec le corpus sur les mangas, dans le désordre, trois titres de grandes orientations (I, II et III) et neuf titres de sous-thèmes, trois titres (A, B, C) par grande orientation.

1. En vous aidant du contenu du tableau, organisez ces titres pour construire un plan correspondant au corpus : **I**/A, B, C ; **II**/A, B, C ; **III**/A, B, C.

1. Les raisons qui peuvent expliquer un tel succès — 2. Nature et origine des mangas — 3. Les mangas sont associés à d'autres éléments divertissants et sont un excellent passe-temps — 4. Mais les mangas suscitent des prises de position négatives – 5. Des chiffres impressionnants — 6. Les mangas plaisent par leurs caractéristiques graphiques et narratives — 7. Qui sont les lecteurs de mangas ? — 8. Les mangas apprennent aux enfants à grandir et ont une portée morale — 9. Les mangas constituent un phénomène culturel remarquable et de grande ampleur — 10. On observe une dérive des mangas vers l'horreur, le sanglant, le très violent et même vers la pédophilie — 11. On les accuse de développer un esprit de refus de la société et de l'autorité — 12. Les mangas ont une mauvaise réputation du fait de la nature de leurs dessins.

2. Précisez, pour chacune des grandes orientations et des sous-thèmes énoncés, quels sont les documents concernés.

3. Expliquez pourquoi l'idée de la violence des mangas pourrait figurer simultanément dans deux grandes orientations du plan. Précisez lesquelles.

PROLONGEMENTS

LEXIQUE

EXERCICE 1

Voici une série de mots et d'expressions extraits du corpus sur les mangas. Trouvez-leur un ou plusieurs synonymes. Dans le cas des expressions, c'est le (ou les) mot(s) souligné(s) qu'il faut remplacer.
DOCUMENT 1 : *un savoir immémorial • une esthétique • ne jamais faillir au respect de moi-même • réussir ou échouer • ne pas quitter le combat ;*
DOCUMENT 2 : *surnaturels • vindicatifs • consommés ;*
DOCUMENT 3 : *le marché sature • le succès a aussi son revers • la polémique • une frange de l'opinion • des dessins frisant la perfection.*

EXERCICE 2

À propos des mangas, qui suscitent des jugements opposés, trouvez quelques adjectifs pouvant être interprétés dans deux sens contradictoires :
EX : dans les mangas, les textes sont **simples**.
1/ Ils sont creux.
2/ Ils sont faciles à comprendre.

EXPRESSION ÉCRITE

EXERCICE 3

Sur un mode informatif (« *La vignette 1 montre...* », « *On voit...* »), présentez les vignettes successives qui composent la planche extraite de *Gen d'Hiroshima* (p. 197). N'oubliez pas le sens de lecture des mangas, du haut à droite en bas à gauche.

EXERCICE 4

1. Reprenez sous la forme d'un paragraphe narratif le contenu de la planche de manga qui constitue le document 4 (p. 197). Faites ce récit au passé et à la troisième personne. Utilisez tous les éléments qui figurent sur les vignettes et traduisez en mots les émotions qui sont exprimées par le dessin et par les onomatopées.
2. Faites ensuite le même récit mais à la première personne, d'abord en considérant que vous êtes le narrateur présent à la scène, et qui signale ce qu'il voit et ressent, puis, dans une autre version, en considérant que vous êtes le jeune personnage.

ACTIVITÉS ORALES

EXERCICE 5

Préparez un exposé d'une quinzaine de minutes dans lequel vous présenterez les mangas : origine historique, nature, caractéristiques, thèmes récurrents, jugements portés sur cette « famille » de bandes dessinées.

EXERCICE 6

Organisez un débat contradictoire entre adeptes de la lecture des mangas et opposants à cette littérature. Travaillez à partir d'exemples précis et de documents exprimant des prises de position diverses.

RECHERCHES

EXERCICE 7

On sait que le peintre japonais Hokusai (1760-1849) est à l'origine des mangas. Il a également eu une influence sur la peinture française du XIXe siècle. Faites une recherche pour montrer certains de ses tableaux les plus célèbres et pour expliquer l'importance de la peinture japonaise pour certains peintres impressionnistes français de la seconde moitié du XIXe siècle.

CHAPITRE 20 La synthèse : entraînement, corpus sur la réforme de l'orthographe

*Voici un **corpus** composé de quatre **documents** sur le thème de la réforme de l'orthographe. Lisez-les attentivement puis établissez le plan en suivant les différentes étapes qui sont données après l'ensemble de ces documents.*

CORPUS sur le thème de **la réforme de l'orthographe**

DOCUMENT 1 : Jean-Paul Sartre, *Les Mots* (1964), partie 2, « Écrire » © éd. Gallimard.

DOCUMENT 2 : Danièle Manesse, « L'orthographe fout le camp, ou comment sortir de la désolation » dans *L'École et les parents* (2000), ouvrage dirigé par Philippe Meirieu © éd. Plon.

DOCUMENT 3 : Françoise Ploquin, « Faire vivre l'esprit de réforme » © *Le Français dans le monde*, janvier-février 2001, n° 313.

DOCUMENT 4 : *Sans Bescherelle, t'as tout faux*, **publicité Hatier**, 2007, agence Dufresnes et Corrigan.

DOCUMENT 1

J'étais le premier, l'incomparable dans mon île aérienne[1] ; je tombai au dernier rang quand on me soumit aux règles communes.

Mon grand-père avait décidé de m'inscrire au Lycée Montaigne. Un matin, il m'emmena chez le proviseur et lui vanta mes mérites : je n'avais que le défaut d'être *trop* avancé pour mon âge. Le proviseur donna les mains à tout[2] : on me fit entrer en huitième[3] et je pus croire que j'allais fréquenter les enfants de mon âge. Mais non : après la première dictée, mon grand-père fut convoqué en hâte par l'administration ; il revint enragé, tira de sa serviette un méchant papier couvert de gribouillis, de taches et le jeta sur la table : c'était la copie que j'avais remise. On avait attiré son attention sur l'orthographe – « le lapen çovache ême le ten »[4], – et tenté de lui faire comprendre que ma place était en dixième préparatoire[5]. Devant « lapen çovache » ma mère prit le fou rire ; mon grand-père l'arrêta d'un regard terrible. Il commença par m'accuser de mauvaise volonté et par me gronder pour la première fois de ma vie, puis il déclara qu'on m'avait méconnu ; dès le lendemain, il me retirait du lycée et se brouillait avec le proviseur.

Je n'avais rien compris à cette affaire et mon échec ne m'avait pas affecté : j'étais un enfant prodige qui ne savait pas l'orthographe, voilà tout.

Jean-Paul Sartre (1905-1980), *Les Mots* (1964), partie 2, « Écrire » © éd. Gallimard.

1. Allusion à l'appartement d'un étage élevé où l'enfant vit avec son grand-père et sa mère.
2. Crut tout ce qu'on lui disait.
3. Équivalent de la classe de CM1.
4. « Le lapin sauvage aime le thym ».
5. Cours préparatoire.

DOCUMENT 2

En 1990, une réforme de l'orthographe française provoque des réactions passionnelles et suscite des réflexions dont rend compte ici la linguiste Danièle Manesse.

Détruire l'orthographe ? Non, la simplifier !

La campagne de presse qui a précédé la publication de ces modifications orthographiques du 6 décembre 1990 valait son pesant d'or. J'en ai gardé des traces croustillantes : « fin du style », « prime aux cancres », « on ne pourra plus lire Corneille dans le texte ». C'est Jean d'Ormesson[1] qui a écrit cette dernière phrase. A-t-il lu quelquefois Madame de Sévigné[2] dans le texte ? En voici un échantillon : « *Monsieur vous me permettres de souhaitter la paix car ietrouve auec vostre permission quune heure de Conuersation vaut mieux que cinquante lettres, quand vous seres icy etque iauray lhonneur devous voir ievous feray demeurer dacort quela guerre est vne fort sottechose...* »

Ne parlons pas du glorieux Jean Dutourd[3], qui prononça ces paroles historiques après la publication d'un document par le groupe de travail chargé des rectifications en 1989 : « *L'orthographe n'est pas faite pour être simple. Un mot n'est pas un aboiement de chien exprimant la colère ou la douleur [...]. Chaque mot français contient en abrégé l'histoire de notre race, et, par l'étymologie, on descend jusque dans l'Antiquité celte, romaine ou grecque* »... Ben, voyons, Julien[4] !

Il y a pourtant de bons arguments pour vouloir rectifier l'orthographe ! Pour l'essentiel, l'orthographe d'aujourd'hui fut définie et arrêtée dans son évolution, au XVIIIe siècle. Dans bien des pays – le Portugal, l'Espagne, l'Italie, la Russie, l'Allemagne, la Hongrie... – on a ajusté la graphie de la langue au fur et à mesure du déroulement de l'histoire pour qu'elle suive les évolutions de la langue parlée, et on le fait encore. Chez nous, on n'enregistre aucun changement significatif depuis près de trois siècles ! Connaître cette donnée objective et la faire connaître, ne conduit pourtant pas nécessairement à vouloir révolutionner l'orthographe. Julien pense qu'on devrait écrire « toujours comme ça se prononce ». C'est un rêve sans espoir. Mais il faut lui expliquer pourquoi.

Pourquoi on ne peut pas écrire « comme ça se prononce »

Bien des arguments s'y opposent en effet : des arguments d'ordre *linguistique*, d'abord. L'orthographe contribue à la construction du sens à l'écrit. Par exemple, la langue française possède un certain nombre de mots d'une seule syllabe qui, si on les prononce, ont tous le même son (en termes savants ce sont des « homophones monosyllabiques ») : *sein, saint, ceint, sain ; temps, tant, taon ; met, mai, mais*, etc. C'est l'orthographe qui permet de les départager. En d'autres termes, pour qui la connaît, l'orthographe française donne à « voir » le sens des mots, elle n'est pas la simple transcription des sons.

Encore un exemple. Dites, oralement, « *leur bonté la submerge...* », puis dites, toujours oralement, « *leurs bontés la submergent...* ». Quelqu'un qui vous a écouté n'a pas entendu que vous êtes passé du singulier au pluriel. Ces deux marques grammaticales sont, le plus souvent, muettes en français, ce qui n'est pas le cas en espagnol, ni en anglais, ni en italien etc. Cette information, inaudible dans le français d'aujourd'hui, c'est l'orthographe qui contribue à la fournir lors de la lecture.

Il existe aussi des arguments *sociaux*. C'est vrai que l'œil du lecteur s'est, depuis longtemps, accoutumé aux formes écrites de la langue : nous trouverions étrange de lire et d'écrire *le printan, un home, la filosofie*. Un grand nombre des formes considérées aujourd'hui comme les seules « correctes » sont inexplicables pour la plupart des gens qui les écrivent. Néanmoins, elles sont entrées dans la culture populaire, au point d'être intériorisées comme des formes rationnelles. Et l'attachement à l'ortho-

1. Écrivain français né en 1925.
2. Célèbre épistolière du XVIIe siècle (1626-1696).
3. Écrivain français né en 1920.
4. Adolescent mis en scène par l'auteur du texte.

graphe du français est ancien. Il n'est pas seulement le fait d'aristocrates des Lettres jaloux de leur pouvoir ; il fut longtemps porté par les instituteurs eux-mêmes, ces fils du peuple privés de latin, qui en firent « leur science » au XIXe siècle.

Quoi qu'il en soit, on ne devrait jamais parler de *faute* d'orthographe mais, tout simplement, d'*erreur*. Car la justification de bien des formes orthographiques est impénétrable : Julien n'enfreint pas délibérément des règles, ce qui serait commettre une « faute ». Il choisit des formes qu'il suppose appropriées, et il se trouve qu'il se trompe.

Danièle Manesse, « L'orthographe fout le camp, ou comment sortir de la désolation » dans *L'École et les parents* (2000), ouvrage dirigé par Philippe Meirieu © éd. Plon.

DOCUMENT 3

Dix ans après la modeste réforme de l'orthographe voulue par le pouvoir politique et menée à bien par les linguistes de l'Académie française, les « réformistes[1] » se sont retrouvés pour faire le point. Échec ou réussite ?

En 1990, conscient des problèmes d'écriture que les difficultés orthographiques du français posent aux élèves de milieux défavorisés, et désireux de montrer le français comme une langue moderne, Michel Rocard, alors Premier ministre, a mis toute son énergie politique à provoquer une réforme de l'orthographe.

La réforme

Le mot même de *réforme* apparaît bien pompeux au regard des légères modifications autorisées pour mettre l'orthographe en cohérence avec la prononciation ou avec le bon sens. Le principe retenu était celui de l'acceptation des variantes. Deux graphies étaient possibles pour un même terme, aucune des deux ne pouvait être tenue pour fautive. Le Premier ministre s'entoura de linguistes et s'assura que l'Académie française qui, depuis sa troisième édition, n'a cessé, jusqu'au XIXe siècle, de modifier les graphies, s'associerait au projet. La commission aboutit assez vite à la publication de quelques principes qui aménageaient l'orthographe de 800 mots (ou de 1 300 si l'on tient compte des termes rares). Plus que les transformations elles-mêmes, l'important était de démontrer la capacité qu'a la langue de se réformer. Malheureusement, cette modernisation rencontra une farouche opposition. Les rectifications, dont le propos était de faciliter l'apprentissage de la langue, ont été rejetées par ceux-là même qu'elles devaient aider. On vit s'exprimer un purisme populaire, selon le mot de B. Cerquiglini[1], qui s'appliquait à défendre l'idée d'un patrimoine citoyen. Rarement se manifesta aussi clairement la sacralisation qui entoure en France la forme écrite de la langue.

Le scandale

Suivant la réaction publique, ou la provoquant, la presse a brossé un tableau extrêmement noir de l'entreprise. André Goose[1] rappelle qu'on a lu à l'époque des déclarations affirmant qu'il allait falloir réimprimer toute la littérature française, qu'il y aurait obligation (et non choix) d'appliquer les modifications, que l'orthographe allait devenir phonétique… *Le Monde* n'alla-t-il pas jusqu'à publier qu'à cause d'une telle réforme la « civilisation occidentale était menacée » ?

Ces réactions violentes ont vite fait d'amener les sceptiques à conclure à l'échec. C'est aller un peu vite en conclusion. Première avancée : le dictionnaire de l'Académie française – le seul à faire autorité dans le domaine en cas de procès par exemple – adopte les modifications. Le premier tome de la neuvième édition, que

1. Bernard Cerquiglini (Institut national de langue française) ; Pierre Encrevé ; Renée Honvault, Claude Gruaz ; Bernard Gardin ; André Goose.

l'on trouve sur l'internet[2], le prouve. Les dictionnaires les plus courants suivent avec plus ou moins d'enthousiasme. *Le Petit Robert* à 60 % (ce qui représente 5 % des mots touchés par la « réforme »), *Le Petit Larousse* et *Le Dictionnaire Hachette* à 40 %. Une soixantaine de revues, dont *Le français dans le monde*, se sont engagées à appliquer les modifications sans que les lecteurs soient choqués.

Le bilan établi par l'ANROE[3], l'association qui milite pour la réforme, montre que le mouvement autorisant les soudures a été bien suivi, ainsi que la régularisation des pluriels. Toutes les fois que les rectifications aboutissaient au doublement d'une lettre, la mesure a été rapidement intégrée. En revanche, constat d'échec sur le déplacement du tréma et la suppression des accents circonflexes sur i et u.

Les enseignants frileux

Et les enseignants, dans tout cela ? Du côté des maîtres, le bilan est mitigé. Premier regret : le ministère de l'Éducation nationale n'a pas diffusé la liste des mots touchés. Alors que l'ANROE avait obtenu la promesse d'une distribution à grande échelle, un remaniement ministériel a fait culbuter le projet. Interrogés, les maîtres ont un discours conservateur assez proche de l'opinion commune. Ils invoquent les années qu'ils ont passées à maîtriser cette discipline et souhaitent que le circuit de reproduction soit maintenu. Conscients de la fonction de distinction sociale qu'assure la connaissance des bizarreries orthographiques, ils sont les artisans inconscients d'une société exigeante sur le respect de critères partagés. Cette position spontanée fléchit généralement devant une argumentation fondée sur l'histoire : les manuscrits des écrivains classiques présentent une orthographe qui serait aujourd'hui jugée lourdement fautive (dans Corneille : *nuict, lict, coulpable, subjet, blasmer, obeyr, ayde*, etc.). Ils conviennent généralement aussi que le coût cognitif de l'apprentissage est considérable. Il faut huit à dix ans à un petit Français pour orthographier correctement, temps qui pourrait être employé à l'acquisition de pratiques nuancées de l'écriture ou à la création. Le petit Italien, lui, ne connaît pas ce genre de souci : en deux ans, ses mécanismes orthographiques sont en place.

[…][4]

Le cercle vicieux

En France, la modestie des réformes a irrité ceux qui auraient souhaité des aménagements plus importants et elle a révolté ceux qui, mal informés, ont cru à un bouleversement radical. Néanmoins, bien qu'avec une extrême prudence, la réforme a pénétré dans les dictionnaires les plus répandus, et un groupe de chercheurs travaille sur de nouvelles rectifications. La théorie de référence reste celle du plurisystème (c'est-à-dire de l'acceptation des variances), défendue par Nina Catach[5]. Les questions à l'étude sont celles de l'accord du participe passé (toujours accordé avec *être*, jamais avec *avoir*), de la simplification des lettres grecques et de la graphie des mots d'emprunt. L'essentiel reste de maintenir l'esprit de réforme auprès des spécialistes et du public.

Si l'orthographe était la seule affaire des linguistes, voilà longtemps qu'elle serait rajeunie, mais elle est l'affaire de tous et son maître incontesté est l'usage. Usage que les lexicologues, auteurs de dictionnaires, prétendent trouver dans les écrits courants comme les journaux, pendant que les correcteurs de presse s'abritent derrière la graphie proposée par les dictionnaires…

Françoise Ploquin, « Faire vivre l'esprit de réforme » © *Le Français dans le monde*, janvier-février 2001, n° 313.

N. B. : Le chapeau de présentation et les notes 1, 2 et 3 appartiennent au texte original.

2. La huitième édition est intégralement disponible sur l'internet.

3. ANROE : Association pour l'information et la recherche sur les orthographes et les systèmes d'écriture. 4 passage Imberdis, 94700 Maisons-Alfort.

4. Suit un paragraphe d'une douzaine de lignes consacré à l'exemple belge.

5. Linguiste française, spécialiste des questions d'orthographe.

DOCUMENT 4

Sans Bescherelle, t'as tout faux, publicité **Hatier**, 2007, agence Dufresnes et Corrigan.

EXERCICE 1

1. Identifiez le genre des documents à partir de leur contenu et de leur paratexte et précisez le thème de chacun. Quels sont les deux documents les plus faciles à identifier ?

2. Préparez un tableau de classification des idées ; inscrivez dans la première colonne les données suivantes pour chaque document : auteur, date, titre, genre et thème.

EXERCICE 2

Sur le thème de « la réforme de l'orthographe », la lecture des documents vous donne-t-elle certaines orientations ? Si oui, inscrivez dans le tableau un ou deux titres (provisoires) de grandes orientations.

EXERCICE 3

Trouvez, reformulez et classez dans le tableau, en les y inscrivant, les différentes idées des documents et vérifiez ainsi la pertinence des grandes orientations déjà trouvées. Déterminez la problématique du corpus (et de la synthèse) en définissant la nature des articulations logiques entre les grandes orientations.

EXERCICE 4

1. Une fois remplies les colonnes du tableau, classez et regroupez les idées correspondant à chaque grande orientation pour faire apparaître leurs sous-thèmes.

2. Dans chaque colonne, trouvez à chaque groupe de sous-thèmes un principe de classification (A, B, C).

EXERCICE 5

Faites alors apparaître le plan sous la forme suivante, en ajoutant si nécessaire, une troisième orientation et les sous-thèmes qui la composent.

I. ....
A) ....
B) ....
C) ....

II. ....
A) ....
B) ....
C) ....

PROLONGEMENTS

LEXIQUE

EXERCICE 1

Sur le modèle des termes homophones (qui ont la même prononciation) cités par D. Manesse dans le document 2 (p. 201), donnez plusieurs groupes de termes prêtant à confusion sur le plan orthographique du fait de leur homophonie. Inscrivez ensuite chacun dans une courte phrase pour en faire comprendre l'orthographe.

EXERCICE 2

Sur le modèle « charrette / chariot » ou « imbécile / imbécillité », trouvez cinq anomalies orthographiques de la langue française.

EXPRESSION ÉCRITE

EXERCICE 3

Imaginez plusieurs formules grammaticalement erronées du genre de celle qui figure dans le document 4 (p. 204) et qui montrent les conséquences possibles d'une erreur orthographique. Replacez ces formules dans un contexte précis pour faire comprendre l'importance de bien s'exprimer (▸ FICHE 9, P. 295).

EXERCICE 4

En prenant pour modèle l'exemple rédigé qui figure p. 107 (chapitre roman), faites la présentation séparée de chacun des documents du corpus sur la réforme de l'orthographe.

ACTIVITÉS ORALES

EXERCICE 5

Inventez et présentez devant la classe une courte histoire (une nouvelle brève) à partir de la publicité pour le manuel de conjugaison Bescherelle.

EXERCICE 6

Préparez à destination de la classe un « mini-cours » d'orthographe dans lequel vous exposerez les règles d'accord des participes passés selon l'auxiliaire :
1/ avec les verbes transitifs,
2/ avec les verbes intransitifs,
3/ avec les verbes pronominaux.

EXERCICE 7

Organisez un jeu de rôle sur le thème « Faut-il réformer l'orthographe française ? ». Autour de l'animateur, chargé de distribuer la parole, regroupez les « personnages » suivants : un professeur de lettres ou de culture générale, un instituteur, un lycéen, un étudiant de BTS, une personne interrogée dans la rue et dont on ne connaît pas la profession, un animateur chargé de s'occuper de jeunes en voie de déscolarisation, un enseignant chargé de cours de FLE (Français langue étrangère), un directeur des ressources humaines (DRH) chargé du recrutement dans une grande entreprise. Parmi le reste de la classe, deux étudiant(e)s secrétaires de séance seront chargé(e)s de prendre des notes et de faire ensuite un compte rendu écrit. À la fin de la séance, le public sera invité à donner son avis sur les prestations observées (correction et pertinence de l'expression orale, respect des interlocuteurs, pertinence et intérêt du contenu, capacité de réagir, nombre et durée des interventions…).

CHAPITRE 21

La synthèse : rédiger les paragraphes et les introductions partielles

APPROCHES

Voici, en relation avec le corpus de synthèse sur le thème des mangas (chapitre 19, p. 193 ; tableau, p. 198 ; exercice 5, p 199), un ensemble comportant :
- le ***titre*** *d'un* ***sous-thème*** *(I-B) ;*
- les ***idées*** *appartenant aux différents documents du corpus et qui peuvent être regroupées sous le titre du sous-thème parce qu'elles vont dans le même sens ;*
- une proposition de ***paragraphe rédigé*** *regroupant les idées récapitulées, avec les références aux documents.*

Les exercices 1 à 4 (p. 207) portent sur cet ensemble.

Titre du sous-thème (I-B) : « Nature et origine des mangas ».

• **Idées du document 1** : grande richesse et dynamisme de la BD japonaise ; inspiration fantastique, goût de l'anticipation effrayante ; mangas associés à une culture très vivante de la BD ayant une influence sur les productions occidentales et réciproquement ; rythme, variété des points de vue, vie quotidienne ; thème récurrent, affronter la vie ; œuvres ayant une certaine naïveté ; vocation éducative et morale des BD, inspiration venue d'Hiroshige et d'Hokusai.

• **Idées du document 2** : bande dessinée japonaise, associée aux dessins animés venus également du Japon ; traduction du mot, « image dérisoire », noms de personnages, origine picturale (Hokusai) proche de la caricature, nature de l'inspiration : mélange de fantastique et de science-fiction, volumes très épais, mais vite lus, exemples de mangas différents, de registre tragique ou comique.

• **Idées du document 3** : orientation de certains mangas vers la violence et l'horreur ; mangas inspirant différentes formes de révolte et de contestation ; diversité de la production en fonction du lectorat ; inspiration venue de l'histoire et de la science-fiction.

• **Idées du document 4** : personnage enfant confronté au tragique de la guerre et à une situation d'adulte, la naissance de sa petite sœur alors qu'il vient de perdre son père et ses deux frères dans le bombardement d'Hiroshima ; simplicité et expressivité du dessin, caractère très limité des procédés graphiques utilisés (gros plans ; éléments caricaturaux).

Proposition de paragraphe rédigé

Les quatre documents permettent de savoir ce que sont ces mangas – traduction de l'expression « image dérisoire » – qui ont un tel succès, et d'où ils viennent. Il s'agit de bandes dessinées japonaises que J.-J. Larrochelle, auteur du document 2, associe aux dessins animés venus du même pays. Le document 4 donne un exemple de ces bandes dessinées qui sont inspirées des estampes et des caricatures de Hokusai et de Hiroshige, comme le signalent les articles de presse 1 et 2. L'extrait de

Gen d'Hiroshima montre à la fois un thème – l'enfance confrontée à l'horreur – et la nature du graphisme, ici marqué par une simplicité expressive : importance des gros plans pour rendre les physionomies assez caricaturales et les attitudes. Ce document montre aussi l'importance du thème historique – Hiroshima le jour de la destruction de la ville par la bombe atomique. P. Honnoré présente ces BD comme indissociables des productions européennes (Astérix par exemple), avec une influence réciproque. Au Japon, ce sont de gros volumes vite lus d'après le document 1. Les trois articles de presse signalent la diversité d'inspiration : mélange de fantastique et de science-fiction, histoire contemporaine, vie quotidienne, avec parfois une dérive vers le mauvais goût, l'horreur et la violence, vers différentes formes de contestation (parentale, sociale), ce qui apparaît surtout dans l'article de Libération. *P. Honnoré et J.-J. Larrochelle insistent sur la valeur et sur le dynamisme de la production des mangas. Selon l'auteur de l'article d'*Enjeux-Les Échos, *ces productions ont un pouvoir éducatif indéniable.*

EXERCICE 1

1. Faites apparaître la manière dont le titre du sous-thème se trouve intégré au paragraphe rédigé.

2. Montrez comment se trouvent développées les deux notions abordées dans la première phrase.

3. Une notion non explicitement annoncée dans la première phrase apparaît dans le paragraphe. Trouvez-la et dites en quoi elle s'inscrit de manière pertinente dans la « nature » des mangas.

EXERCICE 2

1. Étudiez comment les idées sont reprises sous forme rédigée dans le paragraphe proposé : donnez plusieurs exemples précis de transformation de phrases nominales figurant dans la liste des idées en phrases rédigées les synthétisant dans le paragraphe. Prenez appui sur le lexique pour répondre à cette question.

2. Le paragraphe proposé est le second d'une grande orientation : grâce à quels mots s'articule-t-il au paragraphe précédent (non donné ici) ?

EXERCICE 3

1. Définissez la position de l'auteur du paragraphe par rapport aux idées exprimées.

2. Étudiez la manière dont il est fait référence aux documents en récapitulant les formulations utilisées. Ces documents sont-ils cités à titre d'exemple ? Dites comment ils sont utilisés et déterminez le statut particulier du document 4.

EXERCICE 4

Observez le paragraphe proposé ci-dessus : comment les phrases sont-elles reliées les unes aux autres ? Comment cette manière de procéder peut-elle être justifiée ?

Voici un autre ensemble relatif au même corpus sur les mangas et comportant :
- le ***titre*** *d'un* ***sous-thème*** *(III-C) ;*
- les ***idées*** *appartenant aux différents documents et pouvant être regroupées sous le titre du sous-thème, parce qu'elles vont dans le même sens ;*
- une proposition de ***paragraphe rédigé*** *exposant les idées regroupées et indiquant à quels documents elles appartiennent.*

Les exercices 5 à 10 (p. 208-209) portent sur cet ensemble.

Titre du sous-thème (III-C) : « Dérive des mangas vers l'horreur, le sanglant, le très violent et même vers la pédophilie ».

• **Idées du document 1** : peu d'idée de violence des mangas dans le document 3 qui utilise juste l'expression « mauvais genre », mais qui fait référence aux parents qui se « pincent » le nez sans doute à cause du caractère malodorant (selon eux) de cette littérature…

• **Idées du document 2** : les personnages de mangas sont présentés comme « vindicatifs, voire violents ».

• **Idées du document 3** : accusations (au conditionnel) portées contre les mangas, qui seraient à l'origine de violence, de délinquance, de délits sexuels. Insistance sur l'existence de mangas que certains parents interdisent aux jeunes adultes, parce qu'ils sont « gore » et mettent en scène des personnages ultra-violents, à la limite de la démence, monstrueux, porteurs de mort et d'horreur ; propos cités d'une jeune vendeuse évoquant les conséquences brutales de la lecture de *Devil man* ; reprise (citation dans le texte) des propos d'une sénatrice qui condamne la violence des mangas et de ceux (également sous forme de citation) d'une association de protection des enfants, qui parle d'un pourcentage important de mangas montrant des « scènes de caractère sexuel impliquant des enfants » ; idée d'une censure nécessaire.

• **Idées du document 4** : la violence est présente dans le document 4, sur deux plans, violence de la douleur de l'enfant, marquée par les gros plans et la bouche très largement ouverte, violence suggérée plus que représentée du contexte historique : les destructions dues à la bombe atomique, qui réduit les êtres à des sortes de fantômes, d'ombres.

Proposition de paragraphe rédigé

Les jugements négatifs sur les mangas viennent enfin de la violence qui les imprègne. Les extraits de presse 1 et 2 parlent de personnages animés d'esprit de vengeance et brutaux ainsi que de lecteurs appréciant les « mauvais genres ». Patrick Honnoré, dans le document 1, évoque les réactions des parents, tentés de se boucher le nez avec dégoût. Les jugements négatifs les plus sévères viennent surtout du document 3, qui signale une véritable concentration de reproches émanant de diverses sources, avec quelques atténuations exprimées au conditionnel. Les mangas seraient responsables d'incitation à des délits sexuels, au point de conduire à une demande de contrôle par une police des mœurs. M. Temman reprend textuellement le point de vue d'une sénatrice qui, parlant du caractère nocif des mangas, envisage, pour leurs auteurs, une limitation de la liberté d'expression. Décapitations, sang partout, cauchemar, monstres, sont des images « gore » rendues responsables d'effets proches de la démence si l'on en croit les propos, au discours direct, d'une jeune vendeuse dont on rapporte les paroles. Enfin le reproche de pédophilie émanant d'une association de protection de l'enfance et visant les mangas pour adultes circulant sur Internet, a conduit à l'interdiction de vente de quatre ouvrages. Dans l'extrait de manga qui constitue le document 4, une extrême violence est perceptible dans la situation de Gen, mais c'est une violence liée à des circonstances historiques : l'enfant est confronté à l'insupportable douleur de la perte d'une partie de sa famille, à celle de l'enfantement de sa mère et, plus largement, à la violence des destructions de la bombe atomique. Cette violence est visible dans la manière dont l'enfant hurle sa douleur.

EXERCICE 5

1. Étudiez la manière dont se trouve intégré dans le paragraphe ci-dessus le titre du sous-thème : pour cela retrouvez les différents termes qui renvoient à ce titre et observez leur répartition dans le texte.

2. Ce paragraphe est le troisième de la troisième grande orientation de la synthèse (III-C) : trouvez comment il s'articule au paragraphe précédent et comment il se rattache au thème de la grande orientation (titre : « Mais les mangas suscitent des prises de position négatives »).

EXERCICE 6

1. Les idées des quatre documents sont-elles intégralement reprises dans le paragraphe proposé ci-dessus ?

2. Certains documents, ainsi que la liste des idées comportent des citations entre guillemets : observez ce que deviennent ces expressions dans le paragraphe rédigé ci-contre. Certains mots venant des documents sont conservés. Comment ce maintien peut-il être justifié ?

EXERCICE 7

Étudiez la manière dont est construit le paragraphe proposé ci-contre : observez pour cela la succession des idées qu'il exprime, les liens entre les phrases. Pourquoi ce qui concerne la violence du document 4 est-il placé à la fin ?

EXERCICE 8

1. Récapitulez à partir du paragraphe proposé ci-contre différents procédés permettant de signaler de quel document émanent les idées.

2. Que remarquez-vous concernant l'indication des « voix » auxquelles appartiennent certaines idées ? À qui appartiennent certains jugements portés sur les mangas ? Comment leur source est-elle indiquée ? Est-il important de bien signaler ces différentes sources ? Répondez de manière justifiée.

EXERCICE 9

1. Précisez quelle est la position de l'auteur de la synthèse par rapport aux idées qui viennent des différents documents. Par exemple, pourquoi cet auteur en vient-il à aborder la question de la violence dans les mangas ?

2. En quoi peut-on parler d'écriture objective dans le paragraphe proposé ci-contre ?

EXERCICE 10

En vous appuyant sur les exercices précédents, définissez la démarche de rédaction d'un paragraphe de synthèse. Quelles en sont les difficultés ?

EXERCICE 11

Voici le titre des grandes orientations I et III de la synthèse sur le thème des mangas. Chacun de ces deux titres est accompagné de l'introduction partielle rédigée qui reformule le titre et introduit les sous-thèmes rédigés lorsque l'on passe du plan au devoir rédigé.

Titre de la grande orientation I : « Les mangas, un phénomène remarquable et de grande ampleur ».

Proposition d'introduction partielle rédigée

La production, la vente et la lecture des mangas constituent un phénomène culturel remarquable et de grande ampleur, dont témoignent les documents du corpus : ils donnent des chiffres impressionnants, permettent de cerner la nature et l'origine de ces ouvrages et de définir ceux qui les lisent.

Titre de la grande orientation III : « Mais les mangas suscitent des prises de position négatives ».

Proposition d'introduction partielle rédigée

Il ressort pourtant du corpus que les mangas ne bénéficient pas uniquement de jugements positifs : à certaines critiques portant sur leur graphisme s'ajoute l'accusation de développer un esprit de refus et surtout une dérive vers la violence, l'horreur et même la pédophilie.

1. Observez et identifiez les éléments communs au titre et à l'introduction partielle qui lui correspond.

2. Que souligne le mot de liaison qui figure dans la seconde introduction ?

3. Que contient précisément chaque introduction ? Déterminez son rôle à partir de ses composantes.

EXERCICE 12

1. Retrouvez dans les deux introductions partielles (p. 209) les sous-thèmes (A, B et C) des grandes orientations I et III de la synthèse sur les mangas.

2. Justifiez la position de chacun des trois sous-thèmes dans chacune des deux grandes orientations.

EXERCICE 13

En prenant appui sur le rapprochement des idées reformulées et des paragraphes rédigés (p. 206 à 208), expliquez à quelqu'un qui ne les connaîtrait pas les caractéristiques de l'écriture de la synthèse de documents concernant :
– l'indication des sources des idées ;
– l'indication des différentes « voix » éventuellement présentes à l'intérieur des documents ;
– la manière de rédiger ;
– l'impératif d'objectivité.

Comment rédiger **les paragraphes et les introductions partielles**

La synthèse (voir p. 29) est un exercice qui demande de construire un **exposé écrit**. Il faut donc rédiger. L'exposé formule, en les regroupant de manière organisée, des **idées** qui figurent dans un corpus de **documents** et qui ont été identifiées et **déjà classées** lors de l'analyse des documents et de l'élaboration du plan. Les caractéristiques de l'exercice imposent des **contraintes d'écriture**.

Reprendre et exprimer les idées des documents

Le travail d'**expression des idées** dans les paragraphes n'est ni un **recopiage** des textes, ni un **montage** de citations. Il faut mettre ensemble des idées qui appartiennent à plusieurs documents et qui vont dans le même sens. À deux, trois ou quatre formulations, en fonction du contenu des documents, on substitue une **phrase synthétisante** qui exprime l'idée commune. Le travail de rédaction est toujours facilité par une préparation précise du regroupement des idées.

→ **EX :** en signalant, une seule fois et de manière rapide, que les mangas ont pour origine la peinture d'Hokusai, on indique une origine qui figure dans plusieurs documents. En faisant référence à la bombe d'Hiroshima, on fait apparaître une inspiration historique commune à certains mangas et qui se trouve révélée par deux documents. Pour ce qui est de la violence, plusieurs phrases sont nécessaires pour regrouper ce qui est commun aux documents. On peut noter que l'idée de violence figure déjà dans les références à Hiroshima.

Indiquer les sources des idées

La synthèse ne comporte **aucune idée extérieure** aux documents. Toute idée exprimée provient d'un document qui doit être identifié et **désigné comme source**. Il faut donc avoir à sa disposition différentes **formulations** pour signaler à quel document appartient telle ou telle idée. On peut citer, parmi les formules à utiliser : *d'après, selon – comme le rappelle, le souligne, l'exprime, le dit… – comme cela figure dans tel document – si l'on en croit tel auteur – la confrontation des documents X et Y révèle, fait apparaître, montre – la lecture, le rapprochement, la mise en regard des documents X et Y permet de comprendre – tel document complète tel autre sur le plan de… – tel document s'oppose à tel autre sur le plan de… sur la question de…*

Il faut aussi **respecter** – en les désignant clairement – les différentes « **voix** » qui peuvent se manifester dans un document (▸ FICHE 2, P. 285). On trouve en effet dans les documents des points de vue qui ne sont pas ceux du signataire du document, sous forme de **citations** ou de **paroles au discours direct**, pas seulement dans les entretiens, les dialogues, les échanges de propos (▸ FICHE 7, P. 292).

→ **EX :** dans le document 3 sur les mangas, l'auteur reprend – sans toujours faire savoir s'il y adhère ou non – les paroles prononcées par diverses personnes. Dans la synthèse, il est essentiel que chaque point de vue soit identifié.

Mettre en relief les articulations logiques

La synthèse comporte des **parties** (correspondant aux deux ou trois grandes orientations) précédées d'une introduction générale et suivies d'une conclusion (p. 217). Ces grandes parties ne sont pas simplement juxtaposées mais liées de manière logique, ce qui implique que leurs **articulations** – opposition, complémentarité, objection… – soient visibles (▸ FICHE 4, P. 287). Chaque partie commence par une **introduction partielle** qui annonce le thème traité (en I, II ou III) en précisant quels sont les sous-thèmes. Ces derniers correspondent à la classification A, B et C du plan et prennent la forme de paragraphes repérables grâce aux alinéas. L'ordre de ces paragraphes suit une **logique** – souvent une **gradation** – marquée par des **liens logiques** ou des **reprises** de termes.

→ **EX :** on peut retrouver cette organisation dans le chapitre 2, p. 29 à 31, qui propose une synthèse rédigée.

Rédiger une introduction partielle

Ouverture d'une partie (correspondant à une grande orientation), l'introduction partielle a pour fonction d'**annoncer** non seulement le thème traité dans cette orientation mais aussi l'organisation du contenu (sous-thèmes A, B et C). Quand il s'agit de l'introduction partielle de la seconde ou de la troisième partie, elle assure la jonction avec la partie précédente en soulignant la logique qui les relie.

→ **EX :** l'introduction partielle 1 proposée dans l'exercice 11 (p. 209) ne comporte pas de mot de liaison parce qu'elle est la première du devoir. L'introduction partielle 2 (p. 209) comporte l'adverbe « pourtant » qui marque une objection par rapport à ce qui précède.

Respecter l'objectivité

La synthèse impose de présenter les idées de manière objective (▸ FICHE 6, P. 290). L'auteur de la synthèse est donc tenu de ne manifester ni jugements, impressions ou réactions personnels par rapport aux idées traitées et d'éviter toute subjectivité : pas de mise en doute, d'ironie, de satire. Les idées sont à reprendre telles qu'elles sont. Celui (celle) qui rédige une synthèse doit se **mettre à distance**, ne pas utiliser la première personne, s'exprimer au **présent** de l'indicatif et de manière **impersonnelle**. Son rôle consiste à déterminer, regrouper et exprimer des idées qui ne sont pas les siennes et qui constituent la « matière » de la synthèse.

→ **EX :** on peut se reporter aux paragraphes et aux introductions rédigés de ce chapitre, ainsi qu'à la proposition de synthèse rédigée (chapitre 2, p. 29-31) pour observer l'objectivité de l'écriture.

APPLICATION

EXERCICE 14

Utilisez les idées récapitulées et exposées p. 206 pour composer et proposer un autre paragraphe exposant, avec les références qui conviennent, « La nature et l'origine des mangas ».

EXERCICE 15

Utilisez les idées récapitulées et exposées p. 207-208 pour rédiger un autre paragraphe exposant, avec les références qui conviennent aux documents, « La dérive des mangas vers l'horreur, le sanglant, le très violent et même la pédophilie ».

EXERCICE 16

Voici un ensemble relatif au corpus sur le thème des jeux vidéo dont les documents figurent dans le chapitre 18, p. 186 à 190. Cet ensemble comporte :
– le **titre** de la première **grande orientation** (I) ;
– les titres des **sous-thèmes** (I-A, I-B, I-C) ;
– les **idées** des documents qui correspondent au **sous-thème I-C** ;
– une proposition de **paragraphe rédigé** correspondant au sous-thème. Mais **attention** ce paragraphe est incomplet. Il manque à la fois certaines idées et certaines références. Les éléments qui manquent et qu'il faut indiquer, sont signalés par une indication en noir entre parenthèses.

Titre de la première des trois **grandes orientations** de la synthèse (I) : « Les jeux vidéo attirent de nombreuses critiques »

Titres des trois **sous-thèmes** qui pourraient figurer dans la grande orientation I :

I-A : « Pour certains représentants du système éducatif, le jeu vidéo n'apporte rien aux enfants. »

I-B : « Les jeux vidéo sont considérés comme dangereux pour la santé physique et mentale des enfants. »

I-C : « Un des reproches adressés aux jeux vidéo est d'être un loisir de masse abrutissant »

• **Idées du document 1** : le jeu vidéo est considéré par certains – mais pas par l'auteur de l'essai – comme un loisir de masse, dénomination qui comporte des connotations négatives avec comme justification que ce qui émane des foules est irréfléchi, de mauvaise qualité, abrutissant et contraire à l'idée de civilisation : l'auteur du document rapporte des points de vue qu'il ne partage pas. Il se réfère à un ouvrage intitulé *Psychologie des foules* sur lequel s'appuient les détracteurs des jeux vidéo. Ce même document évoque la déshumanisation par la machine, conséquence qui va dans le même sens que l'abrutissement dénoncé.

• **Idées du document 2** : à travers la reprise de supposés propos de parents (au début du document), idée qu'il est peu cohérent d'accorder un intérêt positif à des jeux qui véhiculent agitation et stupidité.

• **Idées du document 3** : le jeu vidéo peut être considéré comme un « opium du peuple », qui endort, « anesthésie » la jeunesse et fait d'elle un groupe facilement manœuvrable sur le plan social et sur le plan politique – Idée que ces jeux véhiculent une idéologie ultralibérale et militariste qui imprègne les joueurs et qui n'est pas assez surveillée.

• **Idées du document 4** : la notion d'abrutissement de masse n'est pas présente dans le document 4, qui n'apparaît donc pas dans le troisième sous-thème.

Paragraphe rédigé (incomplet)

Enfin, la dernière attaque contre les jeux vidéo consiste à les mettre au nombre des loisirs de masse, avec toutes les connotations négatives que comporte cette expression, et à les considérer comme des instruments de manipulation idéologique. Cette idée figure dans les documents… et… (donner les références). *S'attachent alors à ces jeux des jugements négatifs, que l'auteur du document…* (préciser le document) *emprunte à un ouvrage…* (préciser la nature et le titre de l'ouvrage)*, mais sans y…* (idée que l'auteur du document 1 ne partage pas l'idée en question)*, et que reprend et précise l'auteur du document…* (donner la référence)*. Il est question…* (donner ici de manière précise la nature des reproches, en reprenant une expression clé du texte et faire comprendre que l'auteur du document 3 y adhère)*. Le fait que les deux auteurs ne souscrivent pas aux mêmes idées montre à quel point les jeux vidéo suscitent de réactions passionnelles et contradictoires.*

1. En mettant en parallèle le paragraphe incomplet qui est proposé et les idées exprimées, retrouvez les reproches qui n'ont pas été formulés et donnez les différentes sources manquantes. Soyez très attentifs aux points de vue des auteurs des documents, et aux positions de ceux dont ils rapportent les points de vue.

2. Observez la dernière phrase du paragraphe ci-dessus : quel est son rôle en fonction de la place du paragraphe dans la synthèse ?

3. À partir de l'indication des différents sous-thèmes (A, B, C) de la première partie (correspondant à la grande orientation I, voir p. 211), rédigez l'introduction partielle de cette partie, puis proposez deux autres formulations qui auront la même fonction.

EXERCICE 17

Voici le titre du premier sous-thème de la première partie (I-A) de la synthèse sur les jeux vidéo et les idées qui correspondent à ce sous-thème. Regroupez ces idées pour rédiger un paragraphe comportant l'intégration du titre du sous-thème, les idées rédigées et organisées et les références aux documents.

Titre du sous-thème (I-A) : « Pour certains représentants du système éducatif, le jeu vidéo n'apporte rien aux enfants ».

• **Idées du document 1** : refus catégorique des jeux vidéo par un responsable informatique de collège : ces jeux ne sont pas pédagogiques, d'après ce responsable ; ils écartent les élèves de leur travail, sont assimilables à du néant, constituent un gouffre où se perd l'attention des élèves.

• **Idées du document 2** : une brève référence à l'étonnement des parents suggère indirectement leur analyse critique des jeux vidéo.

• **Idées du document 3** : le document 3 n'aborde la question du contexte scolaire que par le titre de l'article et par celui de la revue d'où il est extrait. Les deux utilisent le terme « pédagogique » et le titre de l'article est significatif.

• **Idées du document 4** : contexte scolaire reconnaissable sur l'image ; accusation prononcée par le professeur à l'encontre des jeux vidéo accusés d'être à l'origine de la violence ; accusation fortement mise à mal par la physionomie extrêmement violente du professeur ; registre satirique et ironique qui dénonce les idées toutes faites du milieu enseignant sur les effets des jeux vidéo.

EXERCICE 18

Voici un ensemble de 11 propositions concernant la rédaction des paragraphes et des introductions partielles d'une synthèse. Répondez par **Vrai** ou **Faux** à chacune.

1. Dans un paragraphe de synthèse, on juxtapose différentes idées dont chacune appartient à un document différent en commençant par : « Dans le document 1… », « Dans le document 2… », toujours dans l'ordre des documents.
2. On exprime les idées des paragraphes en reprenant des phrases entières venues des documents.
3. On peut, lorsqu'il s'agit d'un mot particulièrement important, et difficile à remplacer, reprendre en le mettant entre guillemets celui qui figure dans le texte. C'est le cas, notamment, de certains mots déjà mis en relief par l'auteur d'un document.
4. Si un document comporte une partie en discours direct, on doit reformuler les idées de ce discours, surtout s'il comporte plusieurs phrases, et surtout ne pas oublier de dire à qui ces propos appartiennent.
5. Si l'intervention au discours direct est brève et essentielle, on peut la reprendre sous forme de citation.
6. La reprise des idées se fait selon la formule « L'auteur nous dit que… », par exemple : « L'auteur du document 3 nous dit que certains mangas sont très violents ».
7. On doit nécessairement retrouver des éléments venus de tous les documents dans chaque paragraphe.
8. Il se peut qu'une même idée figure à plusieurs endroits de la synthèse, dans des contextes différents.
9. Toutes les idées qui figurent dans un document sont celles de son auteur et peuvent être reprises sous la forme « Selon l'auteur du document… »
10. Une idée figurant dans un seul document peut ne pas être reprise.
11. Le rôle de l'auteur d'une synthèse de documents est de sélectionner certaines des idées des documents et de les présenter ensuite sous une forme organisée en laissant croire que les idées viennent de lui.

PROLONGEMENTS

EXPRESSION ÉCRITE

EXERCICE 1

Reformulez chacune des phrases suivantes en signalant son auteur de manière différente, mais sans utiliser la formule de discours indirect : « La Rochefoucauld dit que… » Toutes ces phrases sont extraites des *Maximes* de La Rochefoucauld.

Exemple

– « On ne doit pas juger du mérite d'un homme par ses grandes qualités, mais par l'usage qu'il en sait faire. » → L'idée de La Rochefoucauld est que la valeur d'un homme s'apprécie surtout à la manière dont il se sert de ses qualités.

– « Rien n'empêche tant d'être naturel que l'envie de le paraître. »

– « Il y a de belles choses qui ont plus d'éclat quand elles demeurent imparfaites que quand elles sont trop achevées. »

– « Nous craignons toutes choses comme mortels, et nous désirons toutes choses comme si nous étions immortels. »

– « Il faut peu de choses pour rendre le sage heureux ; rien ne peut rendre un fol content ; c'est pourquoi presque tous les hommes sont misérables. »

EXERCICE 2

Reformulez les moralités suivantes, extraites de fables de La Fontaine, en indiquant, sous des formes différentes, à qui elles appartiennent. N'utilisez pas le discours indirect.

Exemple

– « En toutes choses il faut considérer la fin. » (Paroles prononcées par le Renard dans « Le Renard et le Bouc ») → Selon le Renard, c'est l'objectif qu'il faut considérer dans toute situation.

– « Chacun se dit ami ; mais fol qui s'y repose :
Rien n'est plus commun que ce nom,
Rien n'est plus rare que la chose. »
(Paroles prononcées par le fabuliste dans « Parole de Socrate »)

– « Chacun à son métier doit toujours s'attacher.
Tu veux faire ici l'Arboriste,
Et ne fus jamais que Boucher. »
(Paroles du Loup dans « Le Cheval et le Loup »)

– « Tout vainqueur insolent à sa perte travaille.
Défions-nous du sort et prenons garde à nous
Après le gain d'une bataille. »
(Paroles prononcées par le fabuliste dans « Les Deux Coqs »)

EXERCICE 3

Les phrases suivantes, extraites d'articles ou d'entretiens, comportent des marques de subjectivité. Identifiez ces marques puis reformulez chaque idée exprimée en la rattachant à son auteur, donné comme référence.

1. Malheureusement, les jeunes ne savent pas que le jeu vidéo prédispose à la pensée scientifique parce que l'école ne s'y intéresse pas et donc ne les aide pas à analyser leur pratique.

J. Perriault, « Le jeu vidéo apprend à gérer l'inattendu » © *Le Monde 2*, 28 octobre 2006.

2. L'usage de la micro-informatique est sans doute devenu une nécessité dans nos sociétés « post-industrielles », mais n'oublions pas que, dans le monde du travail, d'après plusieurs études menées sur la question, l'ordinateur est un outil générateur de stress […].

L. Trémel, « Les jeux vidéo, outil pédagogique ou vecteurs de l'idéologie dominante ? » © *Les Cahiers pédagogiques*, décembre 2006.

3. Question ventes, Taniguchi est loin de faire les scores de *Dragon Ball* ou de *Fruits Basket* ! Mais il donne au *manga* la respectabilité dont les grands éditeurs ont besoin pour entrer sur le marché sans avoir l'impression de déroger. C'est d'ailleurs fort bien ainsi, car le *manga*, c'est un univers extrêmement diversifié ; il y a de la place pour tous les genres. Qu'on traduise Taniguchi après Otomo ou Toriyama, c'est très bien : ça va amener de nouveaux lecteurs au *manga*.

Jean-Marie Bouissou, entretien mis en ligne le 31 mars 2005 (http://artelio.org/souche.php3?id_article = 1267)

CHAPITRE 22

La synthèse : rédiger l'introduction et la conclusion

APPROCHES

EXERCICE 1

Voici une proposition d'introduction rédigée pour la synthèse sur le thème des jeux vidéo (documents du corpus p. 186 à 190 et tableau p. 191).

Proposition d'introduction rédigée

Qu'ils s'appuient sur l'ordinateur ou sur des consoles diverses, les jeux vidéo connaissent un développement intensif, qui déclenche des réactions souvent passionnées et contradictoires. Quatre documents traitent de ce thème et soulignent ces oppositions. Le premier est un extrait d'essai écrit par S. Genvo en 2003. Son auteur expose les raisons pour lesquelles les jeux sont mal considérés dans le domaine scolaire, alors qu'un extrait d'article du magazine Le Monde 2, *de Pascale Kremer, datant de 2006, montre l'utilisation des jeux vidéo par des thérapeutes. Rejoignant les points de vue cités par S. Genvo, un dessin humoristique de Samson stigmatise les critiques qui viennent, sans réelles justifications, de certains enseignants. Enfin l'universitaire L. Trémel s'interroge, dans un article des* Cahiers pédagogiques *de 2006, sur l'utilisation des jeux : outils pédagogiques ou instruments de manipulation ? La composition du corpus et le contenu des documents orientent la synthèse dans les trois orientations suivantes : les critiques adressées aux jeux vidéo ; leur utilisation efficace dans certains domaines ; les conditions d'une utilisation positive.*

1. Lisez cette introduction attentivement, dites de quoi elle se compose et comment sont organisés les éléments à partir desquels elle est construite.

2. En particulier, dites comment se fait la présentation des documents.

3. Sur le thème général des jeux vidéo, quelle est la problématique envisagée ? À quels moments apparaît-elle dans l'introduction ?

EXERCICE 2

Voici une proposition d'introduction rédigée pour la synthèse sur le thème de l'exclusion (documents du corpus p. 103, 112, 63 et 117 et tableau p. 184).

Proposition d'introduction rédigée

Les SDF qui mendient dans les rues des villes, de manière sans cesse plus visible, attirent l'attention sur le phénomène de l'exclusion. Quatre documents de genre et d'époque différents abordent cette question sous des angles convergents. Ces quatre documents regroupent deux textes littéraires, un extrait de roman et un texte poétique mettant en scène des exclus. Le premier, au XIXe siècle, est le héros des Misérables, *de V. Hugo, Jean Valjean ; l'autre, au XXe siècle, est un anonyme affamé dans un poème de J. Prévert. Sur un plan plus sociologique, une conférence de J. Hassin datant de 2007 fait connaître les aspects de la vie dans la rue, dans des « conditions extrêmes », ce qu'illustre une œuvre d'E. Pignon-Ernest en 1978 montrant un couple expulsé de son logement. Ces différents documents font réfléchir sur les manifestations de l'exclusion, aident à en comprendre les causes et rappellent quelques solutions mises en place par les pouvoirs publics et par les organisations humanitaires.*

1. Dites de quoi se compose cette introduction et comment elle est structurée.

2. Étudiez la présentation des documents : qu'est-ce qui est donné à propos de chacun d'eux ? Comment sont-ils regroupés ? Par quelles formulations les regroupements sont-ils signalés ? Quels peuvent être les intérêts de ces regroupements, dès l'introduction ?

3. Par rapport au thème général traité, quelle est la problématique ? Où et sous quelle(s) forme(s) apparaît-elle ?

EXERCICE 3

Comparez les deux introductions (p. 215) pour mettre en évidence ce qu'elles ont en commun et ce sur quoi elles diffèrent.

EXERCICE 4

En vous appuyant sur les deux introductions données page 215, indiquez comment est composée et à quoi sert une introduction de synthèse.

EXERCICE 5

Voici une proposition de conclusion rédigée pour la synthèse sur le thème des jeux vidéo (documents du corpus p. 186 à 190, tableau p. 191 et introduction exercice 1 p. 215).

Proposition de conclusion rédigée

Il se révèle ainsi, à la lumière des documents du corpus, que les adversaires et les défenseurs des jeux vidéo pensent tous avoir de bonnes raisons de maintenir leurs positions, même si certaines semblent facilement réfutables. On peut s'interroger sur les véritables et profondes motivations qui font rejeter le jeu vidéo de l'univers scolaire et penser, par exemple, que les propos rapportés dans le premier document masquent simplement le refus d'une expérimentation pédagogique. Le point de vue exprimé par L. Trémel est de nature à susciter des inquiétudes. Mais il ressort de l'ensemble, que, comme c'est souvent le cas pour des inventions relativement nouvelles, il faut dépasser les jugements hâtifs et passionnels en comprenant que ce n'est pas la chose elle-même qui est bonne ou mauvaise, enthousiasmante ou répulsive, mais l'utilisation qu'on en fait.

1. Analysez cette conclusion pour dire de quoi elle se compose. Étudiez en particulier la reprise du thème, de la problématique et ce que la conclusion ajoute à ces éléments.
2. Repérez des articulations logiques et dites sur quoi elles attirent l'attention.

EXERCICE 6

Mettez en parallèle la conclusion et l'introduction de la synthèse sur le thème des jeux vidéo (exercices 1 et 5) : que pouvez-vous observer ? Qu'est-ce qui est repris en conclusion ? Qu'y a-t-il de nouveau ?

EXERCICE 7

Voici une proposition de conclusion rédigée pour la synthèse sur le thème de l'exclusion (documents p. 103, 112, 63 et 117, tableau p. 184 et introduction exercice 2 p. 215).

Proposition de conclusion rédigée

Ainsi, malgré des époques et des contextes différents, l'exclusion est un mal social qui ne disparaît pas. Si ses causes historiques ne sont pas toujours les mêmes, le phénomène demeure. Sa nature montre qu'il n'est pas facile de différencier causes, manifestations et conséquences, qui se mêlent en une sorte de cercle vicieux. Une chose, cependant, est certaine et les documents en témoignent. Les efforts déployés par diverses organisations sur le plan médical et simplement humain, l'aide apportée aux exclus, se heurtent à certaines caractéristiques de l'exclusion. Parmi celles-ci on peut citer la difficulté, pour ceux qui sont sortis ou ont été poussés hors de la société, de revenir à un mode de communication, à une conscience du temps et à un sens de l'avenir qu'ils ont perdus. Le texte de J. Hassin est à cet égard révélateur de la notion de « conditions extrêmes », qui ne sont pas celles de la vie dans le Grand Nord, mais celles qui existent et que l'on peut voir tout près de nous, dans les villes, au cœur de la richesse et de la civilisation.

1. Dites quelles sont les différentes composantes de cette conclusion et comment elle est structurée.

2. Observez la reprise du thème, de la problématique et dites sur quels aspects particuliers porte cette conclusion, notamment dans la première phrase et dans la dernière.

EXERCICE 8

Mettez en parallèle la conclusion et l'introduction de la synthèse sur le thème de l'exclusion (exercices 2 et 7) : quels sont leurs éléments communs ? Quelle progression peut-on observer de l'une à l'autre ?

EXERCICE 9

1. En vous appuyant sur les deux conclusions ci-contre (exercices 5 et 7), indiquez comment est composée une conclusion de synthèse, à quoi elle sert et quelles sont ses relations avec l'introduction.

2. Précisez quelles vous semblent être les difficultés posées par la rédaction d'une conclusion.

Comment rédiger **une introduction et une conclusion de synthèse**

Une synthèse de documents commence par une **introduction** et s'achève sur une **conclusion**, deux étapes qui encadrent l'exposé organisé des idées émanant des documents. La nature de l'exercice détermine la **fonction** et la **rédaction** de ces deux éléments.

L'introduction

Elle se fait en trois phases : une entrée en matière ou « accroche », la présentation des documents, l'annonce du plan. La problématique ressort de ces trois éléments.

• **La phrase d'accroche** : elle a pour fonction de faire savoir de quoi il est question dans le corpus de documents. Elle donne donc le **thème général**, puis elle précise de quoi il **va être question** plus particulièrement dans la synthèse. Il convient pour ce début de trouver une formulation en relation avec le corpus et avec la problématique (trouvée lors de l'analyse des documents) et non un constat trop général, qui s'adapterait à n'importe quel aspect du thème traité.

→ **EX :** pour les jeux vidéo (**thème général**), on ouvre l'introduction sur leur croissance et sur les interrogations qu'ils suscitent (**orientation particulière** qui fait apparaître la problématique). Pour l'exclusion (**thème général**), il est intéressant de constater une permanence mise en évidence par le corpus (de V. Hugo au XXIe siècle, **orientation particulière**, et historique), qui pose la question des divers efforts et moyens mis en œuvre pour la contrer (question essentielle qui constitue la problématique).

• **La présentation des documents** : il est important de faire savoir de quoi se compose le corpus. On donne donc, **sans ordre imposé**, l'auteur, le genre, la date et le thème de chaque document, en mettant l'accent sur ce qui peut être une caractéristique ou une originalité. Pour éviter de composer une liste monotone, on peut **regrouper les documents** en mettant déjà ensemble ceux qui sont proches, ou au contraire en soulignant des oppositions. Il peut être intéressant de mettre en relief leurs dates. On fait ainsi **jouer** les documents les uns par rapport aux autres et **surgir** des éléments de **problématique**.

→ **EX :** dans le corpus sur l'exclusion, on peut rapprocher d'un côté V. Hugo et Prévert, qui mettent en scène des personnages exclus, de l'autre J. Hassin et E. Pignon-Ernest, qui montrent l'exclusion sous d'autres aspects, non littéraires ; dans le corpus sur les jeux vidéo, on peut regrouper les deux documents qui évoquent l'univers scolaire.

• **L'annonce du plan** : le **thème**, les regroupements des **documents**, leur **contenu** et la **problématique** qui en ressort déterminent le plan, qui est en général donné en dernier. Les deux ou trois grandes orientations sont annoncées, de manière très explicite, pour que le lecteur sache ce qu'il va lire après. Parfois, l'annonce du plan peut prendre une forme plus implicite.

→ **EX :** la formulation « les trois orientations suivantes : » (p. 215, exercice 1) annonce très explicitement le plan en trois parties de la synthèse sur les jeux vidéo ; le titre de chaque partie est donné ensuite. En revanche, dans l'introduction de la synthèse sur l'exclusion (p. 215, exercice 2), le mot « orientations » n'apparaît pas, bien que les trois intitulés des grandes parties soient donnés.

La conclusion

La conclusion n'a pas une structure aussi contraignante que l'introduction. Sa fonction est de **faire le point** sur la problématique envisagée, en relation avec l'introduction. Son rôle est aussi d'**ouvrir la réflexion** dans une orientation nouvelle, née de la confrontation des documents et souvent implicite dans le corpus. Il est donc naturel que l'on retrouve dans la conclusion certains éléments déjà présents dans l'introduction, mais sous une forme différente, parce que la réflexion a évolué. Le **thème** général abordé et la **problématique** sont rappelés, ainsi que l'existence du corpus. Mais ces éléments sont accompagnés et complétés par des réflexions qui enrichissent le débat en ouvrant sur d'autres questions…

→ **EX :** la conclusion de la synthèse sur les jeux vidéo (p. 216, exercice 5) rejoint un constat fréquent dans le domaine des inventions technologiques : elles ne sont ni bonnes ni mauvaises en elles-mêmes. Leur valeur dépend de leur utilisation. Dans le cas de l'exclusion (p. 216, exercice 7), la conclusion, pessimiste, et qui peut expliquer la permanence du phénomène, est que lui-même génère des obstacles aux différentes solutions envisagées pour y remédier. Celles-ci sont donc particulièrement difficiles à mettre en place.

APPLICATION

EXERCICE 10

Reprenez les deux introductions rédigées qui figurent dans la partie « Approches » (exercices 1 et 2 p. 215), et proposez pour chacune d'entre elles une ou deux phrases d'accroche différentes.

EXERCICE 11

Réécrivez les deux introductions (exercices 1 et 2 p. 215), en conservant les mêmes données mais en les formulant différemment.

EXERCICE 12

Voici des éléments pouvant entrer dans la rédaction d'une introduction (corpus figurant dans le chapitre 19, p. 193 à 197) :

– **Thème général** : les mangas.

– **Aspect particulier** : l'extraordinaire succès de cette forme de littérature venue du Japon.

– **Problématique** : les interrogations sur les effets de ce succès compte tenu de certaines caractéristiques de ces œuvres, en particulier leur violence.

– **Les documents et certaines de leurs caractéristiques** :

• **Patrick Honnoré**, « Manga. La BD au goût de saké », *Enjeux-Les Échos*, juin 2007 : article présentant la nature, les caractéristiques des mangas, leurs relations réciproques avec d'autres types de BD, des exemples de personnages ; insistance sur une fonction éducative et morale de ces ouvrages, exemple à l'appui.

• **Jean-Jacques Larrochelle**, article du *Monde* extrait du supplément TV et radio du 3 mars 1998 : article présentant les mangas : nature, origine, diversité, utilisation, quelques exemples.

• **Michel Temman**, « Maudits mangas », *Libération*, 11 juillet 2007 : insistance sur l'ampleur chiffrée du phénomène ; précisions sur les différents types de mangas en fonction des lecteurs (hommes/femmes/filles/garçons) et de domaines envisagés (histoire/science-fiction/vie quotidienne...) ; expression de jugements négatifs et de demandes de censure contre les mangas jugés dangereux (incitation à la violence, à la contestation) et accusés de pousser aux crimes sexuels et à la pédophilie.

• **Keiji Nakasawa**, *Gen d'Hiroshima*, tome 2, éd. Vertige Graphic, 2003, 2004 : page d'une bande dessinée mettant en scène un enfant le jour du bombardement d'Hiroshima. Il vient de perdre son père et ses deux frères et sa mère vient d'accoucher d'une petite fille. Images représentant la ville détruite et l'enfant désespéré près de sa mère que personne n'aide.

– **Les trois grandes orientations de la synthèse** :

→ les mangas constituent un phénomène culturel remarquable et de grande ampleur ;

→ les raisons qui peuvent expliquer un tel succès ;

→ mais les mangas suscitent des prises de position négatives.

À partir de ces différents éléments, construisez et rédigez une introduction en prenant appui sur les exemples donnés dans la partie « Approches » et sur les éléments qui figurent p. 217 (« Comment rédiger... »).

EXERCICE 13

Voici un ensemble comportant : un thème, un aspect particulier du thème avec la problématique, quatre documents, et trois grandes orientations. À partir de ces éléments, rédigez l'introduction d'une synthèse dont les documents figurent p. 136, 115, 73 et 150 et le tableau p. 181.

– **Thème général** : la sauvegarde des forêts.

– **Aspect particulier et problématique** : les raisons qui expliquent le caractère indispensable de la sauvegarde des forêts.

– **Les documents** :

• **Anton Tchékhov**, *Oncle Vania* (1897), acte premier, traduit du russe par A. Adamov © éd. Flammarion, 1973. (p. 136)

• **Jules Supervielle**, extrait de « Arbres dans la nuit et le jour », dans *1939-1945, Œuvres poétiques complètes* © éd. Gallimard. (p. 115)

• **Josette Alia**, « Massacre au fond des bois » © *Le Nouvel Observateur*, n° 1835, 6-12 janvier 2000. (p. 73)

• photographie extraite du dossier de presse de **« L'Odyssée Verte »**, Espace Rambouillet (2007) © Office National des Forêts. (p. 150)

– **Les trois grandes orientations de la synthèse** :

→ les fonctions humaines des forêts et leurs explications ;

→ les fonctions écologiques des forêts ;

→ les fonctions économiques des forêts.

EXERCICE 14

Les éléments permettant de construire une introduction ont tous été mélangés. Dans les lignes qui suivent, vous trouverez ainsi : l'indication d'un thème qui pourrait constituer le titre de la synthèse, les quatre documents d'un corpus avec leurs caractéristiques thématiques, les trois grandes orientations du plan, une phrase d'accroche. Remettez de l'ordre dans ces éléments et sélectionnez ceux qui sont indispensables puis construisez et rédigez une introduction cohérente.

Bruno Escoubès, *L'État des sciences*, éditions La Découverte, 1991 : un extrait d'essai aborde la question des limites qu'il faut imposer à la science, du fait des risques que les découvertes font courir à l'homme • Risque et progrès • La valeur positive du progrès • **Albert Jacquard**, *Au péril de la science*, « Introduction », éditions du Seuil, 1982 : cet homme de science évoque la prise de conscience, par les scientifiques, de leurs responsabilités • les dangers inhérents à la science • **Émile Zola**, *Le Docteur Pascal*, 1893 : dans cet extrait de roman, un personnage exprime sa confiance dans la science et dans le progrès, tout en reconnaissant qu'il ne s'agit pas d'une révélation et qu'il faut du temps • Il est rare que l'on ne parle pas, à propos de découvertes scientifiques, d'effets secondaires comportant des risques souvent peu évaluables • Illustration de L. Benett pour **Jules Verne**, *Les 500 millions de la Begun* (1879) : ce document montre la place de l'homme face à une gigantesque machine : pouvoir ou faiblesse ? • La nécessité d'une réflexion collective.

EXERCICE 15

Exprimez en une phrase la conclusion logique qui ressort des trois grandes orientations de la synthèse sur la sauvegarde des forêts (exercice 13). Puis, en vous aidant des divers éléments du corpus (documents p. 73, 115, 136 et 150, tableau p. 181), rédigez une conclusion en écho à l'introduction demandée dans l'exercice 13 ci-dessus.

EXERCICE 16 Rédigez l'introduction de la synthèse sur la réforme de l'orthographe dont le corpus de documents se trouve p. 200 à 204. Envisagez et rédigez aussi sa conclusion.

PROLONGEMENTS

LEXIQUE

EXERCICE 1

Trouvez plusieurs formulations permettant d'annoncer le plan de la synthèse à la fin de l'introduction lorsque l'on veut que cette annonce soit très explicite.

EXERCICE 2

Établissez une liste de termes et d'expressions exprimant l'idée que l'on arrive à une conclusion dans un devoir rédigé.

EXPRESSION ÉCRITE

EXERCICE 3

Voici une série de thèmes et de problématiques abordés dans ce manuel à travers différents documents. Pour cinq problématiques au choix, proposez trois accroches d'introduction, en essayant de rester le plus près possible de la problématique et du thème proposés. Appuyez-vous sur l'exemple rédigé ci-contre.

Thèmes et problématiques

– L'exploitation des enfants en dépit de l'existence d'une convention internationale.
– Les modifications actuelles des relations entre les médecins et leurs patients.
– La difficulté de définir la notion de luxe et les différentes significations du mot selon que l'on se place d'un point de vue social ou moral.
– Les difficultés d'imposer la parité hommes/femmes dans différents domaines de la vie (études, vie professionnelle, vie politique) et l'origine de ces difficultés.
– La notion de voyage dans un monde sans cesse plus connu et exploité.
– L'importance de conserver un patrimoine industriel dont certaines réalisations sont des œuvres d'art.
– Les relations souvent difficiles entre l'homme et le travail : les distorsions entre les attentes et certaines réalités.
– La nécessité de protéger l'environnement forestier, élément essentiel de la biodiversité.
– Qu'est-ce qui fait un « bon acteur » ?
– Le développement de la vidéosurveillance ne nous emprisonne-t-il pas insidieusement ?

Exemple rédigé

Thème et problématique : l'omniprésence de la publicité et ses différents effets.

Accroches proposées :

1. *Il est difficile, de nos jours, d'échapper à la publicité qui semble envahir tous les espaces libres.*

2. *La publicité est partout autour de nous, dans la rue, dans les médias, il arrive même que nous la « véhiculions » sur nous.*

3. *Orale, picturale, cinématographique et télévisuelle, la publicité fait partie de notre vie.*

ACTIVITÉS ORALES

EXERCICE 4

Trouvez et inscrivez sur des papiers à tirer au sort des problématiques relatives à un ou plusieurs thèmes étudiés (par exemple les deux thèmes au programme en deuxième année). Chaque étudiant doit proposer – de manière orale et improvisée – une ou plusieurs accroches d'introduction correspondant au papier tiré au sort. Les autres « joueurs » donnent leur avis sur la correction et sur la pertinence des accroches proposées.

CHAPITRE 23

L'écriture personnelle : analyser le sujet

APPROCHES

EXERCICE 1

Observez les cinq sujets d'écriture personnelle qui suivent et dites avec précision de quoi ils se composent et comment ils sont construits.

- **Sujet 1 (thème : l'éducation)** : Judith Rich-Harris considère que les parents ne sont pas responsables du comportement parfois déviant des enfants. Donnez votre point de vue personnel sur ce sujet en prenant appui sur les documents du corpus proposé et sur vos propres connaissances.

- **Sujet 2 (thème : faire voir, quoi, comment, pour quoi ?)** : À la lumière des textes du corpus, vous direz dans quelle mesure la photo est pour vous un art. Vous utiliserez aussi vos connaissances personnelles pour construire, sur cette question, un exposé argumenté.

- **Sujet 3 (thème : l'éducation)** : L'auteur d'un des textes du corpus, Philippe Ariès, définit la scolarisation comme « l'enfermement » des enfants. Vous direz ce que vous pensez personnellement de ce point de vue, en appuyant votre réflexion sur les documents du corpus et sur vos connaissances personnelles.

- **Sujet 4 (thème : la fête dans ses dimensions collectives)** : Pensez-vous que le sport soit l'occasion d'une véritable fête collective ? Vous appuierez votre réponse sur des éléments du corpus et sur vos connaissances personnelles.

- **Sujet 5 (thème : risque et progrès)** : Pensez-vous que les hommes puissent contrôler les risques inhérents au progrès ? Vous appuierez votre réponse sur les éléments du corpus et sur vos connaissances personnelles.

EXERCICE 2

Dans les cinq sujets ci-dessus, retrouvez les mots ou expressions qui insistent sur le caractère « personnel » de l'écriture. Dites ensuite comment vous comprenez ce terme et ce qu'il peut y avoir de « personnel » dans la démarche et dans le travail exigés.

EXERCICE 3

À partir de ce que vous savez de l'exercice de synthèse (chapitre 2, p. 21), et des sujets récapitulés ci-dessus, dites quelle différence fondamentale sépare l'écriture de la synthèse de l'écriture de l'exposé dit « d'écriture personnelle ».
Voici, pour vous aider, le rappel de la formulation de la première partie de l'épreuve : « Vous rédigerez une synthèse objective et ordonnée des documents suivants… »

EXERCICE 4

Les sujets d'écriture personnelle ci-dessus indiquent des « points d'appui » : quels termes y font référence ? D'où viennent, dans la forme actuelle de l'épreuve de BTS, les « connaissances » auxquelles tous les sujets renvoient ?

EXERCICE 5

Trouvez les relations thématiques qui existent entre chaque sujet (p. 221) et le thème indiqué pour chacun d'eux entre parenthèses, thème qui renvoie au programme imposé.

EXERCICE 6

Comment, concernant l'écriture personnelle, les éléments suivants peuvent-ils se concilier :
– un double programme imposé, comportant deux thèmes, des problématiques, des lectures diverses, des réflexions, des débats…
– un cours accompagné de travaux divers développant et explicitant les deux thèmes au programme,
– la nécessité d'écrire sous une forme « personnelle » ?

EXERCICE 7

Relisez attentivement les sujets 2 à 5 qui sont donnés dans l'exercice 1 (p. 221). Pour chacun, identifiez les mots-clefs, déterminez le domaine concerné, trouvez quelle est la problématique. Dans une dernière colonne, reformulez ce que le sujet vous demande de faire. Le sujet 1 sert d'exemple.

Sujet	Mots-clefs	Domaine concerné	Problématique	Ce que le sujet demande de faire
Sujet 1 Thème : l'éducation	*« parents », « enfants », « responsables », « déviants »*	*Les relations éducatives entre les parents et leurs enfants dans des cas particuliers*	*L'absence de responsabilité des parents dans certains comportements déviants de leurs enfants*	*Le sujet demande de réagir personnellement à une prise de position qui peut surprendre*
Sujet 2 Thème : faire voir, quoi, comment, pour quoi ?				
Sujet 3 Thème : l'éducation				
Sujet 4 Thème : la fête dans ses dimensions collectives				
Sujet 5 Thème : risque et progrès				

EXERCICE 8

Trouvez, identifiez et classez dans un tableau les informations données par les sujets 6 et 7 (ci-dessous) : mots-clefs, domaines concernés, problématiques.
Dans la dernière colonne, résumez ce que le sujet vous demande de faire.

• **Sujet 6 (thème : le travail du comédien)** : Qu'est-ce qui fait, selon vous, un bon comédien ? Vous répondrez à cette question de manière argumentée et personnelle, en considérant aussi bien le comédien de cinéma et de télévision que le comédien de théâtre. Vous pouvez prendre appui sur les différents documents du corpus et sur vos connaissances.

• **Sujet 7 (thème : le voyage)** : En un exposé argumenté et illustré d'exemples, vous présenterez votre propre conception du voyage en expliquant comment vous l'envisagez et ce que vous en attendez. Vous pouvez prendre appui sur les différents documents du corpus.

SUJET	Mots-clefs	Domaine concerné	Problématique	Ce que le sujet demande de faire
Sujet 6 Thème : le travail du comédien				
Sujet 7 Thème : le voyage				

EXERCICE 9

Rapprochez les sujets 6 et 7 (ci-contre) pour déterminer ce qu'ils ont en commun. Expliquez ensuite en quoi la réponse à la question posée peut prendre la forme d'un développement unique et personnel.

EXERCICE 10

Récapitulez les différentes informations données par les sujets 8, 9 et 10 (ci-dessous) et classez-les dans un tableau (modèles donnés dans les exercices 7 et 8 ci-contre et ci-dessus indiquant les mots-clefs, le domaine concerné, la problématique). Précisez aussi, dans la dernière colonne, ce que le sujet demande de faire.

- **Sujet 8 (thème : le luxe)** : Le luxe, un bien ou un mal ? Donnez votre point de vue personnel sur cette question en un exposé argumenté illustré d'exemples. Prenez appui sur les textes du corpus et utilisez vos connaissances personnelles.
- **Sujet 9 (thème : la publicité)** : Faut-il, ou non, supprimer la publicité ? Répondez de manière personnelle à cette question en prenant appui sur les différents documents du corpus et sur vos connaissances.
- **Sujet 10 (thème : la sauvegarde du patrimoine industriel)** : Faut-il faire « table rase » des sites industriels « dépassés » par la modernisation ou les récupérer de manière originale ? Donnez votre point de vue à ce sujet. Vous pouvez vous appuyer sur les différents documents du corpus. Utilisez aussi vos connaissances.

EXERCICE 11

Trouvez ce que les sujets 8, 9 et 10 ont en commun dans leur formulation. À quelle(s) démarche(s) cette formulation conduit-elle ? Expliquez pourquoi on ne peut pas répondre à la question posée par une réponse unique et entièrement personnelle. Peut-on avoir, dès la lecture du sujet, une orientation de plan ?

EXERCICE 12

Établissez la liste de ce que l'analyse d'un sujet permet de découvrir.

EXERCICE 13

À partir de l'observation des sujets qui figurent dans les exercices précédents, dites, en fonction de la manière dont ils sont composés, quels sont les différents types de sujets d'écriture personnelle.

Comment analyser **un sujet d'écriture personnelle**

Analyser un sujet d'écriture personnelle, c'est faire apparaître et expliciter un certain nombre de **données** qui faciliteront ensuite la **recherche des idées** et l'établissement du **plan**.

Le domaine concerné

On détermine le **domaine** sur lequel porte le sujet à partir de **mots-clefs** et en posant la question « de quoi s'agit-il ? ». Mais ce **domaine** fait partie d'un **thème** plus large, connu du candidat. En effet, dans la forme actuelle du BTS, l'épreuve de l'examen porte **nécessairement** sur l'**un des deux thèmes** au programme, qui est indiqué en même temps que le sujet, et que l'on retrouve dans les documents du corpus de synthèse. À l'intérieur de ce **thème indiqué**, les mots-clefs permettent de déterminer le domaine précis sur lequel on demande de réfléchir.

→ **EX :** sur le thème « La fête dans ses dimensions collectives », le sujet 4 (p. 221) associe les mots-clefs « fête », « collectivité » et « sport » et introduit ainsi la notion de sport. Sur le thème « Risque et progrès », le sujet 5 (p. 221) donne des précisions avec les mots-clefs « hommes » et « contrôler ».

La consigne et la problématique

Les sujets sont en général composés de **trois éléments** : l'expression d'un **point de vue**, parfois sous la forme d'une **citation**, est associée à une **consigne** interrogative ou injonctive, orientant le travail demandé dans le sens d'une réponse personnelle : « *Pensez-vous… ?* », « *Partagez-vous… ?* », « *Quel est votre point de vue… ?* », « *Vous direz…* », « *Vous donnerez votre point de vue…* », « *Vous répondrez à cette question…* » En faisant ressortir un **lien de sens** entre le thème d'ensemble et un **aspect spécifique du domaine envisagé**, la consigne met en place ce que l'on appelle la **problématique** du sujet, **question particulière** à laquelle il faut donner une réponse. La problématique oriente la réflexion et pose les bases d'une confrontation d'idées. Enfin, chaque sujet se termine par une **recommandation stéréotypée** qui rappelle l'existence des points d'appui mais aussi le caractère personnel du travail.

→ **EX :** dans le sujet 1 (p. 221), dont le thème est l'éducation, le point de vue donné (avec son auteur) porte sur la responsabilité des parents dans le cas de comportements déviants de leurs enfants (problématique). La consigne « Donnez votre point de vue personnel » rejoint la recommandation finale, « en prenant appui… »

Si la problématique n'apparaît pas directement, il faut la faire émerger de la mise en relation d'idées opposées, dont certaines figurent certainement dans le corpus.

→ **EX :** dans le sujet 9 (p. 223), sur la publicité, la problématique vient de ce que la publicité, dont la présence est pesante et les procédés discutables, joue un rôle important dans l'économie. Répondre à la question de sa suppression n'est donc pas immédiat, ni facile.

Les points d'appui

La formulation de chaque sujet oriente la recherche des idées dans deux directions : d'une part dans les **documents du corpus**, d'autre part dans les « **connaissances personnelles** ». Ces précisions renvoient à la manière de travailler dans le cadre de la préparation du BTS. L'existence des **deux thèmes imposés** entraîne que les étudiants **ont lu** et **étudié** des documents divers, abordé des **problématiques** différentes, confronté des **idées**, réfléchi à des enjeux, participé à des **débats**… Ils ont donc acquis un **savoir** et des **références**. Le corpus de documents se situe à l'intérieur de ce savoir et se concentre sur un aspect particulier, auquel fait référence le sujet d'écriture personnelle. On peut donc considérer que le jour de l'examen, chaque candidat possède des **connaissances** pour aborder la question posée, qui est en relation directe avec le corpus.

→ **EX :** sur le thème « Risque et progrès », il est logique que le travail de préparation ait abordé l'**idéologie positiviste** du XIXe ainsi que des points de vue d'**hommes de sciences du XXe siècle**. Ce sont des éléments de savoir auxquels renvoit le corpus du sujet d'examen donné en 2007, à travers un texte d'A. Jacquard (XXe siècle) et un extrait de roman d'É. Zola (XIXe).

Le caractère personnel de l'écriture

Pour cette question, on peut se reporter au chapitre 3 (p. 34). Rappelons ici que l'**écriture personnelle** demande de prendre position, mais qu'elle repose sur des confrontations d'idées et ne consiste pas simplement à répondre *Voici ce que, moi, personnellement, je pense…* en considérant que c'est la seule prise de position acceptable. Le travail d'écriture personnelle se construit à partir de **connaissances** acquises en cours, de manière individuelle, **organisées** de façon personnelle, et de savoirs empruntés aux documents du corpus.

APPLICATION

EXERCICE 14

Pour chacun des trois sujets ci-dessous, déterminez : le domaine concerné, les mots-clefs qui ont permis de le déterminer, ainsi que la problématique. Définissez aussi ce que le sujet demande de faire.

• **Sujet 11 (thème : les menaces sur les libertés)** : Diminution de vos libertés de citoyen(ne) contre sécurité plus grande : quel est votre point de vue personnel sur l'extension que prend, actuellement, la vidéosurveillance ? Répondez de manière argumentée. Vous pouvez nourrir votre réflexion des différents documents proposés dans le corpus et des connaissances acquises en cours.

• **Sujet 12 (thème : les villes et l'urbanisation)** : Partagez-vous le point de vue d'Ignacio Ramonet lorsqu'il parle de la ville en disant qu'elle est « un symbole de la mal-vie, de l'inconfort, des nuisances et du mal-être » ?

Donnez votre point de vue personnel en le justifiant par vos lectures et vos connaissances.

• **Sujet 13 (thème : culture et cultures)** : La diversité des cultures vous semble-t-elle une « richesse inestimable », comme le dit Jean Dausset ? Donnez une réponse personnelle à cette question, en prenant appui sur les documents du corpus et sur les connaissances acquises lors des cours de culture et expression.

EXERCICE 15

Voici un sujet d'écriture personnelle. Lisez-le attentivement puis répondez par **Vrai** ou **Faux** aux dix affirmations qui sont données après.

• **Sujet 14 (thème : risque et progrès)** : Partagez-vous l'opinion de Bertrand Russell, lorsqu'il écrit : « Actuellement la technique scientifique progresse à la façon d'une vague de chars d'assaut qui auraient perdu leur conducteur : aveuglément, impitoyablement, sans idée ni objectif. » ?

Répondez de manière personnelle à cette question. Votre réponse sera illustrée d'exemples précis pris dans le corpus et dans vos lectures.

AFFIRMATIONS

1. Le sujet ne donne pas d'indication chronologique pour situer l'adverbe « actuellement » et nécessite que l'on sache qui est Bertrand Russell.
2. Le sujet s'intéresse à l'armement et suggère l'amélioration de la conduite des chars d'assaut.
3. Il est important de savoir qui est Bertrand Russell pour bien comprendre le sujet.
4. Le sujet porte sur les applications techniques de la science.
5. Le sujet repose sur une comparaison qui associe le progrès technique à une invasion belliqueuse, effrayante et destructrice, dont le danger le plus grand est l'absence d'orientation.
6. Le sujet porte sur la guerre et sur la manière dont progressent les chars.
7. Il n'y a dans le sujet aucun élément positif concernant le progrès technique.

8. Bertrand Russell accuse les scientifiques d'être dépassés par leurs inventions et d'avoir perdu leur lucidité.
9. Le sujet fait référence, implicitement, à l'image du « savant fou » et/ou à celle de « l'apprenti-sorcier ».
10. Le point de vue de B. Russell associe le progrès technique à une destruction anarchique.

EXERCICE 16

Voici un sujet d'écriture personnelle. Lisez-le attentivement, faites-en une analyse (mots-clefs, domaine envisagé, problématique) puis choisissez, parmi les dix propositions suivantes, celles qui vous semblent correspondre à une interprétation exacte de ce sujet.

• **Sujet 15 (thème : l'art et la société)** : « Un pays où l'on ne comprend pas l'art est un pays d'esclaves et de robots. » Dans un développement argumenté, vous réagirez personnellement à cette affirmation du dramaturge E. Ionesco.

PROPOSITIONS

1. La citation exprime l'idée que l'art est inutile chez les robots.
2. Le sujet demande de dire si l'on partage ou non le point de vue d'E. Ionesco.
3. La citation fait de l'art un « outil » de civilisation, de liberté et d'humanisme.
4. Le sujet demande de démontrer que l'art est un instrument de domination.
5. Le point de vue d'E. Ionesco est que sans l'art, l'homme est réduit à un statut de robot.
6. Le sujet pose la question des capacités de l'art d'humaniser et de rendre libre.
7. Selon E. Ionesco, l'art rend les hommes heureux et les libère de leur travail.
8. Le sujet attire l'attention sur le fait que les robots sont incapables de créer de l'art.
9. Selon E. Ionesco, les artistes sont des esclaves.
10. Le sujet demande de montrer que sans art, un pays sombre dans les automatismes et dans la privation de liberté.

EXERCICE 17

Voici des reformulations qui explicitent les démarches mises en jeu dans certains sujets donnés dans les exercices précédents. Une seule est pertinente pour chaque sujet. Trouvez-la et justifiez votre réponse.

• **Sujet 1** (p. 221)

1. Partant d'un point de vue dont on connaît l'auteur, le sujet demande que l'on montre la non responsabilité des parents concernant les comportements déviants de leurs enfants.
2. Le sujet demande que le candidat prenne position en faisant connaître son point de vue sur la question.
3. Le sujet demande de montrer que les parents portent une totale responsabilité des comportements déviants de leurs enfants.

• **Sujet 2** (p. 221)

1. La démarche mise en jeu par le sujet consiste à montrer que de toute façon la question posée n'a pas de sens, parce que la photo n'est pas un art.

2. Le sujet suppose que la photo peut être considérée comme un art, mais laisse entendre par l'expression « dans quelle mesure » que le candidat peut avoir un avis différent et nuancé.
3. Le sujet demande au candidat de montrer que la photo est uniquement de l'art et n'a rien à voir avec la technique.

• **Sujet 4** (p. 221)

1. Le sujet demande seulement de montrer que les manifestations sportives sont toujours des fêtes collectives.
2. Par l'emploi du mot « véritable », le sujet suggère à celui qui répond de nuancer son point de vue et de penser, pour construire sa réponse, à des manifestations violentes dans le monde du sport.
3. Le sujet laisse penser que l'association sport/fête n'est pas pertinente.

• **Sujet 8** (p. 223)

1. Le sujet demande de faire un choix entre deux jugements moraux concernant un domaine qui touche à l'économie. Le candidat peut trouver dans les documents du corpus des idées allant dans les deux directions, entre lesquelles il choisira.
2. Le sujet impose de montrer que le luxe est un mal, parce que c'est une idée dominante dans un des documents du corpus.
3. Le sujet oriente très fortement vers la thèse selon laquelle le luxe est un bien, parce que c'est une idée courante.

EXERCICE 18

Répondez par **Vrai** ou **Faux** aux propositions suivantes concernant les sujets d'écriture personnelle.

PROPOSITIONS

1. Le sujet d'écriture personnelle est indépendant du corpus de synthèse et du thème au programme.
2. Pour traiter le sujet d'écriture personnelle, il est indispensable d'avoir étudié les deux thèmes au programme.
3. Le caractère personnel du sujet d'écriture vient de ce que l'on demande au candidat de dire ce qu'il pense, de manière tout à fait subjective et limitée, sans aucune référence à des idées, des théories, des prises de position qui viendraient d'autres personnes (penseurs, philosophes, sociologues, artistes...).
4. Les « points d'appui » toujours cités par les sujets rappellent que l'exposé du candidat doit reposer sur des références, des confrontations d'idées, des réflexions, des savoirs.
5. Les sujets d'écriture personnelle donnent toujours l'indication d'un plan.

PROLONGEMENTS

LEXIQUE

EXERCICE 1

Trouvez, au choix, dix formulations (adverbes, verbes ou adjectifs) qui expriment la certitude, dix qui expriment le doute, et dix qui expriment le refus catégorique.

EXERCICE 2

Donnez le ou les (en cas de polysémie ▸ FICHE 1, P. 284) contraires de cinq termes au choix parmi ceux qui suivent :
aléatoire • *aliéné* • *distorsion* • *éventualité* • *erroné* • *exhaustif* • *fallacieux* • *fortuit* • *indigent* • *insidieux* • *péricliter* • *perpétuel* • *potentiel.*

EXERCICE 3

1. Parmi les termes suivants, distinguez ceux qui sont connotés (▸ FICHE 1, P. 284) plutôt négativement :
analyser • *prétendre* • *démontrer* • *assertion* • *référence* • *thèse* • *approximation* • *parodie* • *aléatoire* • *précis* • *rigoureux* • *conviction* • *excessif* • *allégation* • *acception* • *avis* • *thèse* • *argument* • *prétexte* • *sophisme* • *argutie.*
2. Quels sont ceux dont on pourrait dire qu'ils sont « neutres », sans connotation particulière ?

EXPRESSION ÉCRITE

EXERCICE 4

Voici deux séries de termes exprimant l'accord ou le désaccord. Intégrez cinq termes de chaque série, au choix, à une courte phrase construite qui en éclaire le sens :
Verbes : *acquiescer* • *braver* • *confirmer* • *corroborer* • *démentir* • *dénier* • *discuter* • *infirmer* • *s'allier* • *transiger*.
Noms : *accord* • *alliance* • *clivage* • *complicité* • *connivence* • *contradiction* • *cooptation* • *démenti* • *dissidence* • *ralliement* • *rupture* • *transaction*.

EXERCICE 5

Trouvez plusieurs formulations différentes pour faire comprendre que vous êtes d'accord avec l'idée suivante : « Le bilan de la science n'est pas que négatif. »

EXERCICE 6

« La science est une entreprise collective […] et c'est à nous de l'orienter. »
(A. Jacquard)

Reprenez cette phrase et intégrez-la à un contexte de manière à faire comprendre, en la conservant comme citation :
– qu'elle appartient à Albert Jacquard ;
– que tout en appartenant à ce savant, elle est partagée par de nombreux penseurs ;
– que vous êtes d'accord avec A. Jacquard lorsqu'il s'exprime ainsi ;
– que vous êtes d'accord avec la première partie de la phrase mais pas avec la deuxième ;
– que tout le monde devrait être d'accord avec ce que dit A. Jacquard ;
– que beaucoup sont d'accord avec la première partie de la phrase mais pas avec la deuxième ;
– que d'après vous ceux qui ne pensent pas ainsi sont dans l'erreur ;
– qu'il faut absolument que chacun prenne conscience de l'importance de cette idée.

EXERCICE 7

« Il n'a pas suffi de décréter obligatoire, laïc et gratuit l'accès au savoir pour libérer l'homme d'aujourd'hui. » (Louis Legrand)

1. Exprimez de plusieurs manières différentes l'idée contenue par la phrase ci-dessus.
2. En conservant cette phrase sous forme de citation, faites varier les formulations pour faire comprendre :
– que vous partagez ce point de vue ;
– que ce point de vue n'est pas partagé par tout le monde ;
– que certains pensent le contraire ;
– que celui qui pense ainsi a tout à fait raison ;
– que celui qui pense ainsi n'a que partiellement raison.

ACTIVITÉS ORALES

EXERCICE 8

Faites une recherche concernant Bertrand Russell et présentez ce penseur en un exposé d'une dizaine de minutes expliquant la légitimité de ses interventions relatives aux applications pacifiques et non belliqueuses des découvertes scientifiques.

EXERCICE 9

En un exposé d'une dizaine de minutes, présentez A. Jacquard, sa spécialité scientifique, son œuvre, ses prises de position. Donnez une rapide bibliographie et, éventuellement, présentez à la classe, en les lisant, quelques extraits représentatifs.

CHAPITRE 24

L'écriture personnelle : trouver des idées

APPROCHES

EXERCICE 1

Rappelez quelles sont, en fonction de l'enseignement du français (Culture et Expression) en STS (Section de Technicien Supérieur), de la présence de deux thèmes imposés et de la nature de l'épreuve, les sources essentielles d'idées pour le travail d'écriture personnelle. Vous pouvez vous référer aux chapitres 1 et 3 de ce manuel.

EXERCICE 2

Voici trois sujets d'écriture personnelle portant chacun sur un thème abordé par plusieurs documents de ce manuel.

• **Sujet 1 (thème : le luxe)** : Le luxe, un bien ou un mal ? Donnez votre point de vue personnel sur cette question. Prenez appui sur les documents du corpus et sur vos connaissances.

• **Sujet 2 (thème : le devenir des sites industriels)** : Faut-il faire « table rase » des sites industriels dépassés par la modernisation, ou les récupérer de manière originale ? Donnez votre point de vue à ce sujet. Vous pouvez prendre appui sur les différents documents du corpus.

• **Sujet 3 (thème : le voyage)** : Les émissions de télévision consacrées aux voyages étant de plus en plus nombreuses, cela vaut-il encore la peine de voyager ? Répondez de manière personnelle à ce sujet en vous appuyant sur les documents du corpus et sur vos propres connaissances.

1. Pour chaque sujet, réagissez immédiatement aux mots ou groupes de mots-clefs : « luxe » « sites industriels », « table rase », « voyages », « télévision », et associez à chacun d'eux une série de cinq termes ou expressions qui vous viennent à l'esprit, par analogie, connotations (▸ Fiche 1, p. 284), rapprochement, opposition, illustration, exemples…

2. Citez ensuite, en puisant dans vos lectures et dans vos connaissances personnelles, des noms de personnes (auteurs, artistes…) et d'œuvres pouvant être associés aux notions envisagées.

EXERCICE 3

Répondez de manière spontanée à la question contenue dans chacun des sujets 1, 2 et 3 ci-dessus en donnant, en une ou deux phrases, un point de vue personnel brièvement justifié et éventuellement accompagné d'un exemple : *Je trouve que voyager vaut la peine… parce que…/ je trouve que cela ne vaut pas la peine, parce que…*

EXERCICE 4

1. Voici, concernant le sujet 1 et le thème du luxe, des idées figurant dans des documents de la partie 2 de ce manuel. Sélectionnez et classez ces idées selon qu'elles correspondent à la thèse « le luxe est un bien » ou à la thèse « le luxe est un mal ».
2. Dites ce que vous remarquez à propos de certaines de ces idées.

A. Texte de **Fénelon**, extrait du roman ***Les Aventures de Télémaque*** (1699), p. 100

1. Celui qui parle, le précepteur Mentor, considère le luxe comme un « mal incurable » et le rend responsable de l'empoisonnement de la nation.
2. Pour Mentor, le luxe transforme en élément indispensable ce qui n'est que superflu : plus personne ne peut se passer de ce qui n'est pourtant pas nécessaire. Cela modifie donc l'échelle des valeurs.
3. Aux yeux de certains, le luxe est associé au bon goût et à la perfection, et considéré comme une vertu.
4. C'est, selon Mentor, un vice qui désorganise et brouille l'organisation sociale parce que chacun veut s'élever et se mettre au même niveau que celui qui est socialement au-dessus de lui.
5. Vouloir plus, et la « passion d'acquérir », sont, pour Mentor, des sources de corruption parce que l'on en vient à tromper, mentir et utiliser des artifices divers pour obtenir ce dont on ne peut pas se passer.
6. Un jugement moral négatif s'attache à la pauvreté, selon Mentor, tandis que le faste est admiré et les vertus désintéressées, altruistes et généreuses sont méprisées.
7. En poussant les uns et les autres à s'élever et à progresser, le luxe est un moteur économique, un instrument de promotion sociale et un facteur de progrès.
8. La recherche du luxe est, pour Mentor, une absence de modération et un excès qui contreviennent à la recherche de la sagesse.

B. Texte de **Voltaire**, extrait du poème ***Le Mondain*** (1736), p. 113

1. Association, par le philosophe, de la notion de luxe à celles de « plaisir », « d'art », « d'abondance », d'agréable mollesse, de vie heureuse, de progrès (siècle de fer = industrie).
2. Pour Voltaire, le luxe ne doit pas être séparé des voyages, de la richesse, des denrées précieuses (or, soie), de l'exotisme, des échanges, de l'activité économique, qui se trouve ainsi soutenue et justifiée. Associé au superflu, le luxe est considéré comme nécessaire parce qu'il est lié au bonheur de vivre, au confort et au progrès.

C. Texte de **Jean Castarède**, extrait de la préface de l'essai ***Le Luxe*** (1992), p. 57

1. Par son étymologie, le mot « luxe » renvoie à la notion de goût et de rayonnement ; il renvoie aussi à la notion d'excès, d'extrême.
2. Pour certains, c'est une valeur sûre, pour d'autres, tout ce qui n'est pas nécessaire, indispensable.
3. Pour l'auteur du texte, le luxe se caractérise par son absence de nécessité, sa créativité, son originalité ; il vient après les nécessités absolues de la vie et sert parfois à combler des manques inhérents à certains lieux : ainsi le soleil est un luxe dans les pays froids, le calme en est un dans l'agitation de la vie urbaine.
4. Un objet de luxe est un signe de rareté, de recherche, voire d'élégance.
5. Le luxe est assimilé au goût et plus spécialement au « bon goût », notion très subjective.
6. Le luxe est présenté comme un élément caractéristique des manières de vivre d'une société, un élément indispensable de libération et de rêve.

7. Le texte insiste particulièrement sur le caractère subjectif et difficilement définissable du mot « luxe ».

D. A. H. Gervex, *Une soirée au Pré Catelan* (huile sur toile, 1909), p. 119

1. Le luxe est visible aux vêtements luxueux portés par les personnages présents sur l'image : tenues de soirée, habits, hauts-de-forme, chapeaux, plastrons ; l'association se fait avec la haute couture, la richesse, l'argent, l'importance sociale, l'appartenance à une caste privilégiée.
2. Le luxe est associé à la beauté et au raffinement des lieux, du décor : éblouissement des lumières et des lustres (ce n'était pas courant en 1909), renforcé par la blancheur des murs et du sol ; architecture à la fois classique et recherchée, décoration somptueuse.
3. Pour certains le luxe vu sous cette forme constitue un rêve de richesse, de réussite, d'argent, de mondanités : le luxe est ce à quoi on ne peut accéder, mais qui peuple les rêves et qui fascine ceux qui n'appartiennent ni à la haute bourgeoisie ni à l'aristocratie.

EXERCICE 5

Après avoir classé les idées des documents en fonction de la question posée par le sujet 1 sur le luxe (p. 229), choisissez et adoptez celles avec lesquelles vous êtes d'accord pour construire, en vous inspirant de l'exemple ci-dessous, une réponse personnelle justifiée à la question du sujet.

Exemple de réponse positive

J'aurais tendance à considérer le luxe comme un bien pour les raisons suivantes :

– Il offre au regard des spectacles somptueux, qui font rêver et qui forment le goût (exemple du tableau d'A. H. Gervex).

– Il crée des objets magnifiques et originaux (texte de J. Castarède), des architectures qui donnent une idée du beau (tableau d'A. H. Gervex).

– Il est toujours associé au confort, à la richesse, et, parce qu'il est sans cesse créatif, il ne peut être dissocié du progrès (texte et point de vue de Voltaire).

– La recherche du luxe conduit à vivre mieux. Il est ainsi un instrument de progrès technique et économique (texte et point de vue de Voltaire).

EXERCICE 6

À partir de l'exemple donné ci-dessus, expliquez le rôle joué par les documents dans le travail d'écriture personnelle et dites quelles différences vous pouvez observer dans cette utilisation par rapport à la synthèse.

EXERCICE 7

Voici, concernant le sujet 2 et le thème du devenir des sites industriels, des idées figurant dans certains documents de la partie 2 de ce manuel. Sélectionnez parmi ces idées celles avec lesquelles vous êtes d'accord et qui peuvent vous aider à répondre personnellement à la question posée par le sujet.

• **Rappel du sujet 2 (thème : le devenir des sites industriels)** : Faut-il faire « table rase » des sites industriels dépassés par la modernisation, ou les récupérer de manière originale ? Donnez votre point de vue à ce sujet. Vous pouvez prendre appui sur les différents documents du corpus.

A. É. Zola, extrait du roman ***Germinal*** (1885), p. 106

1. La mine évoquée dans le roman est représentée comme une sorte de monstre, une apparition fantastique, image effrayante du monde industriel qui écrase les êtres humains et les dévore.
2. Les lieux de travail correspondent à une époque, à une manière de travailler, à un stade particulier de l'évolution industrielle. Ils sont la mémoire de la vie de la mine.
3. Compte tenu de l'importance patrimoniale des sites industriels, il serait dommage de les faire complètement disparaître, d'autant qu'à notre époque, on n'exploite plus le charbon en France et qu'il ne reste pas de mine en activité.
4. Les lieux industriels font peur. Ils ont été le théâtre de vies, de drames, de souffrance : leur présentation connote la peur, la douleur, le désespoir. Pour ces raisons, on peut vouloir les faire disparaître du paysage et les remplacer par des constructions « utiles » et modernes.

B. E. Verhaeren, « Les usines », extrait du recueil poétique ***Les Villes tentaculaires*** (1895), p 110

1. Les usines sont évoquées comme des composantes d'un univers fantastique et géométrique, avec une insistance sur les lignes, les masses, les formes qui se dessinent dans le brouillard et les fumées. Il y a là un monde particulier personnifié par le poète, qui lui donne vie.
2. Le texte poétique donne à voir avec réalisme la vie dans cet univers inhumain : familles, femmes, enfants vivant dans des conditions misérables, présence et méfaits de l'alcoolisme ; insistance sur les difficultés de la vie dans la promiscuité.
3. Le texte de Verhaeren est lui-même un témoignage de la vie ouvrière : sauvegarder des sites qui témoignent des conditions de cette vie et de l'ère industrielle constitue une sorte de devoir de mémoire. Leur réhabilitation honore cette population ouvrière et permet de comprendre comment vivaient ceux qui ont contribué à appliquer et à développer les découvertes de la science.
4. Comme dans le texte de Zola, l'évocation du monde industriel rappelle le travail des enfants, l'exploitation des êtres humains, les difficiles relations entre patrons et ouvriers, la violence des luttes syndicales. On peut trouver là des raisons de « faire table rase ».

C. Dessin de **Sempé**, extrait de ***Un peu de Paris*** (2001), p. 83

Représentation de la rénovation d'un immeuble ancien : sauvegarde de la façade, mais derrière, construction stéréotypée de bureaux ou d'appartements de même taille, sans aucun caractère, sans aucune originalité, exploitation fonctionnelle – et sans doute rentable sur le plan immobilier et financier – de l'espace. Le dessin de Sempé indique quelles peuvent être les limites d'une sauvegarde de construction ancienne qui n'a de sauvegarde que l'apparence et qui évoque plutôt le trompe-l'œil. On peut se demander quel est le sens autre que financier d'un tel projet de restauration.

D. Texte d'**E. de Roux**, extrait de l'ouvrage ***Patrimoine industriel*** (2000), p. 56

1. La France – comme les autres pays qui ont vécu la révolution industrielle – a une dette à l'égard du monde industriel du XIXe siècle. Cette époque lui a donné des sources d'énergie, des applications scientifiques, œuvres des ingénieurs, dans des contextes architecturaux dont on ne peut les dissocier.

2. Les constructions industrielles, restes et témoins d'une époque, sont parfois des chefs-d'œuvre d'architecture chargés de mémoire et d'émotion esthétique : leur destruction fait disparaître des morceaux entiers d'histoire sociale, culturelle, technique. On « gomme » ainsi les traces d'œuvres remarquables chargées de tout un passé.

EXERCICE 8

À partir des idées sélectionnées dans la liste précédente, ébauchez une réponse personnelle à la question du sujet 2 (exercice 7, p. 231) et donnez vos justifications. Vous pouvez aussi faire intervenir des idées qui ne figurent pas dans les documents. Utilisez l'exemple donné dans l'exercice 5 (p. 231).

EXERCICE 9

En prenant appui sur le travail fait dans les exercices précédents, et sur l'exemple d'écriture personnelle qui figure dans le chapitre 3 (p. 34 à 36), dites quelles sont les démarches successives à mettre en œuvre pour trouver des idées.

Comment trouver **des idées pour un travail d'écriture personnelle**

Contrairement à la synthèse, qui oblige à reprendre les idées des documents de manière objective, l'exercice d'**écriture personnelle** donne au candidat la possibilité de **répondre personnellement** à une question en exprimant des idées **avec lesquelles il est d'accord ou en désaccord**, et qui ne sont pas uniquement celles du corpus. Les idées attendues dans cette partie de l'épreuve viennent de **plusieurs sources**.

Les thèmes au programme

Le programme de la deuxième année définit deux champs d'études thématiques. Le travail fait en classe regroupe des **lectures**, des **analyses** de documents, le **visionnage** de films ou d'émissions, des **échanges**, des **débats**, des exercices oraux et écrits très divers, des **recherches** historiques et culturelles, la constitution de **dossiers**... Toutes ces démarches ont pour finalité l'acquisition de savoirs, la réflexion, la découverte et la mise en relation de questions et leur confrontation. Le programme officiel est accompagné – dans le B.O. – d'un ensemble de **problématiques**, d'une **bibliographie** et d'une **filmographie** très ouvertes. Le **cours de culture générale**, avec tous ses **supports textuels**, est là pour apporter des savoirs en relation avec le programme.

→ **EX :** le thème très large « Faire voir, quoi, comment, pour quoi ? » s'intéresse à tout ce qui est **visuel**, image, photographie, cinéma, télévision, publicité, et aborde – entre autres – les questions de la **perception** et de la **représentation du réel**. Il implique donc de se poser de nombreuses questions et de chercher des réponses dans des ouvrages de sociologie, des textes de presse, des films, des essais contemporains, sur le fonctionnement et l'utilisation des images.

Le corpus de synthèse

Les sujets d'écriture personnelle (voir chapitre 23, p. 221) rappellent tous que les candidats peuvent prendre appui sur les **documents du corpus**. Ceux-ci ont en effet le mérite d'être présents, accessibles, et d'avoir servi au travail de synthèse. Au moment où il (elle) commence son travail d'écriture, l'étudiant(e) a déjà en tête certaines **idées** qu'il (elle) va pouvoir utiliser. Ces idées issues du corpus doivent être le point de départ de démarches diverses : approfondissement, développement, recherche d'illustrations, d'exemples, de contre-exemples, d'oppositions, de paradoxes. On attend du candidat qu'il soit capable de **situer les idées du corpus** par rapport à un ensemble plus large et plus complexe d'idées abordées lors de l'étude du thème.

→ **EX :** le sujet 2007 confronte la notion de « fête sportive » à celle, plus générale de « fête collective » pour faire réfléchir sur les analogies entre le caractère collectif de la célébration sportive et ce qui caractérise une grande fête populaire.

Les acquis antérieurs

Tout étudiant préparant le BTS a derrière lui des **années de scolarité** pendant lesquelles il a étudié des disciplines comme l'histoire, la littérature, l'économie, la philosophie, les langues... Il dispose, à travers ces acquis, de **connaissances** exploitables en culture générale, celle-ci se définissant comme une ouverture sur le monde. C'est aussi dans cet ensemble qui englobe **l'expérience et les observations personnelles** qu'il faut chercher des idées. Ainsi, devant un sujet, la bonne attitude n'est pas de décréter *a priori* que l'on n'a pas d'idée, mais de mettre en œuvre des procédures pour **les faire surgir** : se sentir interpellé, provoquer des analogies, remplacer les mots-clefs par des équivalents, répondre immédiatement à la question posée : *oui, ou non, parce que...* en donnant les premières justifications qui viennent à l'esprit.

→ **EX :** les réflexions mises en jeu par les sujets sur le luxe et sur le voyage (p. 229) touchent à la vie personnelle et à l'expérience de chacun. La question des sites industriels (p. 229) rejoint des interrogations récurrentes sur le passé et sur la rapidité du progrès. À des titres divers, chacun est concerné.

APPLICATION

EXERCICE 10

Trouvez dans l'entretien avec Axel Kahn (p. 71), des idées pour soutenir et développer le point de vue suivant, dans le cadre d'une réflexion sur l'évolution de la médecine : « On peut observer actuellement des modifications dans les relations entre le médecin et ses patients ».

EXERCICE 11

Lisez l'entretien avec la comédienne britannique Helen Mirren (p. 77) et trouvez dans ce texte des idées pour soutenir le point de vue suivant : « Il est très difficile pour un comédien d'incarner une personnalité politique vivante. »

EXERCICE 12

Trouvez dans la conférence de J. Hassin (p. 63) et dans le dessin de Soulas (p. 80) des idées pour développer la thèse selon laquelle « il est très difficile de sortir de l'exclusion, malgré les efforts conjugués de ceux qui y sont et de ceux qui les aident de l'extérieur ». Ajoutez des idées personnelles et des exemples pour les illustrer.

EXERCICE 13

1. Identifiez puis classez les idées qui, dans les documents suivants, peuvent alimenter une réflexion sur les représentations et les perceptions opposées du travail humain.
- Extrait du roman de Boris Vian, *L'Écume des jours* (p. 101).
- Extrait d'un essai de M.F. Hirigoyen, *Le Harcèlement moral* (p. 54).
- Article de M.-C. Betbeder, extrait du *Monde Initiatives* (p. 76).

2. Ajoutez des idées personnelles ne figurant pas dans les documents ainsi que des exemples illustratifs.

EXERCICE 14

1. Dans les documents suivants, trouvez et classez sous forme de tableau les idées permettant de mettre en place un débat contradictoire sur le développement de la vidéosurveillance. Précisez avec lesquelles de ces idées vous êtes d'accord.
- Article du *Monde* de N. Guibert et J.-P. Langellier (p. 69).
- Sondage sur la vidéosurveillance (p. 97).
- Photo d'un centre de vidéosurveillance à la RATP (p. 154).
- Document de référence définissant la CNIL (p. 164).

2. Cherchez des idées personnelles ne figurant pas dans les documents ainsi que des exemples et ajoutez-les aux idées venues des documents.

EXERCICE 15

Voici un sujet d'écriture personnelle sur les voyages et l'indication de documents portant sur ce thème :

• **Sujet :** Jadis, les voyages visaient à découvrir des terres inconnues. À l'époque de la mondialisation, ils ont perdu ce charme et nous montrent surtout les dégradations humaines.

Vous direz si vous partagez, personnellement, ce point de vue. Prenez appui sur les documents du corpus et sur vos réflexions et connaissances.

• **Documents**

– Extrait de l'essai *Tristes tropiques*, de **C. Lévi-Strauss** (p. 61).

– Extrait du dossier de presse du festival « Étonnants voyageurs », de **M. Le Bris** (p. 67).

– Sonnet de **J. M. de Heredia**, « Les conquérants », extrait des *Trophées* (p. 108).

– Publicité pour **Air France** (p. 132).

1. Cherchez dans les documents indiqués des idées relatives à la question posée par le sujet ainsi que des exemples.

2. Parmi ces idées, indiquez celles auxquelles vous souscrivez et que vous pourrez adopter.

3. À partir des idées trouvées, cherchez-en d'autres, ainsi que des exemples.

PROLONGEMENTS

EXPRESSION ÉCRITE

EXERCICE 1

Voici un ensemble de dix points de vue et / ou de conseils. Donnez une réponse immédiate à chacun d'eux, réponse exprimant votre accord, votre désaccord ou encore une hésitation entre les deux (accord partiel). Faites suivre cette réponse immédiate d'une justification : *Je suis d'accord / je ne suis pas d'accord parce que..., j'hésite entre le oui et le non parce que...*

1 - Le voyage est toujours décevant : il ne correspond pas à ce que l'on a imaginé.
2 - Dans tout ce que l'on entreprend, il faut considérer le but que l'on cherche à atteindre.
3 - Un enfant à qui l'on donne des armes et que l'on enrôle n'est plus un enfant.
4 - Le sport efface les différences, les discriminations : c'est un facteur d'intégration sociale.
5 - Le luxe est un moteur de l'économie.
6 - Le travail participe à l'épanouissement personnel des êtres humains.
7 - Toute éducation est une forme de « dressage ».
8 - Il n'y a pas de définition objective et universelle du bonheur.
9 - Les fêtes sont indispensables à la vie sociale et à la vie individuelle.
10 - La vidéosurveillance nous prive de liberté.

N. B. Cet exercice peut aussi se faire oralement, chaque étudiant d'un groupe étant invité à répondre très rapidement à une des propositions imposée ou tirée au sort.

EXERCICE 2

Déterminez la position de l'auteur de chacun des deux groupes d'idées qui suivent (thème du luxe) puis proposez plusieurs formulations (utilisant ou non la première personne) pour faire comprendre cette position.

Groupe 1

• Son existence, associée à la richesse, à l'argent, ne fait que faire plus tragiquement ressortir les différences sociales et le malheur de ceux qui ne possèdent pas grand-chose. Le luxe est une insulte à la misère.

• En poussant les uns à vouloir posséder ce qu'ont les autres, le luxe les rend envieux et capables d'actes peu moraux pour arriver à leurs fins. L'existence du luxe crée de grandes insatisfactions ainsi qu'un sentiment profond d'inégalité et d'injustice.

• Le luxe n'est pas discret : il s'étale de manière tapageuse, manque de modération, donne toujours dans l'excès, éclaboussant de manière désagréable ceux, très nombreux, qui en sont exclus.

Groupe 2

• Il peut sembler juste de regretter ses outrances et son étalage, qui créent des envieux.

• Mais on ne peut pas lui ôter son pouvoir d'aller de l'avant, de créer, de contribuer au progrès, et de faire rêver tout en créant de la beauté.

• Il se trouvera toujours des moralistes pour blâmer ses excès, des économistes pour vanter son dynamisme, et des artistes pour admirer ses créations en y contribuant.

CHAPITRE 25

L'écriture personnelle : construire le plan

APPROCHES

EXERCICE 1

Voici trois sujets d'écriture personnelle qui correspondent tous les trois au corpus sur les jeux vidéo figurant dans le chapitre 18 (p. 186 à 190) :

• **Sujet 1** : Les jeux vidéo connaissent un grand succès autant chez les adultes que chez les plus jeunes. Comment, d'après vous, peut-on expliquer ce phénomène ? Répondez à cette question en prenant appui sur les documents du corpus et sur vos propres connaissances.

• **Sujet 2** : Pour Laurent Trémel (document 3, p. 189) qui s'interroge sur l'utilisation des jeux vidéo, il est tout à fait souhaitable que ces jeux fassent l'objet d'un apprentissage, qui pourrait même être scolaire. Vous donnerez votre point de vue personnel sur cette question. Aidez-vous des documents du corpus et de vos connaissances.

• **Sujet 3** : Que pensez-vous de l'utilisation des jeux vidéo dans le traitement de certains troubles psychologiques, utilisation exposée dans le document 2 du corpus (p. 188) ? Répondez à cette question en prenant appui sur les documents du corpus et sur vos propres connaissances et réflexions.

Pour chacun des sujets, repérez les mots-clefs, définissez la problématique et dites ce que l'on vous demande de faire.

EXERCICE 2

À partir de l'analyse des sujets faite dans l'exercice 1, choisissez parmi les suggestions de plan données ci-dessous celle qui, pour chaque sujet, vous semble le mieux répondre à la fois à la problématique, à ce que la consigne vous demande de faire et à votre réponse personnelle. Attention, certains des plans suggérés ne sont pas pertinents.

• **Pour le sujet 1**

Suggestion 1 : vous ne souscrivez pas du tout au constat selon lequel les jeux vidéo ont un grand succès. Vous vous engagez donc dans une violente critique du sujet et vous exposez votre point de vue en trois parties, thèse, antithèse et synthèse.

Suggestion 2 : la nature du sujet impose la présentation des causes d'un phénomène. Vous cherchez donc, dans votre propre expérience, dans vos observations et dans vos lectures, ce qui peut expliquer ce phénomène. Ce travail implique un plan en une grande partie comportant plusieurs paragraphes argumentés qui vont dans le même sens.

• Pour le sujet 2

Suggestion 1 : n'étant pas du tout d'accord avec L. Trémel parce que vous pensez que les jeux vidéo n'ont rien à voir avec l'école, vous réfutez son idée d'apprentissage en une seule grande partie argumentée qui expose, en plusieurs paragraphes, votre propre thèse.

Suggestion 2 : vous êtes partiellement d'accord avec L. Trémel. Vous commencez donc par expliquer sur quel(s) point(s) il vous semble avoir raison (avis favorable à un apprentissage scolaire), puis dans une seconde partie vous exposez sur quoi porte votre désaccord, ce qui vous permet d'apporter soit des suggestions nouvelles, soit certaines conditions d'utilisation des jeux vidéo.

• Pour le sujet 3

Suggestion 1 : on vous demande votre avis sur un fait mis en évidence par des spécialistes (des thérapeutes), fait qui vous surprend et qui vous laisse sceptique. Vous avez donc des doutes, mais vous commencez par reprendre ce fait et vous l'exposez en lui apportant les justifications qui figurent dans le document 2 (p. 188) d'où il vient. Vous exposez ensuite les raisons de votre scepticisme en signalant l'utilisation des jeux vidéo qui vous paraît la plus courante. Votre plan comporte donc deux parties à l'issue desquelles votre position apparaît clairement.

Suggestion 2 : vous pensez que le reportage fait auprès de thérapeutes ne prouve rien et vous vous efforcez de le réfuter en montrant que les jeux vidéo, incapables d'aider à guérir des troubles psychologiques, en créent d'autres à travers une véritable dépendance. Vous construisez une thèse unique très critique, qui contredit les propos des médecins eux-mêmes, sans proposer d'autre piste de réflexion.

Suggestion 3 : à la lecture du document 2 du corpus proposé p. 188, vous essayez de comprendre et d'expliquer en quoi les prises de position des thérapeutes sont intéressantes, puis vous signalez que selon vous, les jeux vidéo peuvent cependant présenter certains dangers pour les plus jeunes. Vous avez vos propres arguments personnels, ou vous en trouvez dans le texte de L. Trémel et vous les adoptez. Votre devoir comporte alors deux parties, dont la seconde constitue une objection à la première. Vous précisez votre position dans la conclusion.

EXERCICE 3

L'exercice 2 vous a conduit à déterminer le seul plan qui convienne au sujet 1. Nous proposons ici un ensemble d'idées relatives aux jeux vidéo. Elles proviennent des documents du corpus (chapitre 18, p. 186 à 190) et d'autres documents divers.
Choisissez parmi ces idées celles qui peuvent vous être utiles pour traiter le sujet 1, avec le plan déterminé dans l'exercice 2. Ajoutez vous-même d'autres idées.

1. Le jeu vidéo permet à des jeunes en situation difficile (échec scolaire, sentiment de non reconnaissance, perte de certains repères, auto-dévalorisation, déqualifications diverses) de reprendre confiance en eux et de modifier une image négative. (L. Trémel)
2. Un grand nombre de jeux vidéo encourent le reproche de se faire les « vecteurs » d'une idéologie libérale, qui suit, d'assez près, les conceptions géopolitiques des États-Unis. On peut ne pas accepter cette influence. (L. Trémel)

3. Les jeux vidéo sont souvent extrêmement violents : ils donnent la possibilité, par personnage (avatar) interposé, d'accomplir des actes violents, en massacrant des populations entières. On peut craindre que les enfants ne perdent, à trop jouer à ces jeux de destruction, à la fois certaines valeurs morales (le respect de la vie) et la notion des limites entre la vie et la mort.

4. En revanche certains thérapeutes pensent que le défoulement violent sans risque, puisque l'on reste dans un monde virtuel, est un bon moyen d'extérioriser ses pulsions violentes et ainsi de s'en libérer. (P. Kremer)

5. Un reproche fréquemment adressé aux jeux vidéo, notamment par L. Trémel, est d'anesthésier les joueurs, qui, à force de jouer en faisant abstraction de la réalité, finissent par la confondre avec le monde virtuel. Un jeu comme « Second life » permet aux adultes de se créer une seconde vie à côté de la première et de finir, dans certaines situations, par substituer l'une à l'autre.

6. On imagine mal, à l'école élémentaire ou au collège, des cours de jeu vidéo : on ne pense pas, en général, que les enfants aient besoin d'apprendre à jouer : ils savent le faire tout seuls et le jeu est une affaire individuelle ou collective, mais sans la présence des adultes. Que serait un « professeur de jeu vidéo » ? Il est assez probable que le jeu vidéo enseigné n'aurait plus aucun intérêt pour l'enfant, du fait de l'empiétement sur le domaine ludique de quelqu'un qui incarne un autre domaine.

7. Le jeu vidéo permet de jouer seul ou en réseau. Il répond donc à deux tendances actuelles de la vie sociale et tend à les développer : le repli individualiste ou les échanges informatisés. Cela explique sans doute une partie de son succès.

8. Le jeu vidéo impose à celui qui joue de faire des efforts pour gagner, par rapport à lui-même, à dépasser ses performances : il met à rude épreuve la patience, l'habileté manuelle, et peut ainsi contribuer au développement de compétences intellectuelles et manuelles.

9. Les risques dont sont porteurs les jeux vidéo peuvent être atténués si les joueurs sont capables de prendre une certaine distance critique, du fait de leur éducation ou de leur culture. On peut considérer que les premières « victimes » des jeux vidéo sont ceux qui n'ont pas cette capacité.

10. Par l'attention qu'il exige, par les règles qu'il impose, les contraintes et les stratégies, le jeu vidéo se révèle formateur. D'après certains psychanalystes, il aide à la concentration, ce qui, semble-t-il, en fait une aide pour les thérapeutes qui l'utilisent comme « remède » dans différentes pathologies du comportement.

11. Le jeu vidéo constitue un véritable passe-temps. Certains considèrent qu'il offre, s'opposant ainsi au stress de la vie professionnelle, un délassement parce que la concentration qu'il impose fait disparaître toutes les préoccupations et tous les soucis.

EXERCICE 4

Sélectionnez, dans les idées données dans l'exercice 3 (p. 237-238), celles qui peuvent correspondre au plan que vous avez adopté pour le sujet 2 dans l'exercice 2 (haut p. 237).

EXERCICE 5

Dans l'exercice 2, vous avez choisi un plan pour le sujet 3 (p. 237). Sélectionnez dans la liste des idées données dans l'exercice 3 (p. 237-238), celles qui vous paraissent convenir au plan choisi.

EXERCICE 6

Faites le bilan de l'analyse et des recherches effectuées sur un sujet au choix dans les exercices précédents en donnant successivement :
– le sujet choisi parmi les trois qui sont proposés ;
– le plan qui vous semble le mieux correspondre à la problématique, à la consigne et à votre réflexion personnelle ;
– les idées qui vous paraissent les plus pertinentes parmi celles qui sont proposées, accompagnées éventuellement d'autres idées venues de vos connaissances.
Une fois cette récapitulation faite, classez les idées selon les grandes lignes qui constituent le plan.

Exemple de grandes lignes formulées (sujet 2, suggestion de plan 2 sur les jeux vidéo)

I – Première grande partie
Il serait sans doute intéressant de mettre en place un apprentissage scolaire des jeux vidéo, auxquels on reconnaît certaines vertus éducatives (reprise partielle ou totale de l'idée de L. Trémel).
A) Cela permettrait aux enfants d'apprendre à réfléchir sur leurs démarches.
B) Ils pourraient être conduits à mieux juger les situations mises en scène dans les jeux.
C) Ces prises de conscience pourraient entraîner une meilleure surveillance des jeux et de leur utilisation.

II – Seconde grande partie
Néanmoins cette idée peut susciter de fortes objections…
A)
B)
C)

EXERCICE 7

Voici trois sujets correspondant au corpus de documents sur la réforme de l'orthographe (chapitre 20, p. 200 à 204). À partir des mots-clefs, faites apparaître la problématique de chacun et dites avec précision ce que la consigne demande de faire. Expliquez ensuite en quoi les trois démarches prennent appui sur les documents du corpus et ce qu'elles ont de différent entre elles.

• **Sujet 4** : Les documents du corpus montrent que les partisans d'une réforme de l'orthographe ont toutes sortes de raisons pour défendre leur cause. Partagez-vous ces raisons ? Répondez de manière personnelle en prenant appui sur les documents du corpus et sur vos connaissances.

• **Sujet 5** : « On ne peut pas écrire comme ça se prononce », dit la linguiste D. Manesse (document 2).

Qu'en pensez-vous ? Vous donnerez une réponse personnelle appuyée sur les documents du corpus et sur vos propres connaissances.

• **Sujet 6** : Il semble bien difficile, d'après ce que dit F. Ploquin (document 3), de mener une réforme de l'orthographe en France. Dites quels en sont les obstacles et donnez votre point de vue personnel sur l'importance, ou non, de faire une telle réforme. Utilisez les documents du corpus et vos connaissances.

EXERCICE 8

1. Voici plusieurs suggestions de prises de position exprimées selon des plans différents, et correspondant aux trois sujets de l'exercice 7. En prenant appui sur l'analyse de ces sujets, choisissez parmi ces propositions celle qui, pour chaque sujet, vous semble correspondre le mieux à la fois à la problématique, à la démarche demandée, et à vos propres positions.

2. Une fois votre choix effectué, justifiez-le en expliquant pourquoi la proposition que vous n'avez pas retenue n'est pas valide.

• Pour le sujet 4

Suggestion 1 : vous pensez que certains arguments des défenseurs d'une réforme de l'orthographe sont valides. Vous envisagez donc une première partie dans laquelle vous exposez ces arguments (ceux qui figurent dans les documents, et d'autres, que vous approuvez) de manière positive. Mais comme vous pensez que certains arguments sont discutables, vous exposez vos réticences dans une seconde partie en donnant des objections. Vous utilisez des idées venues de vos lectures.

Suggestion 2 : vous considérez que toute idée de réforme de l'orthographe est inacceptable, et surtout qu'une telle réforme ne servirait à rien. Vous composez donc un texte en une seule partie pour exposer cette thèse, que vous soutenez par l'idée selon laquelle l'orthographe française ne présente aucune difficulté.

• Pour le sujet 5

Suggestion 1 : vous pensez que le sujet vous demande de discuter l'idée selon laquelle on ne peut pas écrire tous les mots comme ils se prononcent. Vous composez une thèse pour défendre le point de vue de D. Manesse, puis vous démontrez le contraire (antithèse : on peut écrire certains mots comme ils se prononcent). Vous évitez ainsi de prendre position.

Suggestion 2 : puisqu'on vous demande votre avis sur l'écriture phonétique, vous commencez par chercher comment justifier, dans une première partie, le constat de D. Manesse, puis vous expliquez que même si on ne peut écrire phonétiquement, on pourrait cependant simplifier l'orthographe de certains mots.

• Pour le sujet 6

Suggestion 1 : comme le recommande la consigne du sujet, vous consacrez une première partie à exposer les obstacles à une réforme de l'orthographe. Vous dites ensuite si vous pensez qu'une telle réforme est importante et vous justifiez vos idées par des observations personnelles ou par des idées que vous empruntez à d'autres et que vous adoptez.

Suggestion 2 : vous pensez que le sujet vous demande de prendre position sur la difficulté de faire une réforme de l'orthographe et vous expliquez pourquoi il est difficile de faire des réformes quelles qu'elles soient.

EXERCICE 9

Voici une série – non exhaustive – d'idées correspondant aux trois sujets de l'exercice 7 (p. 239) sur la réforme de l'orthographe. Choisissez un des trois sujets, la proposition de plan qui vous paraît lui convenir (exercice 8 ci-contre) et sélectionnez parmi les idées proposées celles qui correspondent au plan choisi.

1. L'orthographe a besoin d'être réformée et plusieurs tentatives ont déjà eu lieu, notamment en 1990. Les raisons justifiant cette nécessité ne manquent pas.
2. L'orthographe française est particulièrement difficile : elle nécessite un apprentissage plus long que l'orthographe anglaise ou italienne.
3. Les difficultés viennent pour beaucoup des exceptions, que rien ne justifie, et qui paraissent tout à fait aléatoires, ce qui les rend difficile à mémoriser.
4. Si on écrit « comme ça se prononce », comme le fait Sartre enfant dans l'épisode extrait des *Mots*, on commet des erreurs importantes et on est immédiatement déconsidéré.
5. Ce sont les modifications imposées à la langue et à l'orthographe qui nous évitent d'écrire selon l'orthographe de Mme de Sévigné, orthographe qui rend ses textes très difficiles à lire.
6. Les mots ne sont pas intouchables : on peut en modifier – simplifier – l'orthographe sans commettre un crime contre la langue.
7. Dans le cas de mots phonétiquement semblables, c'est l'orthographe qui permet de distinguer leur sens. Il ne faut donc pas les unifier. C'est aussi l'orthographe qui permet de différencier le singulier du pluriel dans certains cas.
8. « Écrire comme ça se prononce » est rendu difficile par les habitudes visuelles (on « voit » les mots écrits de manière habituelle). Un changement demanderait des adaptations sans doute difficiles.
9. Une réforme visant à simplifier l'orthographe est perçue comme une atteinte à la langue, à son histoire, et ainsi à l'histoire du pays.
10. Certains pays d'Europe ont déjà effectué la modernisation et la simplification de leur langue.
11. La simplification de l'orthographe permettrait à de nombreux enfants de mieux réussir dans une langue qui n'est pas toujours celle de leur culture.
12. On a remarqué qu'en France, ce ne sont pas ceux qui ont le plus à souffrir de la complexité de l'orthographe qui demandent sa simplification.
13. La réforme voulue en 1990 par le Premier ministre de l'époque est restée minime et n'a pas été réellement adoptée. La presse a joué à cette occasion un rôle négatif. Les dictionnaires n'ont que partiellement répercuté les modifications acceptées par l'Académie française.
14. La tradition et l'attachement à une langue classique constituent deux écueils importants sur la voie de la modernisation de la langue et de l'orthographe.

EXERCICE 10

Une fois les idées sélectionnées (exercice 9 ci-dessus), classez-les de manière à faire apparaître les grandes lignes du plan. Prenez appui sur l'exemple donné dans l'exercice 6 (p. 239).

Comment construire **le plan d'un travail d'écriture personnelle**

Le travail dit d'**écriture personnelle** présente plusieurs caractéristiques (voir à ce sujet le chapitre 3 p. 34 et le chapitre 23 p. 221) : il comporte un **sujet** et fait référence à un **corpus de documents** qui lui-même s'inscrit dans un **thème imposé** par le programme. Le sujet met en jeu le **point de vue personnel** du candidat.
Répondre à la question posée implique donc :
— d'avoir analysé le **sujet**, mis en évidence le **domaine concerné**, compris sa **problématique** et défini ce que la **consigne** demande de faire (chapitre 23) ;
— d'avoir cherché et trouvé dans les documents du corpus et dans le thème étudié des **idées** en relation avec le domaine et la problématique (chapitre 24) ;
— de les regrouper de manière organisée sous la forme d'une ou plusieurs **thèses** soutenues par des **arguments** et illustrées d'**exemples**.
Pas plus que pour la synthèse, il n'y a pour l'écriture personnelle de **plan imposé**. Chaque **sujet** détermine l'organisation de la réponse et conduit à mettre en place ses **grandes lignes**.

Les plans en une seule partie

Il n'est pas choquant qu'un devoir d'écriture personnelle soit construit en une seule grande partie. Ce peut être le cas pour les sujets dans lesquels on demande que soient expliquées les **causes** d'un fait qui ne prête pas à discussion, ou lorsque celui qui parle est **entièrement d'accord**, sans aucune objection, avec le point de vue, l'idée ou la thèse proposés.

→ **EX :** l'**explication du succès** des jeux vidéo (sujet 1, exercice 1) ou des blogs (p. 21 à 28) ou encore des mangas (p. 193 à 197) induit que l'on retrouve dans les documents ou dans ses propres connaissances un certain nombre d'explications et qu'on les expose en les classant (par **thème**, ou par **ordre d'importance**) pour constituer des paragraphes construits selon une progression linéaire (▸ Fiche 4, p. 287). Le plan est alors I-A, B, C.
Si le sujet ne suggère aucune ouverture vers ce que pourraient être les dangers (des blogs, des mangas ou des jeux vidéo…), il n'est pas nécessaire d'envisager une seconde partie critique. En revanche, la conclusion peut attirer l'attention sur ces risques, qui peuvent paraître d'autant plus préoccupants que le succès est plus grand.

Les plans en plusieurs parties

Du fait de sa nature, du temps imparti et de son coefficient, le travail d'écriture personnelle ne peut pas être une dissertation longuement développée en trois points ; mais il peut comporter un **plan en deux parties**, voire **trois**, à condition qu'elles soient courtes. Il arrive en effet souvent qu'une problématique oriente dans deux directions soit **complémentaires**, soit **contradictoires**. Il arrive aussi que celui qui parle oppose ses propres conceptions à d'autres idées.

→ **EX :** dans le sujet 4 (exercice 7, p. 239), le candidat peut être d'accord avec certaines raisons des partisans d'une réforme de l'orthographe, mais ne pas les accepter toutes. Sa démarche consiste alors à **exposer les raisons** qu'il soutient, dans une première partie (I-A et B ou A, B, C) puis à **exprimer ses objections** dans une seconde partie (II-A et B ou A, B, C). La conclusion pourra insister sur l'une ou l'autre des deux orientations. Dans le sujet 5 (exercice 7, p. 239), on peut difficilement aller contre la remarque de D. Manesse affirmant « qu'on ne peut pas écrire comme ça se prononce ». Il faut donc commencer par **justifier** ce qui est un constat linguistique avant de remarquer, peut-être, que ce n'est pas une raison pour ne pas essayer de simplifier l'orthographe dans les cas où cela ne s'oppose pas au sens. Ce plan comporte deux parties : une **thèse** et des **objections** (I et II) qui apportent des **éléments complémentaires**.

Il ressort de ces remarques et de ces exemples que certains plans découlent de la **consigne** tandis que d'autres se mettent en place à partir du **point de vue** choisi par le candidat. Certains sujets offrent une ouverture personnelle importante, d'autres supportent difficilement la contradiction. Il faut donc apprendre à nuancer les propos et ne pas oublier que l'aspect « **personnel** » du devoir, avec, ou non, l'utilisation de la **première personne**, vient de la manière dont on adopte, on s'approprie et on reformule des idées qui viennent surtout des autres.

APPLICATION

EXERCICE 11

Voici trois sujets portant sur le thème de la condition des femmes (dont le corpus regroupe les documents des pages 81, 96, 123, 139, 158) ainsi que les éléments d'un plan correspondant à l'un de ces sujets.
Retrouvez à quel sujet correspond le plan proposé et remettez en ordre les différents éléments qui le composent : deux thèses (I et II) et trois arguments par thèse (A, B et C). Justifiez ensuite le plan proposé en fonction du sujet et de la démarche qu'il suggère.

• **Sujet 7** : Le personnage d'Arthénice (p. 139) pense que c'est l'éducation qui conditionne la vie des femmes et la manière dont elles sont considérées. Vous prendrez position par rapport à ce point de vue sous la forme d'un exposé argumenté et illustré d'exemples. Aidez-vous des documents du corpus et de vos propres connaissances.

• **Sujet 8** : Le Préambule de la Constitution française pose, depuis 1946, le principe de l'égalité entre les hommes et les femmes. Ce principe vous semble-t-il respecté dans les faits ? Donnez votre point de vue personnel sous forme d'exposé argumenté prenant appui sur les différents documents du corpus et sur vos connaissances.

• **Sujet 9** : La publicité utilise très fréquemment l'image de la femme, pour vanter des produits divers. Comment réagissez-vous, personnellement, à cette manière de procéder ? Exposez votre point de vue sous une forme argumentée, en quelques paragraphes.

ÉLÉMENTS CONSTITUTIFS D'UN PLAN (en désordre)

1. Des études sociologiques chiffrées montrent que malgré une volonté de mettre à égalité de situation les filles et les garçons dans l'institution scolaire désormais mixte, des clivages inégalitaires persistent : les filles sont cantonnées dans certains domaines où l'on trouve peu de garçons.
2. On peut envisager les raisons pour lesquelles la loi sur l'égalité des hommes et des femmes n'est pas fermement appliquée.
3. Le principe de l'égalité hommes/femmes a été une grande conquête du XXe siècle. Il faut cependant observer que ce principe (inconnu en 1789) n'est pas appliqué et qu'il y a encore beaucoup à faire sur le plan de la parité.
4. L'inégalité de statut des hommes et des femmes est illustrée par les disparités entre les salaires des hommes et ceux des femmes, notamment dans le secteur privé : à travail égal, à responsabilités égales, les femmes sont moins payées que les hommes.
5. Le poids des traditions constitue un frein à l'émancipation des femmes : dans les familles, on pousse les garçons dans une direction professionnelle valorisante, tandis que pour les filles, on suggère plutôt des professions du tertiaire. C'est en particulier ce que montre N. Jonas.
6. Si l'on passe au domaine politique, il aura fallu attendre la loi sur la parité (en juin 2000) pour que l'on admette l'idée qu'une femme puisse avoir des responsabilités politiques identiques à celles des hommes. Pendant longtemps, il a paru impensable qu'une femme puisse être candidate à des élections présidentielles.

7. Il arrive que les filles elles-mêmes manquent d'ambition, par exemple dans le domaine scientifique ou dans le domaine médical, du fait de la longueur des études ou encore dans le domaine politique, réputé très dur et très misogyne. Il est difficile, dans le cas de certaines élections, de constituer des listes réellement paritaires.
8. On peut expliquer le refus des femmes d'entrer en politique par le fait que cela constitue une charge supplémentaire alors qu'elles doivent déjà s'occuper des enfants parallèlement à l'exercice d'un métier.

EXERCICE 12

1. Voici trois sujets sur le thème de la publicité, dont le corpus regroupe les documents des pages 74, 88, 99, 120, 134 et 156.* À partir du schéma de plan donné pour chaque sujet, retrouvez les thèses et arguments correspondants donnés en désordre dans la liste qui suit.

2. Expliquez ensuite quelle est la démarche choisie dans chacun des cas.

* Les documents figurent à la fois dans le chapitre « Publicité » et dans le thème « Publicité ».

• **Sujet 10** : Faut-il supprimer la publicité ? Répondez de manière personnelle à cette question en prenant appui sur les différents documents du corpus et sur vos connaissances.

Plan : deux thèses (I et II) – 2 arguments pour la thèse I et 3 arguments pour la thèse II.

• **Sujet 11** : La publicité sous forme d'image a-t-elle pour seule finalité d'être un outil commercial ? Vous répondrez à cette question de manière argumentée, en vous appuyant sur les différents documents du corpus et sur votre observation des publicités imagées.

Plan : trois thèses (I, II et III) – 2 arguments pour la thèse I, pas d'argument pour les thèses II et III.

• **Sujet 12** : Qu'est-ce qui peut faire d'une publicité une œuvre d'art ? Donnez votre point de vue en quelques paragraphes argumentés et illustrés d'exemples. Prenez appui sur les documents du corpus. Utilisez les connaissances acquises en cours.

Plan : une seule thèse (I) – 3 arguments.

ÉLÉMENTS DE PLAN EN DÉSORDRE (thèses et arguments)

1. Devant la prolifération de la publicité sous toutes ses formes et devant les orientations qu'elle prend parfois, on peut être tenté de penser qu'il faudrait la supprimer.
2. Certaines publicités sont particulièrement laides et ont pour objectif de heurter la sensibilité de ceux qui les regardent, sans distinction d'âge.
3. La beauté et l'originalité de certaines publicités en font des œuvres d'art. On peut tenter de définir d'où viennent leurs qualités esthétiques.
4. Il est certain que l'utilisation des images dans la publicité concourt à son efficacité commerciale.
5. Néanmoins, on sait que la publicité remplit plusieurs fonctions utiles : elle informe et elle est un moteur important de l'économie.
6. La publicité est envahissante : elle détériore les paysages par ses panneaux placés de manière anarchique pour vanter des produits n'ayant rien à voir avec l'environnement, elle occupe du temps à la télévision…

7. On peut d'abord considérer le côté esthétique de la composition : grandes lignes, couleurs : certaines publicités sont de vrais tableaux et empruntent des éléments à l'art.
8. L'image donne à voir immédiatement le produit dont on fait la publicité : elle attire plus qu'un long discours.
9. Si l'image ne représente pas le produit lui-même, elle suggère des analogies qui attirent par leur originalité, qui créent un effet de surprise.
10. Mais l'image permet aussi d'attirer l'attention sur des grandes causes : la faim dans le monde, la lutte contre le racisme, contre le sida, la recherche médicale. Elle s'adresse en effet avec efficacité à la sensibilité, en faisant appel aux perceptions visuelles et aux émotions.
11. C'est bien souvent grâce à la publicité que l'on est informé sur l'existence de produits, d'entreprises, de nouveautés…
12. La publicité donne du travail à différentes branches professionnelles.
13. Le côté esthétique de certaines publicités vient de leur créativité, de leur inventivité : les publicités sous forme d'image mobile (cinéma, télévision) « racontent » des histoires et reposent sur des scénarios.
14. Les publicités sont souvent créatives sur le plan du langage : formules utilisantdes figures de rhétorique, jeux de mots, rapprochements phonétiques…
15. La publicité fait connaître les grandes causes humanitaires. Pour cette raison, elle est utile.
16. La publicité sous forme d'images est destinée à charmer, à séduire : il est donc difficile de savoir ce qui est premier, la finalité commerciale ou la finalité esthétique.

EXERCICE 13

Voici trois sujets dont les corpus se trouvent dans la partie 2 de ce manuel. Choisissez-en un et après avoir trouvé les mots-clefs :
– déterminez le domaine concerné,
– identifiez la problématique et la démarche mise en jeu,
– proposez un plan organisé donnant la ou les thèses et l'intitulé des arguments.

• **Sujet 13** (**thème : le travail** – corpus p. 54, 76, 85, 148) : On associe traditionnellement le travail à l'idée de « gagner sa vie ». Vous direz sous une forme argumentée ce que vous attendez de votre future vie professionnelle et quel sens vous donnez à l'expression « gagner sa vie ». Prenez appui sur les documents du corpus et sur le travail fait dans le cadre du thème du travail.

• **Sujet 14** (**thème : faire voir, quoi, comment, pour quoi ?** – corpus p. 62, 69, 105, 164) : Pour le dessinateur Plantu, « la fonction d'un dessinateur de presse est de réveiller l'attention, de donner envie aux gens de s'informer toujours davantage ». Vous direz si vous partagez ou non cette conception du dessin de presse en prenant appui sur différents dessins et sur les analyses que vous avez pu en faire.

• **Sujet 15** (**thème : l'exploitation des enfants** – corpus p. 94, 128, 163) : Quels vous semblent être les dangers de l'utilisation des enfants dans la publicité ? Répondez à cette question de manière personnelle, en prenant appui sur certains documents lus et/ou étudiés et sur vos connaissances.

PROLONGEMENTS

LEXIQUE

EXERCICE 1

Voici douze termes figurant dans des textes d'idées. Choisissez six d'entre eux et intégrez-les à une phrase rédigée qui en fasse comprendre le sens.
Alternative • dilemme • endémique • impunité • inflation • intégrité • intégralité • laxisme • litige • pérennité • posthume • pragmatisme.

EXERCICE 2

Donnez, au choix, un synonyme ou un contraire de six des douze termes suivants :
ambigu • cohérent • consensus • draconien • dénégation • diffamatoire • illicite • laconique • lucratif • obsolète • préconiser • prémonitoire.

EXPRESSION ÉCRITE

EXERCICE 3

Rédigez un paragraphe sur le caractère envahissant, omniprésent de la publicité. Vous y intégrerez les données suivantes : la nature hyperbolique de l'invasion et les moyens informatiques utilisés ; les formes diverses prises par la publicité et la diversité des supports ; les domaines de la vie concernés par la publicité ; la manière dont la publicité sauvage gâche les paysages en s'installant partout.

EXERCICE 4

Rédigez un paragraphe pour développer la formule « Une image vaut mille mots. » Vous intégrerez les données suivantes : la perception globale et immédiate de ce que représente l'image ; la nécessité de déchiffrer un message écrit ; la force du dessin et son caractère concentré ; le jeu des référents évoqués ; l'importance des connotations graphiques.

EXERCICE 5

Rédigez deux paragraphes. Dans le premier, vous exposerez certaines des raisons qui retiennent un certain nombre de femmes de s'engager en politique, malgré la loi sur la parité et des incitations diverses. Vous développerez certaines des idées suivantes : la crainte d'un milieu majoritairement masculin et de réputation « machiste » ; la peur de ne pas être « à la hauteur » ; la difficulté de combiner la vie de famille, la vie professionnelle et les activités politiques ; la nécessité de devoir « faire ses preuves » plus que les hommes. Dans le second, vous exposerez une des raisons qui peuvent au contraire expliquer la volonté de certaines femmes de trouver leur place en politique et de faire entendre leur voix.

EXERCICE 6

Composez un groupe de cinq à six étudiants et étudiantes et débattez ensemble du sujet suivant, pour arriver à construire un plan en trois grandes parties (trois thèses) comportant chacune plusieurs arguments. Choisissez ensuite un argument et rédigez ensemble un paragraphe pour le développer et l'illustrer d'exemples.

Sujet : La publicité utilise très fréquemment l'image de la femme, pour vanter des produits divers. Vous direz comment vous réagissez, personnellement, à cette manière de procéder, puis vous direz s'il vous paraît possible, ou non, de justifier certaines de ces démarches.

RECHERCHES

EXERCICE 7

Concernant la question de la parité hommes/femmes et des revendications féministes, on peut citer des figures importantes comme celles d'Olympe de Gouges, Théroigne de Méricourt, Pauline Roland, Flora Tristan, et plus proches de nous, Gisèle Halimi et Simone Veil. Situez-les dans l'Histoire et dites quels ont été le domaine et l'importance de leur engagement et de leur action.

CHAPITRE 26 L'écriture personnelle : rédiger les paragraphes et les introductions partielles

APPROCHES

EXERCICE 1

Voici un ensemble comportant :
– un sujet d'écriture personnelle rattaché au corpus sur les jeux vidéo (chapitre 18, p. 186 à 190) ;
– l'indication d'un plan possible comportant une seule partie ;
– la formulation de la thèse correspondant à ce plan ;
– la formulation d'un argument en relation avec la thèse et son développement sous la forme d'un paragraphe rédigé.

• **Sujet** : Les jeux vidéo connaissent un grand succès autant chez les adultes que chez les plus jeunes. Comment, d'après vous, peut-on expliquer ce phénomène ? Répondez à cette question en prenant appui sur les documents du corpus et sur vos propres connaissances.

• **Plan possible** : une grande partie unique consacrée à l'exposé de ce qui peut expliquer le succès des jeux vidéo. Cette grande partie sera composée de trois ou quatre paragraphes donnant des explications de nature différente.

• **Thèse** : les raisons de l'extraordinaire succès que rencontrent les jeux vidéo auprès de joueurs d'âge très divers.

• **Argument** : le caractère individuel du jeu.

Proposition d'argument rédigé sous forme de paragraphe

Une première explication du succès, en constante augmentation, du jeu vidéo, est la possibilité qu'il offre à un joueur de jouer seul, de manière totalement autonome, quand il le désire, dès lors qu'il possède le matériel nécessaire. À la maison ou dans les cybercafés, devant son ordinateur ou devant un écran de télévision, voire son téléphone portable, le joueur se confronte en toute tranquillité et en dehors de toute autre présence qui participerait à sa prestation, à des situations diverses qu'il a choisies en choisissant son jeu. Le caractère individuel du jeu permet au joueur de se faire représenter par un ou plusieurs « avatar(s) » personnalisé(s) porteur(s) de ses compétences ou de ses espérances, et dont la progression, c'est-à-dire la réalisation plus ou moins réussie d'actions de plus en plus difficiles, constitue un des intérêts du jeu. Celui-ci fait entrer le joueur dans une sorte de « bulle » qui fait disparaître l'environnement réel au profit de nouveaux horizons, de situations et de personnages virtuels dans lesquels le joueur s'investit complètement. Il y a ainsi confrontation, volonté de tester des compétences, défi et plaisir de la compétition, parfois avec l'ordinateur lui-même, dont il affronte le « pouvoir », indépendamment des stratégies prévisibles du jeu, mais sans aucun risque réel, notamment de se sentir diminué par une défaite sous le regard d'autrui, puisque le joueur est seul. Son autonomie lui permet aussi de créer en toute liberté des situations et d'y placer ses avatars, sans que le jeu lui-même, ou la présence de partenaires viennent y mettre une limite. Ces possibilités de personnages multiples et de situations inventées par le joueur sont la caractéristique de jeux très appréciés comme « Never Winter Night » ou « Baldur's Gate », que je connais personnellement.

1. Retrouvez dans le paragraphe la reformulation de l'argument puis identifiez les différents termes qui renvoient à l'idée dominante.

2. Expliquez, en étudiant la structure du paragraphe, comment l'idée dominante qui constitue l'argument se trouve développée.

3. Vérifiez que le contenu du paragraphe se situe bien dans la logique de la thèse. Par rapport au développement de la thèse, où ce paragraphe peut-il trouver sa place ? Précisez quel mot permet de situer cette position.

4. Que remarquez-vous en ce qui concerne les références à des exemples ?

5. Comment apparaît, dans le paragraphe, le caractère personnel de l'exposé ?

EXERCICE 2

Voici un second argument correspondant à la même thèse, sous forme d'un paragraphe rédigé.

1. Dites de quelle manière cet argument se rattache à l'argument précédent.

2. Identifiez l'argument, reformulez-le et expliquez en quoi il apporte des éléments nouveaux par rapport à l'argument précédent, et en quoi il se rattache logiquement à la thèse.

3. Étudiez le traitement des exemples dans ce paragraphe.

Proposition d'argument rédigé sous forme de paragraphe

*Si les jeux vidéo ont du succès du fait de la relation particulière qu'ils créent avec le joueur solitaire, on peut aussi expliquer leur développement par le fait qu'ils s'appuient souvent sur des films qui ont connu eux-mêmes de grands succès, et qui relèvent de la science-fiction ou de l'*héroïc fantasy*, genre anglo-saxon très prisé par les adolescents. On peut citer les jeux dérivés de* Star Wars*, de* Spiderman *ou du* Seigneur des anneaux*. Cette fois, c'est d'abord le thème qui plaît, parce qu'il est connu et qu'il comporte un ensemble d'éléments qu'aiment les jeunes : de la science-fiction avec des personnages venus d'autres galaxies, de la mythologie médiévale, avec chevaliers, dragons, magiciens et sorciers, peuples qui se combattent et héros salvateurs, missions et prouesses à accomplir dans un univers où les notions du bien et du mal ne sont pas toujours nettement définies. L'intérêt est de retrouver des personnages et des univers déjà connus, d'en avoir des aspects nouveaux, approfondis, inexploités et différents, qui sont les lieux de nouvelles explorations. Ces jeux s'appuient ainsi sur des thèmes familiers mais donnent la possibilité aux joueurs d'en modifier les intrigues. Sur le plan thématique, on peut également citer le succès de jeux qui reprennent, de manière virtuelle, des épisodes historiques pour y faire participer les joueurs, par exemple, des épisodes de la seconde guerre mondiale, notamment le débarquement du 6 juin 1944 et l'histoire, déjà fictive, du soldat Ryan. Fiction de fiction, ces jeux abordent des épisodes qui exercent, avec l'éloignement dans le temps, une fascination accrue.*

EXERCICE 3

Voici trois propositions d'introduction partielle rédigées correspondant à la thèse unique de l'exercice 1 (p. 247). Dites de quoi se compose chacune et concluez en précisant quels éléments indispensables doivent apparaître dans l'introduction d'une grande partie de devoir.

Proposition d'introduction rédigée 1

Il y a au moins trois raisons qui permettent de comprendre le succès impressionnant des jeux vidéo : la possibilité de jouer de manière individuelle, les relations avec certains thèmes cinématographiques et le goût pour les réseaux reliant des joueurs qui ne se connaissent pas.

Proposition d'introduction rédigée 2

Les trois points abordés ci-après constituent des raisons que l'on peut avancer pour expliquer l'ampleur prise par le phénomène des jeux vidéo. Tout d'abord ils permettent de jouer seul ; ensuite ils ont des thèmes qui plaisent ; enfin ils mettent en relation les joueurs avides de compétition.

Proposition d'introduction rédigée 3

Depuis leur apparition, les jeux vidéo ne cessent de se multiplier et de se perfectionner, signe indéniable d'un succès qui touche les plus jeunes et s'étend aux plus âgés. Plusieurs raisons peuvent expliquer ce développement. On peut penser que ces jeux correspondent à une certaine forme d'individualisme. Leurs thèmes s'enracinent dans des œuvres cinématographiques qu'ils approfondissent. Enfin la possibilité de jouer en réseaux, via Internet, correspond à un besoin actuel de communications et de rencontres virtuelles.

EXERCICE 4

Voici un ensemble comportant :
– un sujet d'écriture personnelle en relation avec le corpus sur la réforme de l'orthographe (chapitre 20, p. 200 à 204) ;
– l'exposé d'un plan possible ;
– la formulation de deux thèses correspondant à ce plan ;
– deux propositions rédigées d'introduction partielle correspondant à ces deux thèses / parties ;
– la formulation de deux arguments, chacun correspondant à l'une des deux thèses, et développé en un paragraphe rédigé.

• **Sujet** : Il semble bien difficile, d'après ce que dit F. Ploquin (document 3, p. 202-203), de mener une réforme de l'orthographe en France. Dites quels en sont les obstacles et donnez votre point de vue personnel sur l'importance, ou non, de faire une telle réforme. Utilisez les documents du corpus et vos connaissances.

• **Plan possible*** :
– une première partie (thèse 1) consacrée aux raisons qui rendent difficile une réforme de l'orthographe en France : cette orientation est dictée par le sujet.
– une deuxième partie (thèse 2) consacrée à la nécessité d'une simplification.

* Il est difficile de ne pas aller dans ce sens. On ne peut pas refuser l'idée de l'importance d'une réforme.

• **Thèse 1** : il est difficile de réformer l'orthographe en France.

• **Argument** : une réforme visant à simplifier l'orthographe est perçue comme une atteinte à la langue, à son histoire et ainsi à l'histoire du pays.

• **Thèse 2** : il est important, cependant, de modifier l'orthographe.

• **Argument** : la simplification de l'orthographe permettrait à de nombreux enfants de mieux réussir dans une langue qui n'est pas toujours celle de leur culture.

Proposition d'introduction partielle rédigée de la première partie (thèse 1)

Plusieurs tentatives sans beaucoup de résultats, dont la dernière en 1990, tendraient à prouver que l'idée de réformer l'orthographe se heurte, en France, à des obstacles difficilement contournables. Je pense, comme F. Ploquin, que pour certains, toucher à la langue, c'est toucher à un patrimoine historique et donc à l'histoire du pays. Il est sûr d'autre part que des modifications de la langue demanderaient toute une période d'hésitations et des adaptations peut-être longues auxquelles tout le monde ne souscrit pas.

Proposition d'argument rédigé sous forme de paragraphe

Toute langue a une histoire et cette histoire est indissociable de celle d'un pays. Or cette histoire nationale, connue, est immuable : on ne peut pas y revenir et la modifier, ce qui pourrait apparaître comme une falsification. On peut donc craindre que toute volonté officielle de modifier la langue ne soit perçue comme le signe d'une transformation du passé d'un pays, comme si la langue pouvait et devait jouer le rôle de gardienne des traditions, de garante de l'authenticité du passé. La question se pose lorsque l'on revient à des textes et documents du Moyen Âge ou de la Renaissance : faut-il les traduire en français moderne, faut-il modifier leur orthographe ? On peut être tenté de refuser la traduction et les modifications au nom de la fidélité historique et du respect du texte d'origine. On peut aussi considérer que les modifications orthographiques séparent la langue de ses racines grecques et latines et font ainsi disparaître une filiation historique qui explique, par certains côtés, ce que nous sommes : il est difficile et, je trouve, bizarre, d'écrire « filosofie » ou « ipocrite », même si c'est plus simple.

Proposition d'introduction partielle rédigée de la seconde partie (thèse 2)

Pourtant, malgré les difficultés et les obstacles, il se révèle qu'une modification de l'orthographe serait une décision utile. C'est en tout cas ce que je pense. Elle contribuerait à la simplification de la langue ; elle aiderait les enfants dont le français n'est pas la langue maternelle. Elle nous mettrait sur le même plan que d'autres pays européens qui ont modernisé leur langue.

Proposition d'argument rédigé sous forme de paragraphe

Grâce à la simplification de l'orthographe, les enfants dont le français n'est pas la langue maternelle seraient déchargés d'un poids important. Il leur est difficile en effet de se retrouver dans le labyrinthe des exceptions françaises qui n'ont aucune justification cohérente. Certaines règles d'accord sont de véritables casse-tête : il faut observer l'auxiliaire, le complément d'objet, la voix pronominale ou non… et avoir ainsi en tête des notions très complexes. C'est le cas pour l'accord du participe passé des verbes pronominaux. Sans prôner l'orthographe phonétique, dont on sait qu'elle ne résout pas tout, et en particulier la question des homophones, on peut être partisan d'une réforme qui rendrait plus facile l'apprentissage de la langue écrite. Or on sait que toute intégration passe d'abord par la maîtrise de la langue : pour faciliter l'insertion scolaire et sociale d'enfants de culture et de langue différentes des nôtres, il est important de rendre plus accessible la maîtrise du français.

1. Observez la structure et le contenu des deux introductions partielles : que contiennent-elles ? Comment sont-elles articulées ? En quoi sont-elles dans la logique du plan et dans celle du sujet ?

2. Étudiez la composition des deux paragraphes : comment reprennent-ils chacun l'argument ? Comment le développent-ils ?

3. Repérez les exemples dans les deux paragraphes : où se situent-ils ? Comment sont-ils introduits ? Quelle est leur utilité ?

4. Où et sous quelle forme apparaissent des marques de subjectivité (▸ Fiche 6, p. 290) dans les introductions partielles et dans les paragraphes ?

EXERCICE 5

Récapitulez, à partir des exemples rédigés des exercices précédents, certains impératifs concernant :
- le contenu d'une introduction partielle et le rôle qu'elle joue ;
- la manière de construire un paragraphe en développant un argument ;
- la présence, la nature et l'insertion des exemples ;
- l'expression du caractère personnel de l'idée énoncée.

Comment rédiger **les paragraphes et les introductions partielles d'un travail d'écriture personnelle**

Ce que l'on appelle « **écriture personnelle** » dans l'épreuve d'examen du BTS (voir chapitres 3 p. 34 et 23 p. 221) est un exercice demandant au candidat, à la suite du travail de synthèse, de **traiter un sujet** sur le même thème, sous la forme d'un **exposé construit et rédigé**. La **rédaction** du corps du devoir impose certaines contraintes.

L'annonce de la (ou des) thèse(s)

Une thèse, c'est-à-dire l'idée, l'opinion, le point de vue défendu, peut être formulée en quelques mots dans un plan. Elle constitue l'idée dominante d'une grande partie. Dans le devoir rédigé, l'**annonce de la thèse** se fait dans une **introduction partielle** de quelques lignes, qui indique aussi l'organisation et le contenu du développement qui suit. Si une thèse est soutenue par un exposé en trois paragraphes, l'introduction partielle doit annoncer l'**orientation** de chacun des paragraphes de manière à ce que le lecteur sache, au moment où il commence sa lecture, ce qu'il va trouver sous une forme développée.

→ **EX :** à la thèse « Les différentes raisons des difficultés de la parité », phrase nominale que l'on peut trouver sous cette forme dans un plan, se substitue lors de la rédaction un bref développement qui présente cette idée et les arguments qui la soutiennent : « Malgré son caractère institutionnel, la parité, on l'a vu à travers différents exemples, a du mal à se mettre en place. On peut en trouver des raisons dans un machisme présent dans certains milieux professionnels, dans les traditions qui pèsent sur l'éducation des femmes et, parfois, dans leurs propres comportements. »

Si le devoir comporte deux thèses (ou parties) ou plus, les **liens logiques** qui les unissent (opposition, objection, concession, complémentarité) sont mis en relief par des articulations logiques en relation avec le raisonnement (▸ Fiche 4, p. 287).

→ **EX :** dans l'exemple ci-dessus, deux éléments assurent la liaison entre la thèse 1 et la thèse 2 qui est envisagée et présentée : le premier est l'allusion au « caractère institutionnel », dont il est question dans la première partie (première thèse), et le second l'expression « on l'a vu », qui renvoie à cette même première thèse.

Le développement des arguments

Une thèse est soutenue par des **arguments**, idées qui peuvent être, comme la thèse elle-même, réduites à une phrase dans le plan. Pour que l'exposé soit **développé**, nourri, qu'il montre la capacité de réflexion du candidat et l'utilisation des connaissances acquises, les idées qui constituent les arguments doivent être elles aussi **développées**, **explicitées**, **précisées** lors de la rédaction. On passe ainsi d'une brève formulation – l'idée – à un paragraphe entier.

→ **EX :** dans le paragraphe rédigé de l'exercice 1 (p. 247), l'argument développé est celui du « caractère individuel » des jeux vidéo, qui explique une part de leur succès. Le **développement de l'idée** insiste sur ce qu'implique le terme « individuel », à travers l'emploi de termes proches (« seul », « solitaire », « autonome… ») et sur ce qui est une source d'intérêt dans la relation qui s'instaure entre le joueur et le jeu, en **l'absence d'autres personnes** : la création d'avatars, la progression, la confrontation avec des difficultés, le désir de les vaincre, le plaisir d'agir par personne interposée… Tous ces éléments viennent d'une connaissance des jeux, d'une expérience personnelle, et d'idées présentes soit dans les documents du corpus, soit dans d'autres documents lus ou étudiés.

L'insertion des exemples

Les idées, éléments abstraits, doivent être illustrées par des exemples, qui viennent rendre l'exposé plus accessible, et qui l'ancrent dans la réalité concrète. Ils doivent donc être dans la ligne logique de ce qui est exposé et comporter des analogies précises avec les idées exprimées. Ils sont introduits de différentes manières : *ainsi – on peut citer comme exemple – c'est le cas de… – par exemple – une illustration peut venir de – on peut trouver une illustration de… dans… – telle ou telle situation en sont un exemple probant…* ; parfois, il n'y a aucune formule d'annonce de l'exemple, qui constitue une phrase simplement juxtaposée.

→ **EX :** dans le premier paragraphe rédigé de l'exercice 4 (p. 249-250), l'allusion aux textes du Moyen Âge – « La question se pose lorsque… » constitue un exemple intégré sans mot de liaison.

Le caractère personnel de l'exercice, et de l'écriture, a déjà été envisagé dans les **chapitres 3 et 23**, p. 34 et 221. On peut rappeler ici qu'**il n'est pas obligatoire d'utiliser** la première personne, mais que son emploi donne du poids à l'expression d'idées auxquelles on tient particulièrement (▸ Fiche 6, p. 290).

APPLICATION

EXERCICE 6

Voici un sujet d'écriture personnelle relatif au corpus sur les mangas (chapitre 19, p. 193 à 197), plusieurs plans possibles, l'expression d'une thèse et de trois arguments la soutenant.

• **Sujet** : Pour certains, le plaisir de lire des mangas vient de ce que ces ouvrages sont à la fois simplistes et violents. En prenant appui sur les documents du corpus et sur vos propres lectures, vous direz si vous souscrivez ou non, personnellement, à ce jugement.

• **Plusieurs plans possibles** selon la nature de la réponse personnelle.

Plan possible 1 : une seule grande partie justifiant le jugement proposé et montrant que c'est précisément le double caractère violent et simpliste des mangas qui fait que ces ouvrages plaisent. L'auteur du devoir fait comprendre qu'il partage le jugement proposé, même si, peut-être, il ne lit pas lui-même de mangas. Il est important ici de souligner le caractère personnel de la prise de position par l'emploi de la première personne.

Plan possible 2 : une seule grande partie personnelle montrant que les mangas sont en effet simplistes et violents et que c'est ce qui fait, non leur charme, mais leur danger et la nécessité de surveiller leur lecture en ne les laissant pas entre toutes les mains. L'auteur du devoir reconnaît et prouve les caractéristiques énoncées, mais il fait comprendre qu'il ne partage pas les conclusions qui peuvent en découler.

Plan possible 3 : deux parties ; la première montre le caractère simpliste et violent de certains mangas ; la seconde apporte des objections expliquant que les mangas ne sont pas que cela : ils ont un caractère éducatif et font réfléchir, comme le montrent certains des documents.

• **Thèse** : les mangas ne sont pas uniquement simplistes et violents. Ils ont des qualités reconnues, même sur le plan éducatif.

• **Argument 1** : certaines situations mises en scène sont empruntées au domaine de la vie courante et abordent des questions qui touchent à la famille, aux liens sociaux, à la vie en général. Ils conduisent les lecteurs à réfléchir sur ces différents aspects.

• **Argument 2** : les mangas, ouvrages japonais, sont marqués par l'histoire de ce pays, ses traditions, sa culture, et particulièrement par les épisodes tragiques de la Seconde guerre mondiale. Sur ce plan, ils peuvent avoir un rôle informatif.

• **Argument 3** : la confrontation de personnages enfants avec les difficultés de la vie et de l'histoire fait que les mangas « apprennent à grandir » en confrontant les héros à des choix souvent difficiles.

1. Rédigez l'introduction partielle qui correspond à la thèse donnée après avoir indiqué à quel plan elle correspond.

2. Rédigez les deux premiers paragraphes développant les deux premiers arguments indiqués, un par paragraphe.

3. Expliquez comment sont classés les trois arguments. Par quels mots de liaison l'ordre choisi pour cette classification pourrait-il être exprimé ?

EXERCICE 7

Dans le tableau suivant figurent d'un côté des idées, de l'autre des exemples illustrant ces idées. Présentez chaque idée sous une forme rédigée et un peu développée intégrant l'exemple qui l'illustre.

IDÉE	EXEMPLE
1. Persistance d'inégalités entre garçons et filles dans le système éducatif malgré la mixité.	Filles nettement moins nombreuses dans les filières scientifiques/plus nombreuses dans les filières tertiaires.
2. Caractère simpliste des mangas.	Schématisation du graphisme : absence de détails du décor, de l'environnement/caractère stéréotypé des expressions des visages ressemblant parfois à des caricatures.
3. Difficultés dues à la présence dans la langue française d'incohérences orthographiques.	« Charrette » s'écrit avec deux « r » mais « chariot » n'en prend qu'un.
4. Importance écologique des forêts : maintien d'un écosystème forestier qui disparaît avec la déforestation.	Ensablement des rivières, disparition d'espèces animales (oiseaux, poissons) et végétales protégées par la forêt ; disparition des champignons…
5. Simplification de l'orthographe = atteinte au caractère historique de la langue et perte de repères étymologiques.	L'accent circonflexe du mot « hôpital » s'explique historiquement et phonétiquement : supprimer l'accent fait disparaître les relations du mot avec « hospitalité » ; en particulier on perd de vue que selon son étymologie, le mot « hôpital » n'a rien à voir initialement avec la santé, mais est lié à la notion d'hôte.

EXERCICE 8

À partir du sujet 8 qui figure dans le chapitre 25 (p. 243) et des éléments constitutifs de plan qui sont donnés (p. 243-244), rédigez une grande partie dont la thèse est que la parité homme/femme n'est pas respectée, en dépit de son caractère institutionnel. Cette partie comportera l'introduction partielle annonçant la thèse et au moins deux arguments sur les trois.

EXERCICE 9

Sur le même thème que celui qui est envisagé par le sujet de l'exercice 8 (la parité homme/femme), développez en trois paragraphes la thèse qui explique pourquoi la parité est difficile à mettre en place. Prenez appui sur l'introduction partielle qui figure page 251 (premier exemple) pour rédiger ces paragraphes et marquer clairement leurs articulations.

PROLONGEMENTS

LEXIQUE

EXERCICE 1

Voici douze termes susceptibles de se trouver dans des textes d'idées.
Choisissez-en six que vous intégrerez à une phrase rédigée qui en précisera le sens. Proposez pour les six autres un ou plusieurs contraires.
Ajourner • agréer • clivage • élucider • équivoque • habilité à • implicite • prérogative • probatoire • résilier • tergiverser • velléitaire.

EXERCICE 2

Voici des couples de paronymes – termes proches qui ne diffèrent que de quelques lettres (▸ FICHE 1, P. 284) –. Pour chaque couple, trouvez deux phrases qui permettent de différencier les deux termes.
Vous pouvez aussi mettre les deux termes dans une même phrase qui distingue très clairement leur sens : *avènement / événement • abjurer / adjurer • censé / sensé • complexion / complexité • conjecture / conjoncture • expansion / extension • perpétrer / perpétuer • perspective / prospective • satire / satyre • sujétion / suggestion.*

EXPRESSION ÉCRITE

EXERCICE 3

Développez trois des dix phrases suivantes, au choix, pour composer à partir de chacune d'elle un paragraphe illustré d'exemples.

- La télévision a rendu les voyages inutiles.
- Internet modifie notre façon d'apprendre.
- La ville apporte de nombreuses richesses culturelles.
- La photographie ne montre pas la réalité.
- Il est difficile de définir la notion de luxe.
- Il est difficile pour un SDF de sortir de son exclusion, même avec l'aide des services sociaux.
- On peut s'étonner de certaines publicités dont le thème n'a rien à voir avec le produit présenté.
- L'information radiophonique est de plus en plus remplacée par des opinions obtenues en interrogeant les gens dans la rue.
- En montrant des scènes de plus en plus violentes, la télévision incite à la violence.
- Les belles histoires qui se terminent bien n'intéressent personne.

EXERCICE 4

- « On est dans une société démocratique ; il faut donc démocratiser l'école. »

Faites comprendre, par au moins trois formulations différentes, que vous adhérez à cette idée.

- « Ainsi toute l'éducation des femmes doit être relative aux hommes. » (J.-J. Rousseau)

Faites comprendre, par au moins trois formulations différentes, que vous ne partagez pas du tout ce point de vue.

- « Un pays où l'on ne comprend pas l'art est un pays d'esclaves ou de robots. » (E. Ionesco)

Faites comprendre, à travers une phrase rédigée, votre position par rapport au point de vue d'E. Ionesco : vous êtes soit tout à fait d'accord, soit pas du tout d'accord soit partiellement d'accord.

EXERCICE 5

« Le travail est un trésor. »
(La Fontaine, voir p. 116)

Intégrez cette phrase à des formulations différentes pour faire comprendre :
– que cette affirmation appartient à La Fontaine ;
– que vous y souscrivez ;
– que vous n'y souscrivez pas ;
– que c'est une idée admise par de nombreuses personnes, à travers les âges ;
– que cette idée n'a pas toujours été couramment admise ;
– que cette idée n'a pas le même sens selon que celui qui la prononce a ou non du travail ;
– que la formule est excessive ;
– qu'il faudrait certaines conditions pour que cette formule soit vérifiée et qu'on puisse l'admettre ;
– que ce n'est pas le point de vue des personnages de B. Vian (p. 101).

EXERCICE 6

Que vous adhériez ou non à la formule de La Fontaine (exercice 5 ci-dessus), exposez votre position en un paragraphe d'une dizaine de lignes illustré d'exemples.

ACTIVITÉS ORALES

EXERCICE 7

Inscrivez sur des papiers à tirer au sort certaines des phrases qui figurent dans les exercices 3 ou 4, ou d'autres, repérées au cours de lectures (une phrase par papier). Dans un groupe de cinq à six étudiants, exercez-vous, après avoir tiré une phrase, à la développer oralement en donnant un point de vue personnel justifié.

CHAPITRE 27

L'écriture personnelle : rédiger l'introduction et la conclusion

APPROCHES

EXERCICE 1

Voici un sujet qui figure dans le chapitre 25 (sujet 8 p. 243) et une proposition d'introduction rédigée.

• **Sujet** : Le Préambule de la Constitution française pose, depuis 1946, le principe de l'égalité entre les hommes et les femmes. Ce principe vous semble-t-il respecté dans les faits ? Donnez votre point de vue personnel sous forme d'exposé argumenté prenant appui sur les différents documents du corpus et sur vos connaissances.

Proposition d'introduction rédigée

L'égalité entre les hommes et les femmes a été l'objet d'un long combat historique. C'est une conquête du XXe siècle puisqu'il aura fallu attendre 1946 pour que cette égalité soit inscrite dans la Constitution (article 3 du Préambule). La loi du 6 juin 2000 sur la parité politique impose un nombre égal et un traitement égal des hommes et des femmes dans la vie politique tandis que la loi Génisson du 9 mai 2001* vise à imposer une égalité dans le monde professionnel. Force est pourtant de constater que le principe de stricte égalité n'est pas toujours appliqué et que les femmes sont bien souvent victimes de discriminations diverses. Après une première partie consacrée à l'observation de certaines disparités, j'exposerai quelques explications permettant de comprendre pourquoi il existe encore bien des obstacles qui s'opposent, dans les mentalités et dans les faits, à une application juste des lois.*

* Nous rappelons ici que le travail d'écriture personnelle, lors de l'examen, est toujours en relation avec un programme imposé et avec un ensemble de documents. Les lois citées ici font partie des connaissances acquises dans le cadre d'un travail sur la condition des femmes.

1. Mettez en évidence :
– la manière dont l'introduction fait référence aux éléments du sujet ;
– sa composition et en particulier ses trois étapes ;
– la formulation de la problématique ;
– la manière dont s'exprime le caractère personnel du devoir.

2. Faites le bilan de ce que cette introduction vous apprend et dites à partir de là à quoi elle sert.

EXERCICE 2

Voici une autre proposition d'introduction rédigée, correspondant au sujet suivant, sur le thème du devenir des sites industriels (corpus p. 56, 83, 106, 110, 125 et 146).

• **Sujet** : Faut-il faire « table rase » des sites industriels « dépassés » par la modernisation ou les récupérer de manière originale ? Donnez votre point de vue à ce sujet. Appuyez-vous sur les différents documents du corpus et sur vos propres connaissances.

Proposition d'introduction rédigée

La nécessaire modernisation des installations, des machines et des façons de travailler a conduit à l'abandon de sites industriels obsolètes dont certains étaient de véritables œuvres d'art des XIX*e et* XX*e siècles. Un bon nombre d'entre eux ont été réhabilités et ont une utilisation qui se rattache aux loisirs ou à la culture. Mais certaines voix s'élèvent pour demander la destruction d'autres sites, moins utilisables, moins esthétiques, qui sont laissés à la rouille et abandonnés à la destruction. Les problèmes financiers posés par les restaurations sont importants, mais ne faut-il pas s'interroger sur ce que l'on perd en sacrifiant ce patrimoine témoin de la révolution industrielle ? Pouvons-nous faire table rase du passé ? Il me semble important ici de montrer les différentes significations et justifications d'une sauvegarde qui nous permet de comprendre quels furent, dans ces lieux, la vie et le travail de ceux à qui nous sommes redevables d'un important développement technologique.*

1. Étudiez la manière dont l'introduction reprend les éléments du sujet en les explicitant.

2. Comment se trouve exprimée la problématique ?

3. Comment le plan est-il annoncé ? Dites en quoi il consiste et en quoi il constitue une réponse à la question posée par le sujet.

4. Comment s'exprime dans l'introduction le caractère personnel de la réponse ? Cette réponse personnelle peut-elle être partagée par d'autres ?

EXERCICE 3

Voici une proposition de conclusion rédigée correspondant au sujet et à l'introduction de l'exercice 1 (p. 255).

Proposition de conclusion rédigée

Il apparaît ainsi, je crois l'avoir montré, que s'il existe encore tant de disparités entre les hommes et les femmes, cela vient de freins divers liés à la culture, aux traditions, à de nombreux préjugés, et finalement à des idées qui remontent à des temps immémoriaux et qui sont bien ancrés dans les esprits. La difficulté d'appliquer la loi ne vient pas de son caractère propre, car elle a été demandée depuis longtemps et correspond donc à des attentes, mais des conditions de son application. Ce constat peut être une occasion de réfléchir sur l'évolution nécessaire de l'ensemble législatif, avec la question suivante : les lois sont-elles mieux acceptées lorsqu'elles anticipent sur l'évolution des mœurs, ou lorsqu'elles s'y adaptent ?

1. Dites comment est composée cette conclusion : que contient-elle ?

2. Quels termes soulignent que l'on est arrivé à la fin de l'exposé ?

3. Comment se manifeste le caractère personnel de la conclusion ?

4. Analysez les échos que l'on peut observer entre l'introduction et la conclusion : que comporte de plus la conclusion ? Sur quel plan la réflexion a-t-elle avancé ?

EXERCICE 4

Voici une proposition de conclusion rédigée correspondant au sujet donné dans l'exercice 2 (p. 255), en relation avec l'introduction proposée (ci-dessus).

Proposition de conclusion rédigée

Il n'est certes pas envisageable de sauvegarder tous les sites industriels, dont certains sont tout à fait inexploitables. Mais la mémoire dont d'autres sont porteurs, et les témoignages qu'ils apportent sur tout un pan de notre histoire industrielle justifient que l'on s'y intéresse et qu'on les sauve. Peut-être, malgré la réussite que constitue l'ancienne gare d'Orsay, ne faut-il pas en faire des musées, ce qui les maintient « en vie » en risquant de les figer et de leur faire perdre une part de leurs significations. Je pense qu'une réintégration utile et surtout active à l'environnement humain permettrait de conserver les témoins d'une époque dont la richesse industrielle reposait sur ces usines et sur leur caractère durable.

1. Étudiez, par une mise en parallèle sujet / introduction / conclusion, comment cette conclusion, reprend des éléments du sujet et de l'introduction.

2. Analysez sa composition : que contient-elle ?

3. Qu'apporte-t-elle de plus que l'introduction : en quoi la réflexion a-t-elle progressé ?

4. Comment se marque le caractère personnel de la conclusion ?

EXERCICE 5

Voici deux propositions d'introductions rédigées portant sur le même thème, mais ne correspondant pas au même exercice. La première est celle d'une synthèse de documents, accompagnée de l'indication des documents du corpus ; la seconde celle d'un travail d'écriture personnelle accompagnée du sujet.

CORPUS sur le thème de **la réforme de l'orthographe**

DOCUMENT 1 : Jean-Paul Sartre, *Les Mots* (1964), partie 2, « Écrire » © éd. Gallimard.

DOCUMENT 2 : Danièle Manesse, « L'orthographe fout le camp, ou comment sortir de la désolation » dans *L'École et les parents* (2000), ouvrage dirigé par Philippe Meirieu © éd. Plon.

DOCUMENT 3 : Françoise Ploquin, « Faire vivre l'esprit de réforme » © *Le Français dans le monde*, janvier-février 2001, n° 313.

DOCUMENT 4 : *Sans Bescherelle, t'as tout faux*, publicité **Hatier** (2007), agence Dufresnes et Corrigan.

Proposition d'introduction de synthèse rédigée

Les difficultés orthographiques de la langue française posent régulièrement la question d'une réforme, ce qui soulève à chaque fois des débats passionnés. Les quatre documents du corpus traitent de ce sujet. Un extrait de l'ouvrage autobiographique de J.-P. Sartre, Les Mots *(1964), évoque ses piètres performances orthographiques lorsqu'il était enfant, tandis qu'une publicité pour la nouvelle version du livre de conjugaison Bescherelle insiste avec humour sur ce que révèle une mauvaise maîtrise de la langue, dans des circonstances importantes de la vie. Concernant l'idée d'une simplification de l'orthographe, la linguiste D. Manesse expose à la fois sa nécessité et certains des obstacles qui s'y opposent dans un chapitre d'un ouvrage collectif de 2000,* L'École et les parents*. F. Ploquin s'intéresse, elle, dans un article de la revue* Le Français dans le monde*, de 2001, aux suites de la réforme de 1990, qui a connu un certain succès, mais n'a pas apporté de bouleversement. La nature des documents et la composition du dossier conduisent à aborder successivement les justifications d'une réforme et les obstacles rencontrés.*

SUJET D'ÉCRITURE PERSONNELLE

La publicité *Sans Bescherelle t'as tout faux* met en relief l'importance d'une maîtrise de la langue écrite et orale dans toutes les circonstances de la vie. Vous direz si vous êtes d'accord avec l'idée qu'il est essentiel de bien s'exprimer, dans la vie de chaque jour aussi bien que dans la vie professionnelle. Vous pouvez prendre appui sur les documents du corpus et sur vos lectures et observations personnelles. Utilisez aussi la fiche 9, p. 295.

Proposition d'introduction d'écriture personnelle rédigée

Toute communication orale ou écrite implique, pour un bon fonctionnement, qu'il n'y ait pas de rupture dans la chaîne qui met en relation l'émetteur et le récepteur par l'intermédiaire du canal qui « porte » le message. Ce dernier doit être clair et compréhensible, dans son sens et dans sa forme, ce qui signifie qu'il doit répondre aux normes qui définissent la correction de la langue, et se situer à un niveau de langue adapté à la situation. Ces impératifs, qui peuvent parfois paraître conventionnels et inutiles sont pourtant constamment vérifiés. Je suis convaincu(e) qu'il est fondamental de bien s'exprimer : on montre ainsi que l'on est capable d'appréhender les données d'une situation, avec une bonne connaissance des codes, que l'on sait s'adapter à ses interlocuteurs. D'autre part la maîtrise de la langue orale, et un lexique riche, sont indissociables d'une capacité d'analyser tout ce qui est écrit. C'est donc un atout professionnel important.

1. Comparez les deux introductions (ci-dessus et p. 257) et analysez, sous forme de tableau, ce qu'elles ont de différent.

2. Sur quels points cependant se rejoignent-elles ?

3. De cette confrontation faites ressortir les fonctions spécifiques de l'introduction d'une synthèse de documents et d'un exercice d'écriture personnelle.

EXERCICE 6

Donnez la fonction et les différentes caractéristiques d'une conclusion par rapport à une introduction. Expliquez aussi pourquoi la conclusion est souvent difficile à construire et à rédiger.

EXERCICE 7

Mettez en parallèle (nature, fonction, contenu) une conclusion de synthèse (voir p. 216) et une conclusion d'écriture personnelle (p. 256). Qu'est-ce qui les rapproche ? Qu'est-ce qui les sépare ?

Comment rédiger **l'introduction et la conclusion d'un travail d'écriture personnelle**

Même si le travail d'écriture personnelle n'est pas une dissertation, il existe certains points communs, notamment en ce qui concerne l'**introduction** et la **conclusion**, leur **fonction** et la manière de les **rédiger**. Un étudiant préparant le BTS n'est pas tout à fait désarmé dans ce domaine.

L'introduction

On ne peut composer une introduction sans savoir ce que va contenir le devoir : l'introduction doit être rédigée **une fois le plan mis en place**. Elle a une importance particulière du fait qu'elle **ouvre le devoir** et permet ainsi à l'examinateur de voir tout de suite si le sujet est compris et si le devoir est construit. La composition d'une introduction est associée à ses trois grandes fonctions, qui sont :

• **faire savoir de quoi il s'agit** : l'introduction doit **renseigner** sur le **thème** dont il est question. Elle commence donc par une **phrase d'accroche** assez générale, mais en relation avec le thème – les jeux vidéo et leur succès, la réforme de l'orthographe et les passions qu'elle déchaîne, le devenir des sites industriels et la question du patrimoine –. Cette première étape oriente vers la **problématique**.

• **définir la problématique** : ce terme, utilisé aussi pour la synthèse de documents, se définit comme une **question à résoudre**, un élément de débat, un **paradoxe** issu de la mise en relation d'éléments qui s'opposent dans le thème. La problématique est particulière à chaque sujet. On la dégage des mots-clefs du sujet, du thème et de la consigne.

• **annoncer le plan** : il s'agit de dire ensuite – de manière plus ou moins explicite – selon quelle **démarche** organisée on s'efforce de répondre à la problématique.

Celui qui lit une introduction doit y trouver les réponses aux questions suivantes : quel est le thème ? Quel est le débat ? Quelle démarche va-t-on mettre en place pour proposer une solution à ce débat ?

→ **EX :** dans l'introduction qui figure dans l'exercice 1 (p. 255), après une phrase d'accroche, on part de l'existence d'une loi sur l'égalité des hommes et des femmes (**thème**) pour faire observer qu'elle n'a pas l'application qu'elle devrait avoir. Ce constat d'une **anomalie**, d'une situation qui pose problème, constitue la **problématique**. Il est alors logique de chercher d'où viennent les empêchements, les obstacles, les freins à une juste application de la loi (**annonce du plan**).

La conclusion

La conclusion achève un devoir. Cette étape est donc aussi importante que l'introduction, mais elle est plus difficile à construire parce qu'il y a toujours la tentation de reprendre le contenu de l'introduction. La conclusion doit d'abord **faire comprendre** que la réflexion a **progressé** et que des réponses ont été trouvées aux questions posées, grâce aux différents aspects abordés. Ces réponses peuvent donc être **résumées**.

Le début de la conclusion, qui **fait le point** sur tout ce qui a été dit avant, est le moment où peut s'exprimer une prise de position personnelle. Mais il est rare qu'une conclusion apporte une ou des **réponses définitives**. Elle fait en général surgir de nouvelles interrogations ou de nouvelles objections. Une conclusion se termine ainsi sur une ou des **ouvertures nouvelles**, parfois sur de **nouvelles questions**.

→ **EX :** la conclusion correspondant au sujet de l'exercice 1 (ex. 3 p. 256), après une synthèse des différents obstacles qui freinent l'application de la loi, ouvre le débat sur une nouvelle question concernant l'adaptation des lois au domaine social à savoir : les lois anticipent-elles les évolutions sociales ou les suivent-elles ?

La conclusion n'est pas le lieu d'une nouvelle confrontation ; elle montre que la plupart des questions envisagées dans les documents s'inscrivent elles-mêmes dans de plus vastes débats sociaux, politiques, humains.

Le caractère personnel de l'écriture

L'introduction et la conclusion sont, par nature, des endroits du devoir où peuvent se manifester le **caractère personnel** des prises de position, et s'exprimer des **opinions individuelles**. Il est donc possible d'employer différentes formules comportant la première personne. Il est important de rappeler cependant que l'on peut exprimer la force de ses convictions sans dire « **je** » mais en employant divers modalisateurs (▸ Fiche 6, p. 290).

APPLICATION

EXERCICE 8

Voici un sujet d'écriture personnelle, l'indication d'un corpus d'appui et les grandes lignes d'un plan.

- **Sujet** : Le personnage d'Arthénice (p. 139) pense que c'est l'éducation qui conditionne la vie des femmes et la manière dont elles sont considérées. Vous prendrez position par rapport à ce point de vue sous la forme d'un exposé argumenté et illustré d'exemples. Aidez-vous des documents du corpus et de vos propres connaissances.
- **Corpus d'appui** : documents p. 60, 81, 96, 123, 139 et 158.

- **Plan**

Thèse I : l'importance de l'éducation en ce qui concerne d'une part la condition des femmes et d'autre part la manière dont elles sont considérées.

A) À l'époque de Marivaux : les filles sont préparées à un rôle très précis : avoir des enfants, se mettre au service des hommes ; elles ne sont pas destinées à exercer une profession et ne reçoivent pas d'éducation dans ce sens. Cette éducation traditionnelle détermine la manière dont elles sont considérées et les droits – minimes – qu'on leur accorde.

B) Le poids de cette tradition se fait encore sentir de nos jours, dès l'enfance, à travers les occupations et les jouets des filles, puis au cours des études. Il y a plus de filles dans certains secteurs professionnels considérés comme plus adaptés à la vie des femmes (classification implicite de métiers plus particulièrement réservés aux femmes).

→ Persistance historique d'une forme de conditionnement éducatif si profondément ancré que les filles elles-mêmes y contribuent sans toujours s'en rendre compte.

Thèse II : dans ces conditions, comment faire en sorte que la situation évolue ?

A) Des solutions institutionnelles réellement appliquées : instauration d'une véritable parité dans la vie politique et dans la vie professionnelle.

B) Susciter une évolution des mentalités : réflexion sur la situation des femmes dans la société, modifications à apporter dans l'éducation des garçons.

C) Lutter contre le fait que la féminisation de certaines professions entraîne leur dévalorisation.

→ Faire changer les choses nécessite à la fois l'engagement de la collectivité et une modification des mentalités individuelles.

Construisez et rédigez une introduction dans laquelle interviendront les éléments suivants : la question des relations hommes/femmes, avec une référence au XVIIIe siècle et à Marivaux ; le problème particulier du rôle de l'éducation des filles dans la manière dont elles sont considérées ; l'annonce du plan sous la forme des deux thèses successives et de leur contenu global.

EXERCICE 9

Pour le même sujet, construisez et rédigez une conclusion dans laquelle interviendront les éléments suivants : rappel du rôle important joué par l'éducation (persistance de traditions lointaines) et des solutions existantes et potentielles ; mise en évidence du fait que les lois existent mais qu'elles se heurtent elles-mêmes au poids des mentalités, des préjugés et des habitudes ; réflexion ouverte sur la portée des lois sociales.

EXERCICE 10

Voici un autre sujet d'écriture personnelle, l'indication d'un corpus d'appui et les grandes lignes d'un plan en deux étapes.

• **Sujet** : Que vous inspire le rapprochement inattendu, dans un musée, d'une statue antique et d'une machine industrielle ? Répondez en prenant appui sur les différents documents du corpus et sur vos connaissances et réflexions personnelles.

• **Corpus d'appui** : documents p. 56, 110, 125 et particulièrement la photo p. 146.

• **Plan**

Thèse I : il y a de bonnes raisons de rapprocher l'antique et le moderne, l'art et l'industrie

A) Certaines constructions et réalisations industrielles sont elles-mêmes de véritables œuvres d'art. Il n'est donc pas choquant de rapprocher l'art et la technique puisqu'il arrive qu'ils se rejoignent.

B) L'art est souvent redevable à la recherche scientifique et à la technique. Il ne faut donc pas les séparer. Les rapprocher permet de comprendre certaines créations esthétiques.

C) Il peut être intéressant de rapprocher deux domaines qui sont très différents dans leurs finalités, mais qui ont pour inventeurs et créateurs les hommes.

D) La juxtaposition d'éléments de vocation et d'époque différentes est un bon outil pour prendre conscience du temps, de la transformation des sociétés en même temps que de la continuité et des ruptures. La conservation des œuvres d'art et des machines et outils relève d'une même volonté patrimoniale.

Thèse II : on peut comprendre cependant que de telles juxtapositions – antique / moderne, art / technique – puissent choquer.

A) Mettre ensemble des créations artistiques, qui relèvent de la recherche esthétique, et des machines peut paraître relever d'une sorte de sacrilège. On assimile de cette façon les œuvres d'art à des productions utilitaires, ce qu'elles ne sont pas.

1. Construisez et rédigez une introduction intégrant les éléments suivants : la volonté actuelle de sauvegarder un patrimoine industriel et différents choix de restauration ; différents choix faits par les institutions culturelles ; les réactions que cela provoque.

2. Rédigez aussi la conclusion, dans laquelle vous direz clairement de quel côté va votre choix par rapport à la question posée par le sujet.

PROLONGEMENTS

LEXIQUE

EXERCICE 1

Trouvez différentes formulations pouvant être utilisées pour introduire une conclusion.

EXPRESSION ÉCRITE

EXERCICE 2

Trouvez dans différents textes, ou inventez, cinq phrases dans lesquelles le pronom indéfini « on » aura différents sens. Faites comprendre clairement s'il a un sens général et impersonnel ou s'il désigne des personnes en particulier, ou une seule personne.

EXERCICE 3

Réécrivez les introductions données dans les exercices 1 et 2 (p. 255-256) : modifiez l'accroche, mais conservez la problématique et l'annonce du plan, en les reformulant.

EXERCICE 4

Réécrivez les conclusions proposées dans les exercices 3 et 4 (p. 256). Conservez les mêmes idées mais trouvez-leur des reformulations.

EXERCICE 5

Voici trois sujets d'écriture personnelle portant sur des corpus présents dans la partie 2 de ce manuel. Pour chaque thème abordé, proposez trois phrases d'accroche différentes.

Sujet 1 : Comme le rappelle la psychiatre M.-F. Hirigoyen, certaines entreprises demandent à leurs salariés de « s'investir corps et âme dans leur travail ». Vous donnerez votre point de vue personnel sur cette exigence. Vous pouvez prendre appui sur les différents documents du corpus.

Sujet 2 : « Le luxe, c'est aussi notre part de rêve », écrit Jean Castarède. En un exposé argumenté et illustré d'exemples (trois paragraphes), vous direz si vous partagez l'opinion de l'auteur du document. Vous pouvez prendre appui sur les documents composant le corpus.

Sujet 3 : Certains exclus, pourtant en situation très difficile, refusent l'aide offerte par les services sociaux : à votre avis, quelles raisons peuvent motiver ces refus ? Vous pourrez prendre appui sur les différents documents du corpus pour répondre.

ACTIVITÉS ORALES

EXERCICE 6

Voici trois éléments du champ sémantique (▸ FICHE 1, P. 284) du verbe « conclure » : *achever, régler par un accord, déduire comme conséquence*.
En un exposé oral d'une dizaine de minutes, vous vous interrogerez sur la coexistence de ces différents sens dans une conclusion de devoir écrit. Vous envisagerez d'appliquer ces différents sens à une conclusion de synthèse et à une conclusion d'écriture personnelle.

Affiche Remington
(1910), conçue par Leonetto Cappiello (1875-1942), lithographie en couleur, 197,2 x 124,7 cm (collection privée).

4

Savoir rédiger des écrits professionnels

CHAPITRE 28

Rédiger un CV

APPROCHES

EXERCICE 1

Voici un exemple de ce que l'on appelle un CV, abréviation de « curriculum vitæ ».

Martin **Dupont**
3, avenue du maréchal Leclerc
31000 Toulouse
Tel. 05 22 45 67 12
Portable : 06 12 76 80 34
e-mail : m.dupont@free.fr
23 ans, célibataire

PHOTO

TECHNICIEN SUPÉRIEUR EN COMPTABILITÉ/GESTION

FORMATION ET DIPLÔMES

2006 : BTS comptabilité gestion, lycée Saint-Exupéry, Toulouse
2004 : faculté de droit de Toulouse
2003 : Baccalauréat STT, Comptabilité, mention Bien, lycée Saint-Exupéry, Toulouse

LANGUES

Anglais courant (lu, écrit, parlé, séjour à Londres en 2007)
Espagnol parlé : niveau moyen

EXPÉRIENCE PROFESSIONNELLE

2007 : CDD de six mois à Londres, service informatique de la Banque B : gestion de fichiers, tenue des comptes du service
2006 : stage de deuxième année de BTS, Cabinet M à Toulouse : pointage des comptes, rédaction de rapports, établissement des bilans
2005 : stage de 1re année de BTS, Cabinet comptable M à Toulouse ; tenue des journaux comptables, déclarations TVA, enregistrement des opérations courantes
2003 : stage de quatre semaines (vacances d'été) dans le cabinet comptable Verdier, à L'Union
2001, 2002 : emploi pendant les vacances scolaires, restaurant D et magasin G, à Toulouse

CENTRES D'INTÉRÊT

– **Informatique** : contribution active à la création du site Internet du lycée Saint-Exupéry et du blog de la classe de BTS comptabilité / gestion pour correspondre avec un lycée de Bamako, au Mali.
– **Vie associative** : délégué de classe en première, terminale et classe de BTS, délégué élève au conseil d'administration du lycée.
– **Voyages** : participation à l'organisation et à la réalisation d'un voyage à Bamako pour convoyer le produit d'une collecte de vélos.
– **Sport** : ski, rugby

1. Dites précisément comment est composé le CV proposé : organisation graphique de la page, titre et nature des rubriques, position des unes par rapport aux autres, organisation du contenu de chacune.

2. Dégagez de l'ensemble les fonctions d'un tel document, ce qu'il fait connaître, ce qu'il met en valeur, son importance sur le plan de la relation entre celui qui demande un emploi, ou qui répond à une offre d'emploi, et son destinataire.

3. Que laissent deviner de la personnalité de l'auteur certains éléments de ce CV ?

EXERCICE 2

Voici un second exemple de CV.

Julien **BLANC** Né le 3 décembre 1984
47, rue de Mostar
67000 STRASBOURG
Tel : 03 46 87 23 54
Portable : 06 08 54 18 67
e-mail : j.blanc@noos.fr

AGENT ADMINISTRATIF
(Service logistique)

Formation

2006 BTS « Transport et logistique »
2004 Première année DEUG d'histoire
2003 Baccalauréat, série ES

Informatique : Word – Excel
Langue : anglais parlé courant

Compétences professionnelles

- Enregistrement des notes de service
- Classement des documents
- Frappe de courrier et de documents administratifs
- Utilisation du support informatique
- Préparation de réunions
- Enregistrement des commandes
- Contact fournisseurs
- Accueil et renseignement de la clientèle

Lieux d'exercice :

2 mois Association M. à Colmar
1 mois Société N. à Strasbourg
3 semaines Société de Transports R. à Belfort

Divers

Centres d'intérêt : littérature contemporaine – informatique – football

1. Identifiez les différentes rubriques, leur position sur le document, la manière dont elles sont annoncées et leur contenu. Quelles précisions, non données, pourraient être utiles à un recruteur ? Suggérez quelques ajouts.

2. Établissez une liste des rubriques récurrentes dans les deux CV. Quelle est leur utilité pour celui dont il est question et pour son destinataire ?

EXERCICE 3

Voici un troisième CV.

Virginie Maréchal
15, boulevard Émile Zola
14000 Caen
Tel : 02 34 78 59 86
Portable : 06 43 67 05 17
e-mail : vi.marechal@wanadoo.fr

Célibataire
Permis B

ASSISTANTE COMMERCIALE

20 ans d'expérience
Sérieux – Autonomie – Esprit d'initiative

DOMAINES DE COMPÉTENCES

Commercial

– Interlocutrice entre les clients, la direction commerciale et son équipe
– Suivi de 1000 clients et de commerciaux d'un secteur géographique
– Suivi des litiges clients
– Edition des bons de livraison, factures, avoirs, traites
– Suivi des retards livraison auprès du transporteur
– Prise de commande par téléphone

Administratif

– Edition des statistiques commerciales pour la direction
– Classement des archives
– Frappe courrier – Dactylographie : 35 mots/minute
– Instauration d'un système pour assainir les dossiers litigieux ayant permis à l'entreprise de récupérer 75 000 euros par an.

PARCOURS PROFESSIONNEL

1996-2007 Société P. à Lisieux – 70 personnes
1991-1996 Entreprise N. à Caen
1986-1991 Étude notariale E. et G. à Bayeux

FORMATION

1992 Stage informatique : maîtrise des logiciels Word et Excel
1998 Stage de Secrétariat : techniques rédactionnelles, gestion du temps.

CENTRES D'INTÉRÊT

Pratique de la gymnastique douce
Cuisines exotiques

1. Identifiez les différentes rubriques du CV : indiquez leur nature, leur disposition, leur hiérarchie.

2. Comment s'explique, selon vous, le fait que la rubrique « Formation » se trouve en avant-dernière position après le « Parcours professionnel » ?

3. Que révèle ce CV concernant la formation et l'origine des compétences professionnelles de son auteur ?

4. Le contenu de la rubrique « Centres d'intérêt » vous semble-t-il utile ?

EXERCICE 4

1. Mettez en parallèle les deux CV qui figurent dans les exercices 1 (p. 264) et 2 (p. 265) pour comparer leur composition, leur contenu et leurs qualités respectives.

2. Les deux CV appartiennent à des « débutants » qui arrivent sur le marché du travail. À quoi cette caractéristique est-elle perceptible dans les deux cas ?

3. Lequel des deux CV vous semble le plus efficace ? Justifiez précisément votre réponse.

EXERCICE 5

Quelles différences importantes (il y en a 3) le CV ci-contre révèle-t-il par rapport aux deux premiers ?

EXERCICE 6

En vous appuyant sur les exemples de CV proposés dans les premiers exercices, expliquez pourquoi l'auteur d'un CV peut hésiter sur la répartition de certaines informations dans les différentes rubriques, en particulier en ce qui concerne la « formation », « l'expérience professionnelle » et les « centres d'intérêts ».

EXERCICE 7

À partir des trois exemples proposés dans la partie « Approches », exposez ici comment sont construits les CV, et en quoi leur composition révèle leur importance dans la recherche d'un emploi.

EXERCICE 8

En prenant appui sur les différents CV et exercices qui précèdent, dites quelles sont, selon vous, les principales difficultés rencontrées dans l'élaboration d'un CV.

Comment rédiger **un curriculum vitæ**

L'expression latine « curriculum vitæ » désigne le « **parcours d'une vie** ». Première « image » de celui qui postule, le CV doit **mettre en valeur** des points forts susceptibles d'entraîner un entretien avec un recruteur. La **forme** et le **contenu** du CV sont en étroite relation avec ses **fonctions**.

Les fonctions du CV

Le CV permet à celui qui répond à une annonce professionnelle de se faire connaître sur le triple plan de sa **formation et de ses diplômes**, de son **expérience**, de sa **personnalité**. Le CV doit donner au recruteur des informations précises sur l'adéquation entre le poste à pourvoir et les caractéristiques professionnelles de celui qui postule. Grâce à ce document, le recruteur vérifie que le profil professionnel du candidat correspond à celui du poste à pourvoir. Pour cela il est important de faire connaître le **parcours professionnel** effectué, à partir des **diplômes** initiaux, la nature et l'ampleur des **acquis de l'expérience**, les conditions et le contexte de ces acquis. Le CV doit aussi faire apparaître, de manière moins conventionnelle et moins formelle, des éléments relatifs à la **personnalité** de celui qu'il présente : goûts, passions, centres d'intérêt, expériences non professionnelles pouvant être révélatrices de certaines qualités. Le CV est le regroupement d'un ensemble d'éléments jouant le rôle d'arguments et de preuves.

→ **EX :** dans les trois CV proposés dans la partie « Approches », on observe la présence de rubriques proches, qui n'ont pas toujours la même dénomination, mais dont la fonction, d'abord informative, se révèle argumentative : Formation et diplômes / Formation ; Parcours professionnel / Expérience professionnelle ; Compétences professionnelles / Domaines de compétences ; Centres d'intérêt / Divers. Ces rubriques font connaître le candidat, son parcours et peuvent contenir des arguments favorables à une embauche.

Le contenu du CV et son organisation

Tout CV comporte plusieurs grandes rubriques. L'ordre de certaines d'entre elles peut varier à l'intérieur d'une organisation qui commence par l'**identité** pour finir par les **centres d'intérêt**.

– **L'identité** : on indique en haut à gauche les nom, prénom, adresse, numéros de téléphone et adresse e-mail. On peut y ajouter l'âge, ainsi que la situation de famille (célibataire, marié, éventuellement le nombre d'enfants). Liberté est en général laissée de joindre ou non une photo. Elle peut cependant être exigée.

– **La formation** : elle signale chronologiquement les différentes étapes des études et les diplômes obtenus. Il est important de donner des précisions, comme le lieu d'obtention et éventuellement le rang (la mention) et la série (pour le baccalauréat). La rubrique « Formation » peut aussi regrouper des informations sur les **langues** maîtrisées et sur les compétences en **informatique**, qui constituent des atouts supplémentaires. La présentation des années de formation se fait **du plus proche** au **plus éloigné** dans le temps.

→ **EX :** dans le premier CV (p. 264) la formation est donnée en remontant dans le temps, de 2006 à 2003.

– **L'expérience professionnelle** : sous différentes dénominations, cette rubrique a pour vocation d'exposer ce que le candidat sait faire, quelles sont ses **compétences** et en quoi il correspond au « **profil** » du poste à pourvoir. L'importance décisive de cette rubrique explique ses différentes formes et le fait qu'elle ne figure pas toujours à la même place dans les CV. Elle consiste en général à présenter les postes successivement occupés et les expériences ainsi vécues (entreprises, durée, responsabilités). L'énumération des activités permet au destinataire de faire un certain nombre de déductions sur l'expérience acquise et sur les compétences globales du candidat.

→ **EX :** dans le troisième CV (p. 266), l'importance accordée aux « Domaines de compétences » et le développement de cette rubrique sont là pour compenser le manque de diplômes.

– **Les centres d'intérêt** : il s'agit d'une rubrique importante. Elle donne au candidat la possibilité de « **parler** » **de lui** à travers l'énoncé **d'éléments personnels** pouvant jouer en sa faveur, dans le cadre du poste envisagé.

→ **EX :** les centres d'intérêt de l'auteur du premier CV (p. 264) sont plus percutants que ceux qui figurent dans le troisième CV (p. 266), très personnels et peu professionnels : est-il important et utile de signaler que la candidate est amatrice de « cuisines exotiques » ?

Les qualités d'un CV

Un CV sera efficace s'il présente, dans la forme et dans le contenu, des **qualités similaires** : **clarté** dans la présentation et dans la composition (dactylographie sans fautes, mise en page, choix des caractères, procédés de mise en valeur) ; **insistance** sur l'adéquation poste/compétences maîtrisées, **honnêteté** dans les informations données (elles sont vérifiables), recherche d'éléments pouvant retenir l'intérêt de l'interlocuteur, **dynamisme**.

Rédiger un CV correspond à une **démarche professionnelle** conventionnelle ; il est cependant possible, et souhaitable, de construire une présentation de soi qui évite les stéréotypes.

APPLICATION

EXERCICE 9

1. Supposez qu'en tant que responsable du recrutement vous ayez à porter un jugement sur le CV n°2 (exercice 2, p. 265). Quel serait ce jugement ? Quelle que soit votre réponse, accompagnez-la de justifications précises.

2. Dites ensuite si ce CV vous semble de nature à être suivi d'un entretien.

3. Les centres d'intérêt indiqués vous semblent-ils constituer des arguments intéressants et décisifs ?

EXERCICE 10

En prenant appui sur les documents de la partie « Approches » et sur le bilan ci-dessus (« Comment rédiger… »), faites une analyse critique du CV donné ci-contre : quels sont ses points faibles ? Quelles améliorations pourriez-vous lui apporter ?

Nom : Sandrine Bournel
Adresse : 65, rue des Lilas
75020 Paris
Téléphone : 01 90 78 21 56
e-mail : sandbournel@orange.fr

Âge : 23 ans (née en 1984)
Célibataire

FORMATION

2005-2007 BTS Assistant de direction
2001-2003 Baccalauréat professionnel des métiers du secrétariat
1999-2001 Brevet d'études professionnelles des Métiers du Secrétariat (Paris 20ème)

LANGUES

Anglais : écrit, parlé et lu (niveau moyen)

LOGICIELS

Microsoft word : bon niveau
Power point : bon niveau
Access : bon niveau
Excel : bon niveau

STAGES

2004 (septembre) Secrétaire polyvalente, société P (Romainville)
2004 (mai-juin) Assistante de direction, entreprise de transports E (Aulnay-sous-Bois)
2003 (juillet) Assistante de direction au centre scolaire Louis Blériot (Bondy)

EXPERIENCES PROFESSIONNELLES

2005 (juillet) Surveillante à l'école maternelle de la rue du Chemin vert (Paris XXème)
2004 (juillet) Caissière chez A (Aulnay-sous-Bois)
2003 (août) Vendeuse chez C (Paris XXème)

DIVERS

Recherches sur Internet,
Lecture de magazines,
Cinéma,
Voyages.

EXERCICE 11 Voici, en désordre, et sous une forme narrative, à la première personne, des données pouvant être utilisées pour la rédaction d'un CV. En prenant modèle sur les différents exemples donnés dans la partie « Approches », rédigez un CV pertinent et efficace, après avoir fait une sélection des éléments utiles.

Je suis actuellement à la recherche d'un emploi dans le domaine de la vente. Bien que je ne l'aie pas vraiment choisi au départ, c'est un domaine qui m'intéresse. J'ai même réussi à obtenir le BTS « Force de vente ». C'est donc dans ce domaine qu'il vaut mieux que je cherche. J'espère bien arriver à concilier le diplôme que j'ai obtenu et mon intérêt pour les voyages et pour Internet.

Mais il faut d'abord que je me présente : je m'appelle Daniel Dumont et j'ai actuellement 24 ans. Célibataire, je vis chez mes parents, mais j'espère bien pouvoir être autonome rapidement et me loger, mais pour cela, il me faut un emploi. Question diplômes, je suis titulaire du brevet des collèges. À la fin de la seconde, on m'a orienté en première STT « Force de vente » et j'ai obtenu le bac dans cette série, en juillet 2001, sans mention. À l'époque j'étais assez indécis et je ne souhaitais pas continuer dans cette voie. C'est pourquoi j'ai opté pour l'université, avec l'idée de voir du nouveau et d'avoir une liberté plus grande ; j'ai réussi à m'inscrire en droit, à Brest, non sans mal, à la rentrée 2001.

Mais je n'ai pas réussi à tenir le rythme des cours : il y avait trop à apprendre et c'était vraiment très abstrait et très difficile. J'ai décroché avant la fin de l'année et comme je ne pouvais rien faire d'autre sur le plan études, j'ai continué par des petits boulots à partir du mois de mars : livreur chez Conforama à Quimper pendant trois semaines en avril 2002, caissier dans le Magasin U de Pont-Aven pendant les deux premières semaines de mai de la même année, manutentionnaire chez Darty pendant les deux mois des vacances d'été. Finalement, à travailler dans le domaine de la vente, j'ai appris à mieux maîtriser les contacts avec la clientèle et j'ai tenté ma chance pour entrer en classe de STS « Force de vente ». Cette année 2002, finalement, n'aura pas été gâchée et m'aura apporté une petite expérience qui s'ajoute aux stages faits pendant les années de lycée, en première et en terminale et à différents « jobs d'été ». J'avais alors travaillé trois semaines en juillet 2001 comme vendeur dans le magasin « La Grande Récré », mais je me souviens que j'étais agacé de devoir tout le temps ranger les jouets sortis par les enfants et par leurs parents. Pourtant j'aimais bien le contact avec les enfants, ils savent toujours ce qu'ils veulent, et surtout ce qu'ils ne veulent pas. Je pense que je pourrais être un bon vendeur dans le domaine des jouets.

J'ai oublié de dire que j'ai obtenu le BAFA et que j'ai aussi, à ce titre, une petite expérience de l'animation auprès d'enfants de 8 à 12 ans. Ce qui est certain est que ces différents emplois, même de courte durée, m'ont appris beaucoup et c'est sans doute ce qui m'a valu mon admission, sur entretien, en classe de STS au lycée de C. J'y ai fait quelques progrès en anglais, en effectuant un stage d'accueil à l'office du tourisme de N., ville où séjournent de nombreux Anglais, aux vacances de Pâques, deux années de suite. J'ai trouvé très intéressant d'avoir des contacts avec des Anglais, même si mon niveau dans leur langue, assez bon à l'oral, reste très moyen à l'écrit. J'aimerais poursuivre cette petite expérience en allant travailler à Londres, d'ici quelques années, ou en m'installant dans une région de France appréciée des Anglais. Je suis aussi très intéressé par la vente sur Internet.

J'oubliais : on peut me joindre au 02 45 76 29 00. Il y a un répondeur. J'ai aussi un portable, 06 87 52 90 00 et une adresse Internet : ddumont@yahoo.fr

EXERCICE 12

Voici un ensemble de recommandations concernant la réalisation d'un CV ; les phrases qui les expriment ont été mélangées. Reconstituez les conseils en associant les éléments de phrases dispersés. Utilisez la présence des majuscules pour déterminer les débuts de phrases.

Mettez en valeur • Supprimez tout ce qui • Le CV gagnant est • Faites une mise en page • à la bonne qualité des photocopies • Utilisez • Ne dépassez pas • Pensez à ne pas ennuyer • des phrases courtes ou un style télégraphique • Commencez par définir • équilibrée et aérée • Veillez • Une seule page, claire et synthétique • deux pages (évitez les recto verso) • du papier de qualité (non quadrillé) • vous dessert ou n'est pas utile dans l'emploi recherché • tout ce qui montre vos compétences pour cet emploi • sur un traitement de texte pour le modifier facilement • Veillez à utiliser • votre objectif professionnel • le lecteur par des redites ou des longueurs • vaut mieux que deux pages confuses ou répétitives • concis, précis, attractif, impeccable dans sa présentation • Faites votre CV.

PROLONGEMENTS

EXPRESSION ÉCRITE

EXERCICE 1

Réfléchissez à quatre centres d'intérêt personnels que vous pourriez indiquer sur un CV et expliquez en un paragraphe rédigé et argumenté en quoi ces centres d'intérêt peuvent participer à l'efficacité de votre CV.

ACTIVITÉS ORALES

EXERCICE 2

Même exercice que le 1 (ci-dessus) mais au lieu d'argumenter par écrit, présentez oralement vos arguments devant un groupe de cinq à six étudiants, qui feront un exposé similaire à tour de rôle.

EXERCICE 3

Étant en première ou en seconde année de préparation au BTS, vous avez déjà eu des contacts avec le monde professionnel. En un exposé d'une dizaine de minutes, présentez et analysez les qualités et les compétences qu'il vous semble nécessaire de faire apparaître sur un CV de demande d'emploi dans votre branche d'activité.

EXERCICE 4

Organisez des « tables rondes » de cinq à six étudiants pour débattre de la question suivante : dans quelle mesure le CV, tout en révélant les qualités que son auteur veut mettre en avant, révèle-t-il aussi des défauts qui peuvent lui être préjudiciables ?

EXERCICE 5

Organisez un débat sur le thème suivant : rédiger un CV, c'est mettre en place un outil pour « se vendre ».

EXERCICE 6

Organisez un débat pour réfléchir sur les questions suivantes et trouver des réponses :
– en quoi le CV est-il un document conventionnel ?
– comment faire pour souligner le caractère individuel d'un CV et le personnaliser ?

CHAPITRE 29

Rédiger une lettre de candidature

APPROCHES

EXERCICE 1 Voici ce qu'on appelle une lettre de candidature, rédigée pour accompagner un CV (pour le CV, voir le chapitre 28, p. 264).

Bertrand Dumoulin
156, boulevard Jean-Jaurès
66000 Perpignan
Tel. : 05 54 88 09 21
Portable : 06 49 87 60 99
Adresse e-mail : bdumoulin@laposte.net

Perpignan, le 15 janvier 2008

Société Electra
À l'attention de Monsieur Gerber
Responsable du personnel
7, avenue de la Plage
66650 Banyuls-sur-mer

***Référence :** votre annonce 345 parue dans L'Éclaireur des Pyrénées du 4 janvier 2008*

Monsieur,

Votre entreprise, spécialisée dans la vente de matériel électrique, recherche, dans le cadre d'un développement récent, un attaché commercial par l'annonce citée en référence. Titulaire d'un DUT génie électrique, obtenu il y a quatre ans, j'ai bénéficié pendant six mois d'une formation de technico-commercial susceptible de s'adapter et de convenir à vos activités nouvelles. Mon profil correspond à celui que définit l'annonce : dynamisme, ouverture aux autres, sensibilité à l'innovation.

Grâce à cette formation, favorisée par une tendance naturelle aux contacts humains et développée à l'occasion d'une extension de l'entreprise, ce qui m'a donné l'occasion de travailler avec une équipe plus large, je pense être tout à fait apte à remplir des fonctions commerciales et à m'y montrer efficace. Je précise qu'étant originaire de Perpignan, j'ai une bonne connaissance, non seulement de la géographie de la région ce qui facilite les déplacements, mais aussi des réactions de ses habitants, ce qui aide dans les relations avec la clientèle.

Disponible pour vous rencontrer, et souhaitant que vous preniez ma demande en considération, je vous prie de croire, Monsieur, à l'expression de mes sentiments distingués.

PJ : un CV

B. Dumoulin

1. Retrouvez dans la lettre ci-contre les éléments conventionnels d'un message épistolaire et donnez leur rôle précis dans la communication.

2. Observez et définissez la position des différentes composantes de la lettre et faites-en une représentation schématique.

3. Quel est le contenu précis des trois paragraphes rédigés ? Quelle est leur fonction ?

4. La lettre fait référence à deux documents : lesquels ? Pourquoi cette référence est-elle importante ?

5. Différenciez ce qui, dans cette lettre, relève de l'information et ce qui relève de l'argumentation.

EXERCICE 2

1. Le document suivant est l'annonce parue dans *L'Éclaireur des Pyrénées.* Étudiez les relations entre le contenu de l'annonce et le contenu de la lettre.

2. Donnez ensuite votre avis sur la pertinence de la lettre de candidature qui répond à cette annonce.

ANNONCE 345

Sté en pleine expansion fabriquant et distribuant sur le plan national du matériel électrique recherche pour la région des Pyrénées orientales

son **ATTACHÉ COMMERCIAL**

pour visiter une clientèle de magasins d'électricité, supermarchés et hypermarchés.
Le candidat devra avoir entre 25 et 35 ans et une expérience d'au moins cinq ans dans les circuits de la petite, moyenne et grande distribution.

Niveau BAC + 2

Aptitude à la négociation et ouverture aux autres indispensables

EXERCICE 3

Martin ***Dupont***
3, Avenue du maréchal Leclerc
31000 Toulouse
Tel. 05 22 45 67 12
Portable : 06 12 76 80 34
e-mail : m.dupont@free.fr

Toulouse, le 16 décembre 2007

Cabinet de comptabilité VERDIER
A l'attention de Monsieur Legendre,
Directeur du personnel
4, rue des Vignes
31240 L'Union

Objet : *candidature spontanée*

Monsieur,

Le cabinet comptable VERDIER m'a accueilli, pendant l'été 2003, en tant que stagiaire venant d'obtenir le baccalauréat STT Comptabilité. Ces quelques semaines ont constitué pour moi un début de formation au cours de laquelle j'ai pu commencer à me familiariser, sur le terrain et dans des conditions professionnelles réelles, avec les techniques comptables, sous la direction de Madame Lopez. Ses encouragements m'ont poussé à préparer un BTS Comptabilité – Gestion, mais j'ai d'abord suivi, pendant un an, les cours de la faculté de droit, avant de préparer cet examen. Une fois ce diplôme obtenu, j'ai complété mes connaissances par divers stages et par un CDD très formateur dans une banque anglaise. Je garde du stage que j'ai fait chez vous un excellent souvenir.

Ayant appris récemment le développement de votre cabinet, j'ai pensé que ma candidature pouvait vous intéresser, compte tenu de mes différentes expériences dans la voie initiée chez vous. Je me sens en effet très à l'aise avec la clientèle classique d'un cabinet comptable et ne souhaite pas, pour un début de carrière, entrer dans une banque.

Je pense que mes compétences en anglais et ma connaissance de l'espagnol peuvent constituer un double avantage dans une région qui voit s'installer de nombreuses familles britanniques et qui entretient des liens étroits avec l'Espagne.

Je suis à votre disposition pour une rencontre que je souhaite proche. En vous remerciant de prendre ma candidature en considération, je vous prie de croire, Monsieur le Directeur du personnel, à l'expression de mes sentiments respectueux.

P.J. : un CV

Martin Dupont

1. Donnez toutes les caractéristiques de la lettre ci-dessus : composantes formelles, nature, contenu des paragraphes rédigés, portée argumentative de ce contenu.

2. Quelle est la particularité de cette lettre par rapport à la précédente (p. 272) ?

EXERCICE 4

La lettre ci-dessus est inséparable du CV qui figure dans le chapitre 28, (p. 264, exercice 1). Rapprochez les deux documents et dites, à partir de certains éléments communs, quel rôle chacun joue par rapport à l'autre.

EXERCICE 5

1. Mettez en parallèle les deux lettres de candidature des exercices 1 (p. 272) et 3 (ci-contre) pour faire ressortir :
– leurs similitudes de forme : repérez les composantes similaires, indispensables à la composition d'une lettre ;
– leur fonction commune : repérez à ce sujet ce qui relève de l'information et ce qui caractérise l'argumentation. Comment, dans les deux cas, les auteurs des lettres se mettent-ils en valeur ? Comment cherchent-ils à retenir l'attention de leur destinataire ?

2. Ces deux lettres de candidature ont cependant des différences : lesquelles ?

EXERCICE 6

Nicolas Bourdin
7, boulevard de l'Écoute s'il pleut
91000 Evry
Tel : 01 32 84 90 97
Portable : 06 43 60 91 45
e-mail : nbourdin@yahoo.fr

Jeudi 14 février 2008

Entreprise COTRABAT
A l'attention de Monsieur le Directeur
des ressources humaines
98, avenue É. Zola
75019 Paris

Objet *: demande de stage*

Monsieur,

Dans le cadre de ma scolarité – je suis étudiant en deuxième année de préparation au BTS Génie thermique –, je dois effectuer un stage de six semaines dans une entreprise de construction. Ce stage servira de support à l'élaboration d'un rapport de stage dont la soutenance entre dans l'évaluation finale de l'examen.

Je sollicite donc une place de stagiaire au sein de votre entreprise, espérant pouvoir appliquer, développer et approfondir, grâce à ce stage, les connaissances que j'ai déjà acquises. J'espère aussi, tout en vous étant utile, trouver là des occasions de réfléchir non seulement sur la partie technique du génie thermique, mais aussi sur les relations humaines dans l'entreprise, point sur lequel nos professeurs insistent beaucoup.

J'espère que ma demande trouvera un accueil favorable auprès de vos services, et, dans l'attente d'une réponse que je souhaite positive, je vous prie de croire, Monsieur, à l'expression de mes sentiments respectueux.

Nicolas Bourdin

P.J. Un rapide récapitulatif de mes études

1. Observez la composition de cette lettre. Quels sont les éléments indispensables ? Qu'a-t-elle de différent des deux lettres précédentes (p. 272 et 274) ? En particulier, dans quelles circonstances est-elle écrite et par qui ?

2. Les différences observées dans la question 1 ont-elles une incidence sur l'écriture de la lettre ?

EXERCICE 7

Voici une autre lettre de candidature.

Elisabeth Castel
6, rue A. de Musset
78150 Rocquencourt

Tel : 01 43 67 45 23
Portable : 06 87 12 42 90
Adresse mel : elcastel@free.fr

Rocquencourt, le 6 avril 2008

Groupe Deslivres
Direction du personnel
Tour Bretagne, boulevard circulaire
92200 La Défense

***Objet** : demande d'emploi d'été*

Madame, Monsieur,

Une annonce affichée dans mon établissement scolaire m'a appris que vous cherchiez des étudiants pour des postes de responsables de vente dans les rayons librairie de vos magasins, pendant les vacances scolaires. Étudiante en deuxième année de BTS Action commerciale, et très intéressée par tout ce qui touche aux livres, à la production littéraire et à la lecture, je solliciterais un emploi de vacataire dans ces rayons pour les mois de juillet et août 2008.

J'ai déjà occupé un emploi d'été dans plusieurs librairies et au rayon Livres de la FNAC. Mon goût pour les ouvrages contemporains et ma formation en cours dans le domaine de la vente, ajoutés aux emplois précédents, témoignent de ma motivation très forte à travailler dans ce secteur. Je pense pouvoir accomplir avec efficacité les tâches que l'on pourrait me confier.

Vous remerciant par avance de l'attention que vous prêterez à ma demande, et en attendant de vos nouvelles, que j'espère favorables, je vous prie d'agréer, Madame, Monsieur, l'expression de mes sentiments distingués.

Elisabeth Castel

Expliquez en quoi la lettre ci-dessus se différencie de celles des exercices 1 (p. 272) et 3 (p. 274). Comparez pour cela son objectif, son contenu, certaines caractéristiques du ton employé.

EXERCICE 8

En prenant appui sur les quatre lettres de la partie « Approches », définissez une lettre de candidature, récapitulez ses composantes obligatoires, précisez ses fonctions et dites quels procédés les auteurs des lettres ont mis au service des objectifs envisagés.

Comment rédiger **une lettre de candidature**

Destinée à accompagner un CV (p. 264), dont elle est souvent indissociable, la lettre de candidature a pour finalité de faire connaître les qualités de celui ou celle qui fait acte de candidature. Selon qu'elle répond à une annonce, propose une candidature spontanée, exprime une recherche de « job » d'été, ou de stage, la **lettre de candidature** présente certaines **différences**. Mais ses **exigences** en matière d'écriture restent les mêmes.

La forme épistolaire

La lettre de candidature, manuscrite plutôt que dactylographiée, ce qui lui conserve un aspect personnel, doit respecter certaines **conventions** spécifiques à tout message épistolaire. Elle comporte ainsi, en haut à gauche, l'**identité** de son auteur, sa domiciliation et les moyens qui permettent de le joindre : nom, prénom, adresse, numéro de téléphone et de portable, adresse e-mail. À droite, au-dessous de la date d'écriture (jour, mois, année), figure l'**indication du destinataire**, une entreprise, et une personne particulière chargée du recrutement, ou du personnel, désignée par sa fonction et/ou par son nom. Cet ensemble se termine par l'adresse de l'entreprise.

Avant la rédaction du message lui-même, il convient d'indiquer, à gauche, l'**objet** de la lettre (candidature spontanée, demande de stage...) ou la référence de l'annonce à l'origine de la candidature. Le message doit commencer par l'indication du **destinataire** : on le désigne par sa fonction « Monsieur le Directeur/Madame la Directrice du personnel » ou « des ressources humaines » ou simplement par « Monsieur » ou « Madame », sans nom propre. Le message se termine par une formule de politesse et par la signature de son auteur. L'ensemble des éléments donnés est **informatif** et recoupe, pour ce qui concerne le signataire, les informations du CV.

→ **EX :** on observe la présence de tous les éléments cités dans les lettres de la partie « Approches ». À gauche, sous l'identité de l'auteur de la lettre, on peut noter ainsi la mention « référence », avec l'indication d'une annonce et de l'endroit (journal) où elle figure, ou la mention « objet », où se trouvent les informations « candidature spontanée », « demande de stage », « demande d'emploi d'été ».

Un contenu argumenté

La lettre de candidature a pour fonction d'**accompagner**, de **préciser** et d'**appuyer** le CV. Ce rôle détermine à la fois une structure et un contenu dont la vocation est, pour l'un et l'autre, de constituer un argumentaire personnel.

– **La structure :** le code admis en matière de lettre de candidature invite à construire le message en trois étapes. Dans la première, le candidat expose les circonstances de sa démarche – réponse à une annonce ou candidature spontanée, demandes de nature diverses –. Dans la seconde, qui correspond à un second paragraphe, il explique en quoi sa candidature est pertinente. La troisième étape exprime une demande (un souhait) d'entretien et termine la lettre sur une formule de politesse.

→ **EX :** on peut voir dans la lettre de l'exercice 1 (p. 272) que cette structure est matérialisée – de manière conventionnelle – par trois paragraphes séparés par un blanc et signalés par des alinéas bien visibles.

– **Le contenu argumenté :** en commençant par les circonstances de la demande, l'auteur de la lettre associe deux éléments, **lui-même** et l'**entreprise** dans laquelle il souhaite entrer. Il est utile et efficace qu'il fasse comprendre, sans éloge excessif, ce que représente cette entreprise pour lui (puisqu'il souhaite y travailler), et qu'il montre qu'il s'est renseigné à son sujet. Ces différents éléments doivent être dits de manière rapide, sans détails inutiles. La lettre doit être précise et dire les choses directement.

La partie centrale de la lettre, relative à son auteur, est particulièrement importante. Elle doit faire ressortir ce que le CV ne dit pas directement : les **qualités personnelles** du candidat, ses savoir-faire, les **acquis** de l'expérience et leur **pertinence** par rapport au poste visé. Il soutient lui-même sa candidature en présentant les **atouts** qu'il pense avoir. Il doit être convaincant et provoquer chez le destinataire de la curiosité et de l'intérêt. Son objectif est en effet d'**obtenir un entretien**.

Cette finalité est rappelée de manière claire dans la dernière partie de la lettre, juste avant la formule de politesse.

→ **EX :** la lettre de l'exercice 3 (p. 274), qui accompagne un CV, montre comment le candidat utilise certaines données, comme le rappel de son passage dans l'entreprise, l'insistance sur les bonnes relations, la mise en valeur de ses compétences linguistiques, qui peuvent faire la différence par rapport à un autre candidat.

Les qualités d'une lettre efficace

Il ressort de la présentation précédente que la lettre de candidature est une démarche à la fois **personnelle** et **codifiée**. La codification impose un **cadre professionnel**, mais le contenu est **différent** pour chaque candidat. Les qualités d'une telle lettre sont la précision, la cohérence, un juste milieu entre une vantardise mensongère et une modestie excessive. Une lettre de candidature ne doit comporter aucune incorrection, aucune faute de langue (▸ FICHE 9, P. 295). Elle impose une adéquation entre ce qui est dit, la manière de le dire et le contenu du CV. Elle révèle plus qu'on ne le croit. C'est pourquoi il est essentiel, pour la rédiger, de savoir clairement ce que l'on **veut** faire et ce que l'on **sait** faire.

APPLICATION

EXERCICE 9

Répondez aux questions suivantes concernant la rédaction d'une lettre de candidature.

1. Pourquoi faut-il indiquer l'objet de la lettre ?
2. Quelle est l'utilité de faire référence à l'annonce à laquelle on répond dans la lettre ?
3. Est-il utile de faire référence au CV ?
4. La lettre de candidature est-elle une autre manière de présenter le contenu d'un CV ?
5. Faut-il mettre en valeur ses propres qualités dans une lettre de candidature ?
6. La lettre de candidature est-elle l'occasion de raconter son parcours ?
7. Faut-il faire un éloge appuyé de l'entreprise où l'on souhaite obtenir un poste ?
8. La lettre de candidature doit-elle être manuscrite ou dactylographiée ?
9. Pourquoi est-il prudent de faire un brouillon pour sa lettre de candidature et de la faire relire par quelqu'un d'autre ?
10. Pourquoi une lettre de demande de stage ou de « job » d'été n'a-t-elle pas exactement la même forme qu'une demande professionnelle ? Quelles sont les différences perceptibles ?
11. Quelles vous semblent être les qualités d'une lettre de candidature efficace ?
12. Qu'est-ce qui peut gâcher une lettre de candidature ?

EXERCICE 10

Répondez par **Vrai** ou **Faux** aux propositions suivantes, qui concernent la lettre de candidature.

1. On n'a pas besoin de lettre de candidature lorsqu'on a un CV détaillé.
2. La lettre de candidature développe, sous une forme rédigée et narrative, le parcours professionnel et la formation qui sont donnés de manière chronologique dans le CV.
3. La lettre de candidature est juste là pour accompagner le CV.
4. La lettre de candidature est un texte argumenté dont la finalité est de provoquer un entretien.
5. Dans une lettre de candidature, on met en relief ses propres qualités en les associant au contenu de l'annonce à laquelle on répond.
6. On construit en général une lettre de candidature en trois étapes.
7. Il faut veiller à ce qu'il y ait cohérence entre le contenu du CV et la présentation que l'on fait de soi dans la lettre de candidature.
8. Une bonne lettre de candidature doit « accrocher » son destinataire.

9. Une bonne lettre de candidature apporte des informations qui ne sont pas dans le CV.
10. Dans le cas d'une candidature spontanée, le candidat doit montrer qu'il a une certaine connaissance de l'entreprise.
11. La lettre de candidature implique que l'on ait réfléchi à ce que l'on est et à ce que l'on sait faire.
12. Il faut rédiger une lettre « passe-partout » et l'envoyer sous la même forme à des entreprises différentes.

EXERCICE 11

Le guide édité par l'ANPE pour rédiger une lettre de candidature propose un « aide-mémoire » en huit points permettant de vérifier la préparation de cette lettre. Expliquez l'importance de chacun de ces points.

1. J'ai mon CV devant moi.
2. J'ai le texte de l'annonce à laquelle je réponds, ou bien je connais les besoins de l'entreprise à laquelle j'écris.
3. Je me suis informé(e) sur le métier, le type de poste ou la fonction que je sollicite.
4. J'ai identifié le nom et la fonction de mon correspondant.
5. J'ai repéré ce que je dois dire de mon expérience qui n'est pas décrite dans mon CV.
6. Je sais ce qui m'intéresse vraiment dans ce poste ou cette entreprise.
7. J'ai le matériel qu'il faut pour faire une lettre soignée (papier, stylo) et le calme nécessaire.
8. Je n'ai pas de problème d'orthographe, ou bien je sais à qui je pourrai faire relire ma lettre.

EXERCICE 12

À partir du texte qui figure page 270 (exercice 11) et qui regroupe des données biographiques concernant Daniel Dumont, rédigez une lettre de candidature spontanée pour un poste dans le domaine de la vente.

EXERCICE 13

Voici une lettre de candidature qui présente certaines anomalies et dont certains éléments ont été oubliés. Identifiez les erreurs et proposez des corrections.

Jean-Pierre Lacroix
7, rue de la Maison carrée
30000 Nîmes
Tel : 04 46 87 03 28

Nîmes, le 24 mars

Entreprise Mediapub
A l'attention de Monsieur
le Directeur du personnel
87, boulevard V. Hugo
30000 Nîmes cedex

***Objet** : réponse à l'annonce 27*
du Républicain

Monsieur le Directeur du personnel (ou Madame)

Actuellement en recherche d'emploi, je suis intéressé par votre annonce publiée dans Le Républicain. Je pense que j'ai tout à fait les qualités et les compétences requises pour occuper le poste que vous proposez. Je suis passionné par la création publicitaire et je suis persuadé que je pourrai faire la preuve de ma créativité dans votre agence, dont je n'ai entendu dire que du bien. J'ai d'ailleurs beaucoup admiré votre dernière campagne, qui m'a semblé très astucieuse. Vraiment, j'aurais bien aimé y participer, et je dois dire que j'aimerais par-dessus tout travailler pour vous.

Je n'ai pas accumulé une grande expérience, mais je suis très débrouillard, et, comme vous le verrez, très sociable. J'espère bien que ma lettre vous plaira et que vous me fixerez très vite un rendez-vous pour un entretien. Comme je ne fais rien actuellement, je suis parfaitement disponible. J'attends donc que vous me fassiez signe. Je n'oublie pas de joindre à ma lettre un CV détaillé.

Cordiales salutations

Jean-Pierre Lacroix

EXERCICE 14

L'auteur du CV de l'exercice 3 p. 266 (chapitre 28), Virginie Maréchal, se trouve, pour des raisons familiales (nécessité de se rapprocher de son père, âgé), contrainte de s'installer en Alsace. Dans l'obligation de quitter son poste dans une société de transport à Lisieux, elle compose une lettre de candidature spontanée qu'elle adresse à une autre société de transports, basée à Strasbourg. En prenant appui sur le contenu de son CV, rédigez cette lettre.

PROLONGEMENTS

LEXIQUE

EXERCICE 1

Trouvez cinq formulations différentes pour exprimer, dans une lettre de candidature, qu'un candidat attend une réponse et cinq autres pour signaler qu'il souhaite un entretien.

EXPRESSION ÉCRITE

EXERCICE 2

En groupe, rédigez, à destination du reste de la classe, une fiche récapitulant les impératifs à respecter dans la rédaction d'une lettre de candidature. Confrontez ensuite la production de chaque groupe.

EXERCICE 3

Des formules de politesse figurant en fin de lettres de candidature ont été scindées en deux et mélangées. Regroupez les éléments qui vous semblent aller ensemble, puis signalez ceux qui vous paraissent manquer de simplicité et de sobriété. Dans quelles circonstances, cependant, certaines formules très recherchées pourraient être justifiées ?
N. B. : Une même formule du groupe 1 peut s'adapter à plusieurs formules du groupe 2.

Groupe 1
– Je vous prie d'agréer, Madame, Monsieur…
– Je vous prie de croire, Madame, Monsieur…
– Je vous prie d'accepter, Madame, Monsieur…
– Je vous prie de recevoir, Madame, Monsieur…

Groupe 2
– à l'assurance de ma considération ;
– l'expression de mes salutations distinguées ;
– mes respectueux hommages ;
– à l'assurance de ma très haute considération ;
– l'expression de mes sentiments respectueux ;
– l'expression de mon très profond respect ;
– de mes hommages les plus respectueux ;
– l'expression de ma considération très distinguée.

EXERCICE 4

En groupe, préparez une fiche bilan en 6 à 8 points en prenant pour modèle les deux propositions suivantes :

	Oui	Non	Pas tout à fait
1. Ma lettre respecte toutes les conventions de présentation.	❐	❐	❐
2. Ma lettre permet de savoir qui je suis.	❐	❐	❐

ACTIVITÉS ORALES

EXERCICE 5

Dans un groupe de cinq à six étudiants, chacun à tour de rôle énonce trois qualités qu'il s'attribue et explique en quoi elles pourraient lui être utiles sur un plan professionnel en relation avec son domaine d'études.

EXERCICE 6

Avec lucidité, cherchez et exposez, dans les mêmes conditions que pour l'exercice 4 ci-dessus, deux défauts personnels qui pourraient freiner votre réussite professionnelle. Trouvez et exposez ensuite, éventuellement avec l'aide des autres membres du groupe, comment atténuer, ou compenser ces défauts.

Georges Rohner (1913-2000),
Rouleau de carton et livres (1992),
huile sur toile (collection privée).

5

Outils d'analyse

Fiche 1 Les instruments lexicaux

Les documents écrits sont composés de **signes linguistiques**, les **mots**, dont le sens et l'agencement permettent au lecteur de déterminer un **thème**, des idées qui s'y rattachent, et un éventuel registre (▸ FICHE 8, P. 294). On désigne par l'expression « **instruments lexicaux** » les mots utilisés, le sens qu'ils ont et celui qu'ils prennent selon leur position, leur emploi et leur environnement textuel. Ces instruments lexicaux sont le **champ lexical**, le **champ sémantique** et les notions de **dénotation** et de **connotation**.

Champ lexical

Un **champ lexical** est un ensemble de **termes** de nature différente se rattachant à la **même notion**. C'est grâce à la présence d'un ou de plusieurs **champs lexicaux** (on dit « réseaux » lorsque les termes sont nombreux), que l'on peut déterminer le ou les thèmes d'un document et la manière dont ils sont imbriqués.

→ **EX :** dans le texte d'E. de Roux (p. 56), on note l'expression « patrimoine industriel » suivie des mots « hauts-fourneaux », « machines », « vapeur », « acier », « passé industriel » qui révèlent le thème de l'**industrie**. Des termes élogieux comme « réalisations remarquables », « prouesses techniques », « innovation », « esthétique » font interférer un second champ lexical, celui de créations méritant d'être conservées, ce qui fait naître l'idée de **sauvegarde**.

Champ sémantique

Le **champ sémantique** désigne l'**ensemble des sens** officiels d'un même mot, sens donnés par le dictionnaire. Cette notion met ainsi en évidence le fait qu'un même mot peut avoir plusieurs significations, caractéristique que l'on désigne par le terme **polysémie**. La **polysémie** témoigne de la richesse de la langue et favorise la création des **figures de rhétorique** (▸ FICHE 5, P. 288). Le champ sémantique donne des informations sur l'étymologie d'un mot et sur son évolution historique : un même terme ne signifie pas exactement la même chose à des époques différentes.

→ **EX :** le mot « rayon » désigne à la fois « un trait, une ligne qui part d'un centre lumineux », un « segment dont une extrémité est le centre d'un cercle », « une pièce de bois ou de métal reliant le moyeu à la jante d'une roue ». Le document de J. Castarède (p. 57) donne successivement **plusieurs sens** du mot **« luxe »**, recomposant une sorte de champ sémantique du mot, comme pourrait le faire un article de dictionnaire.

Dans le travail d'écriture personnelle, il peut être très utile de chercher le champ sémantique d'un terme pour envisager ses différentes significations et ses différents emplois. Cette recherche fait surgir des idées, permet toutes sortes de rapprochements et ouvre souvent des pistes de réflexion auxquelles on n'avait pas pensé initialement en se fixant sur une signification unique et limitée.

Dénotation et connotation

Comme on l'a vu précédemment, un mot est **défini par le dictionnaire**, qui donne ses différents sens. Ceux-ci – sens propres et sens figurés – sont admis et reconnus par tous, **de manière conventionnelle**. Ils renvoient à des domaines précis : pour le mot « rayon », on a – entre autres – le domaine de la physique, celui des mathématiques et celui de la vie courante au sens large (bicyclette et toutes sortes de roues).

La définition officielle d'un terme donnée par le dictionnaire – définition qui regroupe les éléments fondamentaux et permanents du sens de ce terme sous la forme de sens propres et de sens figurés – constitue ce que l'on appelle son **sens dénoté**. L'existence de sens admis par tous de manière conventionnelle s'appelle la **dénotation**.

Mais l'emploi des mots dans des **contextes particuliers**, le choix d'un registre, l'association d'un terme avec d'autres, des **intentions** particulières, conscientes ou non, font qu'un mot peut se charger de **significations supplémentaires**, subjectives (▸ FICHE 6, P. 290), émotionnelles, affectives, idéologiques, historiques... Ce phénomène porte le nom de **connotation**. Au pluriel, les **connotations** sont ces significations particulières dont se charge un terme en faisant référence à différents domaines et à différentes situations.

→ **EX :** le sens dénoté du mot « neige » est le suivant : « précipitation de flocons de glace agglomérés en flocons, dont la plupart sont ramifiés en étoiles » (*Dictionnaire Larousse*, 2008). Mais le même mot peut évoquer, selon ceux qui l'emploient, l'hiver, le froid, les sports d'hiver, Noël, la beauté des paysages, des représentations picturales – tableaux, cartes de vœux – l'étonnement de ceux qui n'ont jamais vu de neige, les trottoirs boueux des grandes villes, les dangers des routes, la joie des enfants et les bonshommes de neige, les changements climatiques, les difficiles conditions de vie des sans abri, les sports extrêmes, les avalanches et les dangers de la montagne, des souvenirs personnels... Dans le texte de M.-F. Hirigoyen (p. 54), les termes « usé », « plus assez rentable », « s'en débarrasse », connotent le mépris de l'employeur pour ses employés et le fait qu'il les traite comme des objets.

Les connotations regroupent non seulement tout ce que fait naître un mot mis dans un contexte, mais les **significations personnelles** que le **lecteur** peut y ajouter en fonction de sa sensibilité et de sa culture.

Fiche 2 **Qui parle ?**

L'analyse d'un document implique d'identifier à qui appartient la « **voix** » qui exprime les idées. **Celui qui parle** (l'émetteur) n'est pas toujours l'auteur, et il arrive que l'auteur fasse connaître des **points de vue** qui ne sont pas les siens, et avec lesquels il est en désaccord. Il est donc important d'envisager les réponses à la double question : « **Qui parle ?** », « **À qui appartiennent les idées ?** ».

Dans les dialogues

Qu'il s'agisse de fiction ou de réalité, le lecteur peut identifier **qui parle** dans un **dialogue**, grâce à l'indication des **interlocuteurs**, aussi bien dans le roman, le théâtre, la poésie que dans les textes d'idées (entretiens, par exemple). Les paroles, sous forme de répliques, de tirades, d'exposés, sont rapportées au discours direct (▸ Fiche 7, p. 292), ce qui est identifiable à plusieurs indices : la typographie, la première personne, l'emploi du présent, certains adverbes de temps et de lieu, la ponctuation, l'interpellation des destinataires.

→ **EX :** dans l'extrait théâtral de Tchékhov (p. 136), les didascalies indiquent les interlocuteurs. Dans l'extrait des *Misérables* (p. 103), la disposition typographique des répliques et les sujets des verbes de parole permettent de comprendre de qui émanent les paroles. Dans les entretiens avec A. Khan (p. 71) ou J.-M. Dru (p. 74) les noms de ceux qui parlent sont indiqués.

Dans les récits de fiction

Dans les **récits de fiction** (romans, contes et nouvelles), celui qui raconte, à la première ou à la troisième personne, est le **narrateur**. Il peut reprendre et rapporter des **paroles** prononcées par les **personnages**. Ces paroles sont alors reprises (▸ Fiche 7, p. 292) :

– au **discours** (ou **style**) **direct**, avec les caractéristiques du dialogue (voir ci-dessus),

– ou au **discours** (ou **style**) **indirect**, ce qui implique une subordination, un changement de personne, de temps et d'adverbes de lieu et de temps,

– ou encore au **discours** (ou **style**) **indirect libre**, qui exprime à la troisième personne, mais sans subordination, des paroles supposées prononcées directement.

→ **EX :** dans le texte extrait des *Aventures de Télémaque* (p. 100), il est important de savoir, ce que précise le paratexte, que celui qui parle est Mentor, et non le narrateur habituel. Il est également essentiel de comprendre qu'outre ses propres idées, ce personnage en exprime d'autres, comme la valorisation du luxe, par les expressions « perfection des arts », « politesse de la nation » auxquelles il est tout à fait clair qu'il ne souscrit pas.

Dans les textes d'idées

Dans les essais, articles de presse, traités, autobiographies réelles, **celui qui parle** est l'**auteur** et **signataire** du document. Lorsqu'il reprend des propos appartenant à d'autres, mettant en présence **plusieurs « voix »**, il le fait selon les modalités suivantes :

– la **citation** : un **extrait cité**, reprise exacte de ce qui a été dit ou écrit par quelqu'un d'autre, est inséré entre guillemets, parfois en italique, avec l'indication de son auteur et de sa source ;

– la **référence** : l'auteur d'un document évoque et / ou emprunte la pensée ou les idées de quelqu'un d'autre, en les « **traduisant** » et en les **reformulant**. Parfois même, il se contente d'un mot ou d'une expression qui permet d'identifier la source ;

– l'**absence de signalement** : il arrive aussi que l'auteur formule une idée qu'il n'adopte pas, mais sans le dire clairement, et sans donner la source. L'idée semble alors **venir de lui** : pour ne pas se tromper d'**émetteur**, il est alors important de tenir compte de l'environnement textuel et de l'évolution des idées exprimées.

→ **EX :** le texte de S. Genvo (p. 186) donne des exemples de ces différentes modalités. On trouve le point de vue (cité entre guillemets) d'un administrateur informatique de collège, une citation définissant les loisirs, entre guillemets, avec son auteur et sa source en note, ainsi que le titre d'un journal (« Nintendo a tué mon fils ») avec le nom du journal et sa date. Enfin la phrase « les jeux vidéo risquent d'abrutir davantage qu'ils n'éveillent l'intelligence » est l'expression d'une critique que visiblement l'auteur du texte ne partage pas. Mais seul le contexte permet de le déterminer.

Parce qu'il demande de reprendre des idées en signalant leur source, le **travail de synthèse** impose d'**identifier leurs auteurs**. L'observation des indices d'écriture constitue une aide, tout comme les marques de la subjectivité des auteurs (▸ Fiche 6, p. 290) et la nature des registres utilisés (▸ Fiche 8, p. 294).

Fiche 3 **Les formes de discours**

L'émetteur d'un énoncé – un discours – peut donner à ce dernier différentes **formes** en fonction des **objectifs visés**. On parle ainsi de **discours narratif**, **descriptif**, **informatif**, **injonctif**, et **argumentatif**. Chacun correspond à une démarche particulière et peut être identifié à partir de certains indices d'écriture.

Le discours narratif

Cette forme de discours est caractérisée par l'existence d'un **narrateur** qui raconte une **histoire** mettant en scène des **personnages**. Le narrateur peut être présent dans l'histoire ou extérieur. Les personnages agissent dans un contexte **spatial** et **temporel**, faisant évoluer l'intrigue d'une situation initiale à une situation finale. Dans un texte narratif, il est important de savoir qui parle (▸ Fiche 2, p. 285), quel est le **point de vue** (narrateur omniscient adoptant le regard d'un personnage ou tout à fait extérieur) adopté et quels sont les **enjeux** du récit.

→ **EX :** dans l'extrait de *1984* (p. 105), le lecteur suit les gestes et les déplacements du personnage, rapportés au passé par le narrateur, qui, omniscient, explique aussi ce qui se passe dans son esprit. L'extrait narratif a pour fonction de faire comprendre dans quel univers surveillé vit le personnage.

Le discours descriptif

On utilise cette expression pour définir un texte qui **donne à voir** des lieux, ou des êtres, un spectacle, une situation. Le discours descriptif (descriptions de choses ou portraits de personnes) énumère des **éléments visuels**, les situe les uns par rapport aux autres, donne leurs formes, leurs couleurs, leur apparence, leur taille… Dans l'analyse d'une description, il est important de savoir **qui voit**, d'où la scène est vue et pourquoi elle est montrée. La description a ainsi **plusieurs fonctions** : documentaire, elle peut aussi être explicative, ou avoir une portée symbolique.

→ **EX :** la description de ce que voit le personnage, dans l'extrait de *Germinal* (p. 106) fait comprendre à quel point il est impressionné par les machines vues de nuit, et qui semblent monstrueuses. La description de la mine en fait ressortir le côté inhumain.

Le discours informatif ou explicatif

Ce discours **expose**, **explique**, **définit** et donne des éléments pour **mieux comprendre** une situation, un fait, un phénomène, un comportement. On trouve ce discours dans les articles de dictionnaires et d'encyclopédies, dans les modes d'emploi, les dépliants techniques, les documents de référence. Il est caractérisé en général par son **objectivité** (▸ Fiche 6, p. 290) et son caractère **impersonnel**. Il utilise le présent de l'indicatif.

→ **EX :** le texte de loi sur le harcèlement moral (p. 157), le document qui définit les missions de la CNIL (p. 164) ou celles du Bureau de Vérification de la Publicité (p. 156) relèvent du discours informatif. Il en est de même de la chronologie (p. 158) qui donne le contenu de différentes lois successives et du texte extrait de la Convention internationale des droits de l'enfant (p. 163).

Le discours injonctif

Il y a injonction lorsqu'on formule un **conseil**, une **recommandation**, un **ordre** ou une **défense** (ordre négatif) adressés directement à un interlocuteur. L'injonction se reconnaît à l'emploi du mode impératif, ou de l'infinitif ou encore du présent ou du futur de l'indicatif. Un ordre indirect peut être exprimé au subjonctif. On trouve aussi l'emploi de formulations impersonnelles comme *il faut*, *on doit*.

→ **EX :** le document qui définit les droits des enfants (p. 163) comporte un certain nombre de recommandations adressées aux États et concernant la manière de traiter les enfants : « les États doivent veiller », « Les États doivent coopérer », « Les États doivent protéger ce droit ». L'utilisation du futur apparaît dans « Les États prendront toutes les mesures nécessaires » ou dans « Ils puniront ceux qui ne respectent pas ces règles ».

Le discours argumentatif

La visée de ce discours est d'exposer des **idées** pour faire valoir leur **bien-fondé** et les faire accepter par un interlocuteur, présent ou non. L'exposé d'une **thèse** (l'idée que l'on veut faire admettre) est accompagné d'**arguments** (explications, preuves, justifications) qui la soutiennent et qui sont organisés selon différents **modes de raisonnements** (▸ Fiche 4, p. 287) et de stratégies, que révèlent souvent les **articulations logiques**. Les arguments viennent de différents domaines : histoire, tradition, ouvrages spécialisés, vie sociale, culture… Ils sont souvent illustrés par des **exemples** concrets. Lorsqu'une argumentation prend un tour violent, on parle de **polémique** (▸ Fiches 3 et 8, p. 286 et 294).

→ **EX :** pour expliquer le maintien des inégalités entre filles et garçons dans les études, N. Jonas (p. 60) expose différents arguments qui s'enracinent dans les traditions familiales et dans les idées toutes faites concernant les rôles des filles à la maison et dans la société.

Fiche 4 Modes de raisonnements et articulations logiques

L'analyse de textes d'idées aussi bien que la rédaction d'une **synthèse construite**, l'exercice d'**écriture personnelle** ou un **exposé organisé** impliquent de connaître différents modes de raisonnements et les articulations logiques qui les structurent.

Le raisonnement linéaire

Sur un même thème – on parle alors de « thème constant » – ce raisonnement fait se succéder des **idées différentes**, mais qui vont dans **le même sens**. Ces idées sont reliées par des termes comme : *en outre, de plus, avec, aussi, également, d'ailleurs, d'une part… d'autre part, non seulement… mais encore, enfin, de même que…*

On trouve en général ce type de raisonnement dans une grande orientation (ou partie) de synthèse ou d'écriture personnelle.

→ **EX :** ce mode de raisonnement est celui de N. Jonas (p. 60) qui énumère les raisons pour lesquelles l'égalité que l'on pouvait attendre entre garçons et filles dans les études reste une utopie.

Le raisonnement dialectique

Il repose sur la confrontation d'une **thèse** énonçant un point de vue et d'une **antithèse** apportant des **objections**, des contradictions ou une réfutation. Le dépassement des oppositions se fait grâce à une synthèse qui définit dans quelles conditions la thèse et l'antithèse peuvent coexister. Ce raisonnement utilise les **connecteurs** suivants : *mais, au contraire, en revanche, alors que, tandis que* pour introduire l'**opposition**. Pour souligner une **objection**, on trouve *cependant, pourtant, or, néanmoins*. Le rapprochement sous la forme d'une **synthèse** peut commencer par *c'est pourquoi, donc, ainsi*, qui soulignent une démarche conclusive.

→ **EX :** la structure thèse / antithèse est clairement identifiable dans des dialogues. On la trouve page 55 dans le débat sur le travail du comédien et dans l'extrait de *La Colonie* (p. 139) où s'opposent les points de vue des femmes et ceux des hommes.

Le raisonnement concessif

Il consiste à « **concéder** », c'est-à-dire **accepter** (ou faire semblant d'admettre) le point de vue adverse pour mieux le **contrer** ensuite. Ce raisonnement est identifiable à la présence de : *malgré, en dépit de…, bien que, certes, quoique, cependant, néanmoins, pourtant, même si…*

→ **EX :** dans l'entretien sur la publicité (p. 74), J.-M. Dru commence par reconnaître les abus de la publicité. Il n'en vante pas moins les mérites, l'expansion et l'utilité (à ses yeux) en s'opposant aux remarques de celui qui l'interroge.

Le raisonnement déductif

Partant d'une **loi**, ce raisonnement en fait découler une **conclusion** qui ne supporte pas la contradiction. Il est souligné par des connecteurs comme *donc, ainsi, c'est pourquoi, alors, par suite, par conséquent*.

→ **EX :** l'exemple type du raisonnement déductif est le **syllogisme**, dont le plus connu est : « tous les hommes sont mortels / Socrate est un homme / donc Socrate est mortel. » Des deux premières propositions (ou « prémisses ») découle logiquement la conclusion. Dans l'extrait de *La Colonie* (p. 139), Arthénice développe implicitement un raisonnement proche du syllogisme : la moitié de l'humanité est constituée par des femmes ; la gestion du monde concerne tous les êtres, donc elle concerne les femmes.

Le raisonnement inductif

Il s'appuie sur plusieurs **constats** qui vont dans le même sens pour établir une **idée générale** qui prend la **forme** et la **force** d'une **loi**. Les articulations logiques sont *ainsi, donc, c'est pourquoi, en conséquence, par conséquent* pour souligner le point d'aboutissement logique des différentes observations.

→ **EX :** de l'observation des fonctions utiles de la forêt sur le plan humain, sur le plan écologique et sur le plan économique, le lecteur du corpus de documents proposé page 180 (chapitre 18) est conduit à conclure qu'une politique de sauvegarde des zones boisées est indispensable.

Autres types de raisonnements

On peut citer le **raisonnement par analogie**, qui « fonctionne » sur une comparaison de deux situations présentant des éléments similaires. Les mots de liaison sont *de même que… de même*.

Le **raisonnement par l'absurde** consiste à valider une proposition en montrant que sa négation conduit à une incohérence, tandis que le raisonnement dit **a contrario** repose sur une contradiction. Ces deux types de raisonnement sont construits sur des hypothèses.

Les raisonnements logiques qui figurent dans les textes d'idées ne sont pas toujours des exemples types, ce qui rend difficile leur identification. L'essentiel est de comprendre la manière d'argumenter et, dans l'exposé d'une pensée, de ne pas construire de raisonnements faux, car le manque de logique leur fait perdre force et crédibilité.

Fiche 5 **Les figures de rhétorique**

On désigne par l'expression **figures de rhétorique** ou **figures de style** des formes particulières données à l'expression écrite et orale et visant à produire certains effets. Il existe des figures du **signifié**, qui jouent sur le sens des mots et des figures du **signifiant**, qui jouent sur leur sonorité. Les connaître permet de savoir d'où viennent les différents effets produits par les mots.

Les figures du signifié

En fonction de leur nature et de leurs effets, les figures du signifié sont regroupées en figures d'**analogie** et de **substitution**, d'**opposition**, d'**atténuation** et d'**amplification**.

Les figures d'analogie et de substitution

Ces figures mettent en relief des **rapprochements** entre les sens des mots, des analogies, des similitudes. Elles permettent de remplacer un mot par un autre. On distingue ainsi :

• La **personnification** : elle attribue à des choses ou à des animaux, à travers l'emploi de certains mots, des caractéristiques humaines.

→ **EX :** J. Supervielle (p. 115) parle de « même famille » à propos des arbres et des hommes, en attribuant aux uns et aux autres des capacités et un destin similaires. Sur l'affiche de Savignac (p. 120), on observe une personnification de la cathédrale Notre-Dame de Paris.

• La **comparaison** : composée de quatre éléments, elle rapproche le comparé du comparant à l'aide d'un outil de comparaison (*comme*, *de la même façon*, *à la manière de*...) dans un domaine particulier qui constitue le thème de la comparaison. Illustrative, la comparaison permet de rendre plus claires certaines notions.

→ **EX :** dans le poème « Les conquérants » (p. 108), J. M. de Heredia compare les conquistadors à des oiseaux de proie à la recherche de nourriture et de richesses.

• La **métaphore** : cette figure est une comparaison incomplète, à laquelle il manque l'outil de comparaison (qui explicite le rapprochement), et à laquelle il manque parfois même le comparé. La métaphore est donc souvent **elliptique** et il appartient au lecteur de trouver lui-même les analogies qui ont permis le rapprochement. La métaphore crée des images originales et révèle des rapprochements inattendus.

→ **EX :** dans son évocation des usines (p. 110), É. Verhaeren, parle de « caries » pour désigner des zones détériorées par l'industrialisation. V. Hugo, dans « Melancholia » (p. 109), associe le travail imposé aux enfants à une sorte de monstre.

• L'**allégorie** : cette figure consiste à représenter une idée par un personnage qui l'incarne. Cette représentation concrète aide à la compréhension de la notion envisagée.

→ **EX** : à New York, la statue du sculpteur Bartholdi est une allégorie de la liberté figurée sous la forme d'une femme tenant une torche. L'allégorie de la justice est une femme tenant un glaive et une balance représentant l'équité et le châtiment.

• La **métonymie** et la **synecdoque** : ces deux figures sont très proches l'une de l'autre. Elles consistent l'une et l'autre à remplacer un mot par un autre ayant avec le premier une relation de type contenu / contenant pour la première et partie / tout pour la seconde. Elles créent des images frappantes, brèves et concrètes.

→ **EX :** « prendre un verre », « lire du Zola » sont des métonymies ; désigner un navire par le mot « voile » est une synecdoque.

• La **périphrase** : elle substitue un groupe de mots à une notion en évitant ainsi de la nommer directement. La périphrase permet de ne pas appeler quelque chose par son nom et d'insister sur certains aspects de la notion considérée.

→ **EX :** le XVIIIe siècle est désigné par la périphrase « Siècle des Lumières ». Paris est désigné par l'expression « Ville lumière ». Le mot « Lumières » n'a pas le même sens dans les deux cas.

• Le **symbole** : on le définit comme un signe figuratif qui représente un concept et le rend ainsi plus facile à comprendre.

→ **EX :** dans le dessin de Plantu (p. 81), la couronne de laurier est représentative du succès, des diplômes, de la réussite aux examens. Elle en est le symbole.

Les figures d'analogie et de substitution ont pour effet d'attirer l'attention sur des rapports logiques ou au contraire inattendus entre des notions.

Les figures d'opposition

Ces figures mettent en évidence des contradictions entre des éléments, qu'il s'agisse d'objets, d'êtres animés, de situations, de lieux...

• L'**antithèse** : cette figure exprime l'opposition, la contradiction entre deux éléments. Le bien et le mal, le beau et le laid constituent des antithèses.

→ **EX :** dans l'entretien sur le travail du comédien (p. 55), les deux interlocuteurs ont des positions antithétiques, l'un affirmant que le comédien doit rester froid, l'autre le présentant au contraire comme quelqu'un qui ressent avec émotion et force ce qu'il joue.

• L'**oxymore** est une variante de l'antithèse : l'opposition se fait entre deux notions antithétiques à l'intérieur d'une expression, comme dans « cette obscure clarté ».

• L'**antiphrase** : on parle d'antiphrase lorsqu'on exprime une notion par son contraire. On l'utilise souvent dans l'ironie (▸ FICHE 8, P. 294).

→ **EX :** dire « c'est du joli », « c'est du propre », pour caractériser une erreur, une faute, sont des antiphrases.

• Le **paradoxe** : ce terme désigne une idée qui se révèle contraire à ce que l'on pense de manière générale, opinion ou idée désignée par le mot « doxa ».

→ **EX :** le titre de l'essai de Diderot *Paradoxe sur le comédien* (p. 55) vient de l'idée défendue selon laquelle un bon comédien est celui qui ne manifeste aucune sensibilité dans son jeu et compose le personnage qu'il incarne de manière froide et méthodique.

On trouve particulièrement les figures d'oppositions dans l'exposé d'idées contradictoires et dans le raisonnement de type thèse / antithèse (▸ FICHE 4, P. 287).

Les figures d'amplification et d'atténuation

Ces figures ont pour fonction d'attirer l'attention soit en grossissant exagérément un élément, soit en le minimisant.

• L'**hyperbole** : elle repose sur tous les procédés qui permettent d'accentuer en grossissant de manière excessive : superlatifs, pluriels de mots collectifs, adverbes, accumulations, énumérations…

→ **EX :** l'image de la machine (p. 148) est hyperbolique par son caractère monstrueux et par le nombre de rouages représentés. L'évocation par C. Lévi-Strauss (p. 61) des paysages détériorés accentue le caractère corrupteur de la civilisation.

• L'**anaphore** : elle consiste à répéter en début de phrase ou de paragraphe une même expression qui se trouve ainsi mise en relief, de manière très insistante, quasi obsessionnelle.

→ **EX :** dans le Serment médical (p. 162), chaque engagement commence par le pronom personnel « Je » suivi d'un verbe au futur, ce qui insiste particulièrement sur le caractère individuel et personnel du serment. Dans le poème de J. Prévert, « La grasse matinée » (p. 112), la répétition au début et à la fin du poème de l'expression « Il est terrible… » insiste sur le caractère insupportable d'un bruit qui rappelle la nourriture à l'homme affamé. Cette répétition crée comme une obsession dans le texte, et un phénomène d'écho.

• L'**euphémisme** : un euphémisme consiste à atténuer le sens d'un mot en le remplaçant par un autre. On fait ainsi disparaître ce qu'un mot peut avoir d'effrayant, d'angoissant, de violent, de gênant.

→ **EX :** on remplace « mourir » par « disparaître », « s'en aller » ; « aveugle » par « mal voyant » ; « sourd » par « mal entendant ».

• La **litote** : la litote exprime sous une forme doublement négative le caractère affirmatif d'un énoncé.

→ **EX :** la déclaration célèbre « Va, je ne te hais point » (Corneille, *Le Cid*) exprime indirectement, par deux éléments négatifs (la négation et le verbe « haïr ») une véritable déclaration d'amour.

Ces figures montrent les nombreuses possibilités de varier et d'enrichir l'expression par des mises en relief diverses et des formulations imagées, qui se mettent au service du sens, des formes de discours (▸ FICHE 3, P. 286) et des registres (▸ FICHE 8, P. 294) en traduisant des intentions et des enjeux divers.

LES FIGURES DU SIGNIFIANT

Certaines figures jouent sur la **sonorité** des mots et non sur leur **sens**, mais c'est l'ensemble (**sonorité** et **sens**) qui se trouve mis en relief. Surtout fréquentes dans la poésie, ces figures peuvent se trouver néanmoins dans toutes sortes de documents écrits ou parlés.

On peut signaler l'**assonance**, ou reprise de sons vocaliques, l'**allitération** ou reprise de sons consonantiques, particulièrement visibles dans les rimes. La **paranomase**, ou jeu sur des paronymes, termes très proches par leur sonorité, à une ou deux lettres près, permet toutes sortes de jeux de mots.

→ **EX :** associer les termes « manège », « ménage », « déménage » ou « mer », « mère », « amer », « père », « repaire », constituent des **paronomases** qui attirent l'attention, à travers des similitudes de sons et les diverses confusions qu'elles peuvent entraîner, sur les mots utilisés et donc sur leur signification.

Le travail d'analyse de documents pour la synthèse ne nécessite pas de rechercher systématiquement et prioritairement les figures de rhétorique. Il est cependant important, pour le lecteur, d'y être sensible. Il se rend mieux compte de l'origine de certains effets qui touchent la sensibilité ; il peut définir de manière plus exacte le registre d'un document et mieux percevoir ce qui est mis en relief. Elles facilitent donc la compréhension des documents et aident à caractériser une écriture.

Fiche 6 Objectivité/subjectivité

Un des impératifs de la synthèse de documents est l'**objectivité**. Le travail d'écriture personnelle, par la présence de l'adjectif « personnelle », ou encore une lettre de candidature (chapitre 29, p. 272), qui explique ce que l'on est, demandent en revanche une **écriture subjective**. L'objectivité est aussi ce qui caractérise certains documents dits « de référence », tandis que la subjectivité imprègne non seulement les textes littéraires mais aussi les textes d'idées.

Caractéristiques de l'écriture objective

L'objectivité est définie comme la qualité de ce qui **fait abstraction** des préférences et des goûts personnels, des sentiments et des émotions de celui qui parle. Dans un document, elle se manifeste par les **indices** suivants :

• L'emploi récurrent de **formulations impersonnelles** et généralisantes, qui évitent la première personne et toutes formes de références à l'expérience personnelle, au jugement, à l'expression d'une opinion, d'une prise de position.

→ **EX :** on trouve cette caractéristique dans l'article de loi suivant (p. 157) : « Art. L. 122-50. – Est passible d'une sanction disciplinaire tout salarié ayant procédé aux agissements définis à l'article L. 122-49 ; ou encore dans cette présentation (p. 164) : « La Commission Nationale de l'Informatique et des Libertés (CNIL) a été instituée par la loi n° 78-17 du 6 janvier 1978 relative à l'informatique, aux fichiers et aux libertés qui la qualifie d'autorité administrative indépendante. » On notera cependant que, malgré la présence récurrente de « je », le Serment médical (p. 162) n'est pas un texte subjectif. Le contenu du serment n'est pas personnel. Il concerne chaque futur médecin.

• Une manière de **s'exprimer par constats** et non par interrogations exprimant le doute. L'objectivité « colle » au réel et s'efforce d'en donner une image fidèle, non modifiée par le point de vue ou la **sensibilité** de celui qui en rend compte. De même, l'objectivité **refuse** les exclamations qui trahissent des émotions. Elle n'utilise pas de formulations soulignant l'hésitation, l'incertitude, l'atténuation. L'écriture objective évite ainsi les différentes formes de « modalisation » : pas de subjonctif marquant l'hypothèse, de conditionnel exprimant l'éventualité, pas d'adverbes soulignant l'incertitude ou son contraire comme *peut-être*, *certainement*, pas d'auxiliaires comme *paraître*, *sembler*, qui atténuent la réalité.

→ **EX :** la neutralité de l'écriture objective est perceptible dans l'exemple suivant (p. 156) : « Le BVP est l'organisme d'autodiscipline de la publicité en France. Il a pour but de « mener une action en faveur d'une publicité loyale, véridique et saine dans l'intérêt des professionnels de la publicité, des consommateurs et du public. » On peut y observer l'emploi du présent de l'indicatif exprimant la généralité et l'intemporalité, le caractère affirmatif du propos, son caractère strictement informatif, l'absence d'adverbe.

• Des **formulations non connotées**, refusant à la fois les registres émotionnels et les figures de rhétorique qui soulignent des jugements ou une sensibilité particulière. L'écriture objective n'utilise pas l'ironie (▸ Fiche 8, p. 294), et, sur des sujets qui prêtent à contestation, à polémique (▸ Fiche 8, p. 294) ou à réaction passionnelle, elle se contente d'énoncer la réalité neutre du règlement ou de la loi, comme on le voit dans les deux exemples suivants, extraits d'une chronologie.

→ **EX :** « **1942**. L'avortement devient "crime"» contre la sûreté de l'État. Il est puni de mort. [...] **1946**. Le préambule de la Constitution pose le principe de l'égalité des droits entre hommes et femmes dans tous les domaines. » (p. 158). On retrouve les mêmes caractéristiques de neutralité sur un sujet pourtant sensible dans l'article 32 de la Convention internationale des droits de l'enfant (p. 163) qui touche à la protection contre l'exploitation : « Tu dois être protégé contre l'exploitation. Nul ne peut t'obliger à accomplir un travail dangereux ou nuisant à ton éducation, à ta santé, à ton développement. »

Caractéristiques de l'écriture subjective

Antonyme de l'objectivité, la subjectivité désigne la qualité de ce qui est **individuel**, **personnel**, et susceptible de varier en fonction de la **personnalité** de chacun. Le caractère subjectif d'un document se manifeste et peut être identifié à travers les indices suivants :

• L'**énonciation** : la première personne (pronoms personnels *je*, *me*, *moi*, *nous*, pronoms et adjectifs possessifs *mon*, *ma*, *le mien*, *nos*, *le nôtre*) indique la présence de celui qui parle, individuellement ou dans un groupe (« nous »), et le fait qu'il s'exprime en son propre nom. La présence marquée d'un destinataire souligne la relation (qui peut être affective) entre l'émetteur et celui à qui il parle. La subjectivité est visible dans les exemples suivants :

→ **EX :** « La tradition, c'est-à-dire le temps du paternalisme tout puissant, aujourd'hui dépassé – **ce dont je me réjouis** – mettait déjà aux prises le médecin et les clients » (A. Kahn, p. 71) ; « Voyages, coffrets magiques aux promesses rêveuses, vous ne livrerez plus vos trésors intacts » (C. Lévi-Strauss, p. 61). Dans le premier exemple, l'utilisation de la première personne exprime l'appréciation personnelle de celui qui parle. Dans le second, l'interpellation des voyages, le groupe qui les caractérise de manière très positive et la négation « ne… plus » expriment le regret et la nostalgie de l'auteur.

• Les **connotations et les figures de rhétorique** : le choix de certains termes révèle les partis pris de celui qui parle, ses appréciations, ses jugements, ses opinions valorisantes ou dépréciatives (▸ FICHE 1, P. 284), éléments qui peuvent être accentués par certaines figures (▸ FICHE 5, P. 288), hyperboles, antithèses, litotes.

→ **EX :** dans le texte sur le harcèlement au travail (p. 54), M.-F. Hirigoyen utilise des termes fortement connotés, qui expriment son indignation : « "presse-citrons" », « manipulateur », « collégiens indisciplinés », « robotisation des individus ». M. Le Bris (p. 67) célèbre les voyages en ces termes élogieux : « Orients rêvés, Orients réels : qui ne ressent pas que le monde de demain s'invente d'abord là-bas, très loin probablement de nos imageries "exotiques" ? » Les vers de J. Supervielle (p. 115) :

« L'angoisse nourrit notre histoire
Et c'est un même bûcheron
Qui, nous couchant de notre long,
Viendra nous couper la mémoire. »

soulignent la personnification arbres / hommes en utilisant une métaphore, celle du bûcheron, incarnation de la mort. Ce choix personnel développe et illustre les relations particulières que le poète entretient avec la nature.

• Certains **types de phrases :** l'affirmation marque des prises de positions catégoriques, les interrogations soulignent l'incertitude, le doute, les phrases interro-négatives entraînent une réponse affirmative et pèsent ainsi sur l'interlocuteur. Il y a là des marques de la **présence** de celui qui parle, et des **visées personnelles** de son discours.

→ **EX :** en posant la question : « Mais pourquoi se préoccuper à ce point-là du patrimoine industriel ? » (p. 56), E. de Roux reprend une interrogation qui pourrait être celle de n'importe qui, mais qui montre à quel point ce thème le préoccupe et lui paraît important. L'affirmation « Trop de publicité tue la publicité » (J.-M. Dru, p. 74) pourrait être considérée comme un constat général. Dans la bouche d'un publicitaire, elle devient une prise de position qui induit un engagement personnel.

• Différentes formes de **modalisation** : on désigne par le terme « **modalisation** » les relations entre un énoncé et son émetteur : expression catégorique, ou atténuée, insistance sur l'hypothèse, l'éventualité, la possibilité ou la certitude, expression de la situation dans le temps (fait achevé ou fait à venir, non réalisé, soumis à une condition…). La modalisation s'exprime par le choix de termes insistant sur la présence de **certitudes**, d'**attentes**, de **volonté**, de **souhaits**… ainsi que sur les idées, les émotions, les sentiments qui les accompagnent. Elle passe donc par l'emploi d'adverbes (comme *sans doute*, *certainement*, *malheureusement*, *par chance*, *toujours*, *jamais*, *parfois*…), de verbes de sentiments, de pensée, de volonté (comme *penser*, *affirmer*, *vouloir*, *souhaiter*, *espérer*…) employés à des modes divers qui en accentuent le caractère **hypothétique**, **éventuel**, **probable**…

→ **EX :** l'énoncé suivant : « Les promesses de "redonner son pouvoir" au consommateur paraissent bien abstraites face aux très nombreuses tentatives des régies publicitaires sur Internet de violer la vie privée des internautes » (p. 62) fait état des doutes de celui qui parle par rapport à certaines promesses.

Il est essentiel de savoir identifier la subjectivité et l'objectivité, non seulement pour répondre aux contraintes de l'examen mais parce qu'elles définissent des enjeux particuliers des documents et permettent ainsi de mieux les comprendre.

Fiche 7 **Les paroles rapportées**

De la même façon qu'il est important de savoir identifier **qui parle** (▸ Fiche 2, p. 285), il faut savoir reconnaître des **paroles rapportées** : elles peuvent figurer dans tous les genres de documents textuels et dans certains documents iconographiques. Elles sont insérées selon différentes modalités et ont différents effets.

On distingue **trois types** de paroles rapportées : les paroles rapportées **directement**, **indirectement** et de manière **indirecte libre**. À cela il faut ajouter le **discours narrativisé**.

Les paroles rapportées directement (discours direct)

Ces paroles sont identifiables à la présence de plusieurs indices : des **signes de ponctuation**, comme les deux-points et les guillemets, la présence d'un verbe de parole, souvent placé en incise, – *dit-il* –. Celui qui parle utilise la première personne, *je*, *nous*, pour se désigner et la seconde personne, *tu*, *vous*, pour représenter son ou ses interlocuteur(s). Il emploie le **présent** d'énonciation ; il situe ses paroles et ses actions par rapport au moment où il parle et les lieux par rapport à l'endroit où il se trouve. Les paroles rapportées directement reprennent exactement les paroles prononcées, avec les exclamations, sans aucune modification. On peut observer ces caractéristiques dans les bulles des dessins de presse et des bandes dessinées.

Par la reprise de la forme exacte des paroles, sans aucune modification, le discours direct confère à ce qui est dit **vivacité**, **spontanéité** et **authenticité**. Les paroles sont prises sur le vif, immédiates, actuelles, dites « en temps réel ». Cette modalité crée une impression de vérité et de proximité.

→ **EX :** les répliques suivantes, prises dans un dialogue de roman (p. 103) sont des paroles rapportées directement : « - Monsieur, [dit-il], je ne puis vous recevoir. […] - Ah bah, mais je meurs de faim, moi. J'ai marché dès le soleil levé. J'ai fait douze lieues ». Ou encore : « Je suis coincé », phrase prononcée par le personnage d'un dessin de presse (p. 80). Celles-ci sont empruntées au théâtre (p. 137) : « Monsieur Bernard, quelqu'un qui est bien renseigné sur vous, m'a révélé que vous aviez un grave défaut, la modestie. » ; « Ils sont très négligents. Je n'en disconviens pas. »

Les paroles rapportées indirectement (discours indirect)

Les paroles rapportées indirectement sont insérées dans un texte **sans aucun signe** de ponctuation. Elles sont introduites par un **verbe de parole** et prennent la forme d'une **proposition subordonnée** qui commence par *que*. Cette structure fait disparaître les marques de la spontanéité comme les interjections, les points d'exclamation, les questions directes. Elle impose une modification des pronoms personnels – en particulier, celui qui parle est désigné par *il* – et une transformation des temps verbaux, notamment lorsque le verbe introducteur (*dire*, *déclarer*, *affirmer*…) est au passé. Les adverbes de temps et de lieu sont également modifiés.

L'insertion des paroles sous forme de **discours indirect** crée un phénomène d'éloignement, de **mise à distance**. Les paroles sont **modifiées** dans leur forme (temps, pronoms, adverbes de temps et de lieu) et ces modifications font disparaître toute impression de naturel, de spontanéité et d'actualité. Il est toujours possible de penser que celui qui rapporte des paroles de cette façon, en ne les reprenant pas sous leur forme d'origine, en transforme aussi le contenu. La forme de ce type de discours permet cependant de savoir qu'il y a deux personnes distinctes mises en cause, l'**énonciateur**, qui reprend les paroles et le **locuteur**, qui les a prononcées.

→ **EX :** la phrase au discours direct : « Je n'ai vu personne, je reviendrai demain », devient, au discours indirect : « Il répondit qu'**il n'avait vu** personne et qu'il **reviendrait** le **lendemain** ». Les répliques données en exemples ci-contre pour le discours direct deviendraient : « Il lui dit qu'il ne pouvait le recevoir ; Il lui dit qu'il mourait de faim, qu'il avait marché dès le soleil levé et qu'il avait fait douze lieues. » / « Le SDF du dessin crie qu'il est coincé. » / « Knock dit à Monsieur Bernard que quelqu'un qui est bien renseigné sur lui lui a révélé qu'il avait un grave défaut, la modestie. Il dit qu'ils sont très négligents, qu'il n'en disconvient pas. »

Les paroles rapportées au discours indirect libre

Cette modalité mêle les deux précédentes en empruntant des caractéristiques à chacune. Les pronoms personnels et les temps verbaux sont ceux du discours indirect, mais il n'y a aucun indice de subordination (pas de *que*), le verbe introducteur de paroles n'étant souvent même pas exprimé, juste sous-entendu. Cette double absence (verbe de parole et subordination) rend ce mode de paroles rapportées difficile à identifier parce qu'il est très proche du récit. Les seuls indices sont parfois la présence de **deux-points** et celle d'un mot qui suggère qu'il s'agit de paroles. Les paroles rapportées de cette façon comportent parfois des interrogations ou des interjections.

Cette forme de paroles rapportées est **ambiguë** et difficilement identifiable. Selon que l'énonciateur est le narrateur ou le personnage, le sens du texte peut changer. L'impression créée est que le lecteur a accès directement aux pensées du personnage.

→ **EX :** dans l'extrait suivant de *1984* (p. 105), « Mais de toute façon, elle [la police de la pensée] pouvait mettre une prise sur votre ligne chaque fois qu'elle le désirait », le lecteur peut hésiter sur l'identification de la source de ces remarques. Il peut penser – même en l'absence d'un verbe de parole – que c'est le personnage qui parle, mettant en garde le lecteur en même temps qu'il l'informe (« Mais de toute façon elle peut mettre une prise sur votre ligne » serait la forme du discours direct) et que ses paroles sont intégrées au récit, ou que c'est le narrateur qui explique la surveillance mise en place. Une des phrases données dans les exemples précédents deviendrait, au discours indirect libre : « Ils sont très négligents. Il n'en disconvient pas. » Cette formulation permet de se rendre compte des confusions possibles avec le récit.

Le discours narrativisé

Plus proche du récit que des paroles, ce que l'on appelle le **discours narrativisé** est une manière de rapporter, sans en donner le détail, comme dans un résumé, le **contenu d'un récit** et non les paroles exactes qui le composent. Cette manière de procéder constitue une sorte de **reformulation** narrative – sous forme de récit – de paroles synthétisées, que le narrateur reprend à son compte.

→ **EX :** « Alors il raconta ses voyages et leurs péripéties. Il dit la beauté des paysages découverts et les mille et une rencontres avec des gens inconnus. Il décrivit des villes fabuleuses, il conta de multiples aventures. »

Le lecteur apprend « en gros » de quoi il est question dans un récit supposé fait par le personnage, mais dont le narrateur ne retranscrit pas le déroulement, et qui n'est pas réellement donné. Le discours narrativisé permet une évocation, donne son thème, mais pas le contenu détaillé, parce qu'il n'a peut-être pas d'intérêt dans l'ensemble de l'histoire.

Paroles rapportées, synthèse et écriture personnelle

Les problèmes posés par les paroles rapportées concernent les deux exercices de l'examen, la **synthèse** de documents et l'**écriture personnelle**, mais de manière différente.

• Dans le cas de la **synthèse*** : la nécessité de faire référence aux documents implique de savoir identifier avec exactitude les auteurs des paroles rapportées quand il y en a dans un texte. Ces locuteurs peuvent en effet être différents de l'auteur du document (▸ FICHE 2, P. 285). En ce qui concerne la rédaction, l'auteur (étudiant) d'une synthèse se trouve constamment en situation de rapporter des idées, mais la manière de procéder ne consiste pas à utiliser le discours indirect sous la forme récurrente « L'auteur dit que… ». L'écriture de la synthèse exige une reformulation d'idées synthétisées, dont la source est identifiée, et refuse tout ce qui ressemble à une succession de citations.

• Dans le cas de l'**écriture personnelle*** : la reprise de **paroles** ou d'**idées** est réglementée par certaines conventions : comme pour les paroles rapportées directement, une citation est à mettre **entre guillemets**, ne doit comporter aucune modification et doit être accompagnée de sa source. La **reprise de paroles ou d'idées** au discours indirect suit des règles proches : toute modification est à signaler entre crochets et la source doit être signalée. Il est possible d'utiliser le discours indirect libre dans le travail d'écriture personnelle, notamment pour rapporter des points de vue illustratifs d'une idée.

→ **EX :** dans l'argument suivant concernant la juxtaposition d'art et de machines : « Il peut sembler choquant de faire coexister une œuvre d'art et une machine : qu'ont en commun ces deux "productions", dont l'une relève de l'esthétique et l'autre de l'utilité industrielle ? », la partie écrite en bleu peut être identifiée comme du discours indirect libre dont l'auteur n'est pas celui qui rédige la synthèse.

* Voir à ce sujet les chapitres 21 et 22 (p. 207 et 215) concernant la rédaction de la synthèse et les chapitres 26 et 27 (p. 247 et 255) concernant la rédaction du travail d'écriture personnelle.

Fiche 8 **Les registres**

On désigne par le mot **registre** (ou tonalité) la capacité qu'ont les **mots** d'un texte ou les **composantes d'une image** d'exprimer et d'inspirer différentes **émotions**. L'analyse des registres, qui se fait à partir de certains **procédés d'écriture**, aide à mieux comprendre les enjeux d'un document et ses effets sur la sensibilité du lecteur.

Le registre lyrique

Un texte ou une image sont dits **lyriques** lorsqu'ils expriment les **sentiments heureux** – joie, bonheur, espoir – ou **malheureux** – désespoir, chagrin, amertume, nostalgie, regret – de celui qui parle. On repère le lyrisme à la présence d'un lexique de l'**affectivité** (▸ Fiche 1, p. 284) et d'une ponctuation nombreuse et « agitée ».

→ **EX :** J. Supervielle (p. 115) évoque le caractère humain des arbres avec une véritable émotion. Dans *Les Constructeurs* (p. 126), F. Léger célèbre avec optimisme, dynamisme et joie de vivre le monde ouvrier.

Le registre pathétique

On parle de registre pathétique lorsqu'un texte ou une image inspirent de la **compassion** et des **larmes** à celui qui lit ou regarde. Le mot « pathos » désigne la souffrance et ses manifestations. C'est la nature des situations évoquées qui crée le pathétique par leur caractère pitoyable.

→ **EX :** le poème de V. Hugo, « Melancholia » (p. 109) et celui de Prévert (p. 112) relèvent du registre pathétique parce qu'ils mettent le lecteur devant des scènes qui inspirent la pitié et qui provoquent une émotion forte : des enfants exploités et malheureux, sans défense, un homme affamé et démuni.

Le registre épique

Associé à l'**épopée**, à ses héros et à ses exploits, le registre épique est caractérisé par l'exagération : tout y prend une forme **démesurée**, une taille surhumaine ; tout y est extraordinaire, **excessif**. Ce registre utilise des hyperboles (▸ Fiche 5, p. 288), des superlatifs, des adverbes marquant le grandissement, des pluriels, des termes collectifs qui insistent sur le nombre.

→ **EX :** l'image de la machine dans *Les Temps modernes* (p. 148) a quelque chose d'épique. Elle semble animée d'une volonté de dévorer les ouvriers. Dans l'extrait d'É. Zola (p. 106), la description de la mine mêle le registre épique au registre fantastique. Les installations, qui paraissent énormes, ont aussi quelque chose de monstrueux et d'inhumain.

Les registres satirique et polémique

Ces deux registres sont proches. Ils ont en commun une finalité critique et dénonciatrice. Le premier caractérise les documents qui **ridiculisent** à travers diverses **moqueries**. Dans le second, les textes ou les images sont utilisés comme des armes et servent à combattre. Les deux registres se manifestent par la violence des termes, les **connotations négatives**, des métaphores et des comparaisons (▸ Fiche 5, p. 288) belliqueuses, des mots exprimant le refus, l'indignation, la colère, l'hostilité.

→ **EX :** C. Lévi-Strauss fait des voyages et de la civilisation (p. 61) une présentation violemment satirique, ce que fait aussi le personnage de Mentor (p. 113) à propos du luxe. Sur le thème de la publicité, le texte de F. Beigbeder (p. 99) met en place les éléments d'une **polémique**.

Le registre ironique

L'ironie consiste à **dire le contraire** de ce que l'on veut faire entendre : qualifier la guerre de « merveilleuse entreprise », comme le fait Voltaire, appartient à l'ironie. Ce registre demande de ne pas prendre les mots dans leur sens premier. Ses indices sont la présence d'éléments opposés, qui créent des effets de décalage : **antithèses**, **antiphrases** (▸ Fiche 5, p. 288). Elle a pour fonction de faire réfléchir et prendre conscience. Elle est souvent associée à la **satire** et à la **polémique**, dont elle est une arme.

→ **EX :** C. Brétecher (p. 82) ironise sur ses comédiennes, qui se donnent une grande importance alors qu'elles n'ont que trois mots à dire dans une publicité pour une poêle à frire.

Le registre comique

Lorsque des situations, des gestes, des grimaces, des personnages, des mots déclenchent le **rire**, on parle de registre comique : il regroupe des exagérations, des répétitions, des bons mots, des effets de rupture, des attitudes inattendues… Il est utilisé pour **divertir**, **dédramatiser** certaines situations, révéler les ridicules. Il rejoint par là la **satire**.

→ **EX :** le professeur représenté par Samson (p. 190) provoque le rire par la férocité de son sourire et par le décalage entre ce qu'il incarne et la violence attribuée aux jeux vidéo. Il est là pour faire rire et faire réfléchir.

Fiche 9 **Les niveaux de langue**

La langue parlée évolue, ce qui entraîne aussi des transformations de la langue écrite : les frontières entre les **niveaux de langue** ont ainsi tendance à se modifier. On peut néanmoins distinguer trois niveaux (ou registres) comme le montre l'exemple suivant : à « bosser » (langue familière), correspondent « travailler » (langue courante), et « œuvrer » (langue soutenue).

La langue familière

Langue de la conversation immédiate, langue de la rue, spontanée, ouverte à toutes les influences, la langue familière est marquée par des modifications fréquentes de la syntaxe et parfois entachée de grossièretés empruntées aux argots. C'est une langue en constante évolution, qui comporte elle-même différents niveaux et qui a tendance à influer sur l'écrit. Il est important de l'identifier en sachant qu'elle ne doit être utilisée ni à l'**oral** d'un examen, ni dans une **situation professionnelle**, ni à l'**écrit**. Cette langue possède certaines caractéristiques parmi lesquelles :

- l'emploi de **mots grossiers** :

→ **EX :** dans l'extrait romanesque de F. Beigbeder (p. 99), le narrateur utilise l'expression « jeune con » parce qu'il reprend la manière de s'exprimer très directe (et souvent assez crue) des milieux de la publicité. Si c'est indispensable pour la reprise des idées du texte, le mot peut être cité dans un devoir, mais à titre d'exemple de grossièreté, signalé comme tel et mis entre guillemets.

- les emprunts divers au **verlan** :

→ **EX :** « relou » pour « lourd », « meuf » pour « femme », « ouf » pour « fou », « n'importe naouac » pour « n'importe quoi » .

- un **lexique** lui-même considéré comme **familier** par le dictionnaire (le signalement se fait par la petite notation « fam. ») : des termes comme « bouffer », « se balader », « chambouler » (pour « bouleverser ») ; une « caisse » pour désigner une « voiture » ; une « piaule » pour désigner une « chambre » ; les mots « fric », « flic », « taper » (pour « emprunter »)...
- une **syntaxe incorrecte** appliquée à des mots relevant de la phonétique :

→ **EX :** « J'en reviens pas » à la place de « Je n'en reviens pas », « T'as pas » à la place de « Tu n'as pas », « G pas » à la place de « Je n'ai pas », « 2m1 » pour « demain », « yakelk1 ? » pour « Y a-t-il quelqu'un ? », « à plus » (orthographié « A+ »), pour « à plus tard ».

- les **abréviations** qui font disparaître certaines parties de mots et « sonnent » mieux qu'un mot long, parce que ces mots tronqués sont plus faciles à prononcer.

→ **EX :** « ciné », « doc », « resto », « phone », « portable », (pour « ordinateur portable » ou « téléphone portable »), « mobile », « ordi ».

- des **emprunts à des langues** de pays voisins, anglais, italien :

→ **EX :** « fun » pour désigner ce qui appartient au divertissement, « ciao » pour « au-revoir ».

Concrète, imagée, sonore et inventive, cette langue familière partagée par les jeunes, qui la modifient en fonction des modes, a tendance à dominer la langue courante, affaiblissant ainsi certaines règles et certaines normes du « bien parler traditionnel ».

La langue soutenue

À l'opposé de la langue familière de la rue, on trouve la **langue recherchée** qui est celle des communications et des **discours officiels**, une langue qui établit parfois une distance entre le locuteur et les destinataires. On peut citer parmi ses caractéristiques :

- des **phrases longues et complexes**, qui alignent les subordinations et multiplient les articulations logiques, parfois en longs paragraphes appelés « périodes oratoires ».

→ **EX :** on peut considérer comme un exemple de langue soutenue ces lignes extraites du Serment médical (p. 162), même si les phrases sont brèves : « Je préserverai l'indépendance nécessaire à l'accomplissement de ma mission. Je n'entreprendrai rien qui dépasse mes compétences. Je les entretiendrai et les perfectionnerai pour assurer au mieux les services qui me seront demandés. » Il en est de même pour les phrases suivantes (p. 58) : « Au risque de décevoir les puristes, nous aborderons le luxe au sens large, c'est-à-dire dans son acception la moins élitiste : le luxe, c'est ce qui n'est pas courant et qui est lié au don, à la représentation, à la magnificence et à la fête. »

- l'emploi de **modes peu fréquents** dans la langue courante, comme le subjonctif ou le conditionnel, à des temps peu usités, comme l'imparfait ou le plus-que-parfait du subjonctif.
- des **choix lexicaux** qui vont vers l'utilisation de termes auxquels ne recourt pas la langue courante : « œuvrer », « demeure », « hilarant » ou « désopilant » à la place de « drôle » ou « comique » (langue courante) ou encore de « marrant » ou « on était mort de rire » (langue familière) ; et si la langue comporte des images, celles-ci relèvent plutôt du symbole et de l'allégorie (▸ Fiche 5, p. 288), de métaphores complexes, d'euphémismes et de litotes (▸ Fiche 5, p. 288), figures dans lesquelles le sens est parfois difficile à déterminer. Caractéristique de certains documents officiels, cette langue soutenue utilise des

(▸ Suite de la Fiche 9, p. 296)

tournures qui ont plutôt tendance à rallonger le discours qu'à le raccourcir. Cette langue recherchée et facilement pompeuse – dont il faut connaître l'existence et qu'il faut savoir lire – n'est, pas plus que la langue familière, celle qu'il convient d'utiliser dans les devoirs et à l'oral. Ce qui est exigé est une langue courante correcte.

→ **EX :** ainsi on n'attend pas des candidats qu'ils utilisent la langue des textes de lois ou celle des conventions internationales dont voici un exemple (p. 158) : « Au vu de ces éléments, il incombe à la partie défenderesse de prouver que ses agissements ne sont pas constitutifs d'un tel harcèlement et que sa décision est justifiée par des éléments objectifs étrangers à tout harcèlement. »

La langue courante correcte

Le succès de la langue familière, son caractère vivant et évolutif, son aspect accessible ne doivent pas faire oublier que la **correction de l'expression** est une exigence scolaire et professionnelle primordiale. Le jour de l'examen ou dans des situations professionnelles (lors d'un stage par exemple), on est jugé sur la correction et sur la pertinence (c'est-à-dire l'adaptation à une situation donnée) de sa manière de parler et d'écrire. Les caractéristiques de cette langue qu'il faut savoir utiliser sont les suivantes :

• le **refus des mélanges**, des abréviations abusives, des simplifications que l'on trouve dans la langue familière. Même dans la conversation, la langue ne devient pas familière.

→ **EX :** on peut citer les propos d'A. Kahn répondant aux questions d'un journaliste (p. 71) : « La tradition, c'est-à-dire le temps du paternalisme tout puissant, aujourd'hui dépassé – ce dont je me réjouis – mettait déjà aux prises le médecin et les clients. »

• le souci constant de **respecter les normes** grammaticales et orthographiques, même si elles sont contraignantes : cela implique des constructions de phrases correctes, avec le respect d'une ponctuation cohérente, et non des points mis au milieu de phrases, ou entre des mots comme jetés en vrac et sans organisation.

→ **EX :** pour exprimer une situation qui pourrait susciter des termes beaucoup plus violents, M.-F. Hirigoyen (p. 54) donne un exemple de niveau de langue courante en écrivant : « Quand le salarié, usé, n'est plus assez rentable, l'entreprise s'en débarrasse sans aucun état d'âme. Le monde du travail est extrêmement manipulateur. »

• le choix de **termes précis et exacts**, et non de mots passe-partout qui appartiennent aux clichés de la langue orale des médias adoptée et déformée. La langue courante peut et doit exprimer clairement des idées, des faits, à l'aide de mots accessibles et connus de tous.

→ **EX :** le texte de la conférence de J. Hassin (p. 63) constitue à ce sujet un véritable modèle de rédaction dans une langue écrite courante claire, précise et adaptée à son sujet : « J'évoquerai ici l'expérience qui peut être celle de ces gens. Je le ferai depuis ma place de soignant, qui m'offre une vision forcément partielle. Certains signes permettent cependant de saisir, de l'extérieur, ce que vivent ces personnes. »

On pourrait dire que cette langue courante est celle des articles de presse, celle des essais, des entretiens, des textes d'idées en général. C'est celle que l'on exige des candidats dans les examens. Ils doivent donc considérer :

• qu'ils ne se trouvent pas, à l'oral, face à des « copains » avec qui on bavarde mais face à des membres d'un jury qui les jugent aussi sur leur **manière de parler** ;

• que toute **production écrite**, quelles qu'en soient les idées, n'est pas recevable si elle n'est pas rédigée correctement et si elle comporte des incorrections de langue et une orthographe déficiente. Il n'est pas question de faire œuvre d'écrivain, mais d'exprimer correctement une réflexion dans une langue simple et claire, ce qui est d'abord la garantie que ce travail sera lu avec un *a priori* favorable. Il en est de même de toutes les situations où il est demandé de parler ou d'écrire.

INDEX DES EXEMPLES RÉDIGÉS

*Les **thèmes** sont indiqués sous la forme* ▸ La publicité. *Les **numéros** renvoient aux **pages**.*

INDEX DES DOCUMENTS

Les ***thèmes*** *sont indiqués sous la forme* ▸ La publicité. *Les* ***numéros*** *renvoient aux* ***pages.***

Documents textuels

DOCUMENTS ICONOGRAPHIQUES OU CHIFFRÉS

GLOSSAIRE DES NOTIONS

Allégorie : figure de rhétorique consistant à représenter une idée par une personne, par exemple la liberté et la justice, généralement représentées en femmes portant divers attributs, un glaive et une balance pour la justice. L'allégorie appartient au groupe des figures dites d'analogie. (▸ FICHE 5, P. 288)

Allitération : répétition d'un même son consonantique dans plusieurs termes proches. La répétition attire l'attention sur les termes où elle figure. (▸ FICHE 5, P. 288)

Analogie : relation de ressemblance entre deux éléments qui peuvent ainsi être rapprochés. (▸ FICHE 5, P. 288)

Anaphore : répétition d'un même mot ou d'une même expression au début de phrases ou de vers qui se suivent. Cette figure d'insistance met en relief la notion répétée. (▸ FICHE 5, P. 288)

Anthropologie : science qui étudie l'homme dans sa dimension sociale.

Antinomique : qui s'oppose de manière catégorique, comme le bien et le mal. (▸ FICHE 5, P. 288)

Antiphrase : figure d'opposition qui consiste à dire le contraire de ce qu'on pense. (▸ FICHE 5, P. 288). L'antiphrase est souvent utilisée dans l'ironie (▸ FICHE 8, P. 294).

Antithèse : figure d'opposition qui rapproche des notions opposées. L'antinomie et l'antithèse ont des sens proches. (▸ FICHE 5, P. 288)

Antithétique : contraire, contradictoire, opposé. (▸ FICHE 5, P. 288)

Apologie : éloge ou célébration d'une personne, d'une chose, d'une notion…

Argument : idée utilisée pour soutenir une thèse dans une démarche argumentative (▸ FICHE 3, P. 286). Ce terme désigne aussi le thème d'un roman, d'un ballet ou d'une pièce de théâtre.

Argumentation : ensemble organisé d'idées étayant une thèse et destiné à convaincre un interlocuteur et/ou à lui faire changer d'avis. L'argumentation vise à faire valoir le bien-fondé d'une prise de position. (▸ FICHE 3, P. 286)

Assonance : répétition d'un même son vocalique dans des mots proches. Comme l'allitération, l'assonance attire l'attention par une répétition musicale. (▸ FICHE 5, P. 288)

Blog : contraction de « web » et de « log », ce terme désigne un carnet de bord. Il est constitué de pages web mises à jour par leurs auteurs et offrant la possibilité aux lecteurs de faire connaître leurs réactions et leurs commentaires.

Catharsis : purification produite chez le spectateur, selon le philosophe Aristote, par la représentation d'une tragédie. Le spectacle de la tragédie aiderait ainsi à se débarrasser de certaines passions.

Champ lexical : ensemble de termes relatifs à la même notion. Les mots *lampe*, *soleil*, *éclairer*, *illuminations*, *éblouissement*, *soleil*, *rayons*, *éclat*… constituent une partie du champ lexical de la lumière. (▸ FICHE 1, P. 284)

Champ sémantique : ensemble des significations d'un mot données par le dictionnaire. (▸ FICHE 1, P. 284)

Cliché : image photographique négative. Ce terme désigne aussi un lieu commun, une idée toute faite et sans originalité que l'on trouve de manière récurrente. Comparer la neige à un *blanc linceul* est un cliché.

Code : système conventionnel de symboles ou de signes permettant de décrypter un message. Le code est un des éléments du schéma de la communication. Pour que le message soit compris, l'émetteur et le récepteur doivent utiliser le même code.

Comparaison : figure d'analogie qui consiste à rapprocher deux éléments pour en faire apparaître explicitement les similitudes. La comparaison comporte un comparant, un comparé, un outil de comparaison et l'indication du domaine sur lequel porte le rapprochement. (▸ FICHE 5, P. 288)

Composition : manière dont sont disposés, organisés, les éléments d'un ensemble. On parle de composition d'un texte ou d'une image.

Concession : mode de raisonnement utilisé dans les argumentations (▸ FICHE 4, P. 287). Il consiste à accorder à l'interlocuteur la reconnaissance de certaines de ses idées pour le contrer ensuite avec plus d'efficacité. On reconnaît ce mode de raisonnement à la présence de mots comme *certes… mais* ou *bien que… cependant…*

Connotation : ensemble des significations que peut prendre un terme en plus de son sens initial, du fait de son environnement textuel, des intentions de celui qui parle, du registre utilisé, de sa culture et de sa sensibilité (▸ FICHE 1, P. 284). Selon les contextes, l'adjectif « rouge », outre l'indication de la couleur, suggère le sang, la blessure, la mort ou la passion.

Conquistadors : terme désignant les grands voyageurs espagnols et portugais qui, aux XVe et XVIe siècles, ont découvert de nouvelles contrées et de nouvelles voies maritimes, comme Magellan, C. Colomb, Vasco de Gama.

Corpus : groupe de documents rassemblés autour d'un thème ou d'une problématique commune. Les sujets de synthèse sont construits sur des corpus s'inscrivant dans l'un ou l'autre des deux thèmes au programme chaque année.

Courant culturel : mouvement artistique qui, à une époque, regroupe des productions présentant des similitudes thématiques et/ou formelles, relevant d'une même sensibilité ou d'une même idéologie. On parle ainsi de courant romantique, réaliste, naturaliste.

D

Délibération : démarche argumentée qui consiste à peser le pour et le contre avant de prendre une décision importante.

Dénotation : sens premier d'un terme, admis par tous, tel qu'il est donné par le dictionnaire. (▸ FICHE 1, P. 284)

Déontologie : ensemble des règles qui régissent une profession et la conduite de ceux qui l'exercent.

Didactique : adjectif caractérisant ce qui concerne l'enseignement et qui a pour mission d'instruire.

Didascalies : indications données par l'auteur d'une pièce de théâtre concernant la mise en scène, par exemple la nature du décor, les déplacements des acteurs, leurs gestes, leurs attitudes, leur manière de jouer.

Discours (Forme de) : forme que prend un énoncé en fonction de sa finalité. On distingue cinq formes de discours : narrative, descriptive, informative (ou explicative), injonctive et argumentative (▸ FICHE 3, P. 286). Pour le sens du mot « discours », voir aussi p. 292. (▸ FICHE 7, P. 292)

E

Émetteur : celui qui est à l'origine d'un message, qui le produit. (▸ FICHE 2, P. 285)

Engagement : ce terme désigne le fait de prendre parti et d'intervenir publiquement par ses écrits ou par ses œuvres (photos, tableaux…) sur des question politiques et/ou sociales de son temps.

Énonciation : ensemble des conditions dans lesquelles se trouve produit un énoncé, comme le lieu, le temps, les raisons, les intentions. L'énonciation regroupe aussi la réponse aux questions *Qui parle ? A qui ?*.

Épistolaire : qui concerne les lettres. On parle de littérature épistolaire pour désigner les correspondances d'écrivains, et de roman épistolaire (roman uniquement composé de lettres comme les *Lettres persanes*, de Montesquieu et *Les Liaisons dangereuses*, de C. de Laclos).

Épistolier/ière : personne qui écrit une lettre.

Épopée : genre littéraire qui raconte les actions d'éclat de héros hors du commun. Dans l'épopée (ou récit épique), tout prend des proportions démesurées, tout devient exceptionnel. La figure récurrente de l'épopée est l'hyperbole (▸ FICHE 5, P. 288).

Essai : ouvrage dans lequel un auteur parlant en son propre nom – sans passer par le biais d'un narrateur, comme dans la fiction – exprime ses propres idées sur des questions diverses, souvent d'actualité, par exemple la médecine, la politique, les questions sociales, le progrès…

Esthétique : ensemble des caractères qui définissent le beau. Le terme désigne aussi l'ensemble des caractères définissant un mouvement artistique. On parle ainsi d'esthétique classique, romantique, impressionniste…

Éthique : ensemble des règles de la morale.

Ethnologie : science qui étudie les comportements des groupes humains.

Euphémisme : figure de rhétorique, dite d'atténuation, qui adoucit certaines formulations, pour éviter de prononcer certains mots. Dire « Il est parti » à la place de « Il est mort » est un euphémisme. (▸ FICHE 5, P. 288)

F

Figure de rhétorique : manière particulière d'agencer les mots pour produire un effet particulier. L'hyperbole accentue, l'euphémisme atténue, la métaphore révèle des analogies. (▸ FICHE 5, P. 288)

Forum : lieu d'échange de propos ouvert à tous sur Internet.

G

Gradation : figure de rhétorique (insistance) qui énumère plusieurs éléments de manière croissante ou décroissante. (▸ FICHE 5, P. 288)

H

Humanisme : courant culturel et esthétique qui met l'homme au centre de ses préoccupations. On parle d'Humanisme au XVIe siècle, époque de la Renaissance, et au XVIIIe siècle, époque des Lumières.

Hyperbole : figure de rhétorique (insistance) qui consiste à accentuer, agrandir, exagérer un fait, une action, une situation, les caractères d'un personnage. L'hyperbole est utilisée principalement dans le registre épique. (▸ FICHE 5, P. 288)

I

Implicite : ce qui n'est pas dit clairement et ouvertement (contraire : *explicite*).

Ironie : procédé oral ou écrit qui consiste à exprimer le contraire de ce l'on veut faire comprendre. (▸ FICHE 8, P. 294). L'ironie est souvent utilisée dans la satire et dans le registre polémique.

L

Litote : formulation qui consiste à exprimer, indirectement et sous une forme négative, quelque chose d'affirmatif. L'expression « Je ne te hais point » (Corneille, *Le Cid*) est à traduire par l'aveu : « je t'aime ». (▸ FICHE 5, P. 288)

Lumières : terme emprunté au philosophe allemand Kant, pour désigner un courant de pensée du XVIIIe siècle européen accordant une place prépondérante à la réflexion et à la raison humaine. Ce courant est caractérisé par la foi dans le progrès et dans les capacités humaines, par la tolérance et le respect des libertés.

Lyrisme : expression des émotions et des sentiments personnels de celui qui parle (▸ FICHE 8, P. 294). L'origine du mot est la lyre avec laquelle le poète Orphée accompagnait ses chants. On parle de *lyrisme élégiaque* dans le cas d'expression de la nostalgie et du regret.

M

Métaphore : figure d'analogie (▸ FICHE 5, P. 288) qui consiste à comparer deux éléments présentant des points communs, des similitudes, mais en n'exprimant pas l'outil de comparaison et parfois même en omettant d'exprimer l'élément comparé. L'expression *cette faucille d'or dans le champ des étoiles* (V. Hugo) est une métaphore pour désigner la lune, qui n'est pas nommée.

Métonymie : figure d'analogie (▸ FICHE 5, P. 288) qui consiste à remplacer un mot par un autre entretenant avec lui une relation de sens nécessaire. *Prendre un verre* est une métonymie. La métonymie rend l'expression plus rapide et souvent plus imagée.

Modalisation : ensemble de procédés (appelés modalisateurs) permettant d'exprimer les relations entre un énoncé et son émetteur : expression catégorique, ou atténuée, insistance sur l'hypothèse, l'éventualité, la certitude… Certains adverbes, certains verbes participent à la modalisation d'un énoncé. (▸ FICHE 6, P. 290)

Mythe : récit légendaire, ayant peut-être de lointaines sources historiques, qui permet d'expliquer certains faits et certains phénomènes naturels et sociaux. Le mythe de Prométhée explique comment les hommes, grâce au feu, ont pu trouver la voie du progrès technique.

Narrateur : dans un texte de fiction, celui qui raconte et qui est à dissocier de l'auteur. Le narrateur peut être présent dans le texte et se manifester par des commentaires. Selon la manière dont il voit et raconte, on dit qu'il est omniscient (il sait tout de ses personnages), qu'il s'efface derrière son personnage ou qu'il reste totalement extérieur.

Naturalisme : courant culturel de la seconde moitié du XIXe siècle, qui considère que l'art doit représenter la nature et que la littérature peut être un instrument scientifique d'analyse et de connaissance de l'homme. Cette conception de l'art est illustrée par les romans d'É. Zola, dont l'ensemble constitue l'*Histoire naturelle et sociale d'une famille sous le second Empire*.

Néologisme : mot de création ou d'emprunt récent, ou sens nouveau attribué à un mot. Le mot « blog » est un néologisme, comme l'emploi du mot « toile » dans le domaine informatique.

Niveau de langue : registre d'une même langue que peut adopter un locuteur, en fonction de certains effets recherchés et de son destinataire. Outre l'argot, on distingue les niveaux familier, courant et soutenu. (▸ FICHE 9, P. 295)

Objectivité : caractère de ce qui ne laisse passer aucun jugement, aucune émotion, aucun sentiment personnels. La démarche de la synthèse est objective : celui qui rédige s'abstient de tout propos subjectif, de tout avis personnel. (▸ FICHE 6, P. 290)

Oxymore : figure d'opposition qui consiste à réunir deux contraires dans une même expression. *Cette obscure clarté* est un oxymore. (▸ FICHE 5, P. 288)

Paradoxe : idée contraire à ce qui est couramment admis et que l'on désigne par le mot « doxa ».

Paratexte : ensemble des éléments informatifs – titre, chapeau, indication des sources, notes explicatives, situation dans l'œuvre – qui accompagnent un texte.

Paroles rapportées : il y a quatre manières de rapporter les paroles d'une personne : de manière directe, indirecte, indirecte libre, ou encore sous forme de discours narrativisé. (▸ FICHE 7, P. 292)

Paronomase : jeu de mots sur le signifiant qui consiste à rapprocher des termes qui sont très proches phonétiquement ; par exemple, les « manèges déménagent ». (▸ FICHE 5, P. 288)

Paronyme : terme désignant un mot très proche d'un autre par sa prononciation. *Avènement et événement, armistice et amnistie* sont des paronymes. (▸ FICHE 5, P. 288)

Personnification : figure de rhétorique qui prête à des objets ou à des animaux des caractères humains (apparence, comportement, actions…). (▸ FICHE 5, P. 288)

Périphrase : expression composée de plusieurs termes qui désignent une notion. La périphrase permet de ne pas nommer directement. L'expression « le Siècle des Lumières » est une périphrase. (▸ FICHE 5, P. 288)

Polémique : caractéristique de ce qui relève du combat. On parle de registre polémique lorsqu'un texte, des paroles, un dessin attaquent une personne, ou combattent une idée. (▸ FICHE 8, P. 294)

Polysémie : possibilité pour un mot de comporter plusieurs sens. La plupart des mots français sont polysémiques. (▸ FICHE 1, P. 284)

Positivisme : courant de pensée du XIXe siècle caractérisé par une grande foi dans le progrès et par l'idée que la science et ses applications techniques viendront à bout de tous les malheurs et de tous les problèmes humains. Le chef de file des positivistes était Auguste Comte.

Problématique : question posée par la mise en relation de plusieurs éléments qui s'opposent et dont la coexistence dans un domaine particulier pose problème. Chaque corpus de synthèse repose sur une problématique.

Raisonnement (Modes de) : manières différentes de combiner logiquement des arguments pour convaincre et persuader. (▸ FICHE 4, P. 287)

Rédactionnel : partie écrite et rédigée d'une publicité (slogan, argumentaire) par opposition au « visuel ».

Réfutation : manière d'argumenter qui s'efforce de montrer la fausseté de la thèse adverse.

Registre : manière d'exprimer différentes émotions et d'en inspirer à celui qui lit un texte ou regarde une œuvre. (▸ FICHE 8, P. 294)

Satire : texte, dessin, tableau qui tournent en ridicule une situation, une action, une société ou une personne (▸ FICHE 8, P. 294). Une caricature est un dessin satirique. Le théâtre comique est souvent satirique.

Slogan : en publicité, le slogan est une formule brève, destinée à frapper le spectateur et à le faire réagir. Le slogan fait partie du rédactionnel d'une publicité.

Subjectivité : caractéristique de ce qui exprime les sentiments personnels, les émotions et/ou les jugements de celui qui parle. (▸ FICHE 6, P. 290)

Syllogisme : raisonnement logique reposant sur trois propositions dont la troisième découle nécessairement des deux premières. L'exemple type du syllogisme est le suivant : *Tous les hommes sont mortels, Socrate est un homme, donc Socrate est mortel.* (▸ FICHE 4, P. 287)

Symbole : signe figuratif, élément animé ou chose, qui désigne un concept et qui en est la représentation, l'emblème. La colombe et le rameau d'olivier sont des symboles de la paix ; la couronne de laurier est le symbole de la victoire, du triomphe. (▸ Fiche 5, p. 288)

Synecdoque : figure d'analogie qui consiste à remplacer une notion par une autre, avec laquelle elle entretient un rapport logique, la partie pour le tout (« payer tant par tête »), ou le tout pour la partie. (▸ Fiche 5, p. 288)

Toile (ou web) : ensemble du réseau Internet.

Utopie : mot qui désigne selon son étymologie un *lieu qui n'existe pas*, une société ou une organisation humaine et sociale idéale, créée par l'imagination.

Visuel : terme utilisé dans la publicité pour désigner le thème sous la forme d'une image. Le *visuel* s'oppose au *rédactionnel* (slogan et argumentaire), qui utilise des mots.

Web (ou toile) : ensemble du réseau Internet.

Lexique de l'analyse de l'image

Angle de vue (ou de prise de vue) : position de la caméra, au cinéma, ou de l'appareil photo par rapport à ce qui est filmé ou photographié, soit sur le même plan (à hauteur du regard humain), soit de haut en bas (plongée), soit de bas en haut (contre-plongée).

Bulle (ou phylactère) : espace délimité en général par un trait dans lequel s'inscrivent les paroles de personnages de bandes dessinées.

Cadrage : mise en place du sujet dans les limites du cadre du viseur d'une caméra ou d'un appareil photo. Le cadrage détermine les limites d'une image.

Cadre : contours, encadrement, taille de la toile, de l'écran ou du support, qui limitent la représentation.

Caricature : dessin, peinture, représentation picturale (ou textuelle) donnant de quelqu'un ou de quelque chose une image déformée, outrée, dans une perspective comique et/ou satirique.

Champ : espace limité par le cadre de l'image. Ce qui est en dehors constitue le hors-champ, ce qui est en face est le contre-champ.

Composition : manière dont sont disposés les éléments d'une image les uns par rapport aux autres.

Couleurs : sensations produites sur l'œil par les radiations de la lumière. Parmi les différentes couleurs, certaines sont dites « chaudes », comme le rouge, l'orange, le brun, et d'autres sont dites « froides », le bleu, le vert. Les couleurs de base (ou couleurs primaires : bleu, rouge, jaune) se combinent pour produire de très nombreuses nuances. Certaines couleurs ont des significations symboliques : violence et passion pour le rouge, lumière pour le jaune.

Dessin de presse : représentation iconographique simplifiée, parfois caricaturale, d'un fait ou d'une situation, publiée dans la presse en relation avec l'actualité.

Lignes de fuite : lignes convergentes qui seraient parallèles dans la réalité, mais qui se rejoignent au point de fuite dans une représentation en perspective.

Lignes (Grandes) : éléments géométriques (droites, courbes, diagonales, lignes de fuite) permettant de comprendre les grandes directions et la structure d'une représentation iconographique.

Perspective : technique de représentation picturale permettant de rendre en deux dimensions (longueur/largeur) ce qui existe en réalité en trois dimensions (longueur/largeur/profondeur).

Photogramme : image isolée d'une série photographique enregistrée sur la pellicule d'un film.

Plan : ce terme a plusieurs sens dans le domaine de l'image fixe et de l'image mobile.
– Il désigne la manière de placer une scène ou une composante d'une image par rapport à la profondeur. On parle ainsi de premier plan et d'arrière-plan.
– Il désigne aussi la manière de cadrer le contenu d'une image, en jouant sur la taille des éléments. Un plan d'ensemble donne la totalité d'un paysage ou d'un décor, un plan moyen représente les personnages en pied, un plan américain les représente à mi-cuisses, un plan rapproché montre le personnage jusqu'à la taille, un gros plan montre le visage.
– Il désigne enfin, au cinéma, la suite des images enregistrées par la caméra en une seule prise. Plusieurs plans successifs constituent une séquence.

Point de fuite : point d'un dessin en perspective où convergent des droites qui seraient parallèles dans la réalité.

Scénario : canevas rédigé des différents épisodes d'un film. Le scénario raconte l'histoire ; il peut comporter des dialogues, mais pas de détails techniques de réalisation.

Storyboard : succession de schémas constituant une sorte de bande dessinée réalisée par le metteur en scène pour représenter de manière anticipée les images du film. Le storyboard, « scénarimage » en français, peut être assez proche du découpage du film.

Synopsis : résumé rapide de l'argument d'un film.

Travelling : déplacement de la caméra sur des rails pour saisir un mouvement en continu.

Zoom : objectif de caméra ou d'appareil photo permettant de grossir une image par un effet de rapprochement progressif. On donne au zoom le nom de travelling optique.

TABLE DES ILLUSTRATIONS

4 h ph © Akg-Images / © Adagp, Paris 2008
4 m © Jean-Paul Agosti / Archives Hatier
4 b ph © Bridgeman - Giraudon / © Adagp, Paris 2008
6 h ph © Akg-Images / © Adagp, Paris 2008
6 m © Jean-Paul Agosti / Archives Hatier
10 h ph © Bridgeman – Giraudon / © Adagp, Paris 2008
10 b ph © Akg-Images
11 ph © Bridgeman – Giraudon / © Adagp, Paris 2008
14 ph © Akg-Images / © Adagp, Paris 2008
24-25 © CRDP de l'Académie de Versailles / Clémi / 2006
38 © Jean-Paul Agosti / Archives Hatier
80 © Soulas / Iconovox
81 © Plantu
82 © Claire Bretécher, *Les Frustrés* / Dargaud, 2008
83 © Sempé, *Un peu de Paris*, 2001 / © Editions Gallimard / © Adagp, Paris 2008
85 © Honoré / Iconovox
86-87 © *Le Photographe* – Guibert, Lemercier, Lefèvre / © Dupuis, 2008
88 © Faujour / Iconovox
89 © Serre, *Humour noir et Hommes en blanc*, 2001 / Editions Glénat
92 © Enquête Emploi Insee, publiée dans le supplément d'avril 2007 du quotidien *La Croix*
93 © Dessin de Xavier Hue, in *Le Petit Larousse Illustré*, 2008 / © Larousse, 2008
98 © Enquête Ined / Eurostat, publiée dans le magazine *Enjeux-Les Echos* de juin 2007
117 ph © Archives Hatier / © Adagp, Paris 2008
119 ph © Archives Hatier
120 ph © Archives Hatier / © Adagp, Paris 2008
121 © Missed Tree I et II de Jean-Marie Massaud / © Serralunga Collection, 2007
123 Coll. Kharbine – Tapabor / © Adagp, Paris 2008
124 ph © Akg-Images
125 ph © Electa / Akg-Images
126 ph © E. Lessing / Akg-Images / © Adagp, Paris 2008
128 © TBWA-Paris pour Amnesty International, 2007
129 © Avec l'aimable autorisation de Dior Parfums pour Miss Dior
130 ph © Swim Ink 2, LLC / Corbis
132 Coll. IM / Kharbine - Tapabor
133 © Campagne Aigle 2007 / BETC EURO RSCG
134 © Avec l'aimable autorisation de l'agence Ogilvy & Mather / Photo de Vincent Dixon / Agence Askmyagent
145 ph © Olivier Coulange / Agence Vu
146 ph © Cuboimages / Leemage
147 ph © P. Gely / Agence Enguerand / Bernand
148 ph © Chaplin / United Artists / The Kobal Collection
150 © Office National des Forêts
151 Coll. Christophe L
152 ph © Dorigny / Sipa Press
153 ph © Martin Parr / Magnum Photos
154 ph © M. Fourmy / REA
168 ph © Bridgeman - Giraudon / © Adagp, Paris 2008
190 © Samson / Iconovox
195 © Yukito Kishiro / Editions Glénat pour l'édition française, 2000
197 © Keiji Nakazawa / Vertige Graphic pour l'édition française, 2003
204 © Editions Hatier
262 ph © Akg-Images
280 ph © Bridgeman - Giraudon / © Adagp, Paris 2008

Iconographie : Brigitte Célérier / Hatier Illustration

p. 48 : Valérie Lion, « Le blog en vogue » © *L'Express*, 29 août 2005.
p. 48 : Dominique Wolton, *Internet, et après ? Une théorie critique des nouveaux médias* (2000) © éd. Flammarion, coll. « Champs ».
p. 48 : P. Faure, *Parfums et aromates de l'Antiquité* (1987) © Librairie Arthème Fayard.
p. 49 : Didier Daeninckx, *Zapping* © Denoël, 1992.

Achevé d'imprimer par G.CANALE & C S.A. - Roumanie
Dépôt légal : 93042-3/05 - Juin 2011

XIXe

1800 — 1850 — 19[…]

Ire République, Directoire et Consulat (1792-1804)	Premier Empire (1804-1814)	Restauration (1815-1830)	Monarchie de juillet (1830-1848)	IIe République (1848-1852)	Second Empire (1852-1870)	IIIe République (1870-1940)

POLITIQUE ET SOCIÉTÉ

- **1804** Code civil
- **1805** Austerlitz
- **1812** Campagne de Russie
- **1815** Les Cent-jours, Waterloo
- **1822** Lois contre la presse
- **1823** Guerre d'Espagne
- **1828** Abolition de la censure
- **1830** Conquête de l'Algérie
- **1831** Révolte des canuts de Lyon
- **1832-35** Première agence de presse (Havas)
- **1836** *La Presse* d'É. de Girardin
- **1841** Loi limitant le travail des enfants
- **1848** Révolution Suffrage universel
- **1848** Abolition de l'esclavage
- **1851** Coup d'État de Louis-Napoléon Bonaparte
- **1854** Guerre de Crimée
- **1859** Campagne d'Italie
- **1859-1869** Construction du canal de Suez
- **1864** Droit de grève
- **1864** Ire Internationale
- **1870-1871** Guerre franco-prussienne
- **1871** Commune de Paris
- **1881-1882** Lois Ferry sur l'école
- **1881** Loi sur la liberté de la presse
- **1884** Reconnaissance des syndicats
- **1889** IIe Internation[…]
- **1894-190[…]** Affaire Dreyfus
- **1895** Créatio[…] de la C[…]
- **1898** Zola, *J'accu[…]*

SCIENCES

- **1814** Stephenson Première locomotive
- **1816-1829** Niépce Première photographie
- **1828** Première ligne de chemin de fer
- **1853-1869** Haussmann Rénovation de Paris
- **1859** Darwin, *Origine des espèces*
- **1862** Moteur à explosion
- **1865** Claude Bernard, *Introduction à l'étude de la médecine expérimentale*
- **1876** Bell Invention du téléphone
- **1877** Edison Invention du phonographe
- **1883** 1re automobile à essence
- **1885** Pasteur Vaccination contre la rage
- **1889** Exposition universelle à Paris (tour Eiffel)
- **1895** Premier f[…] des frères Lumière
- **1896** Becquer[…] Découve[…] de la rad[…]activité

ARTS

- **1801** Haydn, *Les Saisons*
- **1808** Beethoven, *Symphonie pastorale*
- **1814** Goya, *Tres de Mayo*
- **1824** Delacroix, *Les Massacres de Scio*
- **1832-1835** Chopin, *Nocturnes*
- **1843** Wagner, *Le Vaisseau fantôme*
- **1853** Verdi, *La Traviata*
- **1862** Ingres, *Le Bain turc*
- **1874** Première exposition des impressionnistes
- **1880-1906** Rodin, *Le Penseur*

Mouvements

- Romantisme
- Le Parnasse
- Réalisme
- Symbolisme
- Naturalisme

Auteurs

- **J. W. von Goethe** 1749-1832
- **F.-R. de Chateaubriand** 1768-1848
- **Stendhal** 1783-1842
- **G. Byron** 1788-1824
- **A. de Lamartine** 1790-1869
- **H. de Balzac** 1799-1850
- **V. Hugo** 1802-1885
- **A. Dumas** 1802-1870
- **G. Sand** 1804-1876
- **E. A. Poe** 1809-1849
- **A. de Musset** 1810-1857
- **C. Dickens** 1812-1870
- **G. Flaubert** 1821-1880
- **C. Baudelaire** 1821-1867
- **F. Dostoïevski** 1821-1880
- **J. Verne** 1828-1905
- **A. Tolstoï** 1828-1910
- **J. Vallès** 1832-1885
- **É. Zola** 1840-1902
- **J. M. de Heredia** 1842-1905
- **P. Verlaine** 1844-1896
- **G. de Maupassant** 1850-1893
- **A. Rimbaud** 1854-1891
- **O. Wilde** 1854-1900
- **É. Verhaeren** 1855-1916
- **A. Tchékhov** 1860-1904
- **M. Proust** 1871-1922
- **G.**[…]